FRHR. v. CAMPENHAUSEN

URCHRISTLICHES UND ALTKIRCHLICHES

URCHRISTLICHES UND ALTKIRCHLICHES

Vorträge und Aufsätze

von

HANS FREIHERR von CAMPENHAUSEN

1979

J.C.B. MOHR (PAUL SIEBECK) TÜBINGEN

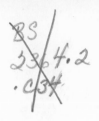

CIP-Kurztitelaufnahme der Deutschen Bibliothek

Campenhausen, Hans Frhr. von:
[Sammlung]
Urchristliches und Altkirchliches: Vorträge
u. Aufsätze / von Hans Freiherr v. Campenhausen.
– Tübingen: Mohr, 1979.
ISBN 3-16-141592-2

Printed in Germany. Satz und Druck: Gulde-Druck, Tübingen. Einband: Heinrich
Koch, Großbuchbinderei, Tübingen

Vorwort

Diese Sammlung könnte den Titel „Kehraus" tragen; denn sie wird jetzt nach dem Versagen meines Augenlichts keine Fortsetzung mehr finden. Sie ist durch das freundliche Entgegenkommen des Herrn Verlegers ermöglicht worden, der die alte Tradition seines Hauses mir gegenüber noch einmal bewährt hat. Alle Arbeit aber, die ich für die Veröffentlichung hätte leisten müssen, hat mein Freund Professor Gerhard Ruhbach in Bethel selbstlos auf sich genommen. Ich danke beiden herzlich.

Im April 1979   H. v. Campenhausen

Inhalt

Einheit und Einigkeit in der Alten Kirche

Das Gesamtthema dieses Theologentages heißt: „Heilsvorstellungen und Heilserwartungen". Mein kirchengeschichtlicher Beitrag in dieser Stunde zielt auf einen Gegenstand, an den bei dieser Formulierung vielleicht nicht in erster Linie gedacht worden ist, nämlich auf die „eine heilige christliche Kirche, die Gemeinschaft der Heiligen". Auch sie gehört in diesen Zusammenhang. Sie ist für alle christlichen Konfessionen eine Wirklichkeit ihres Glaubens, ihres Bekennens und ihres Heils. Niemals aber ist die Heilsbedeutung der einen Kirche strenger behauptet und freudiger bejaht worden als in der Zeit des christlichen Altertums. So spreche ich über Einheit und Einigkeit in der Alten Kirche.

Die wissenschaftliche Bemühung der letzten Jahrzehnte hat sich meist in anderer Richtung bewegt: sie hat diese Einheit häufiger in Frage gestellt als hervorgehoben. Sie hat schon im Urchristentum eine Fülle verschiedener Glaubensformen und -richtungen aufgewiesen; sie hat auch in der Folgezeit vor allem über die Kämpfe und Gegensätzlichkeiten der auseinandergehenden Gruppen und Sekten berichtet und die relative Einheit der Großkirche, die sich trotz allem nicht leugnen ließ, in eine mitunter recht problematische Beleuchtung gerückt. Ich möchte gegenüber dieser vorherrschenden Betrachtungsweise nichts vertuschen oder idealisieren: es ging in der Christenheit tatsächlich von Anfang an recht menschlich und nicht selten auch streitsüchtig und zwiespältig zu. Aber die Vielfalt

Aus: Evangelische Theologie (Christian Kaiser Verlag, München) 33, 1973, S. 280–293.

der Anschauungen ist noch nicht das Ende der Gemeinsamkeit und Gemeinschaft; harte Auseinandersetzungen können auch den Ernst der Zusammengehörigkeit und der Sache zum Ausdruck bringen, und unvermeidliche Absplitterungen, die meist kein größeres Gewicht und keine Dauerbedeutung gewonnen haben, können die erstaunliche Tatsache der weiten und bleibenden Einheit der frühen Kirche nicht aus der Welt schaffen. *Sie* ist das eigentlich Überraschende und Bedenkenswerte und in der Alten Welt sonst fast ohne Analogie. Die weitgehende politische, soziale und geistige Einheit des Römischen Reiches und seiner Kultur mag sie begünstigt haben, hat sie aber auch bekämpft und jedenfalls weder hervorgerufen noch am Leben erhalten. In Wirklichkeit weist die zäh verteidigte konkrete Einheit der Alten Kirche auf ihren geistlichen Ausgangspunkt zurück: den Glauben an den einen Christus und seine rettende Gemeinschaft. Ohne ihn hätte die Kirche niemals Bestand gewonnen, wäre ihre Einheit nicht immer von neuem gesucht, gefordert und unter Nöten und Schwierigkeiten bewahrt worden. Dies Geschehen möchte ich mit kurzen Worten nur in Erinnerung rufen.

Kein Spruch des Neuen Testamentes wird im ökumenischen Gespräch unsrer Tage häufiger zitiert als das johanneische Wort ,,ut omnes unum sint". Wenn man dies isoliert zitiert, wird indessen nicht immer hinreichend deutlich, daß es ursprünglich durchaus keinen Aufruf zur Überwindung des Zwiespalts, zu einer erstrebenswerten Einigung in einem wie immer gedachten menschlichen Konsens und einer ihm entsprechenden kirchlichen Organisation gewesen ist, sondern daß es vielmehr von einer schon geschenkten Einheit ausgeht, die im anfänglichen Sinn nur fortdauern und weiter wachsen soll. Es geht nicht um Aussöhnung und Vereinigung wie in einem irdischen Verein. Man müßte den ganzen Text der ,,Abschiedsreden" Jesu durchgehen, um den Sinn des hier verkündeten Einheitsgedankens ganz zu entfalten. Ich begnüge mich damit, nur vier Momente hervorzuheben, die für seine Eigenart wesentlich sind und die sich unter verschiedenen Vorstellungsweisen und Begriffen der Sache nach im ganzen Neuen Testament wiederfinden:

1. Die Einheit der Christenheit gründet in ihrer unlöslichen Verbindung mit *Christus*, der seinerseits mit Gott selbst verbunden, johanneisch gesprochen: mit dem Vater eins ist.
2. Es gilt, diese Einheit nicht zu schaffen, sondern durch die Kraft des geschenkten Gottesgeistes bei ihr zu *bleiben* und sie in der Verkündigung des Christusworts weiterzugeben.
3. Der Heilige Geist und die Gemeinschaft Christi bewirken die Zusammengehörigkeit aller Christen in *Liebe*, Freiheit und Freiwilligkeit.
4. In solcher Verbundenheit stehen die Christen in einem unüberbrückbaren *Gegenüber* zu der nicht an Christus glaubenden, ihm nicht folgenden Welt, die darum niemals aufhören kann, sie zu bedrohen und zu verfolgen.

Natürlich hängen die einzelnen Momente dieses geistlichen Einheitsgedankens unter sich zusammen und lassen sich nicht voneinanderreißen. Ich möchte ihr geschichtliches Wirksamwerden aber in der Weise veranschaulichen, daß ich für jedes der vier ersten Jahrhunderte nacheinander jeweils ein Charakteristikum in den Vordergrund rücke: also erst die bestimmende Bindung an Christus, dann den Rückbezug auf das Vorgegebene seiner Offenbarung, dann den freien Charakter der christlichen Gemeinschaft und zuletzt ihren bleibenden Abstand zur Welt. Doch kann ich bei der Knappheit dieses Durchblicks natürlich nicht vom Sinn des Christusglaubens selbst in seiner umfassenden, vollen Bedeutung reden, sondern beschränke mich ausschließlich auf die daraus resultierende Forderung der kirchlichen Einheit und Einigkeit.

I.

Das *erste*, urchristliche Jahrhundert hat bekanntlich sehr schnell eine große Zahl von Gemeinden entstehen lassen, die, durch weite Räume gestreut und durch keine Organisation zusammengehalten, sich dennoch als ein einziges Jesus gehörendes Volk begriffen. Der bezeichnendste Ausdruck dieser Zusammengehörigkeit in der Zerstreuung ist die seltsame Erscheinung, daß es zwar nur eine Kirche geben soll, daß aber gleichzeitig jede einzelne Gemeinde sich als Kirche versteht kann, deren Herr und Haupt Jesus Christus ist. In diesem einen Namen ist alles beschlossen. Wo von einem Bekenntnis die Rede ist, hat es nur einen Inhalt: Man bekennt sich vor der Welt, vor Juden und Heiden, zu Jesus als Christus, als Herrn und als Gottessohn. Er bildet die Substanz der Kirche und den wahren Grund ihrer „Katholizität": ὅπου ἂν ᾖ Ἰησοῦς Χριστός, sagt Ignatius von Antiochien, ἐκεῖ ἡ καθολικὴ ἐκκλησία. Das kann man nur dort übersehen, wo man, spätere Bekenntnisse im Blick, im Neuen Testament nach verschiedenen inhaltlichen Aussagen und Wendungen im Stil des zweihundert Jahre jüngeren Urapostolikums sucht, statt auf das einfache Bekenntnis zu Jesus zu hören, der zunächst von den Christen allein „bekannt" wird. Die Einheit der Kirche bleibt trotz der Vielfalt der Anschauungen, Lehren und Lehrer in diesem Bekenntnis erhalten. Es finden sich im Urchristentum natürlich theologische Unvollkommenheiten und Irrtümer, auch Parteien, Verstimmungen und Verfehlungen – aber es kommt nicht zum Bruch.

Es gibt nur einen Gegensatz, der so tief greift, daß die Einheit der Kirche an ihm zeitweilig zu scheitern droht; das ist der Gegensatz der Judenchristen und Heidenchristen. Es geht, auf eine Formel gebracht, hierbei um die Frage, ob die Bindung an Jesus Christus allein wirklich ausreiche, um das Heil und die Heilsgemeinschaft zu begründen, oder ob darüber hinaus auch die Übernahme des jüdischen Gesetzes noch zusätzlich zu fordern sei. Es ist die weltgeschichtliche Leistung des Paulus, daß er die Freiheit der Heidenchristen vom Gesetz als Konsequenz seines Christus-Evangeliums grundsätzlich behauptet, verfochten und unter Einsatz seines Lebens erkämpft hat. Dabei handelte es sich natürlich nicht um den utopischen Versuch, den Judenchristen das Gesetz zu nehmen und sie den Heidenchristen gleichzuschalten, sondern nur darum, die Einheit und Gemeinschaft in dem einen Leibe Jesu trotz dieser tiefgreifenden Differenz aufrechtzuerhalten und zu bewahren. Paulus war die Einigung an der entscheidenden Stelle, in Jerusalem, damals gelungen. In der Folgezeit haben sich verschiedene judenchristliche

Gruppen gegen diese Einigung gesträubt, und seit dem zweiten Jahrhundert ist das eigentliche Judenchristentum schließlich überhaupt verschwunden. Aber noch Justin steht hier auf dem Standpunkt des – von ihm übrigens nicht geschätzten – Paulus: wer das Gesetz für seine Person hält, kann trotzdem als christlicher Bruder gezählt werden – vorausgesetzt, daß er die Gemeinschaft mit den gesetzesfreien Christen nicht seinerseits verweigert. Aber wir sind mit Justin bereits tief ins zweite Jahrhundert geraten, in dem sich das Problem der christlichen Einheit zwangsläufig schon erheblich kompliziert hat.

II.

Natürlich war das Bekenntnis zu dem einen Jesusnamen, der die Urkirche so entschieden zusammenhielt, niemals ein bloßes Wort gewesen. Es schloß einen neuen Weg zum Heil, ein neues Gottesverhältnis und eine das ganze Leben erfassende Verpflichtung in sich, die mit Strenge gewahrt wurde. Daß der Name Jesu jemals seinen Sinn und Inhalt ändern und verlieren könnte, war zunächst kaum erwogen worden und erschien ausgeschlossen. Daß dies in Wahrheit keineswegs so war, wurde der Christenheit erst um die Wende zum *zweiten* Jahrhundert in erschreckender Weise deutlich. Im schnellen Fortschreiten der Mission und mit dem Verschwinden der ersten Generationen beginnen die Anschauungen der religiösen Umwelt mit ihren mannigfachen Tendenzen in die nirgends fest geschlossenen Gemeinden von allen Seiten einzudringen. Eine Fülle religiöser Führer und Heilspropheten meldet sich in der Kirche selber zu Wort und findet Anhänger. Es kommt zu erbitterten Auseinandersetzungen, Spaltungen und Scheidungen. Da sind die Simonianer und Elkesaiten, die Naassener, Satornilianer und Karpokratianer, Basilidianer und Valentinianer. Alle nennen sich auch Christen und behaupten, die eine offenbare Wahrheit tiefer und reiner zu besitzen als die anderen. Es sieht zeitweilig wirklich so aus, als sollte sich die Kirche im Strudel der Schulen und Sekten jetzt auflösen und zugrunde gehen.

Wir sprechen heute von der gnostischen Krise und suchen die Vielfalt ihrer teils krausen und gemeinen, teils aber auch edlen und hochfliegenden Träume und Spekulationen nach den dahinter stehenden Grundgesinnungen zu ordnen und zusammenzufassen. „Die Gnosis" erscheint dann als eine eigene, gegenüber den Anfängen des Christentums mehr oder weniger fremdartige religiöse Bewegung, deren Wirkungen auf das christliche Denken zum Teil noch bis heute spürbar sind. Zu einer solchen „geistesgeschichtlichen" Analyse war aber das damalige Christentum durchaus nicht in der Lage, und hätte es den Versuch gemacht, die akute, unumgängliche Auseinandersetzung in dieser Breite zu beginnen, so wäre es niemals zur Klarheit und Entscheidung gelangt. Die kirchliche Sammlung, aus der die fast verlorene Einheit und Einigkeit von neuem hervorging, beschritt einen anderen Weg. Man wich vor den neuen Aufstellungen und Lehren nicht zurück, aber man maß sie an dem einen, entscheidenden Punkt des bisherigen Glaubens und Bekennens, d. h. an Jesus Christus und an dem ursprünglichen Verständnis seiner Person. Die Neuzeit zweifelt nicht an seinem menschlichen Wesen, aber der Anspruch eines göttlichen Seins erscheint uns problematisch. Im Altertum lagen die Dinge umgekehrt: die Gottheit Jesu erregte kaum Widerspruch, aber alle „gnostischen" Ketzer leugneten seine Menschheit. An dieser Stelle trennten sich die Wege. Schon der Erste Johannesbrief sucht diesen gnostischen Irrtum abzuwehren, wenn er das ausdrückliche Bekenntnis zu Jesus als dem „im Fleisch gekommenen" gegenüber den „antichristlichen" Neuerern zum Kriterium des wahren Glaubens und damit auch der brüderlichen Gemeinschaft macht. Bald wird es deutlich, daß mit der Leugnung der vollen Menschlichkeit Jesu auch seine Geschichte: seine Geburt, sein ganzes irdisches Leben und vor allem sein Leiden und Sterben ihre reale Bedeutung und damit den Sinn verlieren, an dem nach urchristlichem Verständnis das Heil hängt. Und umgekehrt: die Realität seiner Geschichte bezeugt die Wirklichkeit des Erlösers und der Erlösung. Darum fügt schon Ignatius von Antiochien dem Bekenntnis des Jesus*namens* weitere Daten seines Lebens hinzu: nur so bleibt Jesus der wirkliche, ebenso fleischlich-menschliche wie geistlich-göttliche Herr, den der Christ bejaht und den die Ketzer verleugnet haben. Erst in einem zweiten Stadium der Auseinandersetzung wird neben dem Bekenntnis zu Jesus auch der Glaube an einen Gott genannt, den Schöpfer Himmels und der Erde. Natürlich muß diese Aussage schon im Kampf mit dem vulgären Heidentum eine Rolle gespielt haben; aber wichtiger war, daß auch die gnostische Theologie folgerichtig nicht nur das menschliche Wesen Jesu, sondern auch das unmittelbare Welt- und Geschichtsverhältnis Gottes anzweifelte. Sie ersetzte darum Gottes Einheit durch eine Stufenfolge von göttlichen, zur Welt hin vermittelnden Potenzen. Im Kampf mit der Ketzerei wird das Doppelbekenntnis zu Gott, dem Schöpfer und Weltregierer, und zur göttlich-menschlichen Person des geschichtlichen Jesus zur bestimmenden „Richtschnur" der zu glaubenden Wahrheit zum κανὼν τῆς ἀληθείας oder τῆς πίστεως. Nicht selten wird dieser κανών auch trinitarisch gefaßt und erinnert dann an die christliche Taufformel und an das spätere Apostolikum. Aber die „Richtschnur" selbst ist zunächst keine feste Formel, sondern nur eine sachliche Zusammenfassung und ein Inbegriff der in der Kirche im Gegensatz zum gnostischen Irrtum herrschenden Lehre. Durch diesen Gegensatz ist der κανών bestimmt. Man mag seine Umschreibung des Christentums heute einseitig finden; aber der Anspruch, die alte Wahrheit gegen die ketzerische „Neuerung" aufrecht zu halten und zu schützen, bestand jedenfalls für seine Zeit unbestreitbar zu Recht.

Dennoch hätte das bloße Behaupten solcher Sätze der damaligen Kirche, für sich allein genommen, wenig genützt. Entscheidend war, daß sie die „Richtschnur" in einen weiteren Rahmen hineinstellen und ihr ursprüngliches Recht auch historisch und gewissermaßen „urkundlich" nachweisen konnte. Im Kampf mit den Irrlehren des zweiten Jahrhunderts bilden sich die festen Grundzüge unseres Neuen Testamentes aus, d. h. derjenigen Schriftensammlung, die unbeschadet aller modernen Kritik bis heute die einzige Quelle ist, aus der wir erfahren können, wer Jesus Christus wirklich war und ist. Und dieses Neue Testament ließ sich seiner Natur nach nicht vom Alten Testament trennen, Jesu eigener Bibel, und sicherte so noch einmal die Kontinuität der Heilsgeschichte und die Gewißheit des einen und einzigen Gottes. Mit dieser doppelten „Schrift" konnte die Kirche ihr „Bleiben" bei dem, „was im Anfang war", glaubwürdig behaupten, und so ist sie der ungezählten anders gerichteten Gemeinschaften und Sekten des zweiten Jahrhunderts allmählich Herr geworden. Sie alle sind zu Beginn des dritten Jahrhunderts schon unübersehbar im Rückgang, und schließlich sind sie – man vergesse nicht: ohne jede äußere Gewalt – alle verkümmert und dahingeschwunden.

Es gibt hiervon nur eine wesentliche Ausnahme: das ist die Kirche Markions. Sie hat sich allen Stürmen zum Trotz bis ins vierte und fünfte Jahrhundert als eine kleine, aber fest organisierte und überzeugungsstarke Kirche neben der katholischen Großkirche behauptet. Woher kommt das? Man wird dafür vor allem wohl zwei Gründe nennen können. Der erste: auch Markion suchte das ursprüngliche Recht seiner Lehre durch einen Schriftkanon zu dekken, der einige alte, echte Stücke der Jesusüberlieferung in seiner Kirche zur Norm erhob. Sie waren von ihm allerdings – gutgläubig, aber höchst gewaltsam – so verstümmelt worden, daß jede Bezugnahme auf das Alte Testament und sein Gesetz getilgt und eine dualistische Trennung des alten Welt- und Gesetzesgottes vom vermeintlich weltfremden Gott Jesu ermöglicht war. Und dies ist nun das Zweite: die gemeingnostische Tendenz zu hybrider Gesetzesverachtung und asketischer Weltverneinung ist bei Markion auf ihren reinsten, schärfsten Ausdruck gekommen und gleichzeitig so mit dem urchristlichen Erbe zusammengebracht, daß seine Lehre ein eigenes, besonders „evangelisch" klingendes Pathos gewinnt, das alle ähnlich gestimmten Gemüter unwiderstehlich anzieht. Der Markionitismus erscheint gegenüber einem zur Gesetzlichkeit und Weltförmigkeit neigenden Katholizismus als das echtere und eigentliche Christentum. Nimmt man die verwandten Bestrebungen der Manichäer und der von ihnen beeinflußten Sekten hinzu, so hält sich der Markionitismus darum nicht zufällig bis ins hohe Mittelalter. Die antinomistischen Freunde Markions sind ja auch heute nicht ausgestorben. Der Alten Kirche hat der Markionitismus indessen doch nur in ihren Anfängen und auch da nur in bestimmten Landschaften ernsthaft Konkurrenz gemacht. Ihre wesentliche Einheit hat er nicht zu spalten vermocht.

III.

Ich komme zum *dritten* Jahrhundert und zum dritten Gesichtspunkt meiner Betrachtung: dem freien geistlichen Zusammenhalt der einen christlichen Großkirche. Die Kämpfe des zweiten Jahrhunderts haben die Einzelgemeinde gestrafft: die bischöfliche Verfassung ist allgemein geworden und hat sich bewährt. Aber noch immer fehlt es an einer organisatorischen Darstellung der gesamtkirchlichen Einheit. Nur der gegenseitige Verkehr zwischen den Gemeinden war schon immer stark und gewinnt jetzt eine gewisse Ordnung und Stetigkeit. Jeder Reisende erhält seinen Empfehlungsbrief, wenn er von der einen Gemeinde zur anderen reist; regelmäßige Wahlanzeigen der Bischöfe werden üblich; zur Entscheidung und Abstimmung in übergreifenden, allgemein-kirchlichen Fragen finden gebietsweise immer häufiger Synoden statt. Landschaftliche Gemeindegruppen werden erkennbar, und in diesen gewinnen die Bischöfe der reicheren Großstadtgemeinden naturgemäß die Führung.

Diese Entwicklung ist ebenso naheliegend wie notwendig – kein Verständiger wird sie als solche beklagen. Aber gerade sie bringt auch neue Gefährdungen mit sich, die die Einheit der Kirche bedrohen. Die zunehmende geistige und materielle Bedeutung des Bischofsamts macht es zum Ziel eines nicht selten sehr menschlichen Ehrgeizes, und so kommt es wiederholt zu zwiespältigen Wahlen, die je nach der Anerkennung, die sie auswärts finden, den gesamtkirchlichen Frieden stören. Und: das Übergewicht der großen Gemeinden bringt sie in Versuchung, ihre Anschauungen und Grundsätze womöglich auch anders orientierten Gemeinden einseitig vorzuschreiben und aufzunötigen. Aber der Widerspruch, den sie damit wecken, zeigt uns andererseits, daß die alte Vorstellung von der

Kirche als einem freien Liebesbund der – jetzt durch ihre Bischöfe repräsentierten – Gemeinden noch immer gültig ist und sich auch behaupten kann. Ich nenne dafür zwei jedem Theologen wohlbekannte Beispiele.

Bischof Viktor von Rom hatte den Versuch gemacht, die in Rom geübte Oster- und Fastenpraxis für die kirchlich allein mögliche und berechtigte zu erklären, und hatte mit den kleinasiatischen Gemeinden, die sich seiner Forderung nicht fügen wollten, die Gemeinschaft abgebrochen. Aber er stieß damit nicht nur bei den Betroffenen auf Widerstand. Auch Bischof Irenäus von Vienne und Lyon schrieb ihm, wiewohl in der Sache mit Rom einig, einen ernsten Brief und machte ihm wegen der Willkür seines Vorgehens energische Vorhaltungen. Er sagt: ,,Die Vielfalt in der Fastenpraxis ist nicht erst zu unserer Zeit aufgekommen, sondern war schon viel früher bei unseren Vorfahren in Übung . . . Trotzdem lebten alle diese miteinander in Frieden, und auch heute leben wir noch in Frieden miteinander.'' Und dann kommt der für das Wesen der geistlichen Einheit so bezeichnende Satz: ,,Die Vielfalt (der Sitten) unterstreicht gerade die Einmütigkeit des Glaubens.'' Das heißt: die wahre Einheit der Kirche hebt sich von der Vielfalt ihrer Bräuche nur um so deutlicher ab. Sie fordert nicht die Gleichmäßigkeit einer für alle gültigen Ordnung.

Das war noch zu Ausgang des zweiten Jahrhunderts gewesen. Zwei Menschenalter später provozierte der römische Bischof Stephan einen neuen Konflikt. Er brach mit der Kirche von Nordafrika in brüsker Weise die Gemeinschaft ab, weil sie bei der Aufnahme von Ketzern in die Kirche ein anderes Verfahren befolgte, als in Rom üblich war: sie erkannte nämlich die Taufe der Ketzer nicht an und taufte sie demgemäß von neuem, statt sich mit einer bloßen Handauflegung zu begnügen. Aber der Vorstoß blieb erfolglos. Ein Vertreter der östlichen Kirche erklärte rundweg, Bischof Stephan habe mit seinem unerhörten Vorgehen das Band des Friedens in dem einen Leib und Geist der Kirche ,,tyrannisch'' zerrissen und sich dadurch nur selbst aus ihrer Gemeinschaft ausgeschlossen. Der unmittelbar betroffene Sprecher Afrikas, Bischof Cyprian von Karthago, war klug genug, den Spieß nicht umzudrehen und die afrikanische Ordnung seinerseits absolut zu setzen. Er erklärte, daß grundsätzlich jedem einzelnen Bischof für seine Gemeinde das Recht der freien Entscheidung zustünde. Keiner dürfe den andern darum verurteilen und ihm die Gemeinschaft aufkündigen, weil er eine andere Meinung habe als er selbst. Denn „wir alle erwarten den Spruch unseres Herrn Jesu Christi, der einzig und allein Macht hat, . . . über unser Tun dereinst das Urteil zu sprechen".

Man darf hiergegen nicht einwenden, daß es sich im Fall der Taufe doch um eine weit ernstere Entscheidung handelte als in den Fragen der Fastenpraxis oder des Ostertermins und daß eine einheitliche Regelung in diesem Fall durchaus erforderlich, zum mindesten sehr wünschenswert war und im Laufe der Zeit ja auch weithin erreicht wurde. Es gint um die Art und Weise des Vorgehens, die nicht die Verständigung mit Geduld suchen und, bis sie erreicht war, auch abweichende Überzeugungen achten konnte, sondern sich mit „tyrannischer" Willkür sogleich selbst das Urteil anmaßte. – In den eigentlichen Glaubensfragen war man allerdings meist sehr viel schroffer. Aber auch hier gibt es Beispiele, daß eine friedliche und verstehende Aussprache durchaus nicht nur zum Bruch, sondern auch zur Einigung führen konnte und führte. Ich erinnere an die Disputationen des Origenes und an den Briefwechsel des Bischofs Dionys von Alexandrien. Es fehlt freilich auch nicht an Gegenbeispielen; aber große, die Einheit der Gesamtkirche zersprengende Glaubenskämpfe finden im dritten Jahrhundert nicht mehr statt.

Trotzdem kommt es auch jetzt zu einer großen und lange dauernden Abspaltung; aber sie entspringt diesmal nicht einem dogmatischen, sondern einem praktisch-moralischen Problem. Gleichwohl erfolgt der Bruch – nicht anders als beim Markionitismus – an einem theologisch wesentlichen, ja entscheidenden Punkt. Das neue Schisma hatte das Anwachsen des Christentums zu einer großen, sozusagen volkskirchlichen Organisation zum Hintergrund, und der erste Anlaß lag in einer zwiespältigen Bischofswahl in der Hauptstadt Rom. Der unterlegene Bischof Novatian widersprach der großkirchlichen Praxis, Christen, die in der Verfolgungszeit versagt hatten, nach einer – für unser Empfinden außerordentlich harten – Bußleistung zuletzt wieder in die Gemeinschaft aufzunehmen und sie dadurch des Friedens mit Gott zu versichern. Für die Novatianer war die Kirche Christi in dem Sinn eine Gemeinschaft von Heiligen, daß sie die wirklich schweren Sünden niemals verzeihen konnte; sie sollten lebenslänglich gebüßt werden. Es ist für den gesunden Menschenverstand nicht schwer, diesen einigermaßen utopischen Standpunkt zu verspotten. Als Kaiser Konstantin der Große später, in Nicäa, den vergeblichen Versuch machte, die sonst durchaus orthodoxen Novatianer mit der Großkirche zu versöhnen, brach er die Erklärungen des Sprechers Akesios mit einem ärgerlichen Scherze ab: ,,Nimm eine Leiter, Akesios, und steig du allein in den Himmel.`` Aber der hartnäckige Stolz, mit dem die Novatianer alle gutgemeinten Einigungsbemühungen auch später immer von neuem zurückwiesen, hatte tiefere Gründe. Er wurzelt letzten Endes in der Überzeugung, daß – ich vereinfache – der unaufgebbare sittliche Ernst des Christentums und damit das Heil der Kirche nicht durch das Evangelium selbst, sondern durch moralische Strenge zu sichern sei. Das macht auch die Novatianer zu einer echten Ketzerei, die eben darum in gewissem Sinne unausrottbar bleibt. Das Ideal der ,,Reinen``, der Katharer, wie sie sich selbst nannten, folgt der Kirche von nun an wie ein Schatten durch die Jahrhunderte. Es gefährdet ihre lebendige Einheit in zahlreichen Sekten und Gemeinschaften – noch mehr von innen als von außen – bis auf diesen Tag.

IV.

Wir treten ins *vierte* Jahrhundert ein – und damit in diejenige Epoche, die das bisherige Weltverhältnis der Kirche von Grund auf zu ändern beginnt. Mit ihm ändert sich – verhängnisvoll – auch die Art ihrer Einheit, die hinfort ohne politischen Beistand nicht mehr vorstellbar und nicht mehr erreichbar scheint. Natürlich war die Einstellung der Kirche gegenüber Staat und Gesellschaft auch vorher nicht unproblematisch gewesen. Schon die vorkonstantinische Kirche schwankt nicht selten zwischen feindseliger Erbitterung und dem gierigen Verlangen nach Reibungslosigkeit und „Frieden" unsicher hin und her. Aber das wesenhafte Anderssein der Christen, ihr fremdes Gegenüber zur Welt und die daraus folgende eigentümliche Intensität ihrer Zusammengehörigkeit konnte doch niemals vergessen werden, solange sie eine von außen unterdrückte und verfolgte Minorität blieben. „Die Christen", heißt es in einer frühen apologetischen Schrift, „unterscheiden sich von den übrigen Menschen nicht durch eine besondere Heimat, eine eigene Sprache oder abweichende Lebensgewohnheiten. . . Sie wohnen in ihren Städten (wie jedermann) – aber als Metöken; sie nehmen an allem teil wie Bürger – aber müssen Leid erdulden wie Fremdlinge. Jede Fremde ist für sie Heimat – und jede Heimat eine Fremde . . . Sie wohnen auf der Erde – aber ihr Gemeinwesen liegt im Himmel . . . Sie lieben alle und werden von allen verfolgt. Man kennt sie nicht – und man verurteilt sie. Die Juden bekämpfen sie wie Fremdstämmige, und die Griechen verfolgen sie – und doch sind ihre Hasser nicht imstande zu sagen, warum sie ihnen so feind sind." Das wird nun anders. Wir brauchen die Gründe für den sogenannten Sieg der Kirche hier nicht zu erörtern. Sie hatte sich als unausrottbar erwiesen. Der Grund ihrer Unüberwindbarkeit lag weniger in ihrer Anpassungsfähigkeit, in der an und für sich erstaunlichen Aufnahmefreudigkeit gegenüber allen geistigen Werten der spätantiken Kultur, als vielmehr umgekehrt: in der exklusiven Erfassung ihres *eigenen* Heils, das in dem einen konkreten Namen Jesu und darum auch nur in der einen ihn bekennenden Kirche zu haben war. Dies verlieh ihr in jener Zeit des Synkretismus, der Mischung und Dämonisierung aller Religionen im Rahmen des Römischen Reiches, die sonst unbegreifliche Widerstandskraft, die Zähigkeit ihres Zusammenhalts und die Unbesiegbarkeit auch in den letzten, großen Verfolgungen. Es kann kein Zweifel sein, daß es gerade dieser überraschende Erweis der Kraft und Einigkeit war, der Konstantin den Großen – neben der sittlichen und geistlichen Überlegenheit der Kirche – dazu bestimmte, die bisher unterdrückte Religion zu dulden und anzuerkennen und schließlich zur eigentlichen Religion des Kaisers und des Reiches zu machen. Sie erschien ihm an Stelle der vielen überlebten Kulte hervorragend geeignet, seinem bröckelnden Reiche wieder den sittlichen und religiösen Halt und einen verstärkten Zusammenhalt zu verleihen. Der Gedanke lag um so näher, als sich auch das Reich – wie die Kirche – als eine universale, ökumenische Größe verstand, eine Weltordnung der Gerechtigkeit, die von jeher gerade Frieden und Eintracht, Pax und Concordia, auf ihre blutbefleckten Standarten geschrieben hatte. Konstantin glaubte an seine Berufung. Die Greuel der letzten Christenverfolgungen waren mit seiner Alleinherrschaft zu Ende, und die bei jedem Herrschaftswechsel übliche Behauptung, die teuflischen Gegner seien jetzt mit göttlichem Beistand überwunden und eine neue Heilsepoche habe ihren Anfang genommen, gewann in seinem Munde für die Christen eine gewisse Glaubwürdigkeit und einen neuen Klang. Dazu hütete sich Konstantin wohl, das geistliche Selbstbewußtsein der Kirche zu verletzen: er begegnete ihren Bischöfen mit Achtung, ja mit Ehrfurcht und betonte gern ihre Allein-Zuständigkeit in allen Fragen des Glaubens und des Gottesdienstes. Wie sollten sie die große Zeitenwende nicht auch ihrerseits mit Dank und Freude begrüßen? Sie waren zudem selbst Bürger des römischen Imperiums, an seinem Gedeihen interessiert und zuinnerst überzeugt, die Ausbreitung und Stärkung des Christentums könne dem Reich und der Welt nur zum Segen gereichen. Jedenfalls: sie hatten auch nach unserem Urteil weder das Recht noch die Möglichkeit, sich dem kaiserlichen Angebot einfach zu versagen und die bisherige isolierte Stellung in der Gesellschaft künstlich weiter aufrecht zu halten.

Die eigentliche Gefahr wurde damals von niemandem gesehen. Sie lag nicht im vielgeschmähten staatskirchlichen Verhältnis als solchem, sondern in der Vorbehaltlosigkeit, mit der man es einging. Einem Mann wie Eusebios von Caesarea, dem Historiker der Alten Kirche, erschien der neue Bund des Weltreichs mit der Weltkirche als das geradezu providentielle Ergebnis der ganzen bisherigen Welt- und Kirchengeschichte, der Beginn einer neuen Epoche des endlich erreichten Weltfriedens, der im Gegensatz zu den traurigen

Zeiten der Verfolgung von jetzt an gottgewollt, natürlich und endgültig sein sollte. Das wesenhafte Gegenüber zur Welt – das vierte
neutestamentliche Kriterium kirchlicher Einheit – schien jetzt fast
der Vergangenheit anzugehören; der eschatologische Vorbehalt des
Glaubens drohte dem Bewußtsein der „siegenden" Kirche zu ent-
schwinden. Verkündigte sie wirklich noch allein das Reich „nicht
von dieser Welt"?

Wir verfolgen die Entwicklung, unserem Thema gemäß, nur unter dem Gesichtspunkt der Einheit. An ihr bestand jetzt nicht nur
wie bisher ein geistliches, sondern bei der neuen öffentlich-rechtli-
chen Stellung der Kirche auch ein unübersehbares staatliches Interesse. Die Kirche hat hiervon keineswegs nur Schaden, sondern
durchaus auch Gewinn gehabt. Es wird nun möglich, die rechtli-
chen Verhältnisse klarer zu ordnen. Die Gesamtverfassung der Kirche wird in Anlehnung an die staatliche Verwaltung ausgebaut; die
Verbindung zwischen den einzelnen Gemeinden, die Abgrenzung
der Sprengel, die Zuständigkeit der kirchlichen Gerichte erfährt
eine willkommene Klärung; Post und Verkehr stehen den Bischöfen
zur Verfügung, und ihren Konferenzen und Konzilen werden nirgends mehr Schwierigkeiten in den Weg gelegt. Die Kirche selbst ist
berechtigt, ihre Streitfragen zu entscheiden, und ihre Beschlüsse
können mit staatlicher Hilfe dann ohne weiteres zur Durchführung
gelangen.

Aber an diesem Punkt beginnt nunmehr auch die tiefergreifende
Veränderung. Bis dahin hatte die Kirche keine äußeren Machtmittel
zur Verfügung gehabt, um ausbrechende Zwistigkeiten aus der
Welt zu schaffen. Sie mußte sich, wie wir gesehen haben, selbst um
eine friedliche Einigung mühen und mußte dort, wo sie nicht ge-
lang, Geduld üben oder eben Scheidungen ertragen. Jetzt greift sogleich der Staat zu ihren Gunsten ein. Unruhestifter werden zum
Schweigen gebracht, und widerspenstige oder häretische Bischöfe
werden, sobald sie in einem kirchlichen Verfahren verurteilt und
„abgesetzt" sind, polizeilich entfernt und in die Verbannung geschickt. Noch hält sich dies Verfahren durchaus in Grenzen – es erscheint nicht als staatliche Einmischung, sondern lediglich als ge-

bührender Schutz der kirchlichen Ordnung. Als der Usurpator
Maximus, um sich bei der Kirche beliebt zu machen, die Anhänger
Priscillians mit fadenscheinigen Vorwänden in ein Kriminalverfah-
ren verwickelt und hinrichten läßt, stößt das Verhalten der Bischöfe, die solches geduldet haben, auf Abscheu und Ablehnung; die
führenden Bischöfe der westlichen Kirche brechen mit ihnen die
Gemeinschaft ab. Aber im Fall der Donatisten, deren schismati-
sches Verhalten nach katholischem Urteil grundlos und unrecht
war, ist es schließlich der Staat – und nicht die Kirche –, der auf ihre
zwangsweise Wiedereingliederung zunächst Verzicht leistet. Die
Bischöfe pochen ihm gegenüber nur auf das Recht der allein wahren
katholischen Kirche – die geistliche Freiheit von ehedem ist im vierten Jahrhundert nicht mehr vorhanden.

In gewisser Weise ist der arianische Streit die Krise dieser naiven
Staatskirchlichkeit in der früh-,,konstantinischen" Zeit. Er läßt sich
als der Protest des Glaubens interpretieren, der sich darum gegen
die staatliche Friedenspolitik erhebt, weil diese die äußere Einheit
der Kirche nunmehr mit Gewalt und um jeden Preis zu erhalten
wünscht. Der Glaube, heißt es jetzt, ist wichtiger als die äußere
Einheit und kann und darf nicht erzwungen werden. Was hat der
Kaiser überhaupt mit der Kirche zu tun? Es ist gewiß kein Zufall,
daß dieser Freiheitskampf sich gerade an der Christusfrage entzündet hat: das Bekenntnis zu Jesus Christus war ja von Anfang an der
entscheidende Halt der Kirche, ihr eigentlicher und einziger Inhalt
gewesen, und das Einssein Jesu mit seinem Vater war die Voraussetzung und der Grund ihrer eigenen Einheit. Nur die begriffliche
Fassung des innergöttlichen Zusammenhangs stieß im vierten Jahrhundert auf erhebliche Schwierigkeiten. Sie wären aber wahrscheinlich auch ohne die ständigen Eingriffe der Regierung und dann vielleicht sogar eher und besser geklärt und überwunden worden. Es ist
jedenfalls bezeichnend, daß der echte Arianismus, die Lehre, die
eine wirkliche Depotenzierung Jesu im Auge hatte, schnell und für
immer verschwunden ist, sobald ihm die politische Unterstützung
entzogen war, der die Nicäner doch zwei Menschenalter lang erfolgreich getrotzt hatten. Aber sobald diese an die Macht gelangt

waren, hatten sie die kirchenpolitische Lehre ihres Kampfes auch schon wieder vergessen. Hinfort wird die Freiheit des Glaubens nur noch für die eine orthodox-katholische Kirche ernsthaft gefordert und verteidigt. So bleibt ihre Einheit ein geistlich-weltliches mixtum compositum; es ist der Staat, der ihren Schutz übernehmen soll, indem er alle, die sich ihr nicht fügen, beiseite schiebt und mehr oder weniger entrechtet. Es ist nicht ohne tragische Ironie, wie zuletzt die Einheit der Reichskirche eben an diesem Schutz und dieser staatlichen Protektion zugrunde geht. Die politischen, landschaftlichen, nationalen und sozialen Widerstände, die sich gegen die byzantinische Zentralgewalt Geltung verschafften, verbündeten sich zuletzt fast regelmäßig mit der rabies theologorum. Man verteidigte dogmatische Spezialitäten, um sich von der Reichskirche und damit vom Reiche zu trennen. Mit der Einheit des Reiches zerbricht darum schließlich auch die Einheit der Reichskirche. Heute verstehen die mancherlei nestorianischen und monophysitischen, östlichen und westlichen Christen zum Teil selbst die Quisquilien nicht mehr, um deretwillen sie einst die Einheit der Kirche und des Glaubens mehr oder weniger gutgläubig geopfert haben.

Aber blicken wir noch einmal auf das vierte Jahrhundert zurück. Trotz allem – es ist nicht so, daß die Kirche der falschen, garantierten Einheit zuliebe ihren geistlichen Ursprung verraten und ihr Gegenüber zur Welt einfach vergessen hätte. Ich darf zum Schluß noch an ein Werk erinnern, das – schon jenseits der Jahrhundertgrenze – diese Seite des Einheitsgedankens in unvergeßlicher Weise zum Ausdruck bringt. Ich meine die „Civitas Dei" Augustins. Augustin ist katholischer Christ. Er glaubt an die sichtbare Einheit der katholischen Kirche, die allein die Kirche Jesu ist, und macht gerade die Universalität zu einem Kriterium ihrer Wahrheit – so, wie wir es gewiß nicht mehr tun können. Aber andererseits versteht er diese Einheit und Universalität doch weder organisatorisch noch gar politisch und kirchenpolitisch, sondern vielmehr als Einheit der geistlichen Gesinnung. Durch sie steht die Kirche zur Dämonie dieser Welt und ihres irdischen Herrschaftsgeistes nach wie vor in ewigem Gegensatz. Es gibt seit Anbeginn durch alle Räume und Zeiten zwei große Bürgerschaften, Staaten oder Städte. Die eine ist die Bürgerschaft Gottes; sie liebt allein Gott und dient ihm bis zur Preisgabe ihrer selbst; die andere ist die Bürgerschaft des Widersachers, derer, die die Welt lieben und sich selbst erhöhen – bis zur Verachtung Gottes. Die Kirche muß ihren Haß erdulden und bleibt ihrem Wesen nach immer die Kirche der Verfolgten, der nur hie und da eine Zeit der Ruhe und des Friedens geschenkt ist. Sie blickt in Demut und Glauben auf Gottes Verheißungen und schaut nach dem Ende aus, nach dem Tage, ,,da der Sieg in der Wahrheit und der Rang in der Heiligkeit und der Friede in Seligkeit und das Leben in Ewigkeit feststehen", wird. In der Gegenwart lassen sich die beiden Bürgerschaften jedoch nicht reinlich scheiden; sie bleiben miteinander vermischt. Die Christen sind in dieser Welt nicht unfruchtbar; es ist für die Welt sogar das größte Glück, wenn sie einmal ausnahmsweise zu Macht und öffentlichem Einfluß gelangen. Aber ihre eigentlichen Zwecke und Ziele liegen in einer anderen Dimension und lassen sich für die Interessen dieser Welt niemals mediatisieren.

Was wir hier vor uns haben, mag man unter verschiedenen Gesichtspunkten kritisieren; aber es bleibt der erste große Versuch, das Verhältnis von Kirche und Welt nach dem Aufhören der offenen Verfolgung von innen her neu zu bestimmen. Man hätte das Buch vor der konstantinischen Wende so nicht schreiben können. Es bildet den Ausgangspunkt für alle späteren Entwürfe einer Zwei-Reiche- oder Zwei-Regimenten-Lehre, die in der einen oder anderen Gestalt m. E. immer unentbehrlich bleibt, wenn man die Frage nach dem Wirken der Kirche in der Welt, von Kirche und Gesellschaft, Kirche und Öffentlichkeit in theologisch legitimer Weise beantworten will.

Ich bin am Ende. Ich habe, wie gesagt, keine irgendwie vollständige Darstellung liefern können und unzählige Fragen und Einwände einfach beiseite gelassen. Ich wollte nur zeigen, daß der ursprüngliche, geistliche Einheitsgedanke für die Kirche der ersten Jahrhunderte nicht so unwesentlich war, wie man gelegentlich wohl meint. Die Kirche des ersten Jahrhunderts, die allein im Namen Jesu ihre Einheit hat, setzt sich auch ins zweite Jahrhundert fort, das sich bewußt zum Bleiben bei dem entschloß, was im Anfang war; sie hält auch im dritten Jahrhundert an der Unerzwingbarkeit ihres Einsseins fest, und hat selbst in der schweren Belastung des vierten die Erinnerung an ihren geistlichen Ursprung und an ihr überweltliches Ziel nicht vergessen.

Es gab eine Zeit, da meinte man in der evangelischen Kirche, sich auf einen consensus quinquesaecularis berufen zu können. Man wird das heute so leicht nicht wieder tun. Zu vieles hat sich seit den Tagen der Alten Kirche verschoben und geändert, und zu vieles, was einmal ganz unproblematisch wirkte, erscheint uns heute in einem zweifelhaften Licht. Man kann nichts wiederholen, und alle gegenwärtigen ökumenischen Bemühungen unterscheiden sich schon dadurch vom urchristlichen ,,ut omnes unum sint'' grundlegend, daß wir nicht mehr bei einer Kirche bleiben, sondern sie in der Zerspaltenheit weit getrennter Kirchen von neuem erst einmal suchen müssen. Wir müssen weiter zurück, um dort die Einheit wieder zu entdecken, wo sie einst ihren Anfang nahm. Denn wir glauben noch immer an die Eine heilige Kirche; aber wir dürfen, meine ich, dann auch nicht vergessen, daß diese Kirche in all ihrer Fehlsamkeit und Brüchigkeit einmal keine bloße Hoffnung und kein leeres Wort gewesen ist, sondern eine lebendige, geglaubte und erfahrene Wirklichkeit.

Die Entstehung der Heilsgeschichte

Der Aufbau des christlichen Geschichtsbildes in der Theologie des ersten und zweiten Jahrhunderts

Der Begriff der Heilsgeschichte erfreut sich gegenwärtig in der Theologie aller Konfessionen eines besonderen Interesses. Obgleich das Wort „Heilsgeschichte", *Historia salutis*, nicht vor dem achtzehnten Jahrhundert aufgekommen sein dürfte, meint man doch vielfach, mit ihm die Eigenart der urchristlichen Glaubenswelt, ja des biblisch-christlichen Denkens überhaupt am besten fassen und bezeichnen zu können. Andere legen hiergegen allerdings ein um so entschiedeneres Veto ein und sprechen dem Begriff jede theologische Dignität ab. Ich möchte mich auf eine grundsätzliche Diskussion hier nicht einlassen. Eine gewisse heilsgeschichtliche Orientierung aller christlichen Theologie erscheint mir allerdings unbestreitbar; denn *Jesus Christus*, der Mittler alles christlichen Heils, war selbst eine historische Persönlichkeit. Er gilt darüber hinaus als der Zielpunkt einer älteren, auf ihn zulaufenden Geschichte göttlicher Offenbarung und ist damit von vornherein gegen jeden historischen Doketismus geschützt. Aber damit ist noch nicht gesagt, daß dieser ursprüngliche Zusammenhang von vornherein auch in dem Sinne historisch gesehen und interpretiert wurde, daß man den Gang dieser älteren Geschichte wirklich überschaute, mit dem Leben *Jesu* und seiner Kirche sinnvoll zusammenfaßte und so ein neues, einheitlich gestaltetes Bild der sogenannten biblischen Geschichte gewann. Nur in diesem engeren Sinne soll im folgenden

Aus: Saeculum (Verlag Karl Alber, Freiburg/München) 21, 1970, S. 189–212 von Heilsgeschichte die Rede sein, und meine These ist, daß ein derartiges zusammenhängendes und geordnetes Bild der heiligen Geschichte in der Kirche zunächst nicht vorhanden war, sondern, aus verschiedenen Ansätzen erwachsend, sich nur langsam gebildet und erst am Ende des zweiten Jahrhunderts einigermaßen deutlich konsolidiert hat.

Das mag überraschend klingen; denn die Kirche besaß doch von Anfang an das Alte Testament als ihre autoritative *„Heilige Schrift"*[1], und diese Schrift bot in weiten Partien nichts anderes als den Bericht einer heiligen, von Gott gelenkten Geschichte dar. *„Das Volk Israel hat ja – ein Unikum in der Literatur der altorientalischen Völker – immer aufs neue große Geschichtswerke entworfen, weil es vor der Notwendigkeit stand, sich unter immer neuen Gesichtspunkten als Gegenstand einer göttlichen Führung zu verstehen."*[2] Zwar wurde das Alte Testament zur Zeit *Jesu* vielfach höchst unhistorisch – juristisch, allegorisch und theosophisch – ausgelegt; aber der ursprüngliche „heilsgeschichtliche" Sinn des Ganzen konnte doch niemals verloren gehen[2a] und wurde auch in der jungen Kirche empfunden. Hatte sie damit nicht von Anfang an ein Bild der älteren Heilsgeschichte mit übernommen, das sie bejahte und lediglich fortzuführen brauchte?

Eine solche Auffassung verkennt die Neuheit der Situation und die Tiefe des Bruches, der das Christentum vom zeitgenössischen Judentum trennte. Für die Juden war das Alte Testament in seiner ganzen Breite das Buch ihrer eigenen Geschichte gewesen, das Zeugnis der treuen und gnädigen Fürsorge, die Gott seinem auserwählten Volk zu allen Zeiten gewährt hatte, und damit zugleich das Buch der Leitung und Tröstung für die Gegenwart und der Hoffnung auf eine künftige Erneuerung und Wiedererhöhung. Dagegen

---

[1] Ich habe die Geschichte der Übernahme und Behauptung des Alten Testaments in meinem Buch „Die Entstehung der christlichen Bibel" (1968) ausführlich behandelt und werde mich im folgenden wiederholt auf diese Darstellung stützen.

[2] G. v. RAD, in: E. BÖHM, Forscher und Gelehrte (1966) 17.

[2a] Vgl. hierzu etwa G. REESE, Die Geschichte Israels in der Auffassung des frühen Judentums (Diss. theol. Heidelb. 1967, Maschinenschr.).

war für die Christen die große Wendung bereits erfolgt. In *Christus*
war das endgültige Heil erschienen und in der Kirche der an *Christus* Glaubenden lebendige Gegenwart geworden für die ganze Welt
und für die Gläubigen aus allen Völkern. Allein auf ihn und seine
Wiederkehr richtete sich jetzt der Blick[3]. Die Vergangenheit ver-
blaßte dagegen zur bloßen Vorgeschichte seines Erscheinens. Das
Alte Testament wurde nur noch von *Christus* her und auf *Christus*
hin gelesen, und das Verständnis, das man seinen Texten so entgegenbrachte, war zunächst alles andere eher als ,,*historisch*''[4]. Es ist
kein Zufall, daß die alte Kirche bis zu *Eusebius* wohl Schriftsteller
der verschiedensten Art, aber – sieht man von *Lukas* ab – keinen
einzigen Historiker hervorgebracht hat. Es geht also nicht an, daß
man das Vorhandensein des späteren biblischen Bilds der Heilsgeschichte von Anfang an wie eine Selbstverständlichkeit voraussetzt.
Es mußte den alten Texten vielmehr mühsam abgerungen und
Schritt für Schritt neu errichtet werden, und dieser Prozeß erfor-
derte mehr Zeit und Anstrengung, als man im Rückblick auf das er-
reichte Ziel zunächst vermuten möchte. Es versteht sich, daß diese
Arbeit nirgends im modernen Sinne wissenschaftlich oder kritisch

---

[3] Die Dimension der Zukunft ist für die frühe Kirche darum durchweg weit wesentlicher als die Vergangenheit. Die künftige Weltkatastrophe wird dabei genau so
als ein historisches Ereignis erwartet, wie die Weltschöpfung oder die Himmelfahrt
als historische Geschehnisse gelten. Durch die Aufnahme jüdisch-apokalyptischer
Traditionen wird das Endgeschehen immer reicher gegliedert und zu einer vielstufi-
gen Folge dramatischer Ereignisse ausgebaut. Wir brauchen uns mit dieser Entwicklung hier nicht zu befassen. Erst im dritten Jahrhundert, bei Judas (Euseb. hist. eccl.
VI 7) und vor allem bei Hippolyt wird die Endgeschichte im strengen Sinne ,,histo-
risch'' und chronologisch aufgefaßt, so daß man, von den Weissagungen des Propheten Daniel vorwärts und dann wieder rückwärts rechnend, den ganzen Verlauf der
Weltgeschichte und den genauen Punkt der jeweiligen Gegenwart bestimmen kann.
Die Spannung, in der solche Vorstellungen zur älteren Lehre vom plötzlichen und
unerwartet hereinbrechenden Ende stehen, sind schon damals dem römischen Presbyter Gaius aufgefallen, vgl.: Campenhausen, op. cit. (Anm. 1) S. 279 f.

[4] Man kann von hier aus in der Kirche nach einer mündlichen Formulierung von
H. W. Wolff gegenüber dem traditionsfreudigen Judentum einen gewissen ,,*Ge-
schichtsverlust*'' konstatieren, der nur langsam – dann freilich um so gründlicher –
aufgeholt und überwunden wurde.

betrieben wurde. Zweifel an der Verläßlichkeit des Alten Testaments begegnen höchstens im Lager der Ketzer, und die Motive und Fragen bei seiner Erforschung sind auch hier wie überall nicht durch ein neutrales historisches Interesse bedingt, sondern eindeutig theologisch.

Trotzdem ist das Werden des biblischen Geschichtsbilds auch für den modernen Historiker nicht ohne einiges Interesse. Es hat eine lange Nachgeschichte gehabt. Im Rahmen des traditionellen Bilds der „Heilsgeschichte" und keineswegs nur im Gegensatz zu ihm hat sich das neuzeitliche, an antiken Vorbildern geschulte Geschichtsbewußtsein allmählich entfaltet. Die Vorstellung einer einheitlichen Heilsgeschichte, die nach Gottes Plan von Adam über *Christus* bis zur Gegenwart und bis zum Ende der Welt verläuft, ist die Vorform der später säkularisierten Idee der einen „Weltgeschichte", die nach dem Fortfall ihrer christlich-theologischen Voraussetzungen auch nicht zufällig in die Krise geraten ist. Insofern bleibt die Heilsgeschichte eine wichtige Etappe auf dem *„Wege zum historischen Universum"*. Das mag meiner kleinen Überschau an dieser Stelle ihr Recht geben.

I

Man kann nach dem Gesagten davon ausgehen, daß das „historische" Interesse an der alten Bibel innerhalb der Christenheit zunächst dort am stärksten war, wo es von jeher gepflegt worden war, d. h. in den unmittelbar aus dem Judentum hervorgegangenen *judenchrist*lichen Kreisen. Doch sie konnten ihre führende Stellung in der Kirche nicht lange behaupten, und die erhaltene urchristliche Literatur stammt so gut wie ausschließlich aus dem heidenchristlichen Bereich. Infolgedessen sind uns von den frühesten heilsgeschichtlichen Entwürfen nur spärliche Reste bekannt. *Lukas,* der erste und, wie gesagt, auf Jahrhunderte hinaus einzige *„christliche Historiker"*[5], hat sich für sie interessiert[6]. In seiner Apostelge-

---

[5] *„Der erste christliche Historiker"* heißt Lukas in dem so betitelten Vortrag von

schichte finden sich zwei entschieden heilsgeschichtlich orientierte
Reden, von denen wenigstens die erste – *Stephanus* vor dem Hohen
Rat in den Mund gelegt – allgemein auf eine jüdische Vorlage zu-
rückgeführt wird. Sie bringt einen weitschweifigen Überblick über
die israeltische Ur- und Frühgeschichte, der von Abraham bis zu
Salomos Tempelbau führt; aber sie weist, von der polemischen
Schlußwendung gegen die Ermordung *Jesu* abgesehen, noch keine
christlichen Eigentümlichkeiten auf[7]. – Auch die zweite Rede, von
Paulus in der Synagoge des pisidischen Antiochiens gehalten, wendet sich an jüdische Hörer. Sie gibt in knapperer Form ein scheinbar
neutrales Referat über die Zeit vom Auszug aus Ägypten bis auf
David, springt aber dann von diesem durch Gott erwählten König
sogleich zu *Jesus* über, dem Heiland aus *Davids* Stamm, erwähnt
seine Ankündigung durch den Täufer *Johannes* und schildert seine
Verurteilung durch die Judenschaft in Jerusalem und seine Auferstehung nach der Weissagung der Propheten. Den Schluß bildet
eine eindringliche Aufforderung zur Bekehrung[8]. Man sieht hier
deutlich, wo das christliche Interesse einsetzt. Die ältere
Geschichtserzählung wirkt wie eine kaum artikulierte Einleitung
zum Bericht über *Jesus*, der vor allem als Herr und Heiland der Juden erscheint. Der Zusammenhang mit König *David* wird unterstrichen; im übrigen fehlt eine tiefer greifende Deutung oder Um-

---

M. Dibelius, der ihn unter diesem Gesichtspunkt verständnisvoll würdigt: Aufsätze zur Apostelgeschichte (1951) 108–119. Lukas ist ein Sonderfall, und seiner persönlichen Einstellung zur Frage der ,,Heilsgeschichte" gehe ich hier nicht nach; vgl.
dazu vor allem H. Conzelmann, Die Mitte der Zeit. Studien zur Theologie des Lukas (5. Aufl. 1964) und H. Flender, Heil und Geschichte in der Theologie des Lukas (1965).

   [6] Das geht auch aus den auf judenchristlichen Quellen beruhenden Kindheitsgeschichten hervor. Die im folgenden besprochenen Reden lehnen sich, möglicherweise ohne judenchristliche Vermittlung, unmittelbar an den Stil der jüdischen
Synagogenpredigt an.

   [7] Apg. 7, 2–53. Näheres über die hier begegnende Deutung der Heilsgeschichte s.
u. S. 34 f.

   [8] Apg. 13,16–41; vgl. u. S. 34 Anm. 44.

deutung der Vergangenheit unter dem Eindruck des Neuen und der eingetretenen Erfüllung.

Interessanter sind unter diesem Gesichtspunkt die im *Matthäus*- und *Lukas*evangelium überlieferten Stammbäume *Jesu*, die zweifellos noch im palästinensisch-judenchristlichen Milieu entstanden sind. Ursprünglich wurzelten diese genealogischen Bemühungen in der Absicht, die davidische Abkunft *Jesu* zu beweisen. Doch setzt schon der matthäische Stammbaum bei *Abraham* ein[9], dem großen Träger der Heilsverheißung für seine Nachkommen und für alle Völker. Der lukanische Stammbaum weitet sich noch stärker ins Universale, indem er bis auf *Adam* zurückreicht, den ersten, von Gott erschaffenen Menschen und Urvater des ganzen, durch *Christus* erlösten Menschengeschlechts[10]. Bei *Matthäus* ist der Stammbaum außerdem nach den großen Epochen der göttlichen Erwählungsgeschichte gegliedert, die bei *Christus* ans Ziel gelangt. Es sind, wie der Evangelist selbst hervorhebt[11], jeweils vierzehn, also zweimal sieben Glieder, die von *Abraham* zu *David* reichen, von David bis zum Ende des alten Reiches im babylonischen Exil und nochmals vierzehn Glieder vom Exil bis zu „*Jesus, der der Christus* (= Messias) *genannt wird*"[12]. Einer ähnlich durchdachten heilsgeschichtlichen Ordnung des Stoffes werden wir erst bei *Irenäus* wieder begegnen. Das frühe Heidenchristentum hat diese heilsgeschichtlichen Ansätze nirgends aufgenommen und fortgeführt.

Eine andere Methode, den alttestamentlichen Geschichtsstoff aufzunehmen und zu verwerten, hat dagegen oft Beachtung und reiche Entfaltung gefunden. Das ist der paränetische Hinweis auf einzelne biblische Vorbilder oder auch abschreckende Beispiele, wie er zumal in der hellenistischen Synagogenpredigt geläufig war[13]. Man kann sich hierbei mit der Nennung eines einzelnen Namens begnügen; man kann aber auch mehrere in Gruppen und

---

[9] Matth, 1,2.   [10] Luk. 3,38.   [11] Matth. 1,17.   [12] Matth. 1,16.
[13] H. Thyen, Der Stil der jüdisch-hellenistischen Homilie (1955) 75 ff.; 115 f. Ans römische „Vorbilddenken" erinnert L. Buisson, in: Zeitschrif. f. Rechtsgesch., Kanonist. Abt. 52 (1966) 102 ff.

schließlich reihenweise zu größeren „*Summarien*"[14] vereinen.
Werden diese, wie es in der Regel geschieht, nach der biblisch-
chronologischen Reihenfolge geordnet, so entsteht trotz der historischen Zusammenhanglosigkeit ein mehr oder weniger vollständi-
ger Durchblick durch alle Zeiträume der Heilsgeschichte. Das be-
kannteste Beispiel dieser Art findet sich im elften Kapitel des Hebräerbriefes, das von Kraft und Bedeutung des in der Welt zu allen
Zeiten angefochtenen Glaubens handelt. Am Anfang steht eine
kurze Definition dessen, was der Glaube ist[15], und dann folgt die
Liste von insgesamt achtzehn Glaubenszeugen, deren Mut und
Schicksal jeweils kurz umschrieben wird. Die Reihe beginnt mit
Abel, durchläuft den ganzen Hexateuch und schreitet dann in rhe-
torischer Verkürzung über die Richter bis zu *David, Samuel*[16] und
„*den Propheten*" fort. Hier bricht das Geländer der biblischen Berichterstattung ab, und die Aufzählung geht in eine allgemeine Beschreibung der Leiden über, die die Glaubenshelden zu allen Zeiten
erdulden mußten, um dann mit einem Appell an die Hörer zu
schließen – im Aufblick zu *Jesus,* „*dem Anfänger und Vollender des
Glaubens*"[17]. Die Reichhaltigkeit der scheinbar kontinuierlichen
Reihe[18] legt es nahe, diese Beispielsammlung, wie es oft geschehen
ist, als einen Überblick über die Heilsgeschichte zu interpretieren.
Nimmt man das Kapitel als Einzelfall, so mag dies Verständnis ver-
tretbar sein. Aber form- und traditionsgeschichtlich gehört es einer
weit verbreiteten Gruppe an, die in eine durchaus andere Richtung
tendiert.

---

[14] E. STAUFFER, Theologie des Neuen Testaments (1941) 216 ff. hat m. W. zuerst
auf ihre Bedeutung nachdrücklich hingewiesen, sie aber viel zu schnell „*geschichts-
theologisch*" und heilsgeschichtlich interpretiert.

[15] Hebr. 11,1.

[16] Streng genommen hätte Samuel vor David genannt werden müssen. Auch die
vier herausgegriffenen Namen der Richter sind nicht chronologisch geordnet.

[17] Hebr. 12,1 ff.; zur Weltschöpfung „aus Glauben" vgl. H. HACKER, Creatio ex
auditu, in: Zeitschr. neutest. Wissensch. 60 (1969) 279–281.

[18] In Wahrheit gibt es hier, wie E. KÄSEMANN, Exegetische Versuche und Besinnungen I (1960) 223, in scharfer theologischer Akzentuierung betont, überhaupt
keine menschliche Kontinuität, sondern nur die „*Kontinuität der praesentia dei*".

Das wird an den stilistisch verwandten Beispielreihen schon des sogenannten Ersten *Clemens*briefes deutlich erkennbar. Wir finden gleich zu Eingang des Schreibens eine lange Beispielreihe, die die verheerenden Folgen von Mißgunst und Zwietracht erläutern soll. Sie reicht, antithetisch aufgebaut[19], von *Abel* und *Kain, Jakob* und *Esau, Joseph* und seinen Brüdern, *Moses* und dessen Widersachern bis zu *David* und *Saul* und geht von diesen „*Beispielen der Vorzeit*" dann – ohne *Christus* zu erwähnen – auf die „*Kämpfer der jüngsten Vergangenheit*" ein, d. h. die Märtyrerapostel *Petrus* und *Paulus* und weitere Opfer der jüngsten Christenverfolgungen[20]. Ja, zuletzt werden sogar noch – allerdings ohne Namensnennung – Beispiele der allgemeinen heidnischen Welt- und Völkergeschichte herangezogen[21].

An dieser Stelle handelt es sich um eine absichtsvoll „*gezielte*" Reihe: die zerstrittenen korinthischen Christen, an die das römische Gemeindeschreiben gerichtet ist, sollen dadurch zu Frieden und Ordnung gerufen werden. Auch die späteren Beispiele einer segensreichen Buße, für die auf *Noa, Jonas* und einige Prophetensprüche verwiesen wird, stehen mit dem aktuellen Anlaß noch in erkennbarem Zusammenhang[22]. Andere Beispiele des erbaulich im Stil einer Predigt ausladenden Briefes lassen derartiges überhaupt nicht mehr erkennen. So werden *Abraham, Lot* und *Rahab* als Vorbilder der Gastfreundlichkeit gerühmt[23], und ein anderes Mal werden *Henoch, Noa* und *Abraham*[24] oder die drei bekannten Patriarchen *Abraham, Isaak* und *Jakob* ganz allgemein als Muster der Vollkommenheit gerühmt[25]. Wir werden ähnlichen Aufzählungen fast hun-

---

[19] Über Herkunft und Bedeutung solcher paarweise geordneter Reihen vgl. die interessanten Ausführungen von K. BEYSCHLAG, Clemens Romanus und der Frühkatholizismus (1966), bes. S. 67 ff.

[20] I. Clem. 4–6.

[21] I. Clem. 6,3 f.; vgl. 55,1.

[22] I. Clem. 7,5–9,1.

[23] I. Clem. 10,7–12,3.

[24] I. Clem. 9,2–10,6.

[25] I. Clem. 31; abschreckendes Beispiel bietet z. B. Jud. 5–7.11.

dert Jahre später in einer Predigt Bischof *Melitons von Sardes* wieder begegnen, und bei *Tertullian, Cyprian* und anderen Vätern setzt sich die Tradition fort[26]. Es wäre offenbar ganz unsinnig, solche Reihen, die *Christus* in der Regel gar nicht berücksichtigen, auf ein besonderes „heilsgeschichtliches" Interesse zurückzuführen. So entsteht wohl ein unter Umständen sehr breiter „*biblischer Beispielschatz*" und eine wachsende Vertrautheit der Gemeinden mit den einzelnen Personen und Begebenheiten des Alten Testamtens; aber die erbaulich-moralische Orientierung führt nicht zu einer wesentlichen Erfassung und Deutung des großen geschichtlichen Zusammenhangs[27].

II

Die vorherrschende Verwendung des Alten Testaments in der frühen Kirche ist anderer Art. Sie legt es „*prophetisch*", d. h. christologisch aus. Alle biblischen Autoren und alle Frommen, von denen sie berichten, werden in einer für unser Gefühl höchst gewalt-

---

[26] Ein besonders krasser Beleg aus späterer Zeit findet sich bei FR. J. DÖLGER, Beiträge zur Geschichte des Kreuzeszeichens, IX, in: Jahrb. f. Antike u. Christent. 10 (1967): Physiol. 40 werden für die rettende Erfahrung des Kreuzes nacheinander angeführt Moses, Daniel, Jonas, Thekla, Susanna, Judith, Esther und die drei Jünglinge im Feuerofen. Das erinnert an das Problem der „Rettungsszenen" in der altchristlichen Kunst.

[27] Wo man die Struktur und Eigenart dieser Reihen nicht begreift und sie nach vorgefaßter Meinung „heilsgeschichtlich" interpretiert, gelangt man unvermeidlich zu verkehrten Ergebnissen. Ein groteskes Beispiel solchen Mißverstehens bietet O. KNOCH, Eigenart und Bedeutung der Eschatologie im theologischen Aufriß des ersten Clemensbriefes (1964) 450. In seiner Auslegung wird „*die Menschheitsgeschichte*" nach dem Ersten *Clemens*brief „*von einer aufsteigenden heilsgeschichtlichen Vollendungslinie durchzogen, die sich um zwei Pole gruppiert, Noe und Christus. Beide verkünden Gottes Erlösungsangebot vor einer umfassenden Menschheitskatastrophe, dort Sintflut, hier Ende der Welt und zwar je in universal gerichteter (Noe) bzw. universaler Weise (Christus) und bereiten zugleich auf das Neue vor, das dahinter sich erhebt.*" Es folgt eine komplizierte graphische Darstellung. Dabei wird Noa, abgesehen von den beiden oben bezeichneten Stellen, im ganzen *Clemens*brief nicht mehr genannt.

samen Weise zu Zeugen für *Christus*, sein Evangelium und seine Kirche gemacht, deren Herrlichkeit sie vermeintlich im voraus verkündigt und zum Teil bis ins einzelne vorauserkannt, gelehrt und beschrieben haben. Der Ausgangspunkt dieser Betrachtungsweise liegt in der urchristlichen Abwehr der jüdischen Zweifel und Angriffe; sie hat sich aber schnell verselbständigt und wird zu der theologischen Auslegungsmethode schlechthin. Für unsere Fragestellung ist dabei entscheidend, daß nicht nur die Worte der Weissagung, sondern auch die Ereignisse, die Personen, ja oft selbst einzelne Gegenstände, von denen die heiligen Texte berichten, unbeschadet ihrer früheren Bedeutung und ihrer historischen Gegebenheit, als prophetische „Typen" für die Zeit der Erfüllung und das in *Christus* erschienene Heil genommen und erklärt werden. Die älteren Methoden der allegorischen Interpretation werden damit in einer eigentümlichen Weise konkretisiert und anstelle einer allgemeinen Deutung auf beliebige, „philosophische" Wahrheiten auf den bestimmten geschichtlichen Punkt des Erscheinens Christi und seine weltumspannende Wirkung gerichtet. Diese Auslegungsmethode ist spezifisch christlich[27a].

Es ist unmöglich, aber auch nicht erforderlich, alle hierher gehörigen Belegstellen anzuführen. Sie finden sich in so gut wie jeder Schrift des kirchlichen Altertums und sind schon im Neuen Testamente selbst reichlich zu finden. So ist das Schicksal des Propheten *Jonas*, der drei Tage und drei Nächte im Bauch des Fisches war, ein „*Zeichen*" für das Schicksal des „*Menschensohns*", der ebensolange in der Unterwelt weilte, bis er auferstand[28]. Das Heilung bringende Bild der Schlange, die Moses errichtete, weist auf die rettende Be-

---

[27a] Der christliche Ursprung und Charakter der „typologischen" Auslegungsmethode wird seltsamerweise meist übersehen. Sie ergibt sich aus der Notwendigkeit, das ganze Alte Testament auf den einen festen Punkt *Christus* zu beziehen, zwangsläufig. Im Judentum gibt es in Qumran nur ganz bescheidene Ansätze zu einer solchen Schriftauslegung, während in der klassisch-antiken Literatur überhaupt „*jede Theologisierung der Geschichte fehlt*": H. DÖRRIE, Spätantike Symbolik und Allegorese, in: K. HAUCK, Frühmittelalterliche Studien (Foerste-Gedenkschrift 1969) 8.

[28] Matth. 12,39 f.; 16,4; Luk. 11,29 f.

deutung von *Christi* Kreuz[29], und die miteinander streitenden Söhne *Abrahams, Isaak* und *Ismael*, sind die „*Typen*" des alten fleischlichen und des neuen geistlichen Israel[30]. Im Laufe der Zeit werden solche Belege immer zahlreicher – es gibt schließlich ganze Textreihen, die die verschiedenen Daten der neuen, christlichen Heilsgeschichte aus solchen Zeugnissen sichern und begründen sollen, und kaum eine alttestamentliche Erzählung, die nicht auf irgendeine Weise christologisch-prophetisch gedeutet wird. So führt beispielsweise *Justin* folgende „*Typen*" für das aus Holz errichtete Kreuz *Christi* ins Feld: das Holz des Paradiesbaums, den Stab, mit dem *Moses* auszog und seine Wunder vollbrachte, die Stäbe, durch die *Jakob* die Lämmer *Labans* zu färben wußte, seinen Wanderstab und die Himmelsleiter, die der im Traum erschaute, den blühenden Stab *Aarons*, die Wurzel *Jesse*, von der *Jesajas*, und den Baum an den Wasserbächen, von denen der Psalmist *David* prophetisch spricht, die Eiche bei Mamre, bei der Gott *Abraham* erschien, die siebzig Weiden, bei denen Israel den Jordan überschritt, das Holz, das *Elias* ins Wasser warf, um die Axt zu retten, mit der wiederum die Bäume gefällt wurden, die zum Hause Gottes gebraucht werden sollten usw. usw.[31] Wie man sieht, wird hierbei selbst auf die äußere historische Reihenfolge der Geschehnisse kaum Wert gelegt, und wollte man den Versuch machen, aus diesen nur durch das eine Stichwort „*Kreuz*" zusammengefaßten Berichten so etwas wie ein Bild der alten Heilsgeschichte zurückgewinnen, so ergäbe sich ein völlig chaotisches Resultat. Das dogmatisch-apologetische Bedürfnis achtet in solchen „*Schriftbeweisen*" so gut wie nie auf den ursprünglichen Zusammenhang. Es sucht und findet, zerreißt und verbindet, deutet und mißdeutet die Texte unter dem einzigen Blickpunkt ihrer vermeintlichen Prophetie auf die Gegenwart. Für eine wie immer geartete Erkenntnis der heilsgeschichtlichen Ver-

---

[29] Joh. 3,17; vgl. Barn. 12,5–7; Justin, Apol. 60; dial. 94.

[30] Röm. 9,7 ff.; Gal. 4,22 ff.; ähnlich Barn. 13 über die Söhne Isaaks und Josephs.

[31] Dial. 76 f.

gangenheit bleibt die prophetische Auslegung der Heiligen Schrift, für sich genommen, somit ganz und gar unfruchtbar.

Dagegen hat sie in umgekehrter Richtung allerdings für das Verständnis der neuen, erfüllten Zeit einiges beigetragen. Es läßt sich zeigen, wie insbesondere die Geschichte der Passion *Christi* durch die alttestamentlichen Texte Zug um Zug gedeutet, erläutert und erweitert worden ist[32]. Ich beschränke mich hier auf einen einzigen Punkt, der für das christliche Geschichtsbild grundlegend geworden ist: die biblisch-prophetische Deutung der großen und schwierigen Gestalt *Johannes des Täufers*. Sie diente der Kirche in ihren Anfängen zur Bestätigung ihres Anspruchs und war in ihrer Unabhängigkeit für sie gleichzeitig ein Anstoß und eine peinliche Verlegenheit[33]. Einerseits war *Jesus* selbst von *Johannes* ausgegangen, war von ihm zum mindesten getauft worden und hatte sich mit starken Worten zu seiner Größe bekannt. Andererseits waren seine „Jünger" keineswegs durchweg Christen geworden, sondern hielten nach dem Tode ihres Meisters an seiner selbständigen Bedeutung fest und sahen gerade in ihm und nicht in *Jesus* den letzten Heilbringer der vollendeten Zeit. Es galt also, seine Bedeutung im Blick auf *Jesus* gleichzeitig festzuhalten und zu begrenzen, und hierfür fand sich ein Schriftbeweis. *Johannes der Täufer* gilt bekanntlich als „*Vorläufer*" *Jesu*, der auf sein Erscheinen hinweist und dabei selbst in dieser Rolle schon geweissagt ist. Er ist nach den Worten *Jesajas* die Stimme des Rufenden in der Wüste, der dem Herrn den Weg bereiten soll[34], ja vielleicht der Prophet *Elias* selbst, der nach den Lehren der jüdischen Apokalyptik am Ende der Tage wiederkehren und die Heilzeit einleiten wird[35]. So bildet die Botschaft

---

[32] Vgl. z. B. M. Dibelius, Die alttestamentlichen Motive in der Leidensgeschichte des Petrus- und Johannesevangeliums, Botschaft und Geschichte I (1953) 221–247.

[33] C. M. Kraeling, John the Baptist (New York/London 1951) 123: „*a source of joy and embarassement*".

[34] Matth. 3,3; Mark. 1,2 f.; Luk. 3,4; 7,27; Joh. 1,23.

[35] Matth. 11,14; 17,10–13; Mark. 9,11–13; Justin. dial. 49; anders Joh. 1,21, der den Rang des Täufers am stärksten niederhält.

des Täufers einerseits den „*Anfang des Evangeliums*"[36] und andererseits bleibt er selbst doch noch jenseits der großen Zäsur, die das
Kommen *Jesu* bezeichnet: „*der Kleinste im Himmelreich*", d. h. in
der neuen Heilsgemeinschaft der Kirche *Christi*, ist „*größer als
er.*"[37] Als letzter der Propheten außerhalb der biblischen Überlieferung[38] in nächster Nähe *Jesu* stehend, gewinnt *Johannes* so an der
Grenze der Zeiten seinen unverrückbaren Platz – der erste feste
Punkt im Bilde der neuen, auf *Christus* orientierten Heilsgeschichte.

III

Der herrschenden prophetisch-typologischen Auslegung des Alten Testaments geht von Anfang an, fast ebenso häufig und beliebt,
eine zweite, konkretere Betrachtungsweise parallel, die sich nicht
positiv auf *Christus*, sondern polemisch gegen die Juden kehrt. Wir
wollen sie kurz die *antijudaistische* nennen. Abgesehen von der gol-
denen Zeit der Patriarchen, die der eigentlichen Volkwerdung Israels vorausgeht, erscheint hier die ganze vorchristliche Geschichte
des Gottesvolks in düsterer Beleuchtung – mehr eine Geschichte des
Unheils als des Heils. Gott wurde zwar nicht müde, sich seines
Volkes anzunehmen, und sandte ihm immer aufs neue Führer und
Propheten, die es retten und von seinen bösen Wegen zurückrufen
sollten. Aber Wohltaten wie Züchtigungen scheiterten am bösen
Starrsinn und Ungehorsam des götzendienerischen Volks. Diese
Sicht der Dinge findet sich schon in den späteren Schichten des Alten Testaments selbst. Sie prägt in der deuteronomistischen Bearbeitung die Berichte über die Wüstenwanderung und das Regiment
der Könige und dient zur Erklärung der „*babylonischen Gefangenschaft*". Sie kommt nicht weniger in den Drohworten der Prophe-

---

[36] Mark. 1,1.

[37] Matth. 11,11; Luk. 7,28.

[38] Man darf nicht vergessen, daß es bis zur Mitte des zweiten Jahrhunderts immer
nur das Alte und schlechterdings noch kein „*kanonisches*" Neues Testament gab.

ten zum Ausdruck. Besonders *Ezechiel* kennt in seinen ,,*großen Geschichtsentwürfen*" nur noch ,,*Verfehlungen des Volkes von seiner Frühzeit an*"[39]. Diese Anschauung bestimmt im Spätjudentum die zahlreichen Legenden über die Verfolgung und Tötung des Propheten[40] und wirkt noch im Hebräerbrief bei der Beschreibung des tragischen Schicksals der Glaubenszeugen deutlich nach. Das frühe Christentum hat das pessimistische Urteil über die jüdische Vergangenheit aufgenommen, verschärft und noch mehr ins Grundsätzliche erhoben[41].

Im Judentum diente diese Betrachtungsweise der Bußmahnung und stand im Horizont der apokalyptischen Enderwartung. Das Christentum sah im Erscheinen *Jesu* die große Wende der Zeiten und in seiner Kreuzigung durch das eigene Volk dementsprechend die letzte und furchtbarste Tat des Abfalls und der Verleugnung. Wenn sich die Judenschaft auch jetzt nicht zu ihrem Herrn und König bekehren will, so hat sie sich selbst das Urteil gesprochen und ist für immer verloren. Hinter solchen Äußerungen steht die bittere Erfahrung von der weitgehenden Erfolglosigkeit der *Christus*-Verkündigung gerade unter den Juden und ihrer andauernden Feindseligkeit gegen das neue christliche Gottesvolk. Gelegentlich hat sich selbst *Paulus* in diesem Sinne geäußert, obgleich er doch nicht aufhört, auf die endgültige Bekehrung seines Volkes zu hoffen[42]. Die *Juden*, meint er, die ,,*den Herrn Jesus und die Propheten getötet und uns verfolgt*" haben, dies aller Welt verhaßte Volk, verfolgen die christlichen Gemeinden und wollen nicht zulassen, daß das Evangelium zu den Heiden gelangt. Darum sind sie dem endgültigen Gotteszorn verfallen[43]. In den heidenchristlichen, vom Juden-

---

[39] W. ZIMMERLI, Ezechiel (1969) 88.

[40] Hierzu jetzt ausführlich O. H. STECK, Israel und das gewaltsame Geschick der Propheten. Untersuchungen zur Überlieferung des deuternonomistischen Geschichtsbildes im Alten Testament, Spätjudentum und Urchristentum (1967).

[41] Vgl. hierzu auch E. STAUFFER, Märtyrertheologie und Täuferbewegung, in: Zeitschr. f. Kirchengesch. 52 (1933) 545–598.

[42] Vgl. Röm. 9–11.

[43] I. Thess. 2,14–16; vgl. Gal. 4,29 f.

tum gelösten Gemeinden wurden derartige Urteile noch entschiedener wiederholt und prägten das ganze Bild der jüdischen Vergangenheit.

Aber schon die *Stephanus*rede der Apostelgeschichte wird unter diesen Gesichtspunkt gestellt. Das auserwählte Volk hatte einst *Moses „verleugnet"*, den ihm Gott doch *„als Herrscher und Erlöser gesandt"* hatte, und sich seitdem nur immer von neuem gegen Gott und seine Gebote gewandt. *„Ihr Halsstarrigen und Unbeschnittenen an Herzen und Ohren, immer widerstrebt ihr dem heiligen Geiste – wie eure Väter, so auch ihr. Welchen Propheten haben eure Väter nicht verfolgt? Und sie töteten die, welche vom Kommen des Gerechten im voraus verkündigten, den ihr jetzt verraten und ermordet habt."*[44] Wir erwähnten schon, daß diese Rede weitgehend nach einer jüdischen Vorlage gestaltet ist. Daraus erklärt sich, daß der historische Rückblick hier verhältnismäßig so breit und sorgfältig ausgeführt ist. Im allgemeinen verzichtet man dagegen auf das historische Detail und begnügt sich mit summarischen Urteilen über die vergangene Geschichte. Jerusalem tötet die Propheten und steinigt die zu ihm gesandt sind[45]. Von jeher haben die Propheten für *Jesus* gezeugt und wurden eben darum von den *„Ungehorsamen"* abgewiesen und verfolgt[46]. Nichts anderes besagt das Gleichnis von den ungerechten Weingärtnern: die Juden haben ein um das andere Mal die Boten, die der Herr des Weinbergs, d. h. Gott, zu ihnen sandte, mißhandelt und verachtet und ermordeten zuletzt auch sei-

---

[44] Apg. 7,51 f. Die Rede vor den Juden des pisidischen Antiochien ist weniger schroff. Sie erscheint als echte Missionspredigt und warnt die Hörer nur mit großem Ernst, dem bösen Beispiel der Juden von Jerusalem zu folgen, damit sie dem Verderben entgehen möchten: Apg. 13,26–41. Der Fortgang der Erzählung zeigt indessen, daß diese Warnung vergeblich blieb und daß sich nur die Heiden gewinnen ließen; Apg. 13,42 ff. Das Versagen der zunächst berufenen Juden ist ein Grundgedanke der gesamten Apostelgeschichte, der immer wieder hervorgehoben wird. Dies unterstreicht bei Lukas das Recht und die Pflicht, das Evangelium, das sie verschmäht haben, zu den Heiden zu tragen, die es an ihrer Statt hören und annehmen werden. Mit dieser Verheißung schließt die Apostelgeschichte 28,28.

[45] Matth. 23,37; Luk. 13,34.

[46] Ignatios, Magn. 8,2.

nen Sohn[47]. Darum wird alles vergossene Blut an diesem Geschlecht gerächt werden – vom Blute des unschuldigen *Abel* bis zum Blut des *Zacharias*, der ermordet wurde *„zwischen dem Tempel und Altar"*[48]. Damit ist aller Wahrscheinlichkeit nach der Prophet *Sacharja-Zacharias* gemeint, von dem im letzten Buch der jüdischen Bibel, nämlich der Chronik, die Rede ist[49]. Der heilsgeschichtliche Horizont ist durch die alte Schrift begrenzt: von den makkabäischen Märtyrern und dem Täufer *Johannes* ist in solchen Worten überhaupt nicht und von *Jesus* nur andeutungsweise die Rede.

Dies Gericht war zunächst gewiß auf den jüngsten Tag bezogen; aber seit der Zerstörung Jerusalems im Jahre 70 wurde die Erwartung *„historisiert"*. Seitdem und vollends seit der völligen Zerstörung der alten Stadt und ihrer für Juden gesperrten Neugründung nach den *Barkochba*kriegen galt die Weissagung der alten Propheten und *Jesu* selber insoweit als erfüllt[50]. Diese Deutung spiegelt sich z. T. schon in der Überlieferung der *Jesus*worte wider[51]. Der Untergang der Heiligen Stadt erscheint als die göttliche Antwort auf

---

[47] Matth. 21,33–46; Mark. 12,1–12; Luk. 20,9–19. In dieser Form ist das Gleichnis zweifellos nicht „echt". Die Frage eines etwaigen echten Kerns, für den sich M. HENGEL, Das Gleichnis von den Weingärtnern Mark. 12,1–12 im Lichte der *Zenonpapyri* und der rabbinischen Gleichnisse, in Zeitschr. neutest. Wiss. 59 (1968) 1–39, einsetzt, können wir hier auf sich beruhen lassen.

[48] Matth. 23,35; Luk. 11,51.

[49] II. Chron. 24,19 ff.; vgl. 26,5. Allerdings wird der Text schon von *Origenes* auf den Vater des Täufers bezogen, der von den Juden ermordet sein sollte: comm. Matth. X 18 KLOSTERMANN S. 24; XVII 9 S. 609 f.; frg. 457 II S. 190; comm. ser. in MATTH. 25 S. 42 f. Seine Stellung in dieser Frage ist noch eindeutiger, als ich sie in meinem Aufsatz über „Das Martyrium des Zacharias", Aus der Frühzeit des Christentums (1963) 303 selbst umschrieben habe. Es handelt sich hierbei um späte Legenden ohne jeden historischen Wert.

[50] Justin, apol. I 47; Clemens Al., strom. I 146,5 ff.; vgl. schon Apg. 13,40. Ein erster Reflex der zweiten Zerstörung spiegelt sich wahrscheinlich im *Barnabas*brief c. 16; vgl. H. WINDISCH, Der *Barnabas*brief (Ergänzungsband zu LIETZMANNS „Handb. z. N. T." III [1920] 388–390). Doch ist die Deutung umstritten.

[51] Vgl. etwa die Übersicht bei H. WINDISCH, Der Untergang Jerusalems (anno 70) im Urteil der Christen und Juden, in: Theol. Tijdschr. 48 (1914) 519 ff.

die Verwerfung des Messias durch sein Volk[52] und auch auf die fortgesetzte Mißachtung und Verfolgung seiner zur Umkehr rufenden Zeugen. Während *Lukas* hierfür nur auf *Stephanus* verweisen konnte, erinnert *Hegesipp* bereits an einen weiteren Blutzeugen, den die Juden ermordet haben, nämlich den Herrenbruder *Jakobus*, und behauptet mit gewaltsamer Übertreibung, daß die Belagerung Jerusalems ,,*unmittelbar darauf*" erfolgt sei[53]. Später wird die Liste entsprechend länger[54].

Man darf solche Äußerungen nicht nur auf Rechnung der ,,*konfessionellen*" Gereiztheit setzen[54a]. Sie sind grundsätzlich gemeint und haben unter ,,heilsgeschichtlichem" Gesichtspunkt durchaus Sinn. Der Untergang der heiligen Stadt Jerusalem ist in den Augen der Christen das unübersehbare Zeichen dafür, daß der alte Gottesbund veraltet und ein neuer an seine Stelle getreten ist. Die einst befohlenen Opfer, der Tempel, das Königtum – sie sind dahin und können nicht mehr erneuert werden. Gottes Verheißungen können aber nicht hinfallen: somit ist das neue Israel der Kirche, sind der geistliche Tempel und Gottesdienst und ist das ewige Königtum *Christi* durch den Fall Jerusalems offenkundig bestätigt worden. Am liebsten hätte man die Anerkennung dieses Satzes von den Juden selber vernommen[55]; aber diese suchen sich auf ihre Weise mit

---

[52] Darum erfolgte sie nach Euseb., hist. eccl. III 5,6 auch in den gleichen Ostertagen wie die Kreuzigung Jesu.

[53] Euseb., hist. eccl. II 23,18.

[54] Euseb., hist. eccl. III 5,2; syr. theoph. IV 17; vgl. schon Justin., dial. 16,4.

[54a] So hat offenbar und bezeichnenderweise schon HERDER solche Art der Polemik empfunden. Während seiner Bückeburger Zeit forderte er in einer Eingabe an den Landesherrn, die für den 10. Sonntag nach Trinitatis agendarisch vorgesehene Lesung über die Zerstörung Jerusalems sei zu streichen, ,,*damit nicht der christliche Haß gegen eine unschuldige und gegenwärtig durch weltliche Rechte beschützte Nation auf solche Weie noch heilig und kirchenagendemäßig gestärkt werde*": Zeitschrif. f. niedersächs. Kirchengesch. 16 (1911) 33 f.

[55] So läßt das Petrusevangelium 7,25 die Juden tatsächlich gleich nach der Kreuzigung erklären, daß jetzt ,,*das Gericht und Ende Jerusalems*" folgen müßten; ebenso latein. Variante zu LUK. 23,48.

dem Geschehen abzufinden[56], und alle Bemühungen der Apologeten, sie zu überzeugen, bleiben verständlicherweise umsonst. Den Christen erscheint dies Argument jedoch derartig durchschlagend, daß schon *Justin* es nicht nur gegen die Juden[57], sondern auch gegenüber den Heiden als völlig zwingenden Beweis ins Feld führt[58]. Von da ab reißt die Kette der Theologen, die sich in diesem Sinne auf die Zerstörung Jerusalems berufen, nicht mehr ab. Die Bezugnahme findet sich andeutungsweise bei *Meliton*[59], deutlich ausgeprägt bei *Irenäus*[60] und besonders eindringlich am Ende unseres Zeitraums bei *Tertullian*, der sich wieder nicht nur vor den Juden[61], sondern auch vor den Heiden[62], ja selbst vor Häretikern[63] auf das unbestreitbare Faktum des jüdischen Untergangs stützt.

Augustin fügt dem alten Verfahren später noch einen weiteren Gedanken hinzu: die Juden mußten in alle Welt zerstreut werden, um überall mit ihrem Alten Testament wider Willen und darum um so glaubwürdiger die Echtheit seines *Christus*zeugnisses zu beweisen[64]. Die Zerstörung Jerusalems selbst ist aber nicht mehr Prophetie, sondern handgreifliche Erfüllung. Sie bestätigt im Untergang das Recht und die Wahrheit der Kirche, nicht nur wie bei den alten Bußpredigern die strafende Gerechtigkeit Gottes. Trotz der zeitlichen „*Verspätung*" ist der Fall der alten Gottesstadt der letzte, gewissermaßen nachgetragene Akt der alttestamentlichen Geschichte. Er dokumentiert ihr unwiderrufliches Ende, und gerade dies macht das Ereignis zu einem wesentlichen Datum im christlichen Bild der Heilsgeschichte. Wahrscheinlich wäre seine Bedeutung auf die Dauer noch stärker empfunden worden, wenn es nicht nur als Weis-

---

[56] Vgl. H. J. SCHOEPS, Die Tempelzerstörung des Jahres 70 in der jüdischen Religionsgeschichte, Aus frühchristlicher Zeit (1950) 144–183; auch M. SIMON, Verus Israel (2. Aufl. Paris 1965) 19 ff.

[57] Dial. 16; 40,1 f. 5; 46,2.   [58] Apol. I 47.

[59] De pascha 99 f. (Z. 762 ff.).   [60] Haer. IV 4,1 f.

[61] Adv. Jud. 13.   [62] Apol. 21,5 f.

[63] Adv. Marc. III 23. Übrigens war die Zerstörung Jerusalems auch für die Basilidianer wichtig: Clemens AL., strom. I 146.

[64] B. BLUMENKRANZ, Die Judenpredigt Augustins (Basel 1946) 176–178.

sagung, sondern – wie die Geschichte des Vorläufers *Johannes* – auch als erfüllte Wirklichkeit in der Bibel verzeichnet stünde. So konnte man sich nur auf das neutrale Zeugnis des *Josephus* berufen. Sein Bericht im sechsten Buch des „Jüdischen Krieges" hat die christliche Aufmerksamkeit wahrscheinlich sehr bald auf sich gezogen. *Meliton von Sardes* [65] und *Klemens von Alexandrien* [66] ist er jedenfalls schon bekannt. *Origenes* findet an ihm nur dies zu tadeln, daß er zur Erklärung der Katastrophe wohl auf die Ermordung des *Jakobus* hinweist, den entscheidenden Grund, die Kreuzigung *Jesu*, aber verschweigt[67]. Einmal erscheint das sechste Buch des „Jüdischen Krieges" sogar am Ende einer alttestamentlichen Bibelhandschrift[68], so wie es später in zahlreichen Bibeln (und Gesangbüchern) der Neuzeit anhangsweise gedruckt worden ist – hier freilich, weniger sinnvoll, im Anschluß ans Neue, nicht an das Alte Testament. Ein stärkeres Zeichen für die dogmatische Schätzung dieses Ereignisses läßt sich nicht geben. Der Untergang Jerusalems ist kein beliebiges historisches Geschehen; er gehört mit sachlicher

---

[65] Daß Z. 382 ff. seiner Passahomilie von JOSEPHUS, bellum VI 193–213 abhängig ist, möchte ich noch entschiedener behaupten, als es O. PERLER in seiner Ausgabe der Homilie (1966) 164 f. schon getan hat.

[66] Strom. I 147,2.   [67] Contra *Cels.* I 47.

[68] Das wohl einzige erhaltene Exemplar dieser Art ist ein syrischer Codex der Ambrosiana: Translatio Syra Pescitto Veteris Testamenti ex codice Ambrosiano saec. fere VI, photographice edita curante et adnotante Sac. Obl. ANTONIO MARIA CERIANI (Mediolani 1886). Hier erscheint unter anderen Apokryphen (Baruchschriften, IV. Esra) zuletzt nach vier Makkabäerbüchern der Josephustext als fünftes Buch der Makkabäer. – Ich verdanke diesen Hinweis der brieflichen Mitteilung von ALFRED ADAM. Er selbst gibt für diese Anomalie in Übereinstimmung mit seinem „Lehrbuch der Dogmengeschichte" I (1965) 86 allerdings eine andere Erklärung, die mir weniger einleuchtet: *„Welche syrische Stelle kann wohl diese Hinzufügung veranlaßt haben? Da die einzige Macht, die aus dem aramäisch-syrischen Raum Hilfstruppen zu der Verteidigung Jerusalems entsandt hatte, das Königshaus der Adiabene gewesen war und die ‚Verwandten des Königs Izates' von Josephus erwähnt werden, hatte allein das adiabenische Königshaus ein lebenswichtiges Interesse daran, das 6. Buch von Josephus bell. Iud. zu der Sammlung heiliger Schriften hinzufügen zu lassen."* Die Bibelhandschrift wäre dann also nicht ein Dokument des christlichen, sondern des jüdischen Glaubens.

Notwendigkeit in den Zusammenhang der Heilsgeschichte und zwar als das Siegel auf den in Wahrheit schon durch *Christi* Kreuz und Auferstehung für immer beendeten und erfüllten „alten Bund".

IV

Die prophetische und die antijudaistische Betrachtung der alten Heilsgeschichte ergänzen einander. Sie sind beide auf *Christus* bezogen, dessen Erscheinen einerseits die alte Heilsweissagung der Propheten erfüllt und das Schicksal des von jeher widerspenstigen Gottesvolks andererseits besiegelt. Unter dem einen wie unter dem anderen Blickpunkt ergibt sich dasselbe Resultat, nämlich eine einheitliche und undifferenzierte Beurteilung der ganzen früheren Heilsgeschichte. Darum fehlt in der Regel die Notwendigkeit, das angedeutete Bild auszuführen. Eine tiefer greifende sachliche Gliederung des Stoffes legt sich von hier aus erst recht nicht nah.

Es gibt in der biblischen Vergangenheit nur ein Datum, das sich dieser uniformen Betrachtungsweise nicht recht einfügen läßt – das ist das alte, am Sinai erlassene *Gesetz*. Seine Deutung und Beurteilung bildet zu allen Zeiten ein theologisches Problem und bereitete der frühen Kirche besondere Schwierigkeiten. Denn das mosaische Gesetz wird im Alten Testament selbst mit allem Nachdruck als das vollkommene Gesetz Gottes vorgestellt – und dennoch hat die hellenistische Kirche davon abgesehen, seine mannigfachen, z. T. sehr drückenden Bestimmungen tatsächlich zu übernehmen. Die allgemeine Wiedereinführung der Beschneidung, des Sabbatgebots und dergleichen wäre eine Unmöglichkeit gewesen. Wie ließ sich ein solcher Widerspruch bewältigen? Natürlich bot sich auch hier zunächst der im weiteren Sinne heilsgeschichtliche Hinweis auf *Christus* als die gegebene Lösung an. Das neue Gottesvolk der Endzeit steht durch *Christus* in einer veränderten Situation und hat ein neues, geistliches Wesen empfangen, das an die alten Normen nicht mehr in alter Weise gebunden ist. Aber eine solche Antwort konnte nur so lange genügen, als man die Frage allein für die Gegenwart stellte. Dann ließen sich die gesetzlichen Bestimmungen wie alles im Alten Testament „prophetisch" deuten und als vorausweisende Typen für die gegenwärtige Erfüllung verstehen. Aber sie versagte, wenn man die früheren Zeiten ihrer buchstäblichen Geltung ins Auge faßte und die göttliche Autorität der alten Schrift gleichzeitig festhielt. Dann mußte die Frage „historisch" gefaßt und erklärt werden – und dazu bestand im Urchristentum, wie wir wissen, sehr wenig Neigung und Interesse.

In dieser Zeit hat – soweit wir wissen – nur *Paulus* diesen Weg eingeschlagen. *Paulus* konnte der Gesetzesfrage nicht ausweichen – aus persönlichen Gründen seines *Christus*-Verständnisses wie aus Gründen seines missionarischen Berufs. Er konnte als der Apostel der Heiden nicht dulden, daß die neu gewonnenen Gemeinden nun noch unter das Joch des Gesetzes gebeugt werden sollten; das wäre für ihn das Ende ihres Glaubens gewesen. Zum Teil hilft sich *Paulus* in dieser Situation gleichfalls mit der typologischen Deutung des Alten Testaments[69]. Die beiden Frauen *Abrahams* sollen den alten und den neuen Gottesbund abbilden, und wenn *Abraham* den Befehl erhält, die unfreie *Hagar* und ihren Sohn zugunsten *Saras* und *Isaaks* zu verbannen, so besagt dies, daß Christen als die „*Kinder der Freien*" das versklavende Gesetz nicht mehr befolgen dürfen[70]. Aber solche *ad-hoc*-Exegesen können seinen gesetzestreuen judenchristlichen Gegnern und können ihm selber nicht wirklich genügen. Es kommt darauf an, das Gesetz innerhalb der nach wie vor heiligen Schrift selbst in seiner Bedeutung zu drücken und zeitlich zu begrenzen. Dafür beruft sich *Paulus* auf ein bis dahin wenig beachtetes Bibelwort[71], demzufolge Gott schon dem großen Patriarchen und Stammvater *Abraham* um des Glaubens willen die Gerechtigkeit zusprach und ihn so zum Kronzeugen der Glaubensgerechtigkeit erhob, durch die in und mit *Abraham* einst „*alle Völker*" gesegnet werden sollten[72]. *Abraham* kannte ja noch kein Ge-

---

[69] Aber nicht eigentlich mit einer Umdeutung der gesetzlichen Bestimmungen selbst, obwohl ihm deren allegorische Auslegung nicht fremd ist.

[70] Gal. 4,22–31; vgl. Röm. 9,6 ff.

[71] Gen. 15,6.   [72] Gal. 3,8 f.; Röm. 4,16 ff.; vgl. Apg. 3,25.

setz, und als es vierhundertdreißig Jahre später durch *Moses* erlassen wurde[73], konnte es an dieser ursprünglichen Heilsordnung nichts mehr ändern. Das Gesetz leitet nach *Paulus* nur eine düstere Zeit der ,,*Gefangenschaft*" ein, es bildet gleichsam ein Zwischenspiel, währenddessen die Sünde nun erst recht Macht gewann, bis daß mit *Christus* ,,*der Glaube kam*" und ihre Macht dann um so gründlicher gebrochen wurde[74]. Dieser Entwurf entspringt nicht einem selbständigen Interesse an der Heilsgeschichte als solcher. Er verfolgt den Weg der historischen Unterscheidung nur eben so weit, wie das apologetische Ziel der Auseinandersetzung es fordert. Manches an dieser Konstruktion bleibt auch rätselhaft[75]. Trotzdem ist damit ein erster Schritt getan, der in die Zukunft weist. Zum erstenmal erscheint die vorchristliche Vergangenheit nicht mehr als gleichförmige Masse, sondern erfährt unter dem Zwang sachlicher Überlegung eine tiefe geschichtliche Zäsur.

Nicht weniger kennzeichnend ist freilich das andere: trotz des andauernden Interesses am Gesetz wird der Anstoß, den *Paulus* in dieser Richtung gegeben hat, nirgends aufgenommen. Schon in der nächsten Generation verliert der Kampf mit den Judaisten viel von seiner einstigen Aktualität. Man begnügt sich damit, die Freiheit vom Gesetz, die *Christus* gebracht hat, für die Gegenwart zu verkünden und zu preisen, und die ,,historische" Frage nach seiner Bedeutung in der Vergangenheit wird nicht mehr gestellt. Selbst

---

[73] Gal. 3,17. Die Zahlenangabe fußt auf Exod. 12,40 f. (LXX). ,,*Paulus folgt einer bestimmten traditionellen Chronologie, stellt aber nicht selbst Berechnungen an*": H. SCHLIER, Der Brief an die Galater (4. Aufl. 1965) 148.

[74] Gal. 3,6–25; Röm. 4; vgl. II. Kor. 3,6 ff.

[75] Vor allem wird die schwierige Frage, zu welchem Zweck das nutzlose und drückende Gesetz überhaupt durch MOSES verkündet werden mußte, Gal. 3,19 und Röm. 5,20 nur eben gestreift und bleibt im übrigen dunkel. Eine im späteren Sinne heilsgeschichtlich-pädagogische Erklärung kommt für Paulus jedenfalls nicht in Betracht. Auch der παιδαγωγός von Gal. 3,24 kennzeichnet das Gesetz eher als tyrannischen Stockmeister denn als heilsam erziehenden ,,*Pädagogen*"; vgl. SCHLIER, op. cit. (Anm. 73) S. 168–170.

Lukas, der Historiker, schildert in seiner Apostelgeschichte nur den innerkirchlichen Kampf um das Gesetz, d. h. er erzählt, wie es dazu kam, daß die Heidenchristen vom Zwang zu seiner Befolgung entbunden wurden. Seine frühere Geltung ist kein Problem, dem er nachgeht[76]. Auch der Epheserbrief ist mit der einfachen Feststellung zufrieden, daß jetzt auch die Heiden freien Zugang zum Heil besäßen und die einstige Scheidewand des Gesetzes beseitigt sei[77]. Der Hebräerbrief spricht ausführlich über das Gesetz; aber er versteht die alten Bestimmungen über das Priestertum, den Kultus und Opferdienst wieder allein als prophetischen Hinweis auf das wahre Priestertum und Opfer *Christi*. Die alten Ordnungen waren nur „*ein Schatten der künftigen Güter, nicht die Gestalt der Dinge selbst*"[78]. „*Wozu die ganze Veranstaltung einer Vorabbildung des Heilswerkes Christ, die in der Zeit vor Christus ja niemand verstehen konnte, eigentlich geschehen sei, würde man den Verfasser, der sich seiner Interpretation freut, wohl vergeblich fragen.*"[79]

Auf den ersten Blick scheint der *Barnabas*brief eine Ausnahme zu bilden. Sein Anliegen ist, das ganze Gesetz der Thora christlich, d. h. prophetisch-typologisch und zum Teil auch moralisch-spiritualisierend zu deuten. Das entspricht dem Verfahren des Hebräerbriefs; aber im Gegensatz zu diesem sucht er das wörtliche Verständnis der alten Bestimmungen auch für die Vergangenheit auszuschließen. Die Opfer, die Speisegebote, die Sabbatheiligung usw. waren niemals buchstäblich gemeint gewesen. Die entsprechenden jüdischen Übungen erscheinen demnach von Anfang an als ein verbotener Mißbrauch und ein abscheuliches Mißverständnis[80]. Nur die Christen haben den Sinn des Gesetzes verstanden und befolgt, und ihnen allein gehört „*der Bund*". Die götzendienerischen, die

---

[76] Mit dieser summarischen Charakteristik ist seine Einstellung allerdings etwas grob umrissen; eine eingehendere Nachzeichnung habe ich in meinem Buch (op. cit. Anm. 1) S. 47 ff. versucht.

[77] Eph. 2,14 ff.

[78] Hebr. 8,5.

[79] R. BULTMANN, Theologie des Neuen Testaments (4. Aufl. 1964) 113 f.

Propheten verfolgenden[80] Juden haben ihn niemals besessen: die Tafeln, die *Moses* von Gott empfing, mußte er beim Anblick ihrer Greuel zerbrechen[81]. Solche Aufstellungen scheinen eine höchst originelle Auffassung der gesamten Geschichte Israels zu implizieren. Aber in Wirklichkeit kommt der Verfasser nirgends über eine höchst willkürliche Auswahl polemisch ausgelegter Einzelheiten hinaus. So ignoriert er im angezogenen Text einfach die Tatsache, daß *Moses* die Tafeln später für das Volk noch einmal empfing. Würde er sich wirklich darum bemühen, ein zusammenhängendes, verständliches Bild der Heilsgeschichte zu entwerfen, so geriete er in zahllose, unlösbare Widersprüche. So erklärt *„Barnabas"* einmal, Gott habe schon im Alten Testament die fleischliche Beschneidung verboten und ein böser Engel habe den Juden ihre entgegengesetzte Praxis eingegeben[82]. Aber fast im selben Atemzug berichtet er, wie der Gott wohlgefällige[83] Erzvater *Abraham* die Beschneidung *„zuerst"* ausgeübt habe, um damit einen geheimnisvollen Hinweis auf *Christus* und sein Kreuz zu geben[84]. Ein Ausgleich zwischen diesen Sätzen wird gar nicht erst versucht. Das heißt: der Verfasser legt das Alte Testament durchaus nicht eigentlich heilsgeschichtlich oder historisch aus. Er kombiniert nur eine extreme Form der allegorisch-typologischen Auslegung mit dem antijudaistischen Verständnis der Schrift, worin er gleichfalls weiter geht als seine Vorgänger[85]. Auf seinem Wege ist es ganz unmöglich, die heilsgeschichtliche Vergangenheit als solche ernstzunehmen. Diese Art der *„Verchristlichung des Alten Testamentes"* bedeutet vielmehr im Grunde *„die totale Aufhebung seiner Geschichtlichkeit."*[86]

---

[80] Barn. 5,11.

[81] Barn. 4,6–8.

[82] Barn. 9,4.

[83] Barn. 8,4.

[84] Barn. 9,7 f.

[85] Nach Barn. 14,5 ist der Sohn Gottes dazu ins Fleisch gekommen, daß er das Maß der jüdischen Sünden endgültig voll machte, *„uns aber das Erbe Jesu zuteil würde".*

[86] W. Maurer, Kirche und Synagoge (1953) 20.

V

Seit der Mitte des zweiten Jahrhunderts beginnt sich die Arbeit am Alten Testament zu vertiefen und nimmt methodischen Charakter an. Es sammelt sich ein schulmäßiges Wissen, das willkürliche Auslassungen und zufälliges Hängenbleiben an Einzelheiten unmöglich macht und eine durchdachte Gesamtdeutung herausfordert[87]. In dieser Zeit entstehen die ersten im engeren Sinne heilsgeschichtlichen Konzeptionen.

Ein typischer Repräsentant des Übergangs ist Bischof *Meliton von Sardes*. *Meliton* steht noch ganz im Banne der allegorisch-typologischen Auslegungstradition, die er ungebrochen, aber überlegen und selbständig weiterführt[88]. Dieser Eindruck ergibt sich zum mindesten aus den wenigen Resten seiner bedeutenden schriftstellerischen Tätigkeit. Vollständig erhalten ist nur eine Osterpredigt, die wir erst seit kurzem besitzen[89]. Sie stammt aus den sechziger Jahren des zweiten Jahrhunderts und zeigt einen bis dahin unerhörten Prunk bewußter Rhetorik, reflektiert aber gleichzeitig überraschend eingehend und präzise über die Prinzipien der typologischen Auslegung. Die Rede schließt sich an den vorher verlesenen alttestamentlichen Text von Exodus 12 an, der von der Stiftung des Passa vor dem Auszug der Kinder Israel aus Ägypten handelt, und legt ihn als Typos auf das Opfer des göttlichen Passalammes *Christus* aus. Indessen bleibt die Typologie nicht auf dies eine Beispiel beschränkt. Die ganze alttestamentliche Geschichte ist nach *Meliton* voll von Vorbildern für den erlösenden Tod des Herrn, der

---

[87] Daß sie darum noch nicht in unserem Sinne heilsgeschichtlich gedacht sein muß, lehrt das Beispiel eines KLEMENS VON ALEXANDRIEN, der trotz des hohen theologischen Niveaus seiner Schriften in dieser Hinsicht unergiebig bleibt.

[88] Hierzu J. DANIÉLOU, Figure et événement chez Méliton, in: Neotestamentica et Patristica (*Cullmann*-Festschrift 1962) 282–292. Doch würde ich in der reflektierteren Entgegenstellung des alttestamentlichen τύπος zum neuen λόγος, der ihn entbehrlich macht, kaum eine neue „*conception historique*" (S. 290) sehen.

[89] Ich benutze die Ausgabe von OTHMAR PERLER, Sources Chrétiennes 123 (Paris 1966).

schon damals allenthalben der göttlich Handelnde und Leidende war. *Christus* litt in und mit *Abel, Isaak, Joseph, Moses, David* und „*den Propheten*"[90]. Damit schließt sich *Meliton* offensichtlich an die traditionelle Aufzählung der leidenden Gerechten an[91]. Sie werden hier aber nicht als bloße Beispiele herangezogen, sondern als „Typen" verstanden, an deren Schicksal *Christus* selbst bereits beteiligt war. Bei einer späteren Wiederholung dieser Reihe tritt noch *Jakob* hinzu. Das Passalamm, das zunächst mit Betonung als Abschluß genannt war, wird jetzt historisierend an der „richtigen" Stelle zwischen Moses und *David* eingeschoben[92]. *Meliton* ist sich also der geschichtlichen Ordnung der Ereignisse durchaus bewußt und scheint eine gewisse Vollständigkeit anzustreben. Neu und für die heilsgeschichtliche Entwicklung wesentlich ist, daß er an die Vorbilder die Geschichte der Erfüllung, nämlich *Jesu* Passion, anschließt, die ihrerseits wieder in den Zusammenhang seines Lebens von der Geburt bis zur Himmelfahrt eingefügt ist. So entsteht, deutlicher als im Hebräerbrief, ein fester, durchlaufender Faden, der die ganze Heilsgeschichte des alten wie des neuen Bundes durchzieht. Nur zwischen den Propheten und *Jesus* bleibt eine Lücke, weil über diesen Zeitraum die Bibel mehr oder weniger schweigt.

Der zweite Teil der Predigt verbindet die typologische Interpretation der Vergangenheit mit der nicht minder traditionellen antijudaistischen Auslegung. *Israel* hat seinen König ermordet, und diese Untat bildet den Abschluß einer langen Vorgeschichte. Der Rückblick auf sie spricht jedoch nicht in der gewohnten Weise von den Sünden Israels, sondern erfolgt so, daß vielmehr die Wohltaten Gottes aufgezählt werden, die zuletzt doch alle vergeblich blieben: das Volk hat seinen Herrn und Heiland nicht erkannt, obgleich er es erwählt und geleitet hat „*von Adam bis Noa, von Noa bis Abraham, von Abraham bis zu Isaak, Jakob und den zwölf Patriarchen*"

---

[90] De pascha 59, Z. 430 ff.
[91] BEYSCHLAG, op. cit. (Anm. 19) S. 105 ff.
[92] De pascha 69, Z. 498 ff.

(d. h. den Söhnen *Jakobs*). Es folgt die Einwanderung nach Ägypten und der Schutz bei dem Auszug, die Wüstenwanderung, der Erwerb des gelobten Landes, die Erweckung der Propheten und Könige. Zuletzt ist der Herr selbst zu seinem Volke gekommen und hat seine Kranken geheilt und seine Toten auferweckt[93]. So mußte der schreckliche Undank, mit dem das Judentum alle Wohltaten lohnte, die verdiente Strafe empfangen. *„Du warfst den Herrn nieder – du bist zu Boden geworfen und liegst tot da. Er aber ist auferstanden von den Toten und in die Himmelshöhen emporgestiegen.“*[94] Wieder ergibt sich eine historische Übersicht, die jetzt bis zur Himmelfahrt, ja andeutungsweise bis zur Zerstörung Jerusalems reicht. Die Heilsgeschichte ist ein weit ausgreifendes Ganzes geworden[95]. Zum erstenmal seit dem alten Stammbaum, den *Lukas* überliefert, erscheint auch der erste Mensch, *Adam*, wieder als fester geschichtlicher Punkt, von dem aus sich die Generationen und Epochen der Volks- und Menschheitsgeschichte entwickeln[96]. *Meliton* ist mit dem allen grundsätzlich in den Bahnen der bisherigen Auslegungsweise geblieben; aber indem er die Daten für die christologisch-typologische Interpretation und für die antijudaistische Po-

---

[93] De pascha 82–86, Z. 603 ff.

[94] De pasche 99 f., Z. 762 ff.

[95] Eine ähnliche Aufzählung findet sich noch in dem MELITON zugeschriebenen Fragment XV („de fide“). Hier werden nach einer allgemeinen Umschreibung des Logoswirkens bei der Weltschöpfung und in der Heilsgeschichte genannt: Noa. Abraham, Isaak, Jakob, Joseph, Moses, Josua, David und die Propheten, dann die jungfräuliche Geburt Jesu und seine weiteren Lebensdaten bis zur Auferstehung und Himmelfahrt. Doch ist die Ursprünglichkeit dieses Textes nicht ganz sicher: P. NAUTIN, Le dossier d'Hippolyte et de Méliton (Paris 1953) 65–73.

[96] Man kann für die Zwischenzeit allenfalls noch auf Jud. 14 verweisen, wo HENOCH nach Gen. 5,4–20; I. Chron. 1,1–3 als *„siebenter nach Adam“* gezählt wird. Dahinter stehen gewiß wieder ältere jüdische Traditionen. – Bei PAULUS und in den Spekulationen der Gnostiker spielt *„Adam“* bekanntlich auch eine erhebliche Rolle; aber hier steht er nie mals in einem auch nur einigermaßen *„historisch“* empfundenen Zusammenhang, sondern erscheint als Urmensch und Gegenbild des neuen Menschen *Christus* oder bildet ein Glied in den mythischen *„Genealogien“* und Emanationen, aus denen die Welt der Engel und Menschen hervorgeht.

lemik gründlicher sammelt und jeweils mit einem Abriß des ganzen Lebens *Jesu* zusammenfügt, ergibt sich gewissermaßen von selbst ein vollständiges Bild vom Verlauf der Heilsgeschichte, wie wir es bis dahin so noch nirgends gefunden haben.

Einen weiteren Schritt tut um dieselbe Zeit oder etwas früher der „*Philosoph*" *Justin*, der als christlicher Lehrer in Rom wirkt. Weniger scharf gefaßt, stimmt *Justins* Auslegung des Alten Testamtens im allgemeinen mit *Meliton* überein, und auch bei ihm finden sich einige grundsätzliche Bemerkungen über Recht und Bedeutung seines Verfahrens. Das heißt: er legt die ganze alte Schrift prophetisch und die historischen Berichte dementsprechend typologisch aus[97]. Gerade seine.Schriften sind eine reiche, auch später kaum je übertroffene Fundgrube der z. T. sehr seltsamen Beispiele für dies methodische Vorgehen. Wir haben schon darauf hingewiesen. Aber bei der Auslegung des alten Zeremonialgesetzes genügt diese Erklärung jetzt offensichtlich nicht mehr. Zwar legt *Justin* die üblichen christologischen und moralischen Umdeutungen im Sinne des Hebräer- oder des *Barnabas*briefes darum nicht beiseite. Auch für ihn ist das Passalamm ein Typos *Christi* und das Beschneidungsgebot ein Hinweis auf die Beschneidung der Herzen. Aber anders als *Meliton* bleibt er bei dieser traditionellen Auslegung nicht stehen. *Justin* stellt darüber hinaus die Frage, was solche fremdartigen Bräuche und Vorschriften in vorchristlicher Zeit für einen Wert hatten und warum Gott ihre Befolgung mit solcher Strenge befehlen konnte. Diese neue Fragestellung entspringt nicht dem persönlichen Interesse *Justins*, der durchaus kein Historiker war, sondern ist durch die Gesetzeskritik seiner Gegner erzwungen. Der Anstoß an der „*Ungeistigkeit*" und den „*Äußerlichkeiten*" des Gesetzes und überhaupt zum Alten Testament war damals weit verbreitet und be-

---

[97] Doch werden die Typen in seinen apologetischen Schriften – nur diese sind erhalten – niemals wie bei MELITON nach dem alten Predigtschema in Reihen geordnet. Die Aufzählung der Patriarchen, die ohne Beschneidung selig geworden sind (dial. 19,3), auf die PERLER, op. cit. (Anm. 65) S. 168 verweist, hat einen anderen Charakter.

sonders im Lager der Ketzer zu Hause. Die Valentinianer erklärten das biblische Gesetz größtenteils als Werk untergeordneter Götter und Mittelspersonen, deren Ordnungen die Christen nicht mehr binden könnten, und *Markion* verwarf sogar das ganze Alte Testament radikal, weil es auf den gerechten Gott der Juden zurückginge, der mit dem güten Vater *Jesu* überhaupt nichts zu tun hätte. Nun stand die Überholtheit der alten Zeremonialgebote, die vor allem die Kritik herausforderten, auch für die katholischen Christen selbstverständlich fest; aber an dem göttlichen, offenbarten Charakter ihrer heiligen Schrift wollten sie nicht rütteln lassen. Es gab unter diesen Umständen nur einen Weg, sie zu retten: wollte man polytheistische Unterscheidung der Götter nicht dulden, so mußte man sich zu einer Unterscheidung der Zeiten verstehen und die Gründe angeben, die den einen Gott dazu bewogen hatten, früher Gebote auf Zeit in Kraft zu setzen, die in der Gegenwart wert- und sinnlos geworden waren. *Justin* wird also auf den Weg „*historischer*" Betrachtung und Differenzierung der Epochen gedrängt. Insoweit erinnert seine Lage an die Lage des Apostels *Paulus*, dessen vergleichbare Ansätze er jedoch nie erwähnt. (Er geht diesem „*Apostel der Häretiker*", wie ihn *Tertullian* einmal nennt, auch sonst konsequent aus dem Wege.) *Paulus* lag mit gesetzestreuen Judaisten im Kampf, und sein Anliegen war, die Heilsbedeutung des Gesetzes zugunsten des Evangeliums zu bestreiten, den göttlichen Ursprung und die abstrakte Vollkommenheit des Gesetzes aber gleichwohl stehenzulassen. *Justin* hat es mit aufgeklärten Hellenisten zu tun, die das Problematische der Gesetzesinhalte nicht mehr übersehen und darum zum Teil bereits jedes Gesetz verwerfen. Er muß somit gerade die Heiligkeit des Gesetzes betonen und nur dessen kultisch-zeremoniellen Teil völlig preisgeben, gleichzeitig aber den Sinn von dessen früherer Geltung noch immer verständlich machen. Die Richtung, in der die Lösung gesucht und gefunden wird, ist jedoch formell dieselbe wie bei *Paulus:* sie liegt in der entschlossenen Gliederung der heilsgeschichtlichen Vergangenheit, die erst damit wirklich zur Geschichte wird.

War die „*historische*" Ableitung des Gesetzes bei *Paulus* dunkel

und geheimnisvoll, so ist die Erklärung, die *Justin* für die zeremoniellen Gebote gibt, zwar einfach und klar durchdacht, aber für
heutiges Empfinden womöglich noch seltsamer. Sie ist ohne die
Kampfstimmung gegen das Judentum in der damaligen Kirche, die
auch von *Justin* durchaus geteilt wird[98], kaum zu verstehen. *Justin*
sieht in den mosaischen Zeremonial- und Kultgesetzen insgesamt
eine spezielle Straf- und Zuchtordnung, die Gott allein für die Juden erlassen mußte, weil ihre ungehorsame und stets zum Abfall
geneigte Art auf andere Weise nicht zu bändigen war. Der Tempel
nötigte die Juden, wenigstens an einem Ort ihm regelmäßig zu dienen, der Sabbat, wenigstens einmal in der Woche seiner zu geden-
ken, und die Beschneidung sollte jeden einzelnen Juden kennzeichnen, damit keiner der verdienten Bestrafung entginge. Besonders
diese letzte Deutung des heiligen Bundeszeichens Israels geht über
alles hinaus, was bis dahin sonst an judenfeindlichen Äußerungen
gewagt war. Sie ist *Justin* eigentümlich und ist ein Ergebnis seiner
Verlegenheit gegenüber den gnostischen Angriffen auf den Gott des
alten Gesetzes, ein Versuch, für diesen besonders anstößigen Ritus
eine einigermaßen plausible Rechtfertigung zu finden. Dagegen
wird das eigentliche Gesetz der sittlichen Gebote entschieden verteidigt. Hier lehrte schon *Mose* den guten und ewigwahren eigentlichen Willen Gottes und das, ,,*was von Natur fromm und gerecht
ist*‘‘[99]. Er eröffnete damit auch den Juden einen Weg zur Buße und
zum Heil. Diesen Geboten folgten ohne Gesetz bereits die großen
Gottesmänner der Urzeit – nicht allein *Abraham,* sondern auch
Abel, Lot, Noa, dazu *Melchisedek,* der ein ,,Priester des höchsten
Gottes‘‘ war. ,,*Nach Moses Tode*‘‘[100] stellten die Propheten den reinen Gotteswillen noch heller ins Licht und lehrten die Nutzlosig-
keit der äußeren Zeremonien. Zuletzt erschien der von ihnen ge-

---

[98] Doch zeigt sein ,,Dialog mit dem Juden Tryphon‘‘, daß die grundsätzliche
Gegnerschaft die geistige Auseinandersetzung, den missionarischen Willen und auch
eine gewisse Urbanität im Umgang mit den Juden keineswegs ausschloß.
[99] Dial. 45,3.
[100] Dial. 30,1.

weissagte *Jesus* selbst, der neue Bund und das ewige Gesetz für die ganze Welt.

Trotz seiner diffusen und unübersichtlichen Schreibweise lassen sich so bei *Justin* schon die Umrisse einer heilsgeschichtlichen Gesamtanschauung erkennen. Am Anfang, in der Patriarchenzeit, regierte die Frommen der freiwillige Gehorsam. Dann mußte, durch den jüdischen Starrsinn ausgelöst, das Gesetz mit seinen drückenden Einzelbestimmungen erlassen werden, das gleichwohl auch die positiven religiösen und moralischen Grundgebote zum Ausdruck brachte. Ihr Sinn wurde durch die Propheten weiter geklärt, und zuletzt brachte *Jesus* die volle, universale Erkenntnis der Wahrheit und des Guten und das erlösende Heil für die ganze Welt. Die biblische Vergangenheit hört jetzt auf, gleichsam stillstehend auf *Christus* zu warten, sondern bewegt sich, von Stufe zu Stufe fortschreitend auf ihn hin. Erst dadurch wird die allgemeine prophetisch-typologische Betrachtung im Stile *Melitons* zur konkreten Heilsgeschichte. Den entscheidenden Einschnitt bildet jetzt wieder wie bei *Paulus* das Gesetz, dessen Begriff sich aber nicht mehr am Gegensatz zum Evangelium, sondern platonisierend an der Vorstellung der zeitlosen Wahrheit und Gerechtigkeit Gottes orientiert, die erst durch *Jesus Christus* für immer offenbart sind[101].

Bei *Justin* ist das neue Bild der Heilsgeschichte noch verworren, von anderen Gedanken vielfach überlagert und durchkreuzt[101a]. Zu wirklicher Klarheit gelangt es erst bei *Irenäus*, der um die Wende des zweiten zum dritten Jahrhundert gestorben sein dürfte. *Irenäus*

---

[101] Bei MELITON erscheint das Gesetz vom ,,Horeb" (de pascha 85 Z. 638; 88 Z. 663) in ausschließlich positiver Beleuchtung. Es gehört zu den Wohltaten, die Gott seinem Volke erwiesen, ohne Dank zu ernten. Es wird in keiner Weise hervorgehoben und im übrigen rein typologisch ausgelegt (c. 6.39–42). Hier spielt aber auch der Kampf gegen die gnostische Gesetzeskritik und den markionitischen Antinomismus keine Rolle.

[101a] Bestimmter ,,*historisch*" waren die – durch den Gegensatz gegen die Philosophie und das Geschichtsbild der Heiden bestimmten – Ansätze bei THEOPHILOS VON ANTIOCHIEN (bald nach 180), von denen wir nur nicht wissen, wie weit sie geführt haben; vgl. u. S. 208.

kennt *Meliton* und ist namentlich *Justin* sehr verpflichtet. Aber entscheidend für sein Denken ist der großzügige Rückgriff auf wesentliche Elemente der paulinischen und johanneischen Theologie. Auch *Irenäus* setzt sich mit den Gnostikern auseinander und stellt gegen sie den großen Gedanken der Einheit Gottes in den Mittelpunkt. Er begnügt sich aber nicht mehr mit der bloßen Abwehr ihrer moralischen und aufgeklärten Einwendungen. Sein Bild von der geschichtlichen „*Erziehung des Menschengeschlechts*" steht unter dem positiven Gesichtspunkt einer immer tieferen und reicheren Verwirklichung der Gottesgemeinschaft und Gotteserkenntnis, die Gott schrittweise selbst offenbaren muß. Hierzu benutzt *Irenäus*, wohl in Anlehnung an ältere, kleinasiatische Traditionen, den biblischen Begriff des „*Bundes*", den Gott mit seinem Volk und mit der Menschheit schließt. Doch wird der Bund jetzt in eigentümlicher Weise vervielfacht. Ein erster Bund wurde schon „*vor der Sintflut*" bei der Schöpfung mit *Adam* geschlossen. Er wurde sodannn „*nach der Sintflut*" mit Noa erneuert und erweitert. Die Gesetzgebung durch *Moses* war der dritte Bundesschluß, und der vierte, „*der den Menschen erneuert und alles in sich zusammenfaßt*", erfolgte mit dem Erscheinen *Jesu* durch das Evangelium[102]. Leitend und bestimmend ist bei dieser Entwicklung die überall wirkende „*Ökonomie*"[103] und Pädagogie Gottes selbst, die, ausgehend vom zunächst erwählten Gottesvolk, zuletzt alle Völker erreicht. Der schroffe Antijudaismus *Justins* tritt bei diesem Verständnis der Heilsgeschichte in den Hintergrund, auch wenn er zur Begründung der Zeremonialgesetze noch herangezogen wird[104].

In den so gespannten Rahmen läßt sich nun der gesamte biblische Geschichtsstoff unterbringen, und *Irenäus* hat das wie selbstverständlich getan. Uns ist in armenischer Übersetzung ein kleiner

---

[102] Haer. III 11,9; dazu die Anmerkung von F. SAGNARD in seiner Ausgabe dieses dritten Buches (Paris 1952) 201 f.

[103] Über die umfassende Bedeutung dieses zentralen Begriffs vgl. etwa den Exkurs bei G. T. ARMSTRONG, Die Genesis in der alten Kirche (1962) 61 ff.

[104] Vgl. Haer. IV, 14 ff.

Traktat aus seinen späteren Jahren erhalten, der unter diesem Gesichtspunkt sehr aufschlußreich ist. Dessen erklärte Absicht ist,
*„mit kurzen Worten die Verkündigung der Wahrheit darzule-
gen"*[105], also einfach einen Abriß der christlichen Lehre aufzustel-
len. In seinem Kernstück bietet er unter dieser Überschrift aber
nichts anderes als eine fortlaufende Darstellung der biblischen Geschichte als Heilsgeschichte, die von der Schöpfung der Welt bis zu
Christus reicht und bis zur Begründung der universalen Kirche
durch die Weltmission der Apostel. Dies ist – neben einer kurzen
Erläuterung der Trinitätslehre – zugleich der *„Erweis der apostolischen Verkündigung"*[106], die die Ketzer widerlegt. Besonders ausführlich sind wie stets die Daten der Genesis rekapituliert, ferner
der Exodus und dann natürlich das ganze Leben Jesu. *Irenäus* schildert dieses, indem er in der üblichen Weise den Weissagungen des
Alten Testamentes folgt, stützt sich aber in Wahrheit dabei durchaus auf die Angaben der Evangelien und die lukanische Apostelgeschichte. Die theologische Bedeutung der Ereignisse wird wiederholt ausdrücklich hervorgehoben. Man erfährt, wie die Menschheit
nach dem Verlust des Paradieses einer fortschreitenden Entartung
verfiel, die die Sintflut unvermeidlich machte. Aber *„nach der Sintflut"* schloß Gott mit *Noa* einen neuen Bund, der zugleich *„ein
Bündnisvertrag mit der ganzen Erde"* war[107]. Erst jetzt erhielt die
Menschheit die Erlaubnis, auch Fleisch zu essen. Aber schon unter
den Söhnen *Noas* wird der Bund von neuem eingegrenzt, und der
Turmbau zu Babel zerstreute die vielsprachigen Völker über die
ganze Erde. Aber *„in der zehnten Generation nach der Sintflut"*[108],
erschien Gott dem *Abraham*, der wie bei *Paulus* als Zeuge der
Glaubensgerechtigkeit gilt, und gab ihm eine neue Verheißung. Das
Gottesvolk entsteht, mehrt sich in Ägypten und empfängt nach dem
Auszug das Gesetz, d. h. die mit Gottes Finger geschriebenen zehn

---

[105] Epid. 1.
[106] Dies ist der auch von Eusebios, hist. eccl. V 26 überlieferte Titel der Schrift.
[107] Epid. 22.
[108] Epid. 24.

Gebote. Auf die umstrittenen Fragen des Zeremonialgesetzes geht *Irenäus* jetzt nicht mehr ein, betont aber, daß die Stiftshütte eine Weissagung auf die Kirche war, und daß der Name *Josua-Jesus* auf den kommenden Erretter vorausweisen sollte. Bis zu *Salomos* Tempelbau wird der Faden der knapper werdenden Erzählung nicht abgerissen. Dann werden nur noch die Propheten summarisch erwähnt, und von hier springt der Bericht zu *Jesus* über, seiner wunderbaren Geburt, dem Auftreten seines Vorläufers usw.

Die vier Bundesschlüsse, an denen *Irenäus* früher als typologischer Rechtfertigung des Vier-Evangelien-Kanons interessiert war, werden jetzt nicht mehr eigene genannt[109]. Statt dessen entwickelt *Irenäus* das Nacheinander der drei großen Heilsepochen, die mit den drei göttlichen Personen parallelisiert werden. Der Heilige Geist schenkte zunächst das prophetische Zeugnis; dann erschien der Sohn und machte den Glauben offenbar; die vollkommene Schau Gottes „*in väterlicher Weise*" wird aber erst im Gottesreich für immer verwirklicht sein[110]. Die auffallende Reihenfolge der wirkenden Personen in der Gottheit entspricht dem Nacheinander von Weissagung und Erfüllung, bei dem die Weissagung und damit der Geist an den Anfang treten müssen. So ist das alte dogmatisch-exegetische Zweitakt-Schema doch wieder bestimmend geworden[110a]; es ist jetzt aber durch den reichen Ausbau der geschichtlichen Zusammenhänge deutlich historisiert. Die spätere, mit Gott-Vater beginnende Reihenfolge, die den Geist vielmehr ans Ende und in die Vollendung rückt, dürfte mit der „*religionsgeschichtlichen*" Einbeziehung der Völkerwelt zusammenhängen, die

---

[109] Im dritten Jahrhundert tauchen sie bei Methodios, sympos. X wieder auf.

[110] Haer. IV 20,5.

[110a] Unter chiliastisch-eschatologischem Gesichtspunkt verwendet Irenäus auch das Siebener-Schema, für das er sich auf die sieben Schöpfungstage beruft. Doch interessiert hier nur der letzte, siebente Tag der Vollendung. Für die vergangene Heils- und Weltgeschichte bleibt das Schema ungenutzt. Viel Stoff zur späteren Entwicklung bietet AUG. LUNEAU, L'Histoire du Salut chez les Pères de l'Église, in: La doctrine des ages du monde (Paris 1964).

im Sinne der *„natürlichen"* Theologie mit Gott schon etwas zu tun hat, und den Heiligen Geist noch nicht kennt. Auf jeden Fall hat *Irenäus* als der eigentliche Schöpfer des christlichen Geschichtsbildes zu gelten. Es hat schon auf *Tertullian* und *Hippolyt* eingewirkt und bleibt für die weitere Entwicklung der „Heilsgeschichte" überhaupt bestimmend. Die geistige Bedeutung dieser Tat wird leicht unterschätzt. *Irenäus* hat ja keine selbständige *„Forschung"* betrieben, sondern entnimmt sein Material ausschließlich dem Alten und dem werdenden Neuen Testament, deren geschichtliche Angaben ohne jede Kritik als zuverlässig gelten. Aber man braucht seine klare und geordnete Darstellung nur mit der willkürlichen Auswahl und Deutung des Gegebenen bei *„Barnabas"* und noch mit dem nahezu undurchdringlichen Dickicht bei *Justin* zu vergleichen, um den Fortschritt, der hier erreicht ist, zu ermessen. Im einzelnen und z. T. auch im Verständnis des Ganzen mag es auch später noch manche Schwankung und viele Bereicherungen gegeben haben; aber die Grundzüge der christlichen „Heilsgeschichte" stehen von nun an fest.

VI

Die Welt- und Heilsgeschichte, wie sie *Irenäus* entworfen hatte, war ausschließlich biblisch fundiert. Sie zeichnete sich, wie die entsprechenden älteren Ansätze auch, durch eine *„souveräne Nichtbeachtung"*[111] des gesamten außerbiblischen Geschehens aus. Seine christlichen Leser haben dies schwerlich als Mangel empfunden; aber dort, wo man missionarisch und apologetisch mit der heidnischen Umgebung Kontakt nahm, konnte man auf die Dauer hierbei nicht stehenbleiben. Sollte die *„biblische Geschichte"* und ihr Anspruch in der gebildeten Kulturwelt ernst genommen werden, so mußte sie mit dem herrschenden historischen Bewußtsein in Verbindung gebracht werden. Dies Bemühen setzt schon vor *Irenäus*

---

[111] So kennzeichnet H. D. WENDLAND treffend „Geschichtsanschauung und Geschichtsbewußtsein im Neuen Testament" (1938) 32.

bei den ersten *Apologeten* ein, und seine Zeitgenossen haben die Arbeit fortgesetzt. Auch sie erörtern die historischen Probleme also keinesfalls ,,*um ihrer selbst willen*". Man wird auf sie gestoßen, und man weicht ihnen dann nicht aus.

Die ersten Berührungen mit der ,,*Wissenschaft*" erfolgen an verschiedenen Punkten und sind in unserem Jahrhundert noch sehr bescheiden. Voran stehen die chronologischen Bemühungen für den sogenannten ,,*Altersbeweis*". Hier waren die Juden den Christen vorangegangen, und diese traten einfach in ihre Arbeit ein. Es galt zu zeigen, daß *Moses* als Gesetzgeber und Philosoph und überhaupt die heiligen Schriften der Juden weit älter gewesen wären als alle vergleichbaren Erzeugnisse der griechischen Kultur. Auch die Christen fühlen sich nicht als Neulinge. Zwar leiten sie ,,*ihr Geschlecht von Jesus Christus her*"[112]; aber sie sind gleichzeitig auch die Erben und die einzig legitimen Inhaber der alten, ihn bezeugenden ,,*Schrift*". Damit haben sie vor all den Weisen, auf die sich ihre heidnischen Gegner berufen können, einen unbestreitbaren Vorsprung. ,,*Moses*", erklärt *Justin*, ,,*ist älter als Plato und alle griechischen Schriftsteller.*"[113] Diese haben ihre richtigen Erkenntnisse also von *Moses* übernommen und nicht etwa umgekehrt. Dieselbe These wird auch von den späteren Autoren – *Tatian, Julius Cassianus, Klemens von Alexandrien* usw. – unermüdlich wiederholt. Zu ihrer Begründung stellt man – wie schon bei den Juden – umfangreiche Berechnungen an. Wir finden sie z. B. im dritten Buch ,,An Autolykos", das der Bischof *Theophilos von Antiochien* in den achtziger Jahren verfaßt hat. Er addiert und vergleicht hier die Lebensdauer der Generationen vor und nach der Sintflut von der Erschaffung der Welt bis zur babylonischen Gefangenschaft und andererseits von *Cyrus* und *Tarquinius Superbus* bis auf *Mark Aurel*. *Jesus* wird in diesem Zusammenhang überhaupt nicht erwähnt; denn es geht ja nicht um seine Person und Geschichte, sondern nur um das größere ,,*Alter*" der christlichen, d. h. biblischen Religion.

---

[112] Aristides, apol. 15,1.
[113] Apol. I 44,8; vgl. 59 f.

Das gleiche Interesse bestimmt die ersten tabellarischen Chroniken, die im Anfang des dritten Jahrhunderts von *Julius Africanus* und *Hippolyt* verfaßt wurden. Hier wird *Jesus* natürlich mitberücksichtigt, und auch die ,,*dunklen*'' Jahrhunderte zwischen den letzten Daten des Alten Testaments und dem Erscheinen *Jesu* werden überbrückt – durch seinen Stammbaum und durch eine Liste der Hohenpriester, die gleichfalls bei ihm, dem ewigen Hohenpriester, zum Abschluß kommt[114].
Man kann in diesen chronologischen Versuchen die ersten Ansätze einer christlichen Geschichtsschreibung sehen. *Theophilos* hat von hier aus unter starker Betonung der weltanschaulichen Folgerungen und in ständiger Polemik gegen die Unzuverlässigkeit der antiken Autoren in der Tat schon die ganze biblische Urgeschichte paraphrasiert[114a]. Im allgemeinen bedeuten diese apologetischen Berechnungen für das lebendige Verständnis der Heilsgeschichte jedoch nicht viel. Wichtiger ist, daß die apologetische Situation jetzt dazu nötigt, auch die Religionen der alten Welt, ihren Ursprung und ihre ,,*Lehren*'' stärker ins Auge zu fassen und die christliche Wahrheit dagegen abzusetzen. Das geschieht schon in der ältesten noch erhaltenen Apologie, der Eingabe des *Aristides* an den Kaiser *Hadrian*[115]. *Aristides* führt die Religionen der Chaldäer, Hellenen, Ägypter, Juden und Christen nacheinander vor, wobei die Christen natürlich den Preis gewinnen. Das Judentum erscheint hier zum erstenmal als eine eigene, von den Christen abgegrenzte ,,*Religion*''. Dort, wo man sich gegen den griechischen Hochmut zur Wehr setzt, vor allem bei *Tatian*, werden sie und überhaupt die ,,*Barbaren*'' später zu Bundesgenossen. Meist aber empfindet man den Rang und den Wert der antiken Philosophie und Bildung so stark,

---

[114] E. CASPAR, Die älteste römische Bischofsliste (1926) 92 ff.; auch: Geschichte des Papsttums I (1930) 11 f.

[114a] Leider wissen wir nicht, ob das Autol. II 30 erwähnte Werk πεϛὶ ἱστοϱιῶν über diesen Zeitraum hinausging und was es außer den ,,Genealogien'' noch geboten haben mag.

[115] In tieferer und edlerer Weise grundsätzlich auch schon in der Rede auf dem Areopag, die Lukas, Apg. 17, Paulus in den Mund gelegt hat.

daß man vielmehr die Verwandtschaft mit ihr betont und Anknüpfungsmöglichkeiten entdeckt. Grundlegend ist hierfür *Justins* Idee einer universalen Wirksamkeit des Logos, d. h. *Christi*, der „samenhaft" auch bei den griechischen Weisen schon gegenwärtig war. Seine Konzeption „*ist als erstmaliger Versuch zu werten, die Einheit der Geschichte in die gesamte Zeit vor der Fleischwerdung des Wortes hineinzulesen*"[116]. In Anlehnung an gnostisch-synkretische Vorstellungen wagt *Klemens von Alexandrien* gelegentlich von einem förmlichen „*Bunde*" zu sprechen, den Gott durch die Philosophie mit den Hellenen geschlossen habe, entsprechend dem mit den Juden geschlossenen alten Bund[117]. Spätere Autoren gehen nicht mehr so weit; aber die naive Isolierung der „Heilsgeschichte" ist von jetzt an überwunden. Für den gebildeten Christen ist sie hinfort, so oder so, eingebettet in einen weiteren religionsgeschichtlichen Horizont. Die „*Heidenvölker*" stehen nicht erst seit dem Erscheinen *Jesu*, sondern von jeher im Vorhof der Heilsgeschichte und dürfen nicht mehr übersehen werden.

Eine besondere Bedeutung kommt natürlich der geistigen und politischen Weltsituation zu dem Zeitpunkt zu, da *Jesus* auf die Erde kam. Hier hatte schon Lukas einen Fingerzeig gegeben, wenn er die Geburt *Jesu* und die vollendete Weltherrschaft des Kaisers *Augustus* zwar unaufdringlich, aber doch unüberhörbar nebeneinanderstellte[118]. *Irenäus* und die älteren Apologeten hatten ihn nicht beachtet; aber *Meliton* greift ihn mit vergröbernder Absichtlichkeit auf. „*Unsere Lehre*", erklärt er in seiner an den Kaiser gerichteten Apologie, „*ist gleichzeitig mit den glücklichen Anfängen des Kaiserreiches erblüht, und daß es zu seinem Besten geschah, erhellt vor allem daraus, daß ihm seit der Herrschaft des Augustus auch kein Unfall mehr begegnet ist.*"[119] Die Tendenz dieser etwas „*byzanti-*

---

[116] K. Thraede, Art. „Erfinder" II in: Reallex. f. Antike u. Christentum V (1962) 1248.
[117] Strom. VI 42,1; vgl. 161,5 f.
[118] Luk. 2,1.
[119] Euseb., hist. eccl. IV 26,8.

nisch" klingenden Äußerung liegt auf der Hand. Aber daraus folgt nicht, daß die zugrunde liegende Anschauung nur geheuchelt wäre[120]. *„Der Weltstaat und die christliche Religion"* sind für *Meliton*, mit *Harnack* zu reden, *„Milchschwestern"*[121]. Aber diese Beziehung bleibt allerdings zweideutig. Schon ein Menschenalter nach *Meliton* wird sie vom Römer *Hippolyt* im entgegengesetzten Sinne interpretiert: *„Als im zwölften Jahr des Kaisers Augustus der Herr geboren wurde . . . und durch die Jünger alle Völker und Zungen"* in *„das neue Herrenvolk der Christen"* berief, da wurde *„auf dieselbe Weise"*, aber *„nach der Kraftwirkung des Satans"* als dämonische Nachäffung auch das Römerreich geschaffen, und seitdem stehen *„Christen"* und *„Römer"* einander in unversöhnter Gegnerschaft gegenüber[122]. Beide Deutungen der *Civitas terrena* bezeichnen Möglichkeiten der künftigen Entwicklung. Sie mögen beide problematisch sein; aber hier wie dort ist das geschichtliche Zugleich zwischen dem Beginn des Kaiserreichs und dem Erscheinen *Jesu* auf das bestimmteste erfaßt, und diese heils- oder unheilsgeschichtliche Bindung wird sich nicht mehr lösen lassen.

VII

Der moderne Historiker fragt sich unwillkürlich, warum die Entfaltung des christlichen Geschichtsbildes zunächst schon bei *Jesus* und den grundlegenden Anfängen seiner Kirche zum Stillstand gekommen sei und als *„Kirchengeschichte"* nicht sogleich eine Fortsetzung gefunden habe. Der Hinweis auf den eingangs betonten Mangel historischen Interesses genügt allein noch nicht. Der Tatbestand kann nur theologisch erklärt werden. Sämtliche auf den ersten

---

[120] Vgl. die noch konventioneller enthusiatischen Worte, mit denen der große Bischof DIONYS von Alexandrien in der Mitte des dritten Jahrhunderts, ein Psalmwort zitierend, die Restitution des Kaisers GALLIENUS begrüßt: Euseb., hist. eccl. VII 23,1–3.

[121] A. v. HARNACK, Die Mission und Ausbreitung des Christentums in den ersten drei Jahrhunderten (4. Aufl. 1924) 277.

[122] In Dan. IV 9.

Blick historisch anmutende Gedankengänge, die wir verfolgt haben, waren ja in Wirklichkeit unmittelbar und ausschließlich theologisch motiviert. ,,Geschichte" gibt es für die Christen der ersten Jahrhunderte nur unter dem Blickpunkt der Christusgeschichte. Das heißt: es geht in ihren Bemühungen einzig um das Verständnis und die Verteidigung des gegenwärtigen, von Gott offenbarten Heils. Dieses Heil hat seine Geschichte gehabt – ohne den Glauben an das Alte Testament gäbe es keine ,,Heilsgeschichte" –, aber in *Christus* ist die Offenbarung vollendet; sie duldet keine Steigerung, Erweiterung oder Veränderung mehr. Es fehlt nur noch der letzte Schritt zum endgültigen Triumph, der dann eintreten wird, wenn *Christus* wiederkehrt, die Welt zu richten, und das Gottesreich beginnt[123]. Die geschichtliche Offenbarung ist also tatsächlich abgeschlossen, und *Christus* ist in diesem Sinne das Ende der Heilsgeschichte. Daß er darum nicht auch das sofortige ,,*Ende der Geschichte*" gebracht hatte, wie man in der ,,*Naherwartung*" seiner Wiederkunft ursprünglich hoffen konnte, wurde bald genug offenbar. Aber dies führte lediglich zu Auseinandersetzungen mit dem apokalyptischen Problem, nicht mit dem Problem der Heilsgeschichte als solcher.

Es bedurfte noch langer Wege und Umwege, bis die theologische Bedeutung der ,,Kirchengeschichte" erkannt wurde – ein Wort, das dementsprechend noch nirgends begegnet. Die Kirche verkündet und vermittelt das ursprünglich von *Christus* empfangene Heil. Ihre Geschichtlichkeit und die Geschichtlichkeit dieses Vorgangs bleiben gänzlich unbemerkt – mehr noch: gerade die absolute, unveränderliche Identität ihres Wesens und ihrer ,,Lehre" mit der ursprünglichen Stiftung *Jesu* ist das, was bekannt wird, und das, woran man glaubt. Diese Ursprünge sind es, auf die man sich darum auch ständig rückbezieht und die gegen Ende des zweiten Jahrhunderts durch ein ,,Neues Testament" gesichert werden. Dies be-

---

[123] Auf die Probleme des im zweiten Jahrhundert weit verbreiteten Chiliasmus gehe ich hier nicht ein, da er *Christi* Wiederkunft nur sozusagen vorverlegt und von da aus die Endzeit, nicht die gegenwärtige Weltzeit gliedert; vgl. o. S. 190, Anm. 3.

stimmt die Heilsgeschichte des neuen Bundes von da an ebenso ausschließlich wie das Alte Testament die Geschichte des alten. Für die Ketzer liegen die Dinge grundsätzlich gleich. Sie berufen sich nur auf andere Traditionen über den Ursprung und schaffen sich andere Evangelien und Schriften, die die kirchlichen in ihrem Sinn ergänzen oder verdrängen sollen, bedürfen aber gleicherweise keiner weiterführenden ,,Kirchengeschichte". Nur dort, wo die widerstreitenden Ansprüche miteinander in Kampf geraten, bemüht man sich um den Nachweis der Kontinuität und damit der Legitimität. So kommt es im großkirchlichen Lager zur Aufstellung von ,,*Bischofslisten*", speziell der Liste von Rom, die wahrscheinlich auf Hegesipp zurückgeht und die jedenfalls schon *Irenäus* energisch gegen die ,,jüngeren" Sekten der Gnostiker ins Feld führt. Diese Liste beweist die Kontinuität und das Alter und damit, wie man meint, auch die Ursprünglichkeit und Wahrheit der katholischen Lehre. Einer späteren Zeit haben diese dürren und unanschaulichen Listen erst als chronographische, dann auch als kirchengeschichtliche Quelle gedient; aber im zweiten Jahrhundert kann von etwas derartigem noch nicht die Rede sein[123].

Es gibt nur eine bis ins zweite Jahrhundert zurückreichende und sich dann zur Sekte entwickelnde Bewegung, auf die das Gesagte nicht zutrifft; das ist ,,*die neue Prophetie*" des phrygischen Montanismus. Diese enthusiastisch-apokalyptische Erweckungsbewegung hat das christliche Geschichtsbild tatsächlich – nicht als ,,Kirchengeschichte", sondern im strengen Sinne als ,,Heilsgeschichte" – erweitert und fortgeführt. Sie begriff sich selbst als eine neue Geistausgießung und rechtfertigte diesen Anspruch mit der Weissagung des ,,*Parakleten*" im *Johannes*evangelium[125], der damit – zu Unrecht – vom Pfingstgeist unterschieden und als eine neue, höhere Stufe der Offenbarung und Vollmacht proklamiert wurde. Wir kennen den heilsgeschichtlichen Aufriß, der sich daraus ergeben

---

[124] Hierzu Näheres z. B. in meinem Buch ,,Kirchliches Amt und geistliche Vollmacht in den ersten drei Jahrhunderten" (2. Aufl. 1963) 172 ff.

[125] Joh. 14,16–18,26; 15,26; 16,7. 12 ff.

mußte, nur in der verhältnismäßig späten und etwas domestizierten
Form, die ihm *Tertullian* gegeben hat, der sich zu Beginn des dritten
Jahrhunderts den Montanisten anschloß[126]. Danach verläuft die irdische Heilsgeschichte bis zur Wiederkunft *Christi* nicht in zwei,
sondern in drei wesentlichen Etappen, deren dritte nach dem alten
und dem neuen Gottesbund eben durch den Parakleten und die
,,*neue Prophetie*'' gebildet wird. Jede Stufe ist mit der vorherigen
durch Weissagungen verklammert, und jede bringt über die bisherige hinaus einen Fortschritt in der Strenge der sittlichen Erkenntnis
und Praxis. Die Lehre von Gott – versichert *Tertullian* – ist dagegen
auf allen Stufen dieselbe geblieben, und *Christus* ist überall der eigentliche Herr und Heiland seiner Kirche. Diese Konzeption ist interessant, weil die pneumatische Spekulation an die ,,*Geistkirche*''
des hohen Mittelalters erinnern kann und das Dreierschema bis zu
einem gewissen Grade auch an den verchristlichten Manichäismus
des Westens und später an den als christliche Sekte verstandenen Islam. Allein die historischen Voraussetzungen sind hier gänzlich andere. Man hat den Eindruck, daß der Montanismus, der eher eine
reaktionäre Bewegung gewesen ist, zu seinen heilsgeschichtlichen
Konstruktionen vor allem dadurch gedrängt wurde, daß er mit seinen apokalyptischen Proklamationen und rigoristischen Forderungen auf Widerstand stieß und sich anders nicht zu rechtfertigen
vermochte. Es überrascht aber nicht, daß gerade seine ,,*historischen*'' Anschauungen am allerwenigsten Anklang fanden und auch
keine erkennbaren Nachwirkungen gehabt haben.

So stand das Bild der Heilsgeschichte fest, als um die Wende zum
vierten Jahrhundert die eigentliche ,,Kirchengeschichtsschrei-
bung'' ihren Anfang nahm. Sie hängt mit der Geschichte des werdenden christlichen Reiches innerlich zusammen, und man kann die
Frage aufwerfen, ob mit der neuen ,,Herrschaft'' der Kirche im
kosmisch verstandenen ,,Reich'' seit *Konstantin* nicht sofort auch
die Gefahr einer neuen heilsgeschichtlichen Häresie gegeben war.
Wer die devoten Überschwenglichkeiten der ,,*politischen Predigt*''

---

[126] Über seinen Montanismus s. mein Buch (op. cit. [Anm. 1]) S. 262 ff., 336 f.

in Byzanz allzu wichtig nimmt, wird sie bejahen. Aber kaum mit einem halben Recht. Gewiß gilt das Kaiserreich hinfort als dauerndes Element der neuen christlichen Weltordnung; aber es bleibt gleichwohl wie jede irdische Größe der Gefahr dämonischer Verkehrung und apokalytpischer Bedrohung ausgesetzt. Das christliche Reich ist ein Resultat der von Gott gelenkten Kirchengeschichte. Aber die Reichskirche vermittelt der Welt darum kein anderes Heil, als schon die Märtyrer des heidnischen Reiches geglaubt und bekannt hatten. Das ist auch in der Historiographie der alten Kirche keineswegs vergessen. Wo sich ihre Darstellung universalgeschichtlich orientiert, bleibt die Welt- und Kirchengeschichte stets – nicht nur bei *Augustin* – im alten, vorgezeichneten Rahmen der zwischen der ersten Ankunft und der endlichen Wiederkunft Christi ausgespannten einen christlichen Gegenwart.

Die Jungfrauengeburt in der Theologie
der alten Kirche

Es ist kein seltener Fall, daß die Behandlung eines wissenschaftlichen Problems weniger unter dem Mangel als unter einem Übermaß von Beachtung zu leiden hat; doch geschieht dies nirgends häufiger als im Arbeitsbereich der historischen Theologie. Das leidenschaftliche Interesse, das ihr Gegenstand für die Beteiligten besitzt, drängt die Forschung in die Tiefe; aber es verführt auch unausgesetzt dazu, Fragen zu stellen, die sich nicht beantworten lassen, und Antworten zu geben, die in Wirklichkeit fraglich oder unverantwortlich sind. Es entsteht so eine riesige Spezialliteratur, deren Erkenntnisgewinn zum aufgewandten Fleiß in keinem Verhältnis steht, im Referieren, Behaupten und Widerlegen immer neue Publikationen veranlaßt und schließlich jedermann abschreckt, der auf einem solchen Felde nicht selbst zum Spezialisten werden möchte. Das Nebensächliche überwuchert dann das Wesentliche, das jeweils Neue das bleibend Richtige und das Gewünschte oder Erträumte das eben noch Erkennbare wie das längst Erkannte. Übersicht und Abstand, die unumgänglichen Voraussetzungen ernsthafter Diskussion, geher verloren, und das Dickicht droht undurchdringlich zu werden.

In eine solch gelehrte Wildnis, die sogenannte „Mariologie" der alten Kirche, möchte die vorliegende Arbeit eine Schneise schlagen. Im Grunde kann von niemand bestritten werden, daß die alte Kirche – jedenfalls während der ersten Jahrhunderte – eine eigentliche

Aus: Sitzungsberichte der Heidelberger Akademie der Wissenschaften (Karl Winter, Universitätsverlag, Heidelberg) 2. Abhandlung, 1962.

Marienlehre gar nicht gekannt hat[1], d. h. keine thematische theologische Beschäftigung mit Mariens Person und Heilsbedeutung. Trotzdem ist die Flut der einschlägigen Publikationen nicht mehr zu übersehen und unter dem Druck des aktuellen katholisch-dogmatischen Interesses noch immer im Steigen. Ich hätte die folgende Untersuchung nicht schreiben können ohne die vielen Spezialarbeiten, die in den letzten zwei Jahrzehnten erschienen sind; aber ich bilde mir darum nicht ein, ich hätte auch nur diejenige Literatur vollständig erfassen können, die eine ernsthafte Berücksichtigung verdient; dazu ist die Masse des wissenschaftlich ganz Wertlosen und Verkehrten, das gleichwohl in zahlreichen Bibliographien verzeichnet wird[2], viel zu groß. Andererseits erscheint es mir aber

---

[1] So betont auch G. Söll, Die Mariologie der Kappadokier, Theol. Quartalschr. 131 (1951) 168, mit Recht, ,,daß keiner der vorephesinischen Väter eine in sich geschlossene Mariologie bietet".

[2] Die einschlägigen Titel werden schon bis 1959 auf etwa 100 000 geschätzt. Eine eigene marianische Bibliographie wird in Rom von G. Besutti veröffentlicht: Marianum 1 (1950) ff. Die unausgesetzte Produktivität auf diesem Gebiet kann nicht überraschen, wenn man sich allein die Zahl der mehr oder weniger wissenschaftlichen sogenannten ,,Marianischen Akademien" und Institute zu vergegenwärtigen sucht. Ich bin Herrn Dr. Kurt-Victor Selge für die Erleichterung dieses mühseligen Geschäftes zu besonderem Dank verpflichtet.

Abgesehen von den älteren Gründungen des achtzehnten Jahrhunderts – der ,,Mitirtea" in Rom, der Warschauer Akademie und der franziskanischen Marianischen Akademie in Portugal – sind heute zu nennen: die päpstliche Akademie der Unbefleckten Empfängnis in Rom, die Bibliographische Marianische Akademie von Lerida, die Marianische Akademie beim päpstlichen Athenäum Salesianum in Turin, die päpstliche theologische Fakultät ,,Marianum" der Serviten in Rom (mit Promotionsrecht und mehreren marianischen Lehrstühlen) und dem (gleichfalls Diplome verabfolgenden) Institutum Mariologiae und die päpstliche Internationale Marianische Akademie in Rom, die allein sechs mariologische Schriftenreihen herausgibt (zusammen heute schon etwa 100 Bände). Es besteht ferner ein Stabile Consilium Mariologico-Marianis internationalibus conventibus provehendis, das u. a. die zahlreichen nationalen marianischen Gesellschaften fördern und neue begründen soll. Internationale marianische Kongresse (mit Akten usw.) sollen jetzt alle vier Jahre stattfinden.

Von den mariologischen Periodica, die René Laurentin, Kurzer Traktat der mariologischen Theologie (1959) z. T. verzeichnet, erheben etwa folgende Anspruch

nicht wünschenswert, die Arbeit der Zusammenfassung und Orientierung ausschließlich den engsten Fachleuten zu überlassen. So weit ich sehe, fehlt es heute an einer kritischen Darstellung der altkirchlichen Entwicklung, die den aufgehäuften Stoff in der richtigen Proportion und ohne Einmengung modernisierender Gesichtspunkte historisch darstellt, so wie es vor zwei Menschenaltern die jetzt überholten Werke von Lehner[3], Lucius[4] und Neubert[5] versucht haben. Die folgende Übersicht geht von der Überzeugung aus, daß ihr Gegenstand durchaus nicht besonders kompliziert oder schwierig sei, sobald man sich dazu entschlossen hat, die einfachen Fragen voranzustellen, das Nächstliegende, das sich ergibt, ohne entbehrliche Reflexionen und Spekulationen stehen zu lassen und im übrigen den Stoff möglichst nach den Gesichtspunkten zu ordnen, die er selbst nahelegt.

Dabei werde ich mich bewußt in Grenzen halten. Es geht mir in diesem Bericht ausschließlich um die Aussagen und bestimmten Anschauungen, die innerhalb der altkirchlichen Theologie über Maria gemacht und vertreten worden sind, und auch um diese nur

---

auf Wissenschaftlichkeit: Mariale Dagen (Tongerlooo, seit 1931); Marianum (Rom, seit 1938); Estudios Marianos (Madrid, seit 1942); Estudios Marianos (seit 1944, 1 Bd.); Marian Studies (Washington, seit 1950); Ephemerides Mariologicae (Madrid, seit 1951); Journées sacerdotales Mariales (seit 1952); La nouvelle revue Mariale (Montfort, seit 1954, seit 1957 unter dem Titel: Cahiers Mariales). Es bestehen auch schon ,,Cahiers de Joséphologie'' (Montréal, seit 1953), in denen beispielsweise die Frage erörtert wird, welches Alter der Heilige Joseph besaß, als er mit Maria die Ehe einging: J. J. Davis, The Age of St. Joseph at the Time of His Marriage, Cah. de Joséph. 6 (1958) 225–266. Nach der Mariologie und Josephologie dürfen wir mit der Zeit per analogiam vielleicht noch eine Annalogie erwarten. Diesen Kalauer, daß zur Mariologie nur noch die Annalogie fehle, hat sich schon Hugo Koch im ,,Neuen Jahrhundert'' 1912 Nr. 22 gestattet; vgl. Eutymius Haas, Der vergnügte Theologe I (1932[3]) 156.

[3] F. A. Lehner, Die Marienverehrung in den ersten zehn Jahrhunderten der Kirche (1886[2]).

[4] Ernst Lucius, Die Anfänge des Heiligenkults in der christlichen Kirche (1904), 4. Buch: Maria (S. 420–504).

[5] E. Neubert, Marie dans le dogme de l'Église anténicéenne (Diss. Fribourg 1908).

insoweit, als sie mit dem Thema der jungfräulichen Geburt Christi in Zusammenhang stehen[6]; denn diese bildet den Ausgangspunkt und bleibt zunächst auch der wesentlichste Inhalt dessen, was man als Marienlehre der alten Kirche bezeichnen mag. Die Geschichte der volkstümlichen Marienfrömmigkeit, deren Einfluß auf die Theologie oft überschätzt wird, bleibt außer Betracht, und den religionsgeschichtlichen Fragen nach der Herkunft der religiösen Motive und Vorstellungen werde ich gleichfalls nicht nachgehen. Ich verfolge die Entwicklung bis in den Anfang des fünften Jahrhunderts. Zu diesem Zeitpunkt hat die theologische Deutung einen gewissen Abschluß erreicht, und gleichzeitig beginnt sich jetzt der offizielle Marienkultus der Kirche zu entfalten und übt von nun ab auf das verantwortliche Reden und Denken der Theologen einen wachsenden, deutlich spürbaren Einfluß aus.

I.

Ehe wir mit der Betrachtung der theologisch-dogmatischen Entwicklung beginnen, sei ein kurzer Abschnitt über das Aufkommen der Jungfrauengeburtsüberlieferung vorangestellt. Auch wenn wir den religions- und formgeschichtlichen Problemen, wie gesagt, nicht nachgehen wollen, muß doch immer wieder daran erinnert werden, daß die Legende von der jungfräulichen Geburt Jesu nichts weniger als den Ausgangspunkt der frühchristlichen Verkündigung schlechthin bildet. Vielmehr erscheint sie innerhalb des Neuen Testaments bekanntlich überhaupt nur an zwei Stellen, in den Kindheitsgeschichten des Matthäus- und Lukasevangeliums, und wird im Fortgang der Entwicklung zunächst nur vereinzelt aufgenommen und nicht ohne Widerspruch festgehalten. Das ist ein Tatbestand, der dort, wo man sich auf eine Untersuchung der urchristlichen Tradition beschränkt, meist nicht im vollen Umfang deutlich

---

[6] Die Fruchtbarkeit einer solchen Untersuchung hat z. B. GUSTAV WINGREN, Man and the Incarnation – a study in the Biblical Theology of Irenaeus (1959) 97 Ann. 53 mit Recht betont.

wird. Er ist aber wesentlich, wenn man die Anfänge der christologischen Entwicklung in der richtigen Perspektive sehen will, und ist
auch für die anfängliche Einschätzung und Akzentuierung der Ge-
burtsüberlieferung selbst von einiger Bedeutung.

Will man die Anfänge und die langsame Verbreitung der Jung-
frauengeburtsgeschichte verfolgen, so genügt es auch nicht, bei den
genannten evangelischen Texten stehen zu bleiben und sie so, wie
sie lauten, als älteste Überlieferung hinzunehmen. Bei näherem Zu-
sehen zeigt es sich vielmehr, daß wahrscheinlich schon Matthäus auf
entgegengesetzte Stimmen Rücksicht nimmt und daß die lukanischen Kindheitslegenden zum Teil selbst auf einer älteren Fassung
des Stoffs beruhen, die die jungfräuliche Geburt Jesu noch nicht
kennt. Ich verweise hierzu auf die im ganzen unübertroffene Analyse der Texte, die Martin Dibelius schon vor einem Menschenalter
in einem Sitzungsbericht der Heidelberger Akademie geboten hat[7],
und beschränke mich in der Wiedergabe auf das Wesentliche, gerin-
gere Streitfragen beiseite lassend[8]. Das kunstvolle Ganze der lukanischen Vorgeschichte ist aus verschiedenen schriftlichen oder
mündlichen Überlieferungsstücken zusammengeflochten. Diese
sind z. T. nur leicht überarbeitet und lassen ihren ursprünglichen
Charakter und Sinn an mehreren Stellen noch deutlich erkennen, so
daß sie als selbständige Quellenstücke gewertet werden können.
Danach scheint die Vorstellung einer jungfräulichen Geburt nur in
der Verkündigungsperikope einigermaßen sicher verankert zu
sein[9]. Innerhalb der „Weihnachtsgeschichte" sind Joseph und Ma-

---

[7] MARTIN DIBELIUS, Jungfrauensohn und Krippenkind. Untersuchungen zur
Geburtsgeschichte Jesu im Lukas-Evangelium, Sitzungsber. d. Heidelb. Akad. phil.
hist. Kl. 1932, jetzt: Botschaft und Geschichte, Gesammelte Aufsätze 1 (1953) 1–78;
eine Zusammenfassung der Ergebnisse auch: Die Formgeschichte des Evangeliums
(1959³) 120 ff.

[8] Als größere, wertvolle Spezialarbeiten seien noch genannt: GOTTFR., ERD-
MANN, Die Vorgeschichte des Lukas- und Matthäus-Evangeliums und Vergils vierte
Ekloge (1932) und RENÉ LAURENTIN, Structure et Théologie de Luc I–II (Paris
1957).

[9] Lk. 1,26–38. Auch dieses wird freilich, z. B. von RUD. BULTMANN, Die Ge-

ria ursprünglich zweifellos als wirkliche Eltern Jesu gedacht[10]. Dagegen dürfte Matthäus in den Anfangskapiteln seines Evangeliums
bereits eine etwas spätere Stufe repräsentieren[11]. Er *geht überall von
der Voraussetzung der jungfräulichen Geburt aus,* hat sie aber schon
gegen Zweifel und Kritik zu verteidigen – eine Absicht, die dem arglosen Wunderbericht bei Lukas noch fern liegt. Andererseits verraten sowohl der lukanische wie der matthäische Stammbaum ihre
Herkunft aus Gemeinden, die die Jungfrauengeburt noch nicht
kannten und Jesus für ein Kind Josephs hielten[12]; denn sie sind, obschon unter sich verschieden, doch beide allein auf Joseph bezogen[13]. Erst im letzten Glied haben die Evangelisten eine künstliche
Umbiegung und Korrektur versucht, die der Jungfrauengeburt
Rechnung trägt; aber die Überlieferung mit ihren zahlreichen Lesarten zeigt, wie wenig ihr Text schon im Altertum die Leser befriedigt hat. Die nachträgliche Erklärung, die Stammbäume hätten nur
eine ,,rechtliche" und nicht die physische Abkunft Jesu sichern und
beweisen sollen, hilft nicht weiter. Sie ist eine reine Notauskunft,
die durch gar nichts nahe gelegt wird[14]. Da die Stammbäume von
den Evangelisten nicht geschaffen sind und untereinander auch

---

schichte der synoptischen Tradition (1957[3]) 321; vgl. Ergänzungsheft (1958) 45 f.,
bestritten.

[10] Lk. 2,1–20; dazu DIBELIUS, Jungfrauensohn S. 9 ff.

[11] Mt. 1–2.

[12] Zum viel erörterten Stammbaumproblem vgl. zuletzt JOACH. JEREMIAS, Jerusalem zur Zeit Jesu 2 (1958[2]) 154–168; MAXIM. LAMBERTZ, Die Toledoth in Mt.
1,1–17 und Lk. 3,23 ff., in: Festschr. Franz Dornseiff (1953) 201–225; OSC. CULL
MANN, Die Christologie des Neuen Testaments (1957) 128–131; J. SCHMID, Abstammung Marias, Lexikon d. Marienkunde I, 1 (1957) 33 f.; A. VÖGTLE, Genealogien, Lexik. f. Theol. u. Kirche 4 (1960) 661 f. Offene Fragen zur lukan. Geburts-
und Kindheitsgesch., in: Das Evangelium und die Evangelien (1971); J. Roloff, ThLZ
98 (1973) 291f. H. A. BLAIR, Matthew 1,16 and the Matthew Genealogy, Studia
Evangelica 2 (1964) 149–154. M. B. MORETON, The Genealogy of Jesus, ebd. S.
219–225.

[13] Mt. 1,16; Lk. 3,23.

[14] Doch wird sie auch heute noch vielfach vertreten. Über die älteren Versuche,
mit der widersprüchlichen Stammbaumtradition zurechtzukommen vgl. etwa W.
BAUER, Das Leben Jesu im Zeitalter der neutestamentlichen Apokryphen (1909)

nicht übereinstimmen, haben wir somit zwei weitere alte Zeugnisse vor uns, die die Jungfrauengeburt nicht zu kennen scheinen und Joseph als den natürlichen Vater Jesu bezeugen. Es bleibt sich für uns gleich, ob man die genealogischen Angaben als solche für alt und „historisch" oder für legendarisch und wertlos halten möchte; aber je später man sie ansetzen will, um so deutlicher stellen sie an ihrem Teil ans Licht, daß die Überlieferung von der Jungfrauengeburt zunächst nur in begrenzten Kreisen verbreitet und geglaubt wurde. Doch ist der Tatbestand auch ohne dies Zeugnis offenkundig. Das zeigt das übrige Neue Testament. Im Markusevangelium fehlt mit der Vorgeschichte auch jeder Hinweis auf die Jungfrauengeburt. Der „Anfang des Evangeliums Jesu Christi"[15] ist hier mit dem Auftreten des Täufers gegeben. Dieser war vom Propheten geweissagt[16], und zu ihm „kam Jesus von Nazaret in Galiläa", um sich taufen zu lassen[17]. Alles, was diesem Geschehen vorausliegt, ist heilsgeschichtlich ohne Bedeutung, aber darum nicht etwa verborgen und unbekannt. Jesu Heimat, sein Beruf und eine Familienverhältnisse sind kein Geheimnis. Es ist gerade ihre unbestreitbare Alltäglichkeit, die vermeintlich gegen ihn einen Einwand bildet. „Ist das nicht der Zimmermann, der Sohn Marias und Bruder Jakobs und Joses und Judas und Simons? und sind nicht seine Schwestern hier bei uns?"[18] Der Vater Jesu wird in dieser Aufzählung gar nicht erwähnt; da ausdrücklich auf im Ort noch lebende Angehörige verwiesen wird, ist er wohl als verstorben zu denken. „Die Menge"[19] will mit diesen Fragen nicht etwa den Vorwurf einer uneheli-

---

21–29; A. Meyer–W. Bauer, Jesu Verwandtschaft, in: Edg. Hennecke–Wilh. Schneemelcher, Neutestamentliche Apokryphen in deutscher Übersetzung 1 (1959) 312–321.

[15] Mk. 1,1.

[16] Mk. 1,2 ff.

[17] Mk. 1,9 ff.

[18] Mk. 6,3.

[19] Mk. 6,2: οἱ πολλοί. Wir brauchen hier nicht darauf einzugehen, daß unsere Perikope nicht einheitlich ist, sondern nur „nicht zusammenstimmende Bruchstücke aus verschiedener Überlieferung" zusammenfügt: E. Lohmeyer, Das Evangelium des Markus (1954¹³) 110.

chen Abkunft erheben[20]; sonst wäre die Pointe der Antwort Jesu
verdorben: ,,Ein Prophet gilt nichts in seiner Heimat, bei seinen
Verwandten und im eigenen Hause"[21] – das heißt: er gewinnt kein
Ansehen, weil er hier nicht fremd und ,,von weit her" ist, weil ihm
der Nimbus des Unbekannten fehlt – und nicht etwa darum, weil
man über seinen geheimen Makel Bescheid wüßte. Hätte Markus
dieses sagen wollen, so hätte er sich deutlicher ausdrücken müssen
und hätte den Vorwurf auch nicht so unerledigt stehen gelassen. Die
Jungfrauengeburt kann er natürlich erst recht nicht im Auge gehabt
haben, weil er von ihr schweigt und kein unbefangener Leser diese
Anspielung begriffen hätte. Übrigens hat eine Überlieferung an dieser Stelle, zunächst namenlos und, wie es scheint, ganz arglos, noch
den Vater hinzugefügt[22]. Diese Vervollständigung erscheint auch
im Matthäusevangelium[23] und ist, wohl von hier aus, in einen Teil
der Markusüberlieferung eingedrungen[24]. Lukas, der die ganze Perikope umgebaut und stark verändert hat, nennt Joseph sogar
allein[25]. So ist zu den wunderbaren Geburtsgeschichten, die beide
Evangelisten aus anderer Quelle gebracht haben, allerdings ein gewisser Widerspruch entstanden. Wenn er nicht – wahrscheinlich –
ganz unbemerkt blieb, können sich Matthäus und Lukas natürlich

---

[20] Daran ändern auch ,,die strengen Gesetze der jüdischen Namengebung" nicht
das Geringste, auf die ETH. STAUFFER verweist: Jesus – Gestalt und Geschichte
(1957) 23 f., 150 f. Natürlich wird ein Sohn nach seinem Vater und nur im Falle der
Unehelichkeit nach seiner Mutter benannt; aber die Äußerungen der Menge in Nazareth sind kein Geschlechtsregister. Vgl. Jeschu ben Mirjam, Kontroversgeschichtliche
Anmerkungen zu Mk. 6,3, in: Neotestamentica et Semitica. Studies in honour of
Matthew Black, ed. E. Earl Ellis Max Wilcox (Edinburgh 1969) 119–128.

[21] Mk. 6,4.

[22] Der Name Josephs dürfte in der ältesten Überlieferung überhaupt unbekannt
gewesen sein.

[23] Mt. 13,55.

[24] Sollte diese schlechter bezeugte Markusüberlieferung ursprünglich sein, womit
beispielsweise E. KLOSTERMANN, Das Markusevangelium (1950⁴) 55 und G. BORN-
KAMM, Jesus von Nazareth (1960⁵) 182 rechnen, so lägen die Dinge noch einfacher:
die Streichung des Vaters wäre eine im Blick auf die Jungfrauengeburt vorgenom-
mene nachträgliche Korrektur.

[25] Lk. 4,22.

ebenso geholfen haben, wie es spätere Ausleger getan haben: die Juden, die hier das Wort führen, kannten den wahren Sachverhalt der Herkunft Jesu nicht oder wollten ihn nicht anerkennen; darum sahen sie den Pflegevater zu Unrecht als den wirklichen Vater an. (Man erkennt an solchen Unstimmigkeiten, die sich auch an anderen Stellen beobachten lassen[26], das literarische Verhältnis der Vorgeschichten zu dem alten Stamm der Markusüberlieferung, an den sie herangeschoben sind.) Jedenfalls besteht kein Recht, entsprechende Überlegungen schon für Markus vorauszusetzen, der die Jungfrauengeburt nirgends erwähnt. Die Behauptung, er müsse sie trotzdem gekannt und stillschweigend mit ihr gerechnet haben, ist nichts als eine grobe petitio principii.

Schwieriger und interessanter liegen die Dinge im Johannesevangelium. Daß sein Text die Jungfrauengeburt weder erwähnt noch irgendwie voraussetzt, ist hier von vornherein klar. Jesus ist nach dem feierlichen Zeugnis, das ihm Philippus schon im ersten Kapitel ausstellt, ,,Josephs Sohn" und stammt ,,aus Nazareth"[27]. Daß diese Angaben im Sinne des Evangelisten richtig sind und ernst genommen werden sollen, läßt sich nicht bezweifeln; denn er kommt im Fortgang seiner Darstellung auf sie zurück und widerruft sie nirgends. Vor allem zeigt er – über die Synoptiker hinaus – gerade an dieser Seite des irdischen Wesens Jesu ein grundsätzliches, sozusagen negativ theologisches Interesse. Die wahre Entscheidung des Glaubens soll in der Begegnung mit Jesus und mit seinem Zeugnis gewonnen werden, angesichts der unverwischbaren Zweideutigkeit seiner irdischen Person, ohne die Hilfe wunderbarer Erscheinungen und ,,Zeichen". Wer den Anstoß seiner Niedrigkeit umgehen will, indem er zuerst nach sichernden Kriterien verlangt, kann die gegenwärtige Herrlichkeit des Offenbarers niemals schauen. Dies ist ein Grundgedanke des Evangeliums, und von hier aus empfängt

---

[26] Eine ähnliche Spannung besteht zwischen dem Jesuswort Lk. 11,27 f. und der hymnischen Äußerung Lk. 1,42.48 über seine Mutter.

[27] Joh. 1,45: εὑρίσκει Φίλιππος Ναθαναὴλ καὶ λέγει αὐτῷ: ὃν ἔγραψεν Μωϋσῆς ἐν τῷ νόμῳ καὶ οἱ προφῆται εὑρήκαμεν, Ἰησοῦν υἱὸν τοῦ Ἰωσὴφ τὸν ἀπὸ Ναζαρέθ.

auch die Frage nach der Herkunft Jesu ihr Licht. Die Juden fordern
von ihrem Messias etwas äußerlich Besonderes und weisen Jesus zurück, weil er diesen Erwartungen nicht entspricht. Sie pochen auf
den Erweis der Davidsohnschaft und die verheißene Ankunft aus
Bethlehem[28]; sie behaupten, daß niemand die Eltern Jesu kennen
dürfte, wenn er wirklich vom Himmel gekommen wäre[29]. Der
Glaube aber erkennt hinter und in der unscheinbaren Wirklichkeit
des Fleischgewordenen die Herrlichkeit des eingeborenen Sohnes[30]
und findet den Vater gerade in ihm[31].

An und für sich wäre es nun wohl denkbar, daß so, wie Jesus die
Zeichen, die man zu Unrecht verlangt, im Sinn des Evangelisten
trotzdem sehr wohl erfüllen kann und gegebenenfalls sogar erfüllt[32], er in Wirklichkeit auch den Erwartungen seiner Herkunft
entsprechen könnte und die Juden dies nur nicht wahr haben wollten. Aber das wird nirgends gesagt und man wird somit wiederum
folgern müssen, daß es im Sinne des Evangelisten auch nicht der Fall
war. Mag er die Frage der Davidsohnschaft offen gelassen haben[33] –
die Herkunft aus dem verachteten Nazareth[34] und aus Galiläa steht
auf alle Fälle fest[35]. Im Gegensatz zu den apologetischen Tendenz-

---

[28] Joh. 7,42: οὐχ ἡ γραφὴ εἶπεν ὅτι ἐκ σπέρματος Δαυίδ καὶ ἀπὸ Βηθλέεμ τῆς
κώμης, ὅπου ἦν Δαυίδ, ἔρχεται ὁ Χριστός;

[29] Joh. 6,42: οὐχ οὗτός ἐστιν Ἰησοῦς ὁ υἱὸς Ἰωσήφ, οἱ ἡμεῖς οἴδαμεν τὸν πατέρα καὶ τὴν μητέρα; πῶς νῦν λέγει ὅτι ἐκ οὐρανοῦ καταβέβηκα;

Bezeichnenderweise ist die Erwähnung der Mutter in einigen Handschriften gestrichen worden, ,,weil die Existenz einer Mutter in den Augen der'' – späteren –
,,Christen die himmlische Herkunft nicht ausschloß'': W. BAUER: Das Johannesevangelium (1933³) 97.

[30] Joh. 1,14.

[31] Joh. 1,18; 14,8 f.

[32] Vgl. hierzu etwa RUD. BULTMANN, Das Evangelium des Johannes (1941)
152 ff.

[33] Sie wird Joh. 7,42 nicht ausführlich erörtert und mit der bethlehemitischen
Herkunft so zusammengefaßt, daß auf diese der Nachdruck fällt.

[34] Joh. 1,46; vgl. 7,41 ff.

[35] Joh. 7,52. WILH. MICHAELIS, Die Davidsohnschaft Jesu als historisches und
kerygmatisches Problem, in H. Ristow – K. Matthiae, Der historische Jesus und der
kerygmatische Christus (1961, S. 317–330) 328 ff., geht bei der Erklärung dieses

legenden im Matthäus- und Lukasevangelium läßt Johannes die niedere Wirklichkeit der Herkunft Jesu nicht fahren, sondern gibt ihr gerade so, als Anstoß und Ärgernis, theologische Bedeutung. Oder hat er die entgegengesetzte, bethlehemitische Überlieferung gar nicht gekannt? Das ist bei dem Alter dieser Tradition m. E. kaum denkbar[36]. Wahrscheinlicher ist, daß er sie absichtlich ignoriert hat. Trifft das zu, so legt sich die entsprechende Frage aber auch für die Abstammung Jesu unmittelbar nah. Es ist klar, daß Johannes selbst Joseph für den Vater Jesu hält. Hat er darum von der Behauptung seines wunderbaren Ursprungs noch gar nichts gewußt, oder ist die Abwehr angeblich jüdischer Erwartungen, von denen er berichtet, in Wirklichkeit nicht von vornherein gegen christliche Legenden gerichtet oder zum mindesten auch gegen sie?

Die auf den ersten Blick überraschende Forderung, ein himmlischer Offenbarer dürfe weder Vater noch Mutter besessen haben, könnte an entsprechende doketische Legenden erinnern, wie sie uns aus dem zweiten Jahrhundert überliefert sind[37]; ihre Frühformen sind gewiß nicht jünger als das Johannesevangelium selbst. Dagegen scheint ein Vers des Prologs bereits unmittelbar auf die Jungfrauengeburtslegende zu zielen, die zweifellos noch im ersten Jahrhundert entstanden ist. Hier heißt es von den Glaubenden, die Jesus ,,aufnahmen", sie hätten dadurch Macht empfangen, ,,Gottes Kinder zu werden", und seien als solche ,,nicht durch Bluts noch aus Wollen des Fleisches noch aus Wollen eines Mannes, sondern aus Gott gezeugt"[38]. Zunächst will diese Aussage offenbar ganz allgemein den wunderbaren, ,,übernatürlichen" Ursprung des christlichen Seins herausstellen, das durch irdische Abkunft oder Verwandtschaft

---

Textes von Voraussetzungen aus, die im Johannesevangelium selbst nicht vorliegen, und hat ihn dementsprechend, wie mir scheint, völlig mißverstanden.

[36] So auch Kr. Stendahl (Jeremias-Festschr. 1960, u. S. 87 Anm. 89) 97, Anm. 15.

[37] S. u. S. 120 f.

[38] Joh. 1,12 f.: ὅσοι δὲ ἔλαβον αὐτόν, ἔδωκεν αὐτοῖς ἐξουσίαν τέκνα θεοῦ γενέσθαι, τοῖς πιστεύουσιν εἰς τὸ ὄνομα αὐτοῦ, ὃ οὐκ ἐξ αἱμάτων ἐκ οὐδὲ θελήματος σαρκὸς οὐδὲ ἐκ θελήματος ἀνδρὸς, ἀλλ᾽ ἐκ θεοῦ ἐγεννήθησαν.

weder zu erklären noch zu gewinnen ist[39]. So unterstreicht das
Evangelium später die Tatsache, daß sogar die Brüder Jesu nicht imstande waren, an ihn zu „glauben"[40]; so schildert es die Verständ-
nislosigkeit der Mutter, mit der Jesus im entscheidenden Augenblick seines Hervortretens darum noch nichts zu tun haben will[41];
und so wird den Juden trotz ihres unanfechtbaren Stammbaumes
die Abrahamskindschaft ausdrücklich abgesprochen[42]. Die natürliche Abkunft entscheidet also nicht über das geistliche Wesen – dies
ist ein immer wiederkehrender, typisch johanneischer Gedanke.
Aber war es darum erforderlich, gleich bei seinem ersten, präludie-
renden Auftauchen innerhalb des Prologs gerade die entgegengesetzte, natürliche Abkunft aus dem Fleisch mit solchem Nachdruck
zu charakterisieren und das Wesen einer natürlichen Geburt nicht
weniger als dreimal zu umschreiben und ausdrücklich auf den
„Manneswillen" zurückzuführen? Dies alles, heißt es, kommt bei
der Geburt der Gotteskinder nicht in Betracht. Die Vorstellung einer „jungfräulichen Geburt" drängt sich auf diese Weise geradezu
auf, und wo man von etwas Derartigem weiß, muß es den Leser
überraschen, dem Gedanken trotzdem nur in einer rein bildlichen
Verwendung zu begegnen, die alle Christen im Auge hat. Die Text-
geschichte zeigt auch hier, daß dieser Anstoß nicht etwa erst modern ist, sondern schon in ältester Zeit, sobald man von der Jungfrauengeburt wußte, schwierig erschien und Verwirrung im Ge-
folge hatte. Man hat schon im zweiten Jahrhundert damit begonnen, den Vers zu korrigieren und den ursprünglichen Plural in einen
Singular umzuwandeln, d. h. man bezog ihn unmittelbar auf Christus selbst und auf seine im realen Sinne jungfräuliche Erzeugung
und Geburt. Es handelt sich bei dieser Korrektur sicher um ein
Mißverständnis, nicht etwa um den ursprünglichen Text[43]; aber es

---

[39] Vgl. Mk. 3,31–35 parr.
[40] Joh. 7,5; vgl. 7,10.
[41] Joh. 2,4.
[42] Joh. 8,37–42.
[43] Gegen die entgegengesetzte, noch von F.-M. BRAUN, Qui ex deo natus est
(Jean 1, 13), in: Mélanges M. Goguel (1950) 11–31 vertretene Meinung s. zuletzt A.

könnte, scheint mir, sehr wohl sein, daß dieses Mißverständnis nicht auf einem reinen Zufall beruht, sondern daß die Assoziation mit der Vorstellung der jungfräulichen Geburt Jesu von Anfang an beabsichtigt war. Eine solche scheint um so eher möglich, wenn auch die Geschichte vom Weinwunder, wie Bultmann meint, ,,aus Kreisen stammt, in denen eine besondere Geltung der Herrenmutter schon selbstverständlich war''; denn eine solche setzt die Geburtslegende doch wohl voraus. Das würde allerdings besagen, daß wir es hier mit einer polemischen Anspielung zu tun hätten; denn eine jungfräuliche Geburt im wörtlichen Sinne, wie sie von anderen für Jesus behauptet worden war, wird durch die Ausdehnung der Vorstellung auf die Christen insgesamt vielmehr um ihren Sinn gebracht und zurückgewiesen. So wie die natürliche Abrahamskindschaft nicht ausschließt, daß die Abrahamskinder stattdessen nur noch als ,,Teufelskinder'' zu bezeichnen sind, so sind auch die Gläubigen, unbeschadet ihres natürlichen Erzeugt- und Geborenseins durch irdische Väter und Mütter, dennoch als reine ,,Kinder Gottes'' anzusehen, ,,jungfräulich geboren'' wie Gottes eingeborener Sohn[44] – der dennoch Joseph zum Vater hatte.

Leider läßt sich dieses Problem nicht mit Sicherheit entscheiden. Die Mehrheit der kritischen Exegeten sieht im fraglichen Vers keine Anspielung auf die Jungfrauengeburt und sucht ihn mit anderen religionsgeschichtlichen Analogien zu erklären[45]. Die Antwort hängt

---

HOUSSIAU, Le milieu théologique de la leçon ἘΓΕΝΝΗΘΗ (Joh. 1,13), in: F. Coppens u. a., Sacra pagina 2 (1959) 170–198. ,,Man kann sich nur wundern, daß erbaulicher Gebrauch und dogmatisches Bedürfnis die Änderung nicht in größerem Umfang durchgesetzt haben'', sagt DIBELIUS, Jungfrauensohn S. 18, Anm. 22, mit Recht.

[44] Eine ähnliche Anschauung kann man vielleicht auch in den Acta Pilati 1,1; 2,3–6; 16,2 finden; so F. SCHEIDWEILER bei Hennecke-Schneemelcher, Neutestamentliche Apokryphen 1 (1959) 330 ff.

[45] Vgl. BULTMANN, Johannesevangelium S. 38, Anm. 2; J. H. WASZINK, Art. Embryologie II B, in: Reallex. f. Antike u. Christentum 4 (1959) 1241 f. Ostkirchliche und katholische Erklärer suchen die Stelle z. T. sogar als ein positives Zeugnis für die Jungfrauengeburt zu werten, z. B. TH. ZAHN, Das Evangelium des Johannes (1908) 75 f.; P. BOTZ, O.S.B., Die Jungfrauschaft Mariens im Neuen Testament

bis zu einem gewissen Grade auch davon ab, wann und wo man sich
das Johannesevangelium entstanden denkt. Aber wie dem auch sei –
auf jeden Fall ist dieses Evangelium ein eindeutiger Zeuge gegen die
vermeintlich allgemeine Anerkennung der Jungfrauengeburt im
Ganzen der urchristlichen Verkündigung. Markus und Johannes
stehen gegen die Kindheitsgeschichten bei Matthäus und Lukas,
und fast die ganze urchristliche Literatur bestätigt durch ihr
Schweigen, daß ihr die „Lehre" von der Jungfrauengeburt fremd,
zum mindesten nebensächlich oder gleichgültig gewesen ist. Dies ist
noch kurz zu belegen.

Natürlich darf das argumentum e silentio gegenüber einem vereinzelten Text oder Dokument nicht gepreßt werden; das Schweigen kann in dem einen oder anderen Fall in der Tat auf bloßem Zufall beruhen. Doch dürften solche Einschränkungen für Paulus gewiß nicht in Betracht kommen; dazu ist seine Hinterlassenschaft zu
groß und gerade an christologischen Aussagen und Formeln zu
reich. Sicher stellt der vielgequälte Text von Gal. 4,4, allein für sich
genommen, kein eindeutiges Zeugnis gegen die Jungfrauengeburt
dar[46]. Daß Paulus den Gottessohn hier von einem „Weibe" geboren sein läßt, soll lediglich die Erniedrigung bis zum gemeinen Los
aller Menschen hervorheben; gerade so vermochte Christus allen
Weibgeborenen die Gotteskindschaft zu schenken. Das „Weib"
bedeutet in einem solchen Zusammenhang nicht den Gegensatz zur
„Jungfrau", sondern ganz allgemein das Geschlechtswesen, von

---

und in der nachapostolischen Zeit (Diss. theol. Tübingen 1935) 14 und mit Vorbehalt
C. K. BARRETT, The Gospel according to St. John (1955) 137 f. Die Frage kompliziert sich weiter, wo man an der fraglichen Stelle mit aramäischen Vorlagen rechnet
wie CHARLES C. TORREY, The Aramaic Origin of the Gospel of John, Harv. Theol.
Rev. 16 (1923, S. 305–344) 328, und dann die Bezugnahme auf die Christen statt auf
Jesus womöglich für einen bloßen Übersetzungsfehler ansieht, „a very disturbing
mistranslation": ders., The four Gospels – a new translation (1947) 316.

[46] Gal. 4,4: ... ἐξαπέστειλεν ὁ θεὸς τὸν υἱὸν αὐτοῦ, γενόμενον ἐκ γυναικός,
γενόμενον ὑπὸ νόμον ... Emile de ROOVER, O. Praem., La maternité virginale de
Marie dans l'interprétation de Gal. 4,4, in: Stud. Paulin. congressus intern. cath.
1961 (Anal. Bibl. 17/18, Rom 1963) II17–37.

dem zu stammen das Kennzeichen aller Menschen ist, die von Haus aus eben nichts weniger als „göttlichen Geschlechtes" sind[47]. Doch läßt schon dieser Text erkennen, wie wenig die paulinische Zwei-stadien-Christologie dem Gedanken einer Jungfrauengeburt über-haupt Raum läßt: im Schema von Erniedrigung und Erhöhung be-deutet die „Geburt" gerade den Tiefpunkt der Entäußerung. Es kommt für Paulus alles darauf an, daß Christus dem „unter das Ge-setz getanen" Menschen, den er erlöst, in jeder Hinsicht wirklich gleich geworden ist. „Wenn es lautete: γενόμενον ἐκ παρθένου", geboren aus einer Jungfrau, wären die Worte ihrer Bedeutung ent-kleidet"[48]. Das ist bei Paulus nicht nur an dieser einen Stelle so; auch dort, wo er in überkommener Sprache auf Abstieg und Auf-stieg des Herrn zu reden kommt, fehlt die Jungfrauengeburt und muß sie sinnvoller Weise fehlen[49]. Einmal, im Proömium zum Rö-merbrief, erwähnt Paulus – gleichsam zum Erweis der eigenen Rechtgläubigkeit – die Davidsohnschaft des Herrn, die sonst in sei-nem Denken keine Rolle spielt; aber von der Jungfrauengeburt schweigt er auch hier[50]. Dies alles läßt sich kaum anders deuten als so, daß Paulus ein derartiges Theologumenon noch schlechthin un-bekannt war. Jedenfalls wird bei ihm die Erzeugung „nach dem Geist" auch nicht ansatzweise als ein physiologisches Wunder ge-dacht[51]. Damit war Paulus bestimmt keine Ausnahme. Nichts weist

---

[47] Vgl. z. B. Hiob 14,1; Mt. 11,11 = Lk. 7,28. Der Versuch Tʜ. Zᴀʜɴs, Der Brief des Paulus an die Galater (1923³) 201 f., wegen der Nichterwähnung des Vaters auch diesen Text zu einem mittelbaren Zeugnis für die Jungfrauengeburt zu machen, bedarf keiner Widerlegung. Wenn ein derartiges Verständnis in irgendeinem Sinne nahe läge, wäre Macbeth vor seinem Irrtum wohl bewahrt geblieben.

[48] Dɪʙᴇʟɪᴜs, Jungfrauensohn S. 29, Anm. 47.

[49] Phil. 2,5–11. Daß Paulus in diesem Text einen älteren Hymnus verwertet, ist seit Lᴏʜᴍᴇʏᴇʀs „Kyrios Jesus", Sitzungsber. Heidelb. Akad. 1927/28, Nr. 4, an-erkannt.

[50] Rm. 1,3; dazu O. Kᴜss, Der Römerbrief (Lief. 1, 1957) 5–9.

[51] Dies möchte Dɪʙᴇʟɪᴜs, Jungfrauensohn S. 27 ff., allerdings annehmen. Er fol-gert aus Gal. 4, 22–30, Paulus sei an dieser Stelle im Blick auf Isaak ähnlich wie Philo einer hellenistisch-jüdischen Vorstellungsweise gefolgt, wonach bei der „wunderba-ren Erzeugung eines von Gott Erwählten" bereits „an die Stelle des zeugenden Man-

darauf hin, daß beispielsweise die unter seinem Namen später ver-
faßten Briefe oder daß die übrigen Schriften des Neuen Testaments
in dieser Hinsicht mehr gewußt und mehr vertreten hätten als er.
Diese Feststellung gilt aber durchaus nicht nur für das Neue Testament. Es wird, wie mir scheint, viel zu wenig beachtet, daß auch
die sogenannten ,,Apostolischen Väter" die Jungfrauengeburt – mit
einer wichtigen Ausnahme – sämtlich nicht zu kennen scheinen.
Dies kann zum mindesten im Barnabasbrief und in dem aus Rom
stammenden ,,Hirten des Hermas" unmöglich auf Zufall beruhen,
da sie beide über die Herabkunft und die irdische Gestalt des Herrn
recht ausführliche Spekulationen entfalten[52]. Die Ausnahme ist Bischof Ignatios von Antiochien, der ,,Bischof Syriens", wie er sich
selber nennt[53]. Ignatios legt auf die Jungfrauengeburt ein starkes,
theologisches Gewicht und sieht sie bereits als eine unumgängliche,

---

nes der schöpferische Geist tritt" (S. 29). Aber dies Auslegung läßt sich nicht halten;
vgl. schon St. Lösch, Deitas Jesu und antike Apotheose (1933) 86 ff.; Otto Mi-
chel-Otto Betz, Von Gott gezeugt, in: Judentum, Urchristentum, Kirche (Jere-
mias-Festschrift 1960, S. 3–23) 18. Gegen sie sprechen vor allem drei Gründe: 1. an
der parallelen Stelle Rm. 4,18–21 wird Isaak für Abrahams Sohn erklärt; 2. der Gegensatz κατὰ σάρκα – κατὰ πνεῦμα wird von Paulus sonst gerade nicht im Sinne von
,,physisch, leiblich" und ,,spirituell" gebraucht, und 3. und entscheidend: das Zitat
aus Jes. 54,1 ist Gal. 4,27 nicht, wie Dibelius wollte, auf Sara, sondern eindeutig auf
,,Jerusalem" zu beziehen. Die Behauptung einer ,,geistlichen" Geburt hat also auch
hier keine Ausschaltung des Mannes im Auge.

[52] Vgl. die vollständigen Zusammenstellungen im Ergänzungsband zu Lietzmanns Handbuch zum Neuen Testament: Die Apostolischen Väter (1923): für Barnabas von H. Windisch S. 374 f. (Wie sich Barnabas ,,die Geburt vorgestellt hat, ist
schwer zu sagen. . . Nicht einmal als Sohn eines Menschen will er den im Fleisch Erschienenen gelten lassen 12,10". ,,Die Hauptschwierigkeit der Christologie besteht
für ihn in der Frage, wie der himmlische Herr Fleisch annehmen und sogar das Leiden auf sich nehmen konnte"); für Hermas von Dibelius S. 572–576 (Es wird das
,,Zusammentreffen verschiedener Stoffe" betont und eine pneumatische Christologie entwickelt, die aber nicht zu klarer Durchführung gelangt, weil ,,das für die
pneumatische Christologie bezeichnende Moment, die einmalige und einzigartige
Menschwerdung eines göttlichen Wesens in Jesus Christus, nicht in Erscheinung
tritt"); zu Hermas vgl. auch Peter Knorz, Die Theologie des ,,Hirten des Hermas"
(Diss. theol. Heidelberg 1958, Maschinenschr.) 53 ff.

überkommene Lehre an, auf die er in festen, bekenntnisartigen Wendungen hinweist. Wir werden seine Anschauung noch zu besprechen haben[53a]. Das, worauf es hier ankommt, ist, daß wir damit wieder in denselben geographischen Raum geraten, dem auch das Matthäusevangelium und die lukanischen Quellen zur Kindheitsgeschichte entstammen dürften. Was uns sonst an Bruchstücken des christlichen Schrifttums bis zur Mitte des zweiten Jahrhunderts überliefert ist, kommt auf die Jungfrauengeburt nicht zu sprechen[54]. Wir stoßen auf sie – abermals in festen, formelhaften Wendungen – erst wieder bei Justin, und dieser stammt aus Machusa bei

---

[53] Ign. Rm. 2,2.

[53a] u. S. 91 ff.

[54] Man verweist hier allerdings auf die Apologie des Aristides „von Athen" (Euseb. chron. ad a. Abr. 2140 = 125 n. Chr.). Hier heißt es im griechischen Text 15,1: οὗτος δὲ ὁ υἱὸς τοῦ θεοῦ τοῦ ὑψίστου ὁμολογεῖται ἐν πνεύματι ἁγίῳ ἀπ' οὐρανοῦ καταβὰς [διὰ τὴν σωτηρίαν τῶν ἀνθρώπων] καὶ ἐκ παρθένου [ἁγίας γεννηθεὶς ἀσπόρως τε καὶ ἀφθόρως] σάρκα ἀνέλαβε... Die eingeklammerten Worte werden mit Recht als Zusätze des Barlaam-Romans angesehen, der darin über den (wie das anschließende griechische Fragment zeigt) gleichfalls sehr frei paraphrasierenden Syrer noch hinausgeht: R. SEEBERG, Die Apologie des Aristides, untersucht und wiederhergestellt, bei: Th. Zahn, Forschungen zur Geschichte des neutestamentlichen Kanons 5 (1893) 171. 330; J. GEFFCKEN, Zwei griechische Apologeten (1907) 83 f.; HUGO KOCH, Virgo Eva – Virgo Maria (1937) 76, Anm. 1. Es ist danach keinesfalls zulässig, Aristides – unter irriger Berufung auf die armenische Überlieferung – mit G. SÖLL, Lexikon der Marienkunde I, 2 (1958) gegen diese Spätdatierung J. JEREMIAS, nochmals: Die Anfänge der Kindertaufe (1962) 37 f., als ersten Zeugen anzuführen, der für Maria das Prädikat „heilig" gebrauche. Aber der ganze Text der Apologie ist überhaupt fragwürdig und nur mit äußerster Vorsicht zu benutzen. Das Problem, das er bietet, ist heute, wie C. ANDRESEN, Art. Aristides in: Die Religion in Geschichte u. Gegenwart 1 (1957) 597 mit Recht betont, „neu gestellt". Wie leicht sich gerade in formelhaften dogmatischen Zusammenhängen der Korrekturen einstellen, zeigt an der entsprechenden Stelle z. B. auch der Text des Dritten Korintherbriefes in den Acta Pauli: KOCH, aaO. S. 67, Anm. 1. Vor allem ist aber Herkunft und zeitliche Ansetzung des Textes trotz ROB. MCQ. GRANT, The Chronology of the Greek Apologists, Vigil Christ. 9 (1955, S. 25–33) 25, nichts weniger als gesichert. Nach G. C. O'CEALLAIGH, „Marcianus" Aristides, On the Worship of God, Harv. Theol. Rev. 51 (1958) 227–254, wäre er gar die aus dem vierten Jahrhundert stammende Bearbeitung einer ursprünglich jüdischen Apologie. Auf ein so vielfach anfechtbares Zeugnis kann nicht gebaut werden.

Flavia Neapolis, dem alten Sichem in Palästina, d. h. also wiederum aus dem palästinensisch-syrischen Gebiet. Danach sieht es so aus, als sei die Legende in diesem Bereich entstanden und ursprünglich zu Hause gewesen[55]. Allgemeinere Verbreitung hat sie, wenn nicht alles täuscht, erst dadurch gefunden, daß sie im Matthäus- und Lukasevangelium gelesen wurde. Mit diesen Evangelien wurde sie immer weiteren Kreisen bekannt[56], und um dieses biblischen Zeugnisses willen wurde die Jungfrauengeburt schließlich überall akzeptiert und verbindlich gemacht[57].

Justin hat das Matthäus- und Lukasevangelium gelesen; aber er schreibt ihnen noch keine „kanonische" Bedeutung zu und beruft sich niemals ausdrücklich auf ihren Text. Darum wagt er auch noch nicht, solchen Christen, die die Jungfrauengeburt ablehnen, den Christennamen einfach zu bestreiten. In seinem Dialog mit dem Juden Tryphon staffelt er das theologische Gewicht bewußt zwischen dem grundlegenden Glauben, daß Jesus der Christus sei, welcher jedem Christen feststehen muß, und den weiteren Aussagen über Christi Präexistenz und seine jungfräuliche Geburt[58]. Justin weiß,

---

[55] Hierhin gehört auch das Johannesevangelium oder zum mindesten ein Teil seiner Quellen. Das ist für die Beurteilung des fraglichen „Zeugnisses" von Joh. 1,13 (o. S. 73 ff.) wichtig.

[56] Die Kerinthianer und Ebioniten, die das Matthäusevangelium gebrauchten (Iren. haer. I 26,1 f.), trotzdem aber die Jungfrauengeburt bekämpften, mußten, wie es scheint, die ersten Kapitel streichen und jedenfalls den Stammbaum ändern: Epiphan. haer. XXVIII 5,1; XXX 14, 13; vgl. XXIX 9,4. Über die Änderungen der syrischen Bibel s. u. S. 84.

[57] Daneben kann man noch auf die Bekenntnisse oder bekenntnismäßigen Formeln verweisen, wie sie schon bei Ignatios – noch ohne Berufung auf die Evangelienbücher – erkennbar werden: H. KÖSTER, Synoptische Überlieferung bei den apostolischen Vätern (1957) 60 f. Doch sind sie als Träger des Jungfrauengeburts-Gedankens nach der Konsolidierung des Kanons zweifellos von geringerem Gewicht. Sie sind, für sich genommen, auch kaum imstande, eine eigene „Theologie" der Jungfrauengeburt zu vermitteln, sondern zu ihrer Deutung müssen jeweils noch andere Quellen erschlossen werden; vgl. J. J. CARPENTER, The Birth from Holy Spirit and the Virgin in the Old Roman Creed, Journ. Theol. Stud. 40 (1939) 31–36.

[58] dial. 48,2 f.: ἤδη μέντοι, ὦ Τρύφων, εἶπον, οὐκ ἀπόλλυται τὸ τοῦτον εἶναι Χριστὸν τοῦ θεοῦ, ἐὰν ἀποδεῖξαι μὴ δύνωμαι ὅτι καὶ προυπῆρχεν υἱὸς τοῦ ποιη-

daß es Judenchristen gibt, die sich wohl zum Messias Jesus bekennen, gleichzeitig aber seine natürliche Geburt behaupten, und obschon er diese Meinung mißbilligt, begnügt er sich doch mit der Feststellung, daß die meisten Christen, die mit ihm einig gingen, in diesem Punkte ebenso dächten wie er[59]. M. E. kann in dieser Wendung[60] nicht nur an extreme Ketzer als Ausnahme gedacht sein, von denen sich Justin geschieden weiß[61]; es handelt sich vielmehr um hellenistische Christen, die mit ihm in derselben Gemeinschaft sind. Offenbar besteht auch im rechtgläubigen Lager hinsichtlich der Lehre von Christi Fleischwerdung noch ein erheblicher Spielraum.

In der Folgezeit hat er sich allerdings schnell verengt. Schon bei Irenäus, der den Vierevangelienkanon feierlich bejaht[62], ist die Jungfrauengeburt zu einem unumgänglichen Lehrstück geworden[63], und seitdem gilt die entgegengesetzte Anschauung „Ebions" und der Ebioniten als böse und lästerliche Ketzerei[64]. Das Judenchristentum ist unter diesem Namen zur Sekte geworden. Aber das Entsprechende gilt natürlich auch für die abweichenden christologischen Theoreme der Gnostiker[65]. Diese stimmen hinsichtlich der

---

τοῦ τῶν, ϑεὸς ὤν, καὶ γεγένηται ἄνϑρωπος, διὰ τῆς παρϑένου κτλ.; vgl. dial. 68.

[59] dial. 48,4: καὶ γὰρ εἰσί τινες, ὦ φίλοι, ἔλεγον, ἀπὸ τοῦ ὑμετέρου γένους ὁμολογοῦντες αὐτὸν Χριστὸν εἶναι, ἄνϑρωπον δὲ ἐξ ἀνϑρώπων γενόμενον ἀποφαινόμενοι· οἷς οὐ συντίϑεμαι, οὐδ' ἂν πλεῖστοι ταῦτά μοι δοξάσαντες εἴποιεν, ἐπειδὴ οὐκ ἀνϑρωπείοις διδάγμασι κεκελεύσμεϑα ὑπ' αὐτοῦ τοῦ Χριστοῦ πείϑεσϑαι, ἀλλὰ τοῖς διὰ τῶν μακαρίων προφητῶν κηρυχϑεῖσι καὶ δι'αὐτοῦ διδαχϑεῖσι.

[60] οὐδ' ἂν πλεῖστοι ταῦτα μοι δοξάσαντες εἴποιεν: vgl. die verschiedenen Übersetzungsversuche bei J. C. TH. OTTO, Justini philosophi et martyris Opera I, 2 (1877) 164 n. 12.

[61] apol. I 26.   [62] haer. III 11,8 f.   [63] S. u. S. 93 ff.

[64] Vgl. etwa AD. V. HARNACK, Lehrbuch der Dogmengeschichte 1 (1931⁴) 317 ff. und die Zusammenstellung der antiebionitischen Polemiker bei H. J. SCHOEPS, Theologie und Geschichte des Judenchristentums (1949) 73, Anm. 2. J. DANIÉLOU, Théologie du Judéo-Christianisme (Tournai 1958) geht auf diesen Zweig des Judenchristentums nicht ein und übergeht die hier liegenden Probleme.

[65] Zum folgenden vgl. die bequeme Übersicht bei WALTER BAUER, Das Leben Jesu, S. 29–58. Die zahlreichen neueren Funde und Veröffentlichungen haben das

Jungfrauengeburt entweder mit den Judenchristen überein und behaupten, daß Jesus nach seinem physischen Ursprung – freilich nur nach diesem! – ein natürlicher Mensch und Josephs und Mariens Sohn gewesen sei[66], oder sie entwickeln eine rein doketische Christologie, d. h. sie sehen in Christus ein überirdisches, engelähnliches Wesen, das keine Eltern und keine irdische Natur besitzt, sondern – wie z. B. Markion lehrte – im fünfzehnten Prinzipatsjahr des Tiberius in der Gestalt eines erwachsenen Menschen unmittelbar vom Himmel herabgekommen sei[67]. Man darf es nicht so ansehen, als wären dies durchweg sekundäre, gegen die Lehre von der Jungfrauengeburt gerichtete Aufstellungen. Sie bilden vielmehr ihrerseits ein weiteres Zeugnis dafür, wie wenig selbstverständlich die Jungfrauengeburt noch zu Beginn und bis zur Mitte des zweiten Jahrhunderts tatsächlich gewesen ist[68]. Wahrscheinlich waren weder Kerdon noch Kerinth, weder Satornil noch die Karpokratianer, vielleicht nicht einmal Markion der Meinung, daß sie mit ihren chri-

---

hier entworfene Bild in seinen Grundlinien nicht verändert. Auf Einzelheiten der gnostischen Lehren gehe ich nicht ein – sie würden eine eigene Untersuchung erfordern. Als Mutter Jesu kann der Heilige Geist erscheinen (Hebräerevangelium, Jakobusbrief des Codex Jung), Maria gilt als Engel (Hebräerevangelium), oder Christus gilt als Engel Gabriel oder Michael, der in sie eingeht (Epistola apostolorum, dazu M. Hornschuh, Studien zur Epistola apost. (1965) 41 ff. 55. Pistis Sophia); vgl. J. Michel, Art. Engel III (gnostisch) in: Reallex. f. Antike u. Christentum 5 (1962, Sp. 97–109) 107 f. Im übrigen geht die Geschichte der gnostischen Lehren über die Herabkunft Jesu weit über das Altertum hinaus; vgl. Arno Borst, Die Katharer (1953) 162–167.

[66] So Kerinth: Iren. haer. I 26,1; Hippolyt. ref. VII 33,1; die Karpokratianer: Iren. haer. I 25,1; vgl. V 19,2; der Gnostiker Justin: Hippol. ref. V 26,29; ferner: evang. Philippi 17.91; acta Thomae 2. Zur Auslegung von evang. Thomae 15 vgl. Bertil Gärtner, The Theology of the Gospel according to Thomas (1961) 84 f.

[67] So Kerdon: Hippol. ref. VII 31; Epiphan haer. XLI 1,7; Satornil: Iren. haer. I 24,2; Monoimos: Hippol. ref. VIII 13,3; Markion: Tert. adv. Marc. I 15.19; III 11; IV 7.21; Hippol. ref. VII 31; vgl. Epiphan. haer. XXX 13,2 f.; wahrscheinlich auch Tatian: Theodor. haeret. fab. comp. I 20; dazu M. Elze, Tatian und seine Theologie (1960) 124 f.; vgl. Rob. McQ. Grant, The heresy of Tatian, Journ. Theol. Stud. N. S. 5 (1954, S. 62–68) 65 f.

[68] Ähnlich W. Bousset, Kyrios Christos (1921²) 213 f., 269.

stologischen Lehren einer feststehenden Überlieferung widersprächen. Bis ins dritte Jahrhundert hinein finden sich nicht nur judenchristliche, sondern auch heidenchristliche Gruppen, die an der natürlichen Erzeugung Jesu festhalten und, wie Origenes klagt, nicht glauben wollen, daß der Herr von einer Jungfrau geboren sei[69]. Noch bezeichnender ist, daß der Widerstand gegen die neue Lehre von der Jungfrauengeburt nirgends besonders hartnäckig ist. Nur die konservativen Markioniten und später die Manichäer halten streng an der alten doketischen Tradition fest und verwerfen für Christus jede Form einer Geburt. Die Valentinianer haben dagegen mit den großkirchlichen Evangelien auch die Jungfrauengeburt ohne weiteres übernommen und, jedenfalls später, allgemein gelehrt. Sie begnügten sich mit einer ihren Anschauungen entsprechenden Interpretation des Vorgangs[70], indem sie behaupteten, daß Christus trotzdem von Maria nichts Irdisches angenommen habe, sondern durch sie nur hindurchgefahren sei wie Wasser durch das Leitungsrohr oder einen Kanal[71] – eine Vorstellung, die schon Irenäus mit Recht als dem Geist nach völlig doketisch durchschaute[72], die sich aber mit der Annahme einer jungfräulichen Geburt gleichwohl bestens vertragen hat. Sie wird sogar zur Stütze ihres geistlichen Christusbegriffs im Gegensatz zur katholischen Vorstellung eines geborenen und leidenden Heilands. (Exc. ex Theod. 23,3: [Paulus] καθ᾽ ἕτερον ἐκήρυξε τὸν σωτῆρα, γεννητὸν καὶ παθητὸν διὰ τοὺς ἀριστερούς, ὅτι τοῦτον γνῶναι δυνηθέντες κατὰ τὸν

---

[69] comm. Mt. XVI 12 Klostermann S. 513: ... τοὺς ἀπὸ τῶν ἐθνῶν, οἵτινες παρ᾽ ὀλίγους ἅπαντες πεπιστεύκασιν αὐτὸν ἐκ παρθένου γεγενῆσθαι.

[70] In anderer Weise tun das z. B. auch die Sethianer: Hippol. ref. V 19,20, und Naassener: ref. V 6,6 f.

[71] Iren. haer. III 11,3: quasi aquam per tubum, ὥσπερ ὕδωρ διὰ σωλῆνος; Ps. Tert. haer. 4,5: quasi aquam per fistulam. Diese Formel wird auch von späteren Polemikern immer wieder zitiert: H. J. Schoeps, Vom himmlischen Fleisch Christi (1951) 6. Die Bardesaniten stimmten hierin mit den Valentinianern überein: Walter Bauer, Rechtgläubigkeit und Ketzerei im ältesten Christentum (1934) 36. Ähnlich die „Gnostiker" bei Epiphanios, pan. XXVI 10,5.

[72] Iren. haer. III 22,1; V 1,2.

τόπον τοῦτον δεδίασιν, καὶ κατὰ τὸ πνευματικὸν ἐξ ἁγίου πνεύματος καὶ παρθένου, ὡς οἱ δεξιοὶ ἄγγελοι γινώσκουσιν.) Mit der Zeit findet die Lehre von der Jungfrauengeburt sogar bei den Ebioniten Eingang[73] – auch für die Judenchristen lag der entscheidende Gegensatz gegen die katholische Großkirche also keinesfalls an diesem Punkt. Ähnliches gilt für die christologischen Theorien der Adoptianer, in deren Augen das geistliche Wesen Jesu nicht durch die Geburt, sondern durch die Taufe begründet wird[74]; auch sie vertreten unbekümmert die Lehre von der jungfräulichen Geburt. Versuche, den Text der Geburtsgeschichten abzuändern, lassen sich, für Syrien einigermaßen sicher nachweisen, spielen aber keine wesentliche Rolle[75].

d Das heißt: die Verkündigung der Jungfrauengeburt liegt in gewissem Sinne quer zu allen theologischen Streitfragen und Debatten, die das zweite Jahrhundert und auch die Folgezeit erfüllen. In der antignostischen Front sind auch die katholischen Väter vor allem an der Realität einer wirklichen, im vollen Sinne menschlichen Geburt interessiert[76], nicht eigentlich an der Jungfrauengeburt[76a],

---

[73] Vgl. HARNACK, Dogmengeschichte I 321 ff. Bei den gnostisierenden Elkesaiten fand die Jungfrauengeburt neben anderen Möglichkeiten ihren Platz: Hippol. ref. IX 14, 1; X 29, 2. Das dürfte auch sonst häufiger, als wir meinen, der Fall gewesen sein.

[74] So z. B. bei Theodotus von Byzanz: Hippol. ref. X 23.

[75] Ich denke hier an die berühmten, unter sich zusammenhängenden Varianten der Vetus Syra zu Mt. 1, 16.21.25; Lk. 2, 4.5; vgl. 2,16.22.27.33.41 f.43.48. Sie bieten gewiß nicht den ursprünglichen Text, sondern Korrekturen, die ins zweite Jahrhundert zurückreichen müssen, dann aber, wie mich HEINRICH GREEVEN freundlich belehrt, doch wohl nur im Sinne einer natürlichen Vaterschaft Josephs verstanden werden können.

[76] „Vor allem" – aber nicht ausschließlich. Es geht zu weit, wenn FRZ. LAU in der Theol. Lit. Zeitung 86 (1961) 512 summarisch meint, daß „in der alten Kirche die Geburt Jesu vom heiligen Geist und der Jungfrau Maria nicht Beweis für die wahre Gottheit, sondern für die wahre Menschheit Jesu gewesen" wäre. Das läßt sich allenfalls im Blick auf Maria sagen, die zunächst in der Tat nur die „Menschheit" Jesu garantieren muß, so daß das Wunder der Jungfräulichkeit darüber zurücktritt, keinesfalls aber von dem heiligen Geist, der für den Heiland immer nur den göttlichen Ursprung bezeugen kann. Später wird aber auch die Geburt aus der Jungfrau zum Zei-

und gegenüber den Juden, Judenchristen und „Adoptianern" geht es ihnen umgekehrt vor allem um die vorzeitige „Geburt" des Sohnes, d. h. um die Probleme der Präexistenz, aber wieder nicht um die Geburt aus der Jungfrau. Die Jungfrauengeburt ist eben nicht einer theologischen Tendenz zuliebe formuliert worden. Sie ist einfach ein überkommenes, vermeintlich „apostolisches" Stück biblischer Überlieferung. Nicht ihre Verteidigung, sondern ihre Deutung war die erste Aufgabe, vor die sich die alte Kirche bei diesem Lehrstück gestellt sah.

II.

Den Ausgangspunkt aller späteren Auslegung der Jungfrauengeburt bilden natürlich die zwei ältesten Berichte innerhalb des Neuen Testaments selbst, d. h. die Verkündigungsszene im Lukasevangelium[77] und die einheitlich entworfene Vorgeschichte bei Matthäus[78]. Hier müssen wir mit unserer Darstellung also beginnen.

---

chen des göttlichen Ursprungs gemacht, ja sie tritt in dieser Bedeutung zur bloßen fleischlichen Geburt sogar in einen gewissen Gegensatz; vgl. die epistola dogmatica Leos des Großen, Schwartz, Acta conc. oecum. II 2, S. 28: nativitas carnis manifestatio est humanae naturae, partus virginis divinae est virtutis indicium. Die ersten Zeugen dieser Wertung sind Laktanz inst. IV 12 (... illo per virginem nato confiteri homines oportebat deum secum esse, id est in terra et in carne mortali) und Euseb von Caesarea, demonstr. IV 10, 20: ... τικτόμενος μὲν ἡμῶν ὁμοίως θνητοῦ δίκην ἄνθρωπον ἀμφιεννύμενος, ὡς δ'οὐκέτι ἄνθρωπος, ἀλλὰ θεός, ἐξ ἀχράντου καὶ ἀπειρογάμου κόρης οὐχὶ δὲ ἐκ μίξεως καὶ φθορᾶς, τὴν τοῦ φαινομένου γένεσιν ὑφιστάμενος. Eindeutig erscheint dieser Gesichtspunkt bei Athanasios, u. S. 133, Anm. 261.

[76a] Charakteristisch z. B. Irenaeus, epid. 38: „Wollte einer seine Geburt aus der Jungfrau nicht annehmen, wie konnte er seine Auferstehung von den Toten annehmen? ... Denn was nicht geboren ist und nicht sterben kann, was nicht unter die Geburt fällt, das fällt auch nicht unter den Tod."

[77] Die übrigen Kindheitsgeschichten sind, wie erwähnt (o. S. 67 f.) nicht unter der Voraussetzung der Jungfrauengeburt entworfen und geben für deren Deutung infolgedessen auch nichts her.

[78] Beide sind voneinander allem Anschein nach unabhängig. Daß Lukas vielmehr „an elaboration of St. Matthews design" geboten habe, ist eine gänzlich unbewiesene

Beiden Evangelisten gemeinsam ist der Gedanke, daß die Jungfrauengeburt selbstverständlich ganz und gar eine wunderbare Tat
Gottes darstellt, mit der die Sendung des göttlichen Heilands und
Messias in die Welt beginnt. Aber nur bei *Lukas* wird der innere Zusammenhang dieses Vorgangs mit dem Wesen des so geborenen
Kindes ausdrücklich hervorgehoben und akzentuiert: eben darum,
weil nicht irgendein Mensch oder Mann, sondern der Heilige Geist
über Maria kommen und sie ,,überschatten" wird[79], wird das so geborene ,,Heilige" Gottes Sohn genannt werden[80]. Zweifel an der
Möglichkeit eines solchen Geschehens werden ausdrücklich abgewiesen: so gut wie Elisabeth in ihrem Alter einen Sohn empfangen
hat, kann Gott auch noch ein darüber hinaus gehendes Wunder, die
Geburt aus der Jungfrau, bewirken; denn bei ihm ist ,,kein Ding
unmöglich"[81]. Auf Seiten Marias entspricht diesem göttlichen
Handeln – durch das Kontrastbild des zweifelnden Zacharias noch
unterstrichen[82] – der schlichte, gehorsam[83] annehmende Glaube[84].
So ist sie als die von Gott Begnadete[85] die ,,Mutter des Herrn"[86]. Sie
wird um dieser Begnadung willen selig gepriesen[87], obschon ihr der
schneidende Schmerz nicht erspart bleiben soll[88].

Behauptung von P. J. THOMPSON, The Infancy Gospels of St. Matthew and St. Luke
compared, Studia Evangelica (1959) 217–222.

[79] Der Ausdruck stellt wie DIBELIUS, Jungfrauensohn 19 ff. gezeigt hat, keinen
,,Euphemismus" dar. Für eine aramäische Herkunft setzt sich ein DAVID DAUBE,
Evangelisten und Rabbinen, Zeitschr. f. neutest. Wiss. 48 (1957, S. 119–126) 119 ff.

[80] Lk. 1,35.   [81] Lk. 1,36 f.

[82] Lk. 1,8–23.   [83] Lk. 1,38.

[84] Lk. 1,44.   [85] Lk. 1,30.

[86] Lk. 1,43.

[87] Lk. 1,48. Der Kuriosität wegen sei angemerkt, daß diese Seligpreisung im apokryphen Pilatus-Martyrium von Christus selber auch auf Pilatus ausgedehnt wird,
parad. Pil. 10: μακαριοῦσίν σε πᾶσαι αἱ γενεαὶ καὶ αἱ πατριαὶ τῶν ἐθνῶν ὅτι σου
ἐπληρώθησαν ταῦτα πάντα τὰ ὑπὸ τῶν προφητῶν εἰρημένα περὶ ἐμοῦ.

[88] Lk. 2,35. Es ist übrigens beachtenswert, wie stark Maria in den lukanischen
Kindheitsgeschichten als menschliche ,,Gestalt" gesehen und begriffen ist, weit stärker als in der ganzen folgenden Entwicklung – ein Gesichtspunkt, auf den mich bei
der Diskussion dieses Vortrags Herr SCHADEWALDT aufmerksam gemacht hat.

Die Darstellung bei *Matthäus* ist von vornherein anders gestaltet[89]. Hier geht es nicht um die Geburtsgeschichte als solche und nicht um das, was die Geburt des Gottessohnes an und für sich und für seine Mutter bedeuten mag, sondern es geht Matthäus ausschließlich um den Weissagungsbeweis, um den Nachweis dafür, daß Jesus nach Herkunft und Heimat wirklich der erwartete Messias sei, der Davidsohn[90] und Emmanuel[91], der aus Bethlehem stammende[92] und aus Ägypten gerufene[93] Nazarener[94]. Die Erzählung gewinnt damit zugleich einen apologetischen Charakter: mit dem Zweifel Josephs wird auch schon die Polemik der ungläubigen Juden mit widerlegt. Die Heilige Schrift zeigt, daß sie im Unrecht sind, und speziell die Jungfrauengeburt wird nach Jesaja 7,14 (in der Übersetzung der LXX) als festes Stück des göttlichen Heilsplans erwiesen und unangreifbar gemacht.

Lukas und Matthäus blicken also in verschiedene Richtungen und verfolgen mit ihrer Darstellung eine jeweils verschiedene Absicht. Wir können sie kurz als die dogmatische und die ,,apologetische" Tendenz bezeichnen. Diese zwei Blickrichtungen werden sich auch in der Theologie der Folgezeit weiter fortsetzen. Die apologetische Auslegung versteht die Jungfrauengeburt heilsgeschichtlich, als ein Zeichen der erfüllten Weissagung: sie beweist, daß Jesus Christus als Sohn der Jungfrau wirklich der geweissagte Messias und Erlöser sei. Sie steht damit ganz in der alten, geschichtlichen Tradition des alttestamentlich-jüdischen Denkens. Dagegen scheint die ,,dogmatische" Auslegung darüber hinauszugehen und eine ,,metaphysisch"-substantielle Wesensfrage allermindestens anzugreifen oder zu streifen. Die Worte des Verkündigungsengels betonen, daß der

---

[89] Vgl. zum folgenden die vorzüglichen Darlegungen von KRISTER STENDAHL, Quis et unde? An Analysis of Mt. 1–2, in: Judentum, Urchristentum, Kirche (Jeremias-Festschr.), Beih. Zeitschr. f. neutest. Wiss. 26 (1960) 94–105; ähnlich M. KRAEMER, Die Menschwerdung Jesu Christi nach Matthäus, Biblica 45 (1964) 1–50, der mit einer gewissen Verschleierung der ursprünglichen apologetischen Tendenz durch die Übersetzung ins Griechische rechnet.

[90] Mt. 1,20.   [91] Mt. 1,23.25.

[92] Mt. 2,6.   [93] Mt. 2,15.   [94] Mt. 2,23.

kommende Heiland und Messias nicht durch menschliches, sondern allein durch göttliches Handeln, durch „die Kraft des Höchsten" ins Leben gerufen werde[95]. Der Geist Gottes hat ihn nicht bloß erweckt und erfüllt, sondern seine irdische Person schon im ersten Akt ihres Werdens bestimmt und erzeugt. Das ist gewiß ein auf jüdischem Boden völlig fremder und überraschender Gedanke. Es ist mir trotzdem fraglich, ob es darum erforderlich ist, ihn mittelbar, über das hellenistische Judentum, oder gar unmittelbar auf heidnisch-mythologische Vorstellungen zurückzuführen, in denen die massiven Theogamievorstellungen damals vielfach ja auch schon überwunden und „sublimiert" waren[96]. Der Text selber weist mit seinen zahlreichen biblischen Anspielungen eher in eine andere Richtung. Die unmittelbar vorausgehenden Geschichten über den „Vorläufer" Johannes den Täufer erneuern ja ganz offenkundig das Vorbild der Geburten alttestamentlicher Verheißungsträger und Heilande – Isaak[97], Simson[98] und Samuel[99] – die ebenso wunderbar durch das unerwartete Eingreifen Gottes von alten und unfruchtbaren Frauen geboren werden[100]. Die unmittelbare Erzeugung durch

---

[95] Lk. 1,35.

[96] Dies betont gegen DIBELIUS H. BRAUN, Der Sinn der neutestamentlichen Christologie, Zeitschr. f. Theol. u. Kirche 54 (1957, S. 341–377) 354, Anm. 3. Hier und sonst wird heute besonders an die ägyptische Theologie gedacht; vgl. EMMA BRUNNER-TRAUT, Die Geburtsgeschichte der Evangelien im Lichte der ägyptologischen Forschung, Zeitschr. f. Rel. u. Geistesgesch. 12 (1960) 97–111; dies., Pharao und Jesus als Söhne Gottes, Antaios 2 (1961) 266–284; SIEGFR. SCHULZ, Art. ἐπισκιάζω in: Theol. Wörterbuch z. N. T. 7, Lfg. 7 (1962) 403. Aber für die eigentliche „Jungfrauengeburt" hat „die große ägyptische Theologie" nach SIEGFR. MORENZ dennoch „nichts beizutragen": Die Geschichte von Joseph dem Zimmermann (1951) 56 f. Eine qumranische Herkunft der Jungfrauengeburtsvorstellung für den Messias erwägen MICHEL-BETZ, Von Gott gezeugt, S. 15 f.; vgl. auch MATTH. BLACK, The Scrolls and the Christian Origins (1961) 81 ff.

[97] Gen. 17,15–19; 18,9–16; 21,1–7. Lk. 1,37 bringt ein direktes Zitat aus Gen. 18,14.

[98] Jud. 13,2–24.

[99] 1. Sam. 1,1–20.

[100] Vgl. FRZ. DORNSEIFF, Lukas der Schriftsteller, Zeitschr. f. neutest. Wiss. 35 (1936) 129 ff. P. WINTER, Some observations on the Language in the Birth and In-

den Geist aus einer Jungfrau kann von hier aus wie eine der überschwenglichen Bedeutung Jesu angemessene, äußerste Steigerung
des älteren Motivs erscheinen. Doch diese Frage kann hier auf sich
beruhen bleiben[101].

Wie sich Christi göttliche und menschliche ,,Natur'' (im griechischen Sinne) zueinander verhalten, wird im evangelischen Text auch
nicht ansatzweise erörtert und liegt ihm seiner ganzen Art nach
fern[102]. Aber auf hellenistischem Boden wird sich dieses Problem
bald genug stellen und nicht mehr zu umgehen sein. Entsprechendes gilt für die Rolle, die gerade die ,,Jungfrau'' als Mutter in diesem
Zusammenhang spielt. Ihre Fragen an den Engel haben bei Lukas
nur den einen Sinn, die Bedeutung des unerhörten göttlichen Wirkens voll ans Licht zu heben[103]. Daß Maria ,,von keinem Manne
weiß''[104], ist kein Problem, das darüber hinaus einer biographischen oder moralischen Aufklärung bedürftig wäre[105]. Die unbe-

---

fancy Stories of the Third Gospel, New Test Stud. 1 (1954) 111–121; ders., The Pro-
to-Source of Luke I, Nov. Test. 1 (1956) 184–199, zeigt die Wirkung der Simons-
und Samuelgeschichte bei Pseudo-Philo, Liber antiquitatum biblicarum; vgl. im übrigen R. McL. WILSON, Some Recent Studies in the Lucan Infancy Narratives, Studia Evangelica (= Texte und Unters. 73, 1959) 235–253. Später wird dasselbe Motiv
auch für die Geburt Mariens noch einmal aufgenommen im Protevangelium Jacobi
1,3; 2,4 sogar unter ausdrücklichem Hinweis auf Sara und Abraham. Die Bezugnahme auf die überboteten alttestamentlichen Wundergeburten ist bei Chrysostomos besonders häufig; vgl. z. B. Quod non oportet peccata fratrum evulgare
(Migne SL 51, 359ff.).

[101] Ebenso gehe ich auf die neuerdings viel erörterte Frage nicht ein, ob die (nicht
einheitlichen) Vorlagen, die Lukas in den Kindheitsgeschichten verwendet, hebrä-
isch, aramäisch oder griechisch abgefaßt waren. Für die Herkunft der darin bezeugten Vorstellungen ist im einen wie im anderen Falle noch kein wirklich sicheres Argument gewonnen.

[102] Dies wird nicht ohne eine gewisse Einseitigkeit betont von FERD. HAHN,
Christologische Hoheitstitel – ihre Geschichte im frühen Christentum (1963)
273 ff.; 304 ff.

[103] Hierüber zuletzt JOS. GEWIESS, Die Marienfrage, Lk. 1,34, Bibl. Zeitschr. N.
F. 5 (1961) 221–254.

[104] Lk. 1,34

[105] Das Verlobtsein Mariens mit Joseph ist in der Verkündigungsgeschichte nicht
ursprünglich, sondern erst durch die Kombination mit der Weihnachtsgeschichte,

---

rührte Jungfrau – nicht eine beliebige Ehefrau – erscheint als das passende Werkzeug einer wunderbaren, göttlichen Erzeugung, die des menschlichen und männlichen Zutuns nicht mehr bedarf. Ob oder warum es nötig war, gerade den Mann in diesem Zusammenhang auszuschalten (wie anders sollte eine göttliche Erzeugung überhaupt vorstellbar sein?), und ob und warum gerade die Jungfräulichkeit eine wesentliche Voraussetzung der wahren Gottesmutterschaft bilden mochte – solche und ähnliche Fragen werden durch die Evangelisten selbst weder gestellt noch nahegelegt. Matthäus begnügt sich mit der kurzen Bemerkung, daß Joseph sein Weib nicht erkannte, bis sie ihren Sohn geboren hatte[106], und alle vier Evangelisten stimmen unbefangen darin überein, daß Jesus Brüder gehabt habe, aus Mariens Ehe nach dem Erscheinen des „Erstgeborenen"[107] also noch weitere Söhne (und Töchter) entsprossen seien[108]. Auch an diesem Punkte wird mit der Zeit die Spekulation einsetzen und bestimmte Antworten suchen, die den Ausbau einer besonderen Marienlehre vorbereitet oder ermöglicht haben. Wir folgen zunächst dem chronologischen Gang der Entwicklung.

---

die Joseph und Maria als Ehepaar zeigt, erforderlich geworden; vgl. DIBELIUS, Jungfrauensohn S. 11 f., 18; BULTMANN, Synoptische Tradition S. 321 f. und Ergänzungsheft S. 45 f. Auch im Islam gilt Maria als unverlobtes junges Mädchen, und die Josephgestalt ist wieder (?) ausgeschieden; vgl. HERM. STIEGLECKER, Die Glaubenslehren des Islam, 2. Liefg. (1960) 252 ff. Im späteren vierten Jahrhundert suchte noch ein gewisser Craterius Mariens Verlobtsein zu bestreiten: Hieron. adv. Helv. 3.16.

[106] Mt. 1,25.

[107] Lk. 2,7.

[108] Brüder Jesu werden erwähnt: Mt. 12,46–48; 13,55; Mk. 3,31–33; 6,3; Lk. 8,19 f.; Joh. 2,12; 7,3; Act. 1,14; I. Kor. 9,5; Gal. 1,19; vgl. TH. ZAHN, Brüder u. Vettern Jesu, in: Forsch. z. Gesch. des Kanons usw. 6 (1900) 225–364; A. MEYER–W. BAUER, Jesu Verwandtschaft, in: Hennecke-Schneemelcher, Neutest. Apokryphen 1 (1959) 312 ff. Auf die unzähligen Versuche, diese Zeugnisse zu entkräften oder zu umgehen, möchte ich mich trotz der eindrucksvollen Darlegungen von J. BLINZLER, Zum Problem der Brüder des Herrn, Trierer Theol. Zeitschr. 67 (1958) 129–145; 224–246, hier nicht nochmals einlassen, sondern „die einfachste und auf den ersten Blick nächstliegende" Erklärung (S. 134) nach wie vor festhalten.

Der erste und, wie wir gesehen haben, für lange Zeit einzige Zeuge der Jungfrauengeburt nach Lukas und Matthäus ist Bischof *Ignatios* von Antiochien, dessen Briefe aus dem zweiten Jahrzehnt des zweiten Jahrhunderts stammen[109]. Er ist ein entschiedener Vertreter der „dogmatischen" Betrachtungsweise. Für Ignatios ist die Jungfrauengeburt ein Stück anerkannter kirchlicher Tradition, auf die er mit festen, formelhaften Wendungen verweist[110]. Das bedeutet aber nicht, daß er dieses Lehrstück lediglich „mitgeschleppt" habe[111]; es gehört ins Zentrum seiner Überzeugungen. Die Jungfrauengeburt ist recht eigentlich das Heilszeichen des Christus-Glaubens. Die ganze Theologie des Ignatios kreist ja um den großen Gegensatz des Menschlichen und des Göttlichen, des Todes- und des Lebensbereichs. Darauf, daß beide in Christus zusammengekommen sind und das Sterbliche so in die Unsterblichkeit überführt worden ist, beruht unsere Errettung. Das Urwunder der Erlösung hängt an der Inkarnation, an der paradoxen Tatsache, daß Christus sowohl Gottes Sohn wie – in einem neuen, nun gerade die irdische Seite seines Wesens betonenden Sinne – *Menschensohn* gewesen ist oder daß er, was dasselbe besagt, einerseits aus Davids Samen stammt, andererseits aber aus dem Heiligen Geist. Die Jungfrauengeburt ist in ihrer Unglaublichkeit das gegebene „Zeichen" des paradoxen Heilsgeschehens, das die gleichfalls stark betonte Passion in ihrer Bedeutung noch überwiegt. Es gibt für Ignatios drei „schreiend" große Heilsdaten, „die in der Stille Gottes vollbracht wurden": die Jungfräulichkeit Mariens (im Empfangen), das Wunder ihres Gebärens und „gleichermaßen auch der Tod des Herrn"[112].

---

[109] Die von H. GREGOIRE, Les persécutions dans l'empire Romain (1951) 102 ff., und neuerdings wieder von JACQUES MOREAU, Die Christenverfolgungen im römischen Reich (1961) 45 Anm. 18, geäußerten Zweifel an der Datierung und Echtheit der ursprünglichen Ignatianen erscheinen mir nicht begründet.

[110] Eph. 7,2; 18,2; Trall. 9,1; Smyrn. 1,1.

[111] So HEINR. SCHLIER, Religionsgeschichtliche Untersuchungen zu den Ignatiusbriefen (1929) 42 f.

[112] Eph. 19,1: καὶ ἔλαθεν τὸν ἄρχοντα τοῦ αἰῶνος τούτου ἡ παρθενία Μαρίας

Die Front, in der diese Dinge gesehen werden, richtet sich bei Ignatios nun ganz eindeutig gegen die doketischen Ketzer, die die wahre Menschheit Jesu und damit auch seine Geburt leugnen. Dementsprechend wird von ihm die volle, ,,fleischliche" Realität dieses Geschehens vor allem und immer von neuem betont. Die Geburt Christi rückt damit – ebenso wie die Davidsohnschaft[113] – durchaus auf die Seite des Menschlichen, mit dem das göttliche Wesen allerdings eins geworden ist. Aber diese Blickrichtung verhindert bis zu einem gewissen Grade doch eine stärkere Entfaltung des Geburts*wunders* als solchen. Die Menschlichkeit der ,,Geburt" ist Ignatios wichtiger als die Geburt aus der Jungfrau. Aber im Rahmen seiner Theologie bleibt es dennoch in höchstem Maße sinnvoll, daß das Urwunder des Eingangs Gottes ins Fleisch und seiner Verbindung mit der menschlichen Natur gerade an dieser Stelle durch ein augenfälliges physisches Wunder, eben die Jungfrauengeburt, dokumentiert ist.

Mit dem allen ist Ignatios für die Ausprägung der gesamten griechischen Theologie und die ihr entsprechende Auffassung der Jungfrauengeburt typisch geblieben. Die zentrale Stellung der Inkarnation, die ,,monophysitische" Orientierung der Christologie, die antidoketische Akzentuierung der Jungfrauengeburt, die gleichwohl ein unumgängliches Wunder und ,,Mysterion" bleibt, werden von Irenäus, von Athanasios und von den späteren Verfechtern des

---

καὶ ὁ τοκετὸς αὐτῆς, ὁμοίως καὶ ὁ θάνατος τοῦ κυρίου: τρία μυστήρια κραυγῆς, ἅτινα ἐν ἡσυχίᾳ θεοῦ ἐπράχθη. Freilich ist die Bevorzugung von Empfängnis und Geburt an dieser Stelle auch durch den Zusammenhang nahegelegt. Magn. 11 erscheint statt dessen der geschicktere Dreiklang von Geburt, Leiden und Auferstehung (πεπληροφορῆσθαι ἐν τῇ γεννήσει καὶ τῷ πάθει καὶ τῇ ἀναστάσει τῇ γενομένῃ ἐν καιρῷ τῆς ἡγεμονίας Ποντίου Πιλάτου).

[113] Danach muß Ignatios Maria als Davididin aufgefaßt haben; vgl. Eph. 18,2: ὁ γὰρ θεὸς ἡμῶν Ἰησοῦς ὁ Χριστὸς ἐκυοφορήθη ὑπὸ Μαρίας κατ'οἰκονομίαν θεοῦ ἐκ σπέρματος μὲν Δαυίδ, πνεύματος δὲ ἁγίου. Ausdrücklich wird die Davidabkunft Mariens erst von Justin, dial. 45, 4 behauptet. Er hat die Schwierigkeit eines Schriftbeweises für diese Aufstellung möglicherweise noch gefühlt: ARTHUR FRHR. v. UNGERN-STERNBERG, Der traditionelle alttestamentliche Schriftbeweis ,,de Christo" und ,,de evangelio" in der alten Kirche (1913) 74.

„theotokos" im Grunde gleichsinnig wiederholt werden. Das schließt eine Verbindung mit weiteren Motiven und deren fortschreitende Entfaltung freilich nicht aus. Ignatios ist mit seinem Verständnis der Jungfrauengeburt insofern ein besonders „reiner" Typus, der noch am Anfang steht. Demgegenüber erscheint eine Generation später der nächste Zeuge, *Justin*, als der ähnlich „reine" Vertreter einer apologetischen Behandlung der Jungfrauengeburt. Auch für ihn, den Palästinenser, ist die jungfräuliche Geburt Jesu bereits ein festes, unbezweifelbares Stück der echten christlichen Überlieferung. Er selbst vermag mit diesem geschichtlichen Datum als solchem theologisch kaum etwas anzufangen[114]; aber um so stärker empfindet er die Notwendigkeit, den Anstoß, den die Jungfrauengeburt Christen, Juden und Heiden bieten kann, aus dem Wege zu räumen und sie in ihrer Gegebenheit beweisend zu sichern[115]. Zweifellos steht er damit schon in einer bestimmten, für uns im Matthäus-Evangelium beginnenden Tradition; aber wir können annehmen, daß er in seiner eifrigen und gründlichen Art auch in dieser Hinsicht weit über seine Vorläufer hinausgelangt ist. Die späteren Verteidiger der Jungfrauengeburt haben sich jedenfalls seine Argumente immer wieder zunutze gemacht und sind von ihm unmittelbar oder mittelbar insoweit abhängig geblieben[116].

---

[114] Dazu paßt, daß er die von Ignatios kräftig betonte Rolle des Geistes bei der Empfängnis Jesu nahezu unerwähnt läßt. Einmal wird sie apol. I 33,5 genannt. In der nach P. PRIGENT, Justine et l'Ancien Testament (Paris 1964) 35–68 justinischen Schrift De resurr. heißt es c. 3. (Otto S. 220): καὶ ὁ κύριος δὲ ἡμῖν Ἰησοῦς ὁ Χριστὸς οὐ δι᾽ ἄλλο τι ᾽εκ παρθένου ἐγεννήθη, ἀλλ᾽ ἵνα καταργήσῃ γέννησιν ἐπιθυμίας ἀνόμου καὶ δείξῃ τῷ ἄρχοντι καὶ δίχα συνουσίας ἀνθρωπίνης δυνατὴν εἶναι τῷ θεῷ τὴν ἀνθρώπου πλάσιν. Aber auch hier handelt es sich um ein durch die polemische Auseinandersetzung erzwungenes Argument (vg. S.95), nur nicht gegen Heiden oder Juden, sondern gegen die doketischen Leugner der Auferstehung. Die von Prigent S. 57 gegen HITCHCOCK angeführte Parallele ist ganz schwach.

[115] Justin erwähnt die Jungfrauengeburt unzählige Male, kann sie bei der Behauptung der Menschwerdung allerdings auch unerwähnt lassen: apol. I 63,10; II 5 (6), 5; dial. 125.

[116] Irenäus wird sein Material, wie WILH. BOUSSET, Jüdisch-christlicher Schulbe-

Justin kennt, wie gesagt, noch Christen, die Jesus für den Sohn Josephs und Mariens halten[117]. Er macht diesen Leuten ein falsches Vertrauen auf menschliche Lehrmeinungen zum Vorwurf[118]. Wer sich an Gottes Wort hält, braucht an der Wahrheit der Jungfrauengeburt keinesfalls zu zweifeln. Hierbei denkt Justin aber nicht etwa an die ihm bekannten Evangelien, sondern er denkt an die Weissagungen des Alten Testaments, vorab an den auch bei Matthäus zitierten Jesajatext[119]: ,,Siehe, die Jungfrau wird schwanger werden und einen Sohn gebären.''[120] Es ist nichts wie Verstocktheit, wenn die Juden den klaren Zeugnissen der alten Schrift mißtrauen und die Weissagung nicht annehmen wollen[121]. Justin widerlegt ausführlich ihre Meinung, daß an der angeführten Stelle nicht ,,Jungfrau'', sondern ,,junge Frau'' als richtige Übersetzung zu akzeptieren[122] und die Prophetie selbst nicht auf Jesus Christus, sondern auf den alten König Hiskia zu beziehen sei[123]. Doch hängt die Verheißung der Jungfrauengeburt nicht an diesem Spruch allein. Das ganze Alte Testament ist für Justin voller wunderbarer Hinweise und Orakel auf Christus und seine Geschichte. So ist beispielsweise Gen. 49 der Segen Jakobs über Juda, den Stammvater Jesu, der sein Gewand im Blute der Traube waschen soll, nach Justin eine deutliche Ankündigung der Jungfrauengeburt. Denn damit ist einerseits – gegen allen Doketismus – bezeugt, daß Jesus wirklich ,,Blut'' in seinen Adern hatte, also ein wahrer Mensch war, gleichzeitig aber auch gesagt,

---

trieb in Alexandria und Rom (1915) 303 ff., meint, z. T. aus einer (?) beiden gemeinsamen Quelle bezogen haben, hat aber natürlich auch Justin selber benutzt.

[117] o. S. 80 f.

[118] dial. 48,4 (o. S. 81 Anm. 59).

[119] Jes. 7,14.

[120] Apol. I 33; dial. 43.68.84. Zur entsprechenden Auslegung des Passionstextes von Jesaja 53 vgl. H. W. WOLFF, Jesaja 53 im Urchristentum (1950) 131.138; E. FASCHER, Jesaja 53 in christlicher und jüdischer Sicht (1958) 23 f.

[121] dial. 44.

[122] Zu diesem Streit, in dem auch der ebionitisch-christliche Bibelübersetzer Symmachus auf Seiten der Juden steht, s. SCHOEPS, Judenchristentum S. 73 f. und: Aus frühchristlicher Zeit (1950) 82 ff.

[123] dial. 68.71.77.84.

daß dieses Blut nicht durch menschlichen Samen, sondern – wie das „Blut der Traube" – aus „Gottes Kraft", also vom Heiligen Geist seinen Ursprung hatte. Und diesen für unser Gefühl abstrusen Beweis, den Irenäus ebenso kennt[124], sieht Justin für derart überzeugend an, daß er ihn nicht nur gegen die Juden mehrfach wiederholt, sondern auch vor heidnischen Lesern als besonders schlagendes Zeugnis wieder ins Feld führt[125].

Diesen gegenüber hat Justin aber noch ein weiteres Argument auf Lager: sie können sich dem Glauben an die Jungfrauengeburt um so weniger entziehen, als ja gerade ihre eigene Mythologie die Helden und außerordentlichen Persönlichkeiten mit Vorliebe als zeusentsprossene Göttersöhne behandelt[126]. Das ist, wie Justin wohl weiß, ein nicht ganz ungefährliches „religionsgeschichtliches" Argument, das die Juden umgekehrt gerne heranziehen, um die christliche Geburtsgeschichte als heidnisch zu diffamieren[127]. Davon, daß hier irgendein verliebter Gott mit einer irdischen Jungfrau fleischlich verkehrt habe, kann im Falle Mariens natürlich nicht die Rede sein, und solche Vorstellungen sind, wie Justin betont, darum gänzlich fernzuhalten[128]. Trotzdem fühlt er sich bei dieser „Anknüpfung" seiner Sache ganz sicher und weiß, daß sie, recht verstanden, nur eine abermalige Bestätigung der Christus-Wahrheit ergeben kann. Denn die heidnischen „Parallelen" sind in Wirklichkeit gar keine echten, selbständigen Parallelen, sondern ihrerseits nur verzerrte Spiegelungen der christlichen Botschaft. Die gottfeindlichen Dämonen haben schon vor Zeiten durch die alttestamentlichen Propheten vom künftigen Erscheinen Jesu eine gewisse Kenntnis

---

[124] epid. 57 (53); dazu L. M. FROIDEVAUX zu seiner Übersetzung in den Sources Chrétiennes 62 (1959) 120 Anm. 2.

[125] apol. I 32,9–11; dial. 54; 63,2; 76.2.

[126] apol. I 21 f.; 23,2 f.; 54 f.; dial. 69 f.; 78,6. Diese Vorstellung ließ sich in der damaligen Umwelt auch „symbolisch" verstehen; vgl. A. D. NOCK, Conversion (1933) 232 ff.

[127] Tertullian, Marc. IV 10 (Kroymann S. 446) bringt es später fertig, denselben Verdacht gegen den Doketismus Markions zu wenden.

[128] Vgl. besonders apol. I 33,3.

erlangt und daraufhin die Lügen von den vermeintlichen Götter-
söhnen selbst in der Welt verbreitet. Sie hofften, der wahre Gottessohn würde bei seinem Erscheinen dann entsprechend eingeschätzt
werden und keinen Glauben finden[129].

Den Juden andererseits kann Justin daran erinnern, daß Gott
überhaupt kein Ding unmöglich sei und daß die Geburt Christi aus
der Jungfrau schließlich nicht unwahrscheinlicher wäre, als die Erschaffung Evas aus Adams Rippe oder aller Dinge unmittelbar
durch Gottes Wort[130]. Die weiteren, ,,natürlichen" Parallelen aus
der heidnischen Naturgeschichte, die Beispiele vermeintlicher Parthenogenese bei den Bienen, den Geiern, dem Vogel Phoenix usw.,
welche spätere Väter ins Feld führen werden, sind Justin noch unbekannt. Sonst aber finden sich bei ihm schon fast alle rationalen
Möglichkeiten einer Verteidigung der Jungfrauengeburt beieinan-
der. Es sind durchweg apologetische Argumente, auf die Justin, so
sehr er von ihrer Richtigkeit überzeugt ist, nur in der konkreten
Abwehr des heidnischen oder jüdischen Unglaubens zu sprechen
kommt. Für ihn selber genügt es, daß die Jungfrauengeburt, wie er
den Juden*christen* entgegenhält, eine biblische Wahrheit darstellt,
die als solche von vornherein keinen Zweifel duldet. So macht er
von ihr positiv nur in dem Sinne seines großen christologischen
Schriftbeweises Gebrauch: die Jungfrauengeburt ist ein besonders
in die Augen springendes Stück erfüllter Weissagung. D. h. die
Stimmigkeit der biblischen Prophetie, um derentwillen Christus zu
glauben ist, wird durch die Jungfrauengeburt besonders schlagend
erwiesen. Sie stützt an ihrem Teil die Last des Schriftbeweises, auf
den sich die gesamte biblische Theologie Justins bewußt konzentriert. Die Umkehrung des Gedankens, wonach das Wunder der
Jungfrauengeburt vielmehr seinerseits durch das Wunder der erfüllten Weissagung glaublich gemacht werden könnte[131], wird von Ju-

---

[129] dial. 67.69 f.
[130] dial. 84; vgl. Tertullian, Iud. 13; carn. Chr. 16.
[131] Ich finde dieses Argument erst bei Laktanz, inst. IV 12: . . . quod sane incre-
dibile posset uideri, nisi hoc futurum ante multa saecula prophetae cecinissent.

stin noch nicht geboten[132]. Trotz des formalistischen Rationalismus und der ermüdenden Breite, mit der er die Wahrheit und den Sinn der Jungfrauengeburt entwickelt, ist Justin noch ganz in der Bahn geblieben, die Matthäus eröffnet hatte.

Die beiden Ströme der apologetischen und dogmatischen Betrachtungsweise treffen sich am Ende des Jahrhunderts bei *Irenäus*[133]. Irenäus ist bekanntlich auch sonst durch das Bestreben gekennzeichnet, die verschiedensten alten Traditionen zu sammeln und in ihrer Kombination die breite Basis einer „kirchlichen" Theologie zu gewinnen, die die Ketzereien überwinden wird[134]. Natürlich ist die Jungfrauengeburt für ihn schon ein altes Stück „apostolischer" Überlieferung: Irenäus verficht das Recht des Vierevangelienkanons[135]. Aber wichtiger als die Geburtsgeschichten bei Matthäus und Lukas sind für ihn doch nach wie vor die Weissagungen des Alten Testaments[136], durch die die Jungfrauengeburt gegen Juden und Ketzer zu einem unübersehbaren „Zeichen" gemacht ist[137]. Das heißt: Irenäus folgt hier Justin. Er führt auch dessen Polemik gegen die vermeintlich falsche Übersetzung des Jesaja-Textes apologetisch fort[138]. Christus, heißt es jetzt, wäre als Sohn Josephs nicht nur geringer als David oder Salomo, sondern wäre überhaupt nicht erbberechtigt gewesen; denn die Nachkommen Jechonjas waren schon durch den Propheten Jeremia[139] von

---

[132] In der Epistula apostolorum 21 (32) wird die Jungfrauengeburt ihrerseits ein Argument für die Glaubbarkeit sogar der Auferstehung.

[133] Unerreichbar waren mir J. Carçon, La mariologie de S. Irénée (Lyon 1932) und B. Pryzbylski, De mariologia S. Irenaei Lugdunensis (Rom 1937).

[134] Über diese Eigenart treffend Martin Widmann, Irenäus und seine theologischen Väter, Zeitschr. f. Theol. u. Kirche 54 (1957) 156–173.

[135] o. S. 81.

[136] Doch wird jetzt auch die Übereinstimmung der jesajanischen Weissagung mit dem Zeugnis der Apostel = Matth. 1 ausdrücklich hervorgehoben: haer. III 21,4.

[137] τὸ τῆς παρθένου σημεῖον: haer. III 21, 1; vgl. 20, 31 21, 6.

[138] haer. III 21,4 f., vorbereitet durch den ausführlichen Bericht über die Entstehung der LXX: 21,3.

[139] Jer. 22,24 f.

der Herrschaft ausdrücklich ausgeschlossen[140]. Insofern hängt jetzt die ganze Messianität Jesu von seiner jungfräulichen Geburt ab. Neben solchen Erwägungen tritt nun aber auch die eigentliche, wesenhafte Bedeutung des Geschehens mit starkem Pathos ans Licht. Der heilige Geist bezeichnete durch die Worte der Propheten einerseits die reale Geburt, die aus der Jungfrau geschah, und andererseits Christi Wesenheit, die aus Gott stammte[141]. In der Abwehr des Doketismus wird an der Jungfrauengeburt wieder die reale Geburt vor allem hervorgehoben[142] – denn an ihr hängt die Davidsohnschaft und die Verbundenheit mit Adams Geschlecht; der Ursprung aus dem Geiste macht Christus aber andererseits zu Gottes Sohn, und erst die Vereinigung beider Seiten macht unsere Erlösung aus. ,,Denn darum wurde der Logos Mensch und der Gottessohn Menschensohn, damit der Mensch, der sich dem Logos verband, die Kindschaft empfinge und Gottes Sohn würde. Oder wie sonst sollte der Mensch sich Gott verbinden, wenn sich Gott nicht dem Menschen verbunden hätte?‟[143] Auch Irenäus bewegt sich in den Bahnen einer substantiellen Inkarnationstheologie, und obschon er ihre Bedeutung ebenso auch ohne Bezugnahme auf die Jungfrauengeburt sehr wohl entwickeln kann, läßt sie sich doch gerade von hier aus gut beleuchten. So gewinnt die Jungfrauengeburt ein mehr als nur ,,zeichenhaftes‟ Gewicht.

Indessen ist Irenäus über die ignatianische wie die lukanische Betrachtung darin hinausgeschritten, daß er die Jungfrauengeburt nunmehr auch als solche ins Auge faßt und die sachliche Notwen-

---

[140] haer. III 21,9. Zu den historischen Hintergründen dieses Legitimitätsproblems im Judentum vgl. KL. BALTZER, Das Ende des Staates Juda und die Messias-Frage, in: Studien zur Theologie der alttestamentl. Überlieferungen (1961) 33–43.

[141] haer. III 21,4.

[142] Vgl. hierzu besonders A. HOUSSIAU, La christologie de S. Irénée (Löwen-Gembloux 1955) 236 f. Die Betonung des fleischlich-irdischen Bezugs verbindet Irenäus mit Ignatios und Tertullian und unterscheidet ihn von den späteren Vätern, die die Jungfrauengeburt vor allem als ein Zeichen für die Gottheit Christi nehmen: WINGREN, aaO. S. 96; vgl. o. S. 18 Anm. 5.

[143] haer. IV 33,4.

digkeit des Vorgangs näher zu begründen sucht. Das geschieht im Rahmen seiner berühmten Rekapitulationstheorie, derzufolge Christus die durch den Sündenfall verdorbene Menschheit in seiner Person erneuert und, einem großen Heilsplan folgend, die einst im Paradies begonnene und durch Adam verfehlte Entwicklung von neuem aufnimmt und nunmehr zum Ziel führt. Christus stellt die paradiesische Gemeinschaft des Menschen mit Gott in einem neuen Stadium der Heilsgeschichte reicher und vollkommener wieder her. Die Ausgestaltung dieses Gedankens erfolgt mit den Mitteln der typisch-antitypischen Korrespondenzvorstellung[144]. Das heißt: die Gegebenheiten und Geschehnisse der Urgeschichte müssen sich in der Geschichte Christi noch einmal wiederholen, um so in ihrer alten, verhängnisvollen Konsequenz überwunden und zu einem heilvollen Abschluß gebracht zu werden. Diese Denkweise und der ihr entsprechende Schematismus sind nicht von Irenäus erfunden; aber er hat sie zur reichsten Entfaltung gebracht. Dahinter steht letzten Endes der uralte mythologische Gedanke von einer Wiederkehr der ersten Dinge am Ende der Tage, die geheimnisvolle Entsprechung von Urzeit und Endzeit[145]. Er war schon in den Endzeit-Spekulationen des Judentums mit dem Anliegen der Heilsgeschichte verknüpft worden, und das Urchristentum war ihm bei seinem neuen christologischen Verständnis des endgeschichtlichen Zusammenhangs darin gefolgt[146]. Paulus besonders hatte die Vorstellung eines „geistlichen" Adam, der dem ersten, fleischlichen gegenübersteht, mit Nachdruck auf Christus übertragen und so die Universalität und die Überlegenheit des neuen christlichen Heiles zur Darstel-

---

[144] Hierzu JEAN DANIÉLOU, Sacramentum futuri – études sur les origines de la typologie biblique (Paris 1950), Livre I, chap. III: Adam et le Christ chez Saint Irénée (S. 21–44).

[145] Ob und wieweit dieser seinerseits mit den allgemein-urtümlichen Vorstellungen der kosmisch-zyklischen Wiederholung zusammenhängt, kann hier beiseite bleiben.

[146] Zur Bedeutung dieses „ersten christlichen Geschichtsverständnisses" vor allem im Matthäusevangelium vgl. die Bemerkungen von E. KÄSEMANN, Die Anfänge christlicher Theologie, Zeitschr. f. Theol. u. Kirche 57 (1960, S. 162–185) 174 ff.

lung gebracht[147]. Jetzt gewinnt diese Korrespondenz eine noch weiter greifende Bedeutung: sie wird zum Mittel, das Alte und das Neue „Testament" in einen festen Zusammenhang zu bringen und gegen die Markioniten und andere gnostische Ketzer die Zusammengehörigkeit der christlichen Erlösung mit der Schöpfung zu erweisen. Irenäus bemüht sich darum (mit Hilfe älterer Gewährsmänner), das Vorhandensein dieser Korrespondenz Zug um Zug zu belegen und als schriftgemäße Wahrheit auszuweisen. Die Fülle der Entsprechungen, die noch bei Justin so gut wie ausschließlich dem Weissagungsbeweis dienstbar waren, gewinnen jetzt dadurch gleichsam eigenes Leben[148]. Der Korrespondenzgedanke und die Rekapitulationstheorie sind mehr als eine nur formale Methode des Schriftbeweises; sie zeigen dessen Verwurzelung in einem großen und allgemeinen heilsgeschichtlich-metaphysischen Weltgesetz auf, das die Sinnhaftigkeit eines zielgerichteten göttlichen Handelns erkennen oder ahnen läßt. Für ein modernes Empfinden gerät die Argumentation bei Irenäus dadurch auf Abwege und gewinnt partienweise etwas beinahe Spielerisches; aber die tiefsinnige Größe der zu Grunde liegenden Konzeption ist trotzdem nicht zu verkennen. Tatsächlich ist der Kampf gegen die dualistischen und antinomistischen Tendenzen der Gnosis theologisch nicht zuletzt von hier aus entschieden worden.

Wir verfolgen die irenäischen Ausführungen nur insoweit, als sie für die Deutung der Jungfrauengeburt unmittelbar fruchtbar werden. In dem großen Umkreis der von Paulus bestimmten Adam-Christus-Spekulation, die Irenäus fortführt, ist das im allgemeinen

---

[147] Hierzu A. GELIN, La doctrine paulinienne du Nouvel Adam, Bull. Soc. Franc. d'Études Mariales 13 (1955) 15–23; EGON BRANDENBURGER, Adam und Christus – exegetisch-religionsgeschichtliche Untersuchung zu Röm. 5,12–21 (I Kor 15) (1962); auch JAC. JERVELL, Imago Dei (1960) 240 ff.

[148] Das geht so weit, daß Irenäus allen Ernstes annimmt, Adam müsse an einem Freitag gesündigt haben und gestorben sein, weil die Erlösung durch Jesu Tod an einem Freitag geschah: haer. V 23,2; vgl. KOCH, Virgo, S. 18. Entsprechend Eusebios über den Fall Jerusalems u. Jesu Tod: H. E. III 5,6.

nicht der Fall[149]. Eine deutliche Beziehung zur Jungfrauengeburt wird erst dort gewonnen, wo Irenäus auf die Art und Weise zu reden kommt, in der der erste wie der letzte Adam erschaffen wurden. Beide waren von Gott ins Leben gerufen, und für beide bediente sich Gott einer „jungfräulichen" Substanz, um ihre Leiber zu formen: „So wie jener ersterschaffene Adam von einer unbearbeiteten und damals noch jungfräulichen Erde seine Stofflichkeit hatte und von Gottes Hand . . . gebildet ward (Gott hatte es nämlich noch nicht regnen lassen, und der Mensch hatte die Erde noch nicht beakkert), so nahm der, der das Wort selber war, (den Ursprung) Adams wieder in sich auf und erlangte mit Recht in der Wiederholung Adams den Ursprung aus Maria, die damals noch Jungfrau war." Dieser Gedanke ist völlig ernst gemeint: „Hätte der erste Adam einen Menschen zum Vater gehabt und wäre er aus (natürlichem) Samen erzeugt worden, so ließe sich auch vom zweiten Adam mit Recht behaupten, er sei von Joseph erzeugt worden."[150] Eine unmittelbare göttliche Neuschöpfung wie beim ersten Adam konnte für Christus zwar nicht in Betracht kommen; denn er sollte ja gerade an unserer adamitischen Natur teilgewinnen, um ihr statt des Todes nunmehr das Leben zu vererben[151]; die Analogie blieb aber trotzdem gewahrt. So macht die Jungfrauengeburt über ihren allgemeinen Zeichen- und Wundersinn hinaus gerade nach ihrer menschlichen Seite hin einen höheren Zusammenhang offenbar, der

---

[149] Vgl. z. B. III 23, wo höchstens 23,7 (semen praedestinatum . . ., quod fuit partus Mariae) einen leisen Anklang bringt. Dagegen ist die Jungfrauengeburt haer. V 1,3 wieder deutlich hervorgehoben.

[150] haer. III 21,10; et quemadmodum protoplastus ille Adam de rudi terra et adhuc uirgine – nondum enim pluerat deus et homo non erat operatus terram (Gen. 2,5) – habuit substantiam et plasmatus est manu dei, id est uerbo dei – omnia enim per ipsum facta sunt (Joh. 1,3) et sumpsit dominus limum a terra et plasmauit hominem (Gen. 2,7) –, ita recapitulans in se Adam ipse uerbum existens ex Maria, quae adhuc erat uirgo, recte accipiebat generationem Adae recapitulans. Si igitur primus Adam habuit patrem hominem et ex semine uiri natus est, merito dicerent et secundum Adam ex Ioseph esse generatum.

[151] haer. V 1,2 f.; HOUSSIAU, aaO. S. 239 f.

geheimnisvoll auf Gottes Welterlösungsplan hinweist[152]. Sie ist dadurch in sich selbst theologisch sinnvoll geworden. Irenäus hat diesen typologischen Beweis in seinem Werke mehrfach gebracht, und jahrhundertelang sind ihm zahlreiche Theologen darin nachgefolgt. Bleibt bei dieser Betrachtung der Jungfrauengeburt Maria noch gänzlich im Hintergrund, so tritt sie kräftiger in Erscheinung, sobald man nicht nur Adam, sondern auch Eva in diese Erwägungen einbezieht[153]. Bei Paulus war das noch nicht geschehen. Jetzt aber wird nicht nur Adam Christus, der Mann dem Manne, sondern auch die Frau der Frau und der Ungehorsam Evas dem gläubigen Gehorsam Marias entgegengestellt. Der Vergleich läßt sich noch weiter ausgestalten. Auch Eva war zur Zeit des Sündenfalls noch Jungfrau wie Maria, und auch sie hatte schon den ihr für die Zukunft bestimmten Ehemann, und so wie die eine für sich und das ganze Menschengeschlecht den Tod wirkte, so wurde die andere die Ursache für ihr und aller Menschen Heil. Eva wurde durch einen (bösen) ,,Engel'' von Gott abgewandt, Maria hörte auf die frohe Engelbotschaft und empfing Gott selbst. Überall besteht also die genaueste spiegelbildliche Entsprechung. Der Ungehorsam der einen Jungfrau sollte durch den Gehorsam der anderen zurecht gebracht werden; Eva wird von Maria gleichsam in Schutz genommen; denn der Knoten, mit dem wir gefesselt sind, mußte auf eben die Weise wieder gelöst werden, in der er geschlungen war[154]. Es

---

[152] haer. III 18,7; vgl. 5,1; epid. 32 f.

[153] Doch ist es selbst dann nicht immer der Fall. So heißt es haer. V 21,1 zu Gal. 4,4: neque enim iuste uictus fuisset inimicus, nisi ex muliere homo esset, qui uicit eum. Hier ist die Geburt aus der Jungfrau im Grunde gleichgültig. Christus wird nur darum als der ,,Weibgeborene'' charakterisiert, um ihn – und nicht Maria – mit Eva in einen typologischen Kontrast rücken zu können.

[154] haer. III 22,4: Consequenter autem et Maria uirgo oboediens inuenitur dicens: ecce ancilla tua, domine, fiat mihi secundum uerbum tuum (Lk. 1,38). Eua uero inobaudiens; non obaudiuit enim, cum adhuc esset uirgo. quemadmodum illa uirum quidem habens Adam, uirgo tamen adhuc existens – erant enim utrique nudi in paradiso et non confundebantur (Gen. 2,25), quoniam paulo ante facti non intellectum habebant filiorum generationis; oportebat enim illos primo adolescere, dehinc sic multiplicari – inobaudiens facta et sibi et universo generi humano causa facta est mor-

versteht sich, daß Irenäus bei solchen Ausführungen Maria nicht um ihrer selbst willen ins Auge faßt[155] und ihr nicht etwa eine aktive Teilnahme beim Erlösungswerk zuweisen möchte[156]. Der ganze

---

tis, sic et Maria habens praedestinatum uirum et tamen uirgo obaudiens et sibi et uni-verso generi humano causa facta est salutis. Et propter hoc lex eam, quae desponsata erat uiro, licet uirgo sit adhuc, uxorem eius, qui desponsauerat, uocat, eam quae est a Maria in Euam recirculationem significans, quia non aliter, quod conligatum est, solueretur, nisi ipsae compagines alligationis reflectantur retrorsus, uti primae con-iunctiones soluantur per secundas, secundae rursus liberent primas, et euenit primam quidem compaginem a secunda colligatione soluere, secundam uero colligationem primae solutionis habere locum. et propter hoc dominus dicebat primos quidem nouissimos futuros et nouissimos primos (Mt. 19,30; 20,16). et propheta autem hoc idem significat dicens: pro patribus nati sunt tibi filii (Ps. 44,17). primogenitus enim mortuorum natus dominus et in sinum suum recipiens pristinos patres regenerauit eos in uitam dei ipse initium uiuentium factus, quoniam Adam initium morientium factus est. Propter hoc et Lucas initium generationis a domino inchoans in Adam re-tulit significans, quoniam non illi hunc, sed hic illos in euangelium uitae regenerauit. Sic autem et Eua inobaudientiae nodus solutionem accepit per obaudientiam Mariae; quod enim alligauit uirgo Eua per incredulitatem, hoc uirgo Maria soluit per fidem. haer. V 19,1: Manifeste itaque in sua proprie uenientem dominum et sua propria eum baiulante conditione, quae baiulatur ab ipso, et recapitulationem eius, quae in ligno fuit, inobaudientiae per eam, quae in ligno est, obaudientiam facientem et se-ductione illa soluta, qua seducta est mala illa, quae iam uiro destinata erat uirgo Eua, per ueritatem euangelisata est bene ab angelo iam sub uiro uirgo Maria, quemadmo-dum enim illa per angelicum sermonem seducta est, ut effugeret deum praeuaricata uerbum eius, ita et haec per angelicum sermonem euangelisata est, ut portaret deum obaudiens eius uerbo; et si ea inobaudiret deo, sed et haec suasa est obaudire deo, ut uirginis Euae uirgo Maria fieret aduocata; et quemadmodum adstrictum est morti genus humanum per uirginem, saluatur per uirginem – aequa lance disposita uirgina-lis inobaudientia per uirginalem obaudientiam, adhuc enim protoplasti peccatum per correptionem primogeniti emendationem accipiens et serpentis prudentia deuicta in columbae simplicitate, uinculis autem illis resolutis, per quae alligati eramus morti. Für Adam und Christus wird diese Betrachtungsweise nochmals geltend gemacht haer. III 18,7.

[155] Zur Frage der persönlichen Heiligkeit Mariens vgl. haer. III 16,7, wo Christus in Kana ihre „intempestiua festinatio" zurückweist. In diesem Sinne wird der Text von Joh. 2,4 auch später noch wiederholt ausgelegt.

[156] Die Wendung haer. III 21,7 über den aduentus des Herrn in diese Welt „non operante in eum Ioseph, sed sola Maria cooperante dispositioni (= τῇ οἰκονομίᾳ)"

Gedankengang ist christologisch orientiert[157]; es ist allein Mariens Erstgeborener, der die Schuld des Stammvaters beglichen hat.

Trotzdem gewinnt die Geschichte der Jungfrauengeburt und gewinnt die Mutter Jesu auf Grund des Korrespondenzgedankens doch ein gewisses selbständiges Interesse, das sie bisher nicht besessen hatte – mögen die konkreten Einzelheiten dieser Typologie auch noch ganz dem Neuen Testament, vorzüglich dem Lukas-Evangelium entommen sein. Es ist interessant, den geistesgeschichtlichen Hintergründen dieser Entwicklung ein wenig nachzugehen.

Lange Zeit galt Irenäus als der Urheber des seltsamen Vergleichs der jungfräulichen Geburt Christi aus Maria mit der Erschaffung Adams aus der ,,jungfräulichen" Substanz der unbeackerten Erde. Man hatte sich erfolgreich darum bemüht, vorchristliche, jüdische Parallelen zu diesem Sprachgebrauch zusammenzustellen[158]; da sie aber bestenfalls Adam und keinesfalls Christus und dessen jungfräuliche Geburt betreffen konnten, führten sie nicht weit. Jetzt haben uns die neuen koptisch-gnostischen Quellen von Nag-Hammadi mit einem Schlag darüber hinaus gebracht. Im Philippus-Evangelium, dessen griechische Vorlage in das zweite Jahrhundert gesetzt wird, findet sich folgender Spruch[159]: ,,Adam entstand aus zwei Jungfrauen: aus dem Geist und aus der jungfräulichen Erde. Deswegen wurde Christus aus einer Jungfrau gezeugt, damit er den Fehltritt der am Anfang geschehen war, wieder in

---

hat natürlich noch nichts mit einer ,,Mitwirkung" im modern-theologischen Sinne zu tun.

[157] Vgl. Andr. Benoît, Saint Irénée – introduction à l'étude de sa théologie (1960) 226 f. 240. Das gilt auch noch für Gregor von Nyssa, der hom. 13 in Cant. (Migne 44, 1052) das Bild von Maria als παράκλητος (aduocata, haer. V 19,1; epid. 33) wieder aufnimmt, obschon er Marienanrufungen immerhin schon kennt, die im Umkreis des Irenäus noch undenkbar erscheinen.

[158] Imm. Löw, Die Erde als jungfräuliche Mutter Adams, Zeitschr. f. neutest. Wiss. 11 (1910) 168; H. Vollmer, ebd. 3 (1909) 324; 9 (1910) 168; 11 (1912) 95, wo weitere Literatur genannt ist. Dahinter taucht dann die allgemein-archaische Vorstellung von ,,Scholle und Weib" auf; vgl. M. Eliade, Die Religionen und das Heilige (1954) 291 ff.

[159] 83 Leipoldt-Schenke S. 14. Till S. 43 f.

Ordnung brächte." Die Vorstellung von einem weiblichen Heiligen Geist weist auf östlich-semitische Voraussetzungen zurück und begegnet auch sonst[160]. Es ist gewiß nicht anzunehmen, daß der Verfasser des Philippus-Evangeliums mit dem angeführten Satze von den Ausführungen des Irenäus abhängig war. Die Theorie von den „zwei Jungfrauen", denen Adam entsprossen sei, läßt vollends phantastisch spekulative, vielleicht auch asketische Hintergründe dieser Vorstellung ahnen[161], die bei Irenäus weggeschnitten sind, indem er die Typologie antignostisch wendet, auf den biblischen Umkreis beschränkt und nur nach ihrem christologischen Sinne zu deuten sucht[162]. Die ursprüngliche Heimat dieses Gedankens hat man also wohl in einem mehr oder weniger gnostischen Milieu zu suchen, wie es das Philippus-Evangelium im ganzen spiegelt.

Ähnliches dürfte auch für die zweite Form der unmittelbaren Parallelisierung Evas und Mariens gelten. Sie begegnet schon vor Irenäus einmal in *Justins* Dialog mit Trypho. Christus, heißt es hier im Zusammenhang des Schriftbeweises, ist „durch eine Jungfrau Mensch geworden, damit auf eben dem Wege, auf dem der von der

---

[160] Vgl. z. B. den 17. Spruch des Philippus-Evangeliums (Till S. 17) und im übrigen die ältere Arbeit von SELMA HIRSCH, Die Vorstellung von einem weiblichen Pneuma hagion (Diss. theol. Berlin 1926).

[161] Man denke an das Zusammenwirken der verschiedenen Äonen, die Christus hervorbringen, besonders in der valentinianischen Spekulation: Iren. haer. I 2,6; Tert. praescr. 33; Hippol. ref. VI 51 (Markus); VII 26 f. (Basilides); VIII 9 (Doketen); ähnlich im Apokryphon des Johannes 49 f. (Till 139 f.) die Erschaffung Adams, des vollkommenen Menschen, durch die sieben Archonten Jaldabaoths.

[162] Dagegen erscheint im späten Bartholomäusevangelium neben Maria, die „den Fehltritt Evas wieder gut gemacht hat" (4,6), einmal sogar Petrus als „das Abbild Adams" (4,5): Übersetzung von F. SCHEIDWEILER bei Hennecke-Schneemelcher S. 366. Die Typologie der „jungfräulichen Erde" ist nach Irenäus noch häufig zu belegen. Wir finden sie bei Tertullian (carn. Chr. 16 f.), Pseudo-Tertullian (adv. Iud. 13), Firmicus Maternus (25,2), Methodios (symp. III 4), Athanasios (c. Ar. II 7), Ephraem (evang. concord. expos., Moesinger S. 20 f.; Assemani, op. Syr. II 397 a), Amphilochios (Isaac, Ficker S. 304), Pseudo-Gregorios Thaumaturgos (nativ. Chr. 14), Johannes Chrysostomos (mutat. nomin. 2; hom. ICor. 7,4), Ambrosius (in ps. 1,35), Gregor von Elvira (Batiffol, Tractatus Origenis S. 209), Augustin (Gen. ad Manich. II 24,37; ep. 190,25), Johannes Cassianus (coll. V 6,3) und gewiß noch oft.

Schlange kommende Ungehorsam seinen Anfang nahm, er auch (wieder) zu nichte würde"[163]. Wieder stehen sich hier der Gehorsam, dort der Ungehorsam einer unberührten Jungfrau antitypisch gegenüber. Der Vergleich hat bei Justin eine stärker allegorische Fassung als bei Irenäus: die unverdorbene Jungfrau Eva „empfing" das Wort der Schlange und „gebar" daraufhin Sünde und Tod. Es erscheint mir sehr unwahrscheinlich, daß Irenäus die Anregung zu seiner breit entfalteten Kontrastierung Evas und Mariens allein aus dieser einen Stelle bei Justin entwickelt haben sollte[164]. Andererseits steht der Text auch bei Justin selber vereinzelt da. Dieser versteht die Vorbilder des Alten Testaments immer nur im Sinne des prophetischen Zeichens, d. h. der Weissagung, und der Gedanke einer in sich notwendigen antitypischen Entsprechung, wie er hier erscheint, ist ihm sonst fremd; er kennt ihn nicht einmal für Christus und Adam[165]. Es liegt darum nahe anzunehmen, daß er an die-

---

[163] dial. 100, 4 f.: ... καὶ διὰ τῆς παρθένου ἄνθρωπος γεγονέναι, ἵνα καὶ δι' ἧς ὁδοῦ ἡ ἀπὸ τοῦ ὄφεως παρακοὴ τὴν ἀρχὴν ἔλαβε, διὰ ταύτης τῆς ὁδοῦ καὶ κατάλυσιν λάβῃ. παρθένος γὰρ οὖσα Ἔυα καὶ ἄφθορος, τὸν λόγον τὸν ἀπὸ τοῦ ὄφεως συλλαβοῦσα, παρακοὴν καὶ θάνατον ἔτεκε: πίστιν δὲ καὶ χαρὰν Μαρία ἡ παρθένος, εὐαγγελιζομένου αὐτῇ Γαβριὴλ ἀγγέλου ὅτι πνεῦμα κυρίου ἐπ' αὐτὴν ἐπελεύσεται καὶ δύναμις ὑψίστου ἐπισκιάσει αὐτήν, διὸ καὶ τὸ γεννώμενον ἐξ αὐτῆς ἅγιόν ἐστιν υἱὸς θεοῦ, ἀπεκρίνατο: Γένοιτό μοι κατὰ τὸ ῥῆμά σου.

[164] Ähnlich G. JOUSSARD, Nouvelle Ève chez les pères anténicéens, Bull. Soc. Franç. d'Études Mariales 12 (1954, S. 35–54) 51: Saint Irénée de son côté, peut dépendre de nombreux précurseurs pour le thème Marie-Ève et non pas seulement de Saint Justin. Für die Abhängigkeit von Justin: A. BENGSCH, Heilsgeschichte und Heilswissen (1957) 204–207.

[165] Das hängt natürlich damit zusammen, daß Justin Paulus ignoriert und vielleicht gerade die Adamspekulation als gnostisch empfunden hat. Der leise Vergleich zwischen Christus und Adam im Zusammenhang der Versuchungsgeschichte, dial. 103, ist ohne Gewicht; man braucht ihn nur mit Irenäus, haer. V 21,2 zu vergleichen; vgl. zu beiden jetzt M. STEINER, La tentation de Jésus dans l'interprétation patristique de Saint Justin à Origène (Paris 1962) S. 1 ff., 44 ff. Interessant ist die neuartige Akzentuierung dieser Parallele bei Apollinaris von Laodicea, frg. 10 zu Mt. 4, 11 bei Reuß, TU 61 (1957) 4: Ἀπολλινάριος ὁ παράφρων τροφάς φησιν ἐκ παραδείσου διηκόνουν αὐτῷ ἵνα, ὥσπερ ὁ μὴ ἀποσχόμενος, οὗ προσετέτακτο, Ἀδὰμ τὴν ἐκεῖ τροφὴν ἀπωλωλέκει, οὕτως ὁ νέος Ἀδὰμ καὶ ὧν μὴ προσετάχθη, ἀποσχόμενος καθ' ὑπερβολὴν ἀρετῆς εἰς τὸ ἐξ ἀρχῆς καλὸν ἀποκαταστῇ.

ser isolierten Stelle seinem Schriftbeweis zuliebe den sonst vielleicht etwas verdächtigen Gedanken einer andersartigen Quelle oder Tradition entnommen habe[166]. Sie dürfte wieder in demselben Bereich gelegen haben, dem Irenäus den Vergleich mit der jungfräulichen Erde entliehen hat, d. h. im Umkreis einer älteren gnostisierenden Spekulation[167].

Aber wie dem auch sei – jedenfalls ist der allegorisch-typologische Vergleich der zwei Jungfräulichkeiten die erste Form einer theologischen Deutung und Verarbeitung der Jungfrauengeburt, die das neutestamentliche Schweigen an diesem Punkte durchbricht und ihrer Tendenz nach darüber hinaus strebt. Man mag sagen, daß Irenäus die Elemente dieser Spekulation biblisch gedeutet und

---

[166] Daß er bzw. Irenäus sich damit ,,à la tradition la plus ancienne du Christianisme" angeschlossen und ,,l'écho de la tradition la plus antique" bewahrt habe, wie DANIÉLOU, Sacramentum futuri S. 32 ff. will, ist jedenfalls eine höchst problematische Annahme, die angesichts des neutestamentlichen Befundes ganz unwahrscheinlich ist. Gegen eine entsprechende Behauptung J. LEBONS, L'apostolicité de la doctrine de la médiation mariale, Rech. Theol. anc. et médiév. 2 (1930) 129–159, hatte sich mit Recht schon KOCH, Virgo Eva 25, Anm. 2 gewandt.

[167] Die Motive des ,,Empfangens" und ,,Gebärens" der Jungfrau Eva haben hier vielleicht in der bekannten gnostischen Weise zwischen reiner Allegorie und konkretisierender Hypostasierung eine schwebende Mitte gehalten. So lehrt die Schlange im Apokryphon Johannis 58 (Till S. 157) als Verführer Eva ,,die Zeugung (σπορά) der Begierde (ἐπιθυμία) der Befleckung und des Verderbens; denn diese nützen ihm". Später aber heißt es, Jaldabaoth habe ,,die Jungfrau (παρθένος), die Adam zur Seite stand", geschändet und ,,zeugte den ersten Sohn, ebenso (ὁμοίως) den zweiten", nämlich den gerechten Eloim und den ungerechten Jave. ,,Das sind die, welche bei den Geschlechtern (γενεά) aller Menschen Kain und Abel heißen bis auf den heutigen Tag. Es entstand das eheliche (γάμος) Beiwohnen (συνουσία) durch den ersten ἄρχων" (62 f. Till S. 166 f.). Ähnlich lehrten die Archontiker nach Ephiphanios, haer. XL 5, 3 f., die Kainiten, XXXVIII 2, 6 f., und die Sethianer, XXXIX 2, die jedoch Kain und Abel einen verschiedenen Ursprung gaben. Bei Tertullian, carn. Chr. 17 ist dagegen in diesem Zusammenhang unter Wiederaufnahme der Eva-Maria-Typologie nur noch vom diabolus fratricida die Rede, den Eua concepit in utero ex diaboli uerbo. – Auf die rabbinischen Spekulationen über die Verführung Evas und die daraus folgende Geburt Kains verweist R. McQ. GRANT, Gnosticism and Early Christianity (1959) 103 f.

,,verchristlicht" habe[168], ähnlich wie es schon Paulus mit dem ihm vorgegebenen Adam-Mythos getan hatte. Aber es ist doch klar, daß das einfache und theologisch eindeutige anthropologisch-christologische Grundschema durch die Einbeziehung Evas erschüttert ist und daß dies bei einem weiteren Ausbau der Marien-Typologie leicht dazu verführen konnte, die einzigartige Stellung Christi zu verwischen und haltlosen Spekulationen und Mythologemen das Tor zu öffnen. Die Lockerung des geschichtlichen Bezugs und die Herleitung der irdischen Erscheinung Christi von irgendwelchen himmlisch-äonischen Mächten, die in Maria Gestalt gewinnen, lag dem gnostisierenden Empfinden ohnedies nah. Allein man kann nicht sagen, daß Irenäus dieser Gefahr erlegen wäre, und für die Väter, die seine typologische Betrachtungsweise übernommen haben, gilt das gleiche: sie halten sich durchweg streng im biblisch-heilsgeschichtlichen Rahmen. Maria bleibt die irdische Mutter Jesu, sie wird in keinem Sinne eine übergeschichtliche Größe; ihre religiöse Bedeutung erschöpft sich darin, die erwählte Mutter Jesu zu sein. Eine ,,mariologische" Auslegung des apokalyptischen, mit der Sonne bekleideten Weibes[169] sucht man in der alten Kirche vergebens[170], und ebenso wird die Weissagung vom Weibessamen, der

---

[168] Über die jüdisch-gnostischen Evaspekulationen vgl. die – heute ergänzungsbedürftigen – Zusammenstellungen von W. STAERK, Eva-Maria – ein Beitrag zur Denk- und Sprechweise der altkirchlichen Christologie, Zeitschr. f. neutest. Wiss. 33 (1934) 97–104.

[169] Apk. 12.

[170] Das zeigt mit wünschenswerter Klarheit P. PRIGENT, Apocalypse 12 – Histoire de l'exégése (1959), durch den die ältere Literatur bis hin zu Bern. J. LE FROIS, The Woman clothed with the Sun (Ap. 12) – Individual or collective (Rom 1954) und A. LAURENTIN, L'interprétation de la Genése 3,15 dans la tradition jusqu'au début du XIIIe siècle, Bull. Soc. Franç. d'Études Mariales 12 (1954) 77–156 überholt ist. ALTFR. TH. KASSING, Die Kirche und Maria – Ihr Verhältnis im 12. Kap. der Apokalypse (1958), geht vorsichtiger als diese zu Werke, meint aber neben der ekklesiologischen Deutung auf das Gottesvolk, die sich aus der biblisch-jüdischen Tradition ergibt, für die erste Hälfte der Vision, Apk. 12,1–6, immerhin noch einen ,,marianischen Teilsinn" festhalten zu können. Vgl. von demselben Autor: Der heilsgeschichtliche Ort Mariens in der Kirche nach Apk. 12, in: Maria et Ecclesia (Actus

der Schlange den Kopf zertreten soll[171], das sogenannte „Protevangelium" der Genesis, immer nur auf Christus und niemals auf Maria bezogen[172]. Die grundsätzliche Verquickung von Mariens Person mit der Wirklichkeit der Kirche ist ebensowenig orthodox-altkirchlichen Ursprungs[173]. Alle Versuche, die patristischen Spekulationen in die entgegengesetzte Richtung fortzuspinnen und dadurch mariologisch fruchtbar zu machen, zeigen nur, daß der alten Kirche selber Derartiges durchaus fremd geblieben ist[174]. Es sind die Gno-

congressus Mariologico-Mariani, Lourdes 1958) 3 (Rom 1959) 39–60. Mit einem scholastischen Beweisverfahren, wie es FRANC. SPEDALIERI, Maria et Ecclesia in Apocalypsi XII, ebd. S. 61–67, handhabt, kommt man zu noch günstigeren Ergebnissen.

[171] Gen. 3,15.

[172] Vgl. FRZ. DREVNIAK, Die mariologische Deutung von Gen. 3,15 (Diss. theol. kath. Breslau 1934). Die entgegengesetzten scheingelehrten Darlegungen von J. UNGER, The First-Gospel Gen. 3,15 (New York 1954) und: Mary is the Woman for the First-Gospel (Gen. 3,15), Marianum 18 (1956) 62–72, J. UNGER, S. Irenaei doctrina de Maria – Maria et Ecclesia III (Rom 1959) 67–140, bedeuten dem gegenüber einen eindeutigen Rückschritt in der Kritik. Das gleiche dürfte von TH. GALLUS, Interpretatio mariologica protevangelii etc. (Rom 1949) gelten: vgl. W. DELIUS, Theol. Zeitschr. 10 (1954) 452 f. und J. C. DE MOOR, De Roomskatholieke Mariologie en de uitleg van Genesis III 15 bij Ephraem Syrus, Gereform. theol. tijdschr. 59 (1959) 97–117.

[173] Gelegentliche Bezugnahme im Zusammenhang der erbaulich-exegetischen, insbesondere allegorischen Auslegungen kommen natürlich vor, z. B. bei Irenäus haer. III 10,2, Tertullian carn. Chr. 7 (u. S. 37 Anm. 3); Marc. II 4; Petrus Chrysologus, sermo 146; über Ambrosius und Augustin vgl. u. S. 152 Anm. 322, S. 154 Anm. 332. Sie dürfen aber nicht künstlich isoliert und als einzigartige „mariologische" Aussagen interpretiert werden und sind für eine grundsätzliche Fragestellung belanglos. Der ganze Problemkreis bedarf einer gründlichen, kritischen Durcharbeitung; einige Materialien, die sich vermehren lassen, bietet KOCH, Virgo Eva S. 92–94 und MICH. PLANQUE, Art. Ève in: Dict. de Spiritualité 4 (1960, Sp. 1772–1788) 1784–1787.

[174] Das gilt auch für die mit reichem Material historisch angelegte Arbeit von ALOIS MÜLLER, Ecclesia – Maria: Die Einheit Marias und der Kirche (1955²) und erst recht für die scholastisch-konstruierenden Übersichten, wie sie z. B. STANISLAUS M. LLOPART, Maria–Ecclesia. Observationes in argumentum iuxta patres praeephesinos, in: Maria et Ecclesia (Acta congressus Mariologici-Mariani, Lourdes 1958) 3 (Rom 1959) 81–107, auf Grund eigener und fremder Studien über die Väter bietet.

stiker und insbesondere die Manichäer, die unseres Wissens zuerst die „allerkeuscheste" Jungfrau mit der „unbefleckten Kirche"[175] oder mit dem „himmlischen Jerusalem" in eins setzen, „in das der Herr ein- und ausgegangen ist", und damit nach den Worten einer frühmittelalterlichen Abschwörungsformel „unter dem Vorwand der Ehrung die heilige Gottesmutter Maria beleidigen"[176]. So ist die ganze Eva-Maria-Typologie bei Irenäus und seinen Nachfolgern in ihrem mariologischen Gewicht nicht zu überschätzen. Wie wenig Maria als heilige Person im Mittelpunkt des Interesses steht, erkennt man auch daran, daß der Vergleich mit Eva gar nicht nur auf sie zugespitzt werden muß. „Allgemein gesagt, kann jede Frau, die für das Heil des Gottesvolkes eine Rolle spielt, exegetisch als ein Typus der neuen Eva verstanden werden"[177]. Schon bei

---

[175] acta Arch. 55 (Beeson S. 81). Man kann diesen Häretiker nicht nur mit G. Söll, Maria-Kirche bei den griechischen Vätern seit Cyrill von Alexandrien, in: Maria et Ecclesia (Acta congressus Mariologici-Mariani, Lourdes 1958) 3 (Rom 1959, S. 137–162) 139 zu den kirchlichen „Zeugen" der Frühzeit rechnen, die „eine mehr oder weniger deutliche Identifikation von Maria und Kirche" bieten; denn Epiphanios, haer. 78, 19, auf den er sich beruft, hat diese Gleichung, zugestandenermaßen nur „intendiert" (?), und die vermeintliche Rede Kyrills (hom. div. 4), die sie anscheinend vollzieht, ist nicht echt: s. u. S. 141, Anm. 290.

[176] A. Adam, Texte zum Manichäismus (1954) 102. Die Formel stammt aus dem neunten Jahrhundert. Herr Adam hatte die Freundlichkeit, mir den fraglichen Text folgendermaßen zu erläutern: „Die merkwürdige Stelle zielt zunächst auf die Paulikianer, die im neunten Jahrhundert als Manichäer verdächtigt wurden. Es kann als wahrscheinlich angenommen werden, daß die genannte Lehre zur manichäischen Tradition gehörte. Zwar wird die im Psalmbuch als ,selige Maria' oft vorkommende Person wohl Maria Magdalena sein; aber Kephalaia S. 94,4 wird Maria unter ,Eva' verstanden werden müssen. Die Vorstellung der großen Abschwörungsformel scheint mir verwandt zu sein mit der valentinianischen Anschauung, Maria sei nur ,Durchgangsort', Kanal (Iren. haer. I 2) für Christus gewesen. Daß die Manichäer diesen ,Durchgangsort' mit dem Paradies gleichsetzten, wird wohl auf Bardesanes zurückgehen: ,Sitz der Entzückung sind die Tore, die kraft (göttlicher) Anordnung aufgetan sind vor der Mutter' (Patr. syr. I 2, Paris 1907, S. 504); daß der Mutterschoß mit dem Paradies gemeint ist, sagt Ephräm. Von IV. Esra 10,4 werden die Manichäer nicht beeinflußt sein."

[177] Planque, Éve Sp. 1779. Als Versucherin besitzt Eva seit dem vierten Jahrhundert natürlich wieder andere Nachfolgerinnen, z. B. Hiobs Weib oder die Magd des Hohenpriesters, die Petrus zur Verleugnung bringt: ebd. Sp. 1772 f.

Hippolyt werden beispielsweise die Frauen, die am Ostermorgen zum Grabe gehen, in ähnlicher Weise mit Eva kontrastiert[178] – eine Betrachtungsweise, die sich bis ins fünfte Jahrhundert hält[179] –, und Origenes stellt die beiden ,,heiligen Frauen" Elisabeth und Maria mit Eva in Vergleich[180]. Ambrosius parallelisiert Eva und Sara[181]

---

[178] Hippol. cant. XV zu 3,1–4 Bonwetsch S. 354 f.: Christus begegnet ihnen, ,,damit auch Frauen Apostel werden und den Mangel des Ungehorsams der ersten Eva durch den jetzigen, zurechtbringenden Gehorsam offenbar machten . . . Eva wird Apostel . . ., Eva eine Gehilfin Adams." Auf die hier beginnende Tradition hat DANIÉLOU, Sacramentum futuri S. 36 Anm. 1, zuerst hingewiesen, aber ihren allgemeinen Charakter, den PLANQUE, aaO. Sp. 1785 f. richtig hervorhebt und belegt, noch nicht erkannt und sie darum einseitig auf Maria Magdalena zugespitzt. Vgl. ferner P. JOUSSARD, Nouvelle Éve S. 42–45.

[179] Ähnliche Ausführungen über die ,,sanctae mulieres" finden sich bei Ambrosius (de Isaac 43; exp. Lc. X 156 f.), Augustin (sermo CCXXII 2,2), Gregor von Nyssa (c. Eunom. III tom. 10,16 f.) und Severus von Antiochien (patr. or. XVI 806 ff.). Bei Ephraem (Moesinger S. 270) erscheint die Mutter Maria selbst am Grabe – vielleicht im Anschluß ans Diatessaron (BAUER, Leben Jesu S. 263); doch ist eine solche Tradition auch sonst weit verbreitet: C. GIANELLI, Témoignages patristiques d'une apparition du Christ ressuscité à la vierge Marie, Rev. étud. Byzant. 11 (Mélanges M. Jugie 1933) 106–119; weitere Hinweise, besonders auf Gregorios Palamas, bei CYPR. KERN, Die Erscheinungen des auferstandenen Herrn vor der Gottesmutter (russisch), La pensée orthodoxe 8 (1951) 86–112. Interessant ist ein weiterer, schwerlich echter Ephraemtext (Lamy 531–533), welchen LDW. HAMMERSBERGER, Die Mariologie der ephremischen Schriften (Diss. theol. Fribourg 1938) 80 zitiert. Hier fordert der Auferstandene Maria Magdalena auf, ,,daß sie herzutrete und der Auferstehung des Herrn gewahr werde. Warum aber offenbarte er einem Weibe zuerst seine Auferstehung, nicht aber Männern? Es offenbart sich uns hier ein Geheimnis hinsichtlich der Kirche und der Mutter des Herrn. Die erste Kunde seiner Ankunft auf Erden erging an eine Jungfrau, seine Auferstehung teilte er selbst einem Weibe mit. Am Anfang und am Ende ist der Name seiner Gebärerin zugegen und ertönt. Eine Maria empfing ihn in der Empfängnis und sah den Engel vor sich an seinem Grabe . . ." Hier liegt offenbar ein Versuch vor, die hippolytische Typologie mit der exklusiven Eva-Maria-Typologie in Ausgleich zu bringen. Eine ähnliche, nur stärker ins Allegorische gewandte Stelle findet sich bei Ambrosius, virginit. 4,20: tunc ait illi dominus: Maria (Joh. 20,16), respice ad me. quando non credit, mulier est; quando conuerti incipit, Maria uocatur, h. e. nomen eius accipit, quae parturit Christum: est anima, quae spiritualiter parit Christum. Vgl. u. Anm. 182.

[180] hom. Lc. VIII; in der hom. Gen. XII 3 sind es Rebecca, Elisabeth und Maria.
[181] Ambr. inst. virg. 5,32; ps. CXVIII 22,30; dazu B. CAPELLE, Le théme de la

und betont, daß es viele Marien gab, ehe die eine Maria die große Erfüllung gebracht habe[182]. Christus, der als Mann von einer Jungfrau
geboren werden will, wird damit beiden Geschlechtern in gleicher
Weise gerecht. Maria erstattet mit der jungfräulichen Geburt den
Dank des weiblichen Geschlechts für die von Adam empfangene
Rippe, aus der es gebildet wurde[183], usw. Es geht hier immer wieder
um die ,,Frau" oder ,,die Frauen" als solche, die so zu ihrem Rechte
kommen[184]. Derartiges wäre nicht möglich gewesen, wenn die
Eva-Maria-Typologie von Anfang an einen ausschließlich ,,mario-
logischen" Sinn besessen hätte. Man darf die biegsamen Methoden
der altchristlichen Exegese unter modern-theologischen Gesichtspunkten nicht überfordern.

Eine reiche Zusammenfassung der verschiedenen älteren Gedanken über die Jungfrauengeburt bietet zu Beginn des dritten Jahrhunderts noch einmal *Tertullian*. Natürlich gilt ihm die Jungfrauengeburt als dogmatische Notwendigkeit, auch wenn er sie gegen
,,Ebion", Markion und andere Ketzer noch verteidigen muß[185].
Christus hat einen neuen Anfang in der Geschichte der Menschheit
gesetzt, und dieser novitas seines geschichtlichen Wesens entspricht
der neue, einzigartige Vorgang einer jungfräulichen Geburt[186]. Aus
dem geistlichen Samen Christi sollte nach dem Zeugnis der Propheten eine neue, geistliche Menschheit hervorgehen[187]. Hätte der

---

nouvelle Éve chez les anciens docteurs latins, Bull. Soc. Franç. d'Études Mariales 12
(1954, S. 55–76) 57 f. Weitere Belege in der umfassenden Sammlung der Eva-Ma-
ria-Texte von H. BARRÉ, in: Le ,,mystère" d'Éve à la fin de l'époque patristique en
occident, Bull. Soc. Franç. d'Études Mariales 13 (1955) 61–97.

[182] Ambr. inst. virg. 5,33 f. Nur bei Ambrosius haben die Ausführungen einen
stärker ,,mariologischen" Akzent.

[183] Cyrill. Hieros. cat. XII 29; vgl. Pseudo-Hippolyt theoph. 7.

[184] Vgl. schon oben S. 102 Anm. 153 über Irenäus.

[185] Gegen die Ebioniten: praescr. 33; virg. vel. 6.33; carne Chr. 14.16.19.24;
Markioniten und Gnostiker: praescr. 33; Valent. 19 f.; carne Chr. 1; Marc. IV 10,
Juden: spect. 13; Jud. 9.

[186] carne Chr. 17 Kroymann 232: noue nasci debebat nouae natiuitatis dedica-
tor . . .

[187] carne Chr. 17 f.

Gottessohn neben dem himmlischen Vater noch einen irdischen besessen, so hätte er ja zwei Väter gehabt[188]. Das ist eine jener rhetorisch pointierten Wendungen, wie sie Tertullian liebt[189] und wie sie gerade für die Jungfrauengeburt in ähnlicher Weise noch oft geprägt worden sind[190]. Ihre schlagende Formulierung täuscht eine logische Notwendigkeit vor, die darüber hinaus nicht begründet wird. Auch die typologischen Vergleiche spielen bei Tertullian wieder ihre Rolle – er beruft sich sowohl auf die ,,jungfräuliche" Erde[191] wie auf die Korrespondenz von Eva und Maria[192] und expliziert den Schriftbeweis für die Jungfrauengeburt im Sinne des geweissagten Zeichens wie der einzigartigen Hoheit des Herrn[193].

Das stärkste Gewicht und die eigentliche theologische Leidenschaft entfaltet aber Tertullian doch erst dort, wo er die Jungfrauengeburt vor allen Dingen wieder als Geburt und als Beweis der wah-

---

[188] Marc. IV 10 Kroymann 446: ceterum duo iam patres habebuntur, deus et homo, si non uirgo sit mater. habebit enim uirum, ut uirgo non sit, et habendo uirum duos patres faciet, deum et hominem, ei qui et dei et hominis esset filius. Vgl. hierzu das Philippus-Evangelium 17 Leipoldt-Schenke S. 41: ,,Und der Herr [hätte] nicht gesagt: ,Mein [Vater, der du bist] im Himmel, wenn [er] nicht (noch) einen [anderen] Vater gehabt hätte; sondern er hätte einfach gesagt: [,Mein Vater']."

[189] Eine ähnlich schlagende Kontrastierung läßt sich auch mit dem leiblichen und geistlichen ,,Samen" durchführen, carne Chr. 17 Kroymann 232: haed est natiuitas noua, dum homo nascitur in deo, ex quo in homine natus est deus, carne antiqui seminis suscepta sine semine antiquo, ut illam nouo semine id est spiritali reformaret exclusis antiquitatis sordibus expiatum; dazu W. BENDER, Die Lehre über den Heiligen Geist bei Tertullian (1961) 74 f.

[190] Vgl. z. B. Laktanz inst. IV 25: habebat enim spiritalem patrem deum, et sicut pater spiritus eius deus sine matre, ita mater corporis eius uirgo sine patre. Ebenso Johannes Chrysostomos, hom. Hebr. de Melchis., Migne SG 56, 259f.; prophet. obscur. 1 ebd. 166f. Gregor von Nazianz, or. theol. III 19 Migne SG 36, 1000: ἀπάτωρ ἐντεῦθεν, ἀλλὰ καὶ ἀμήτωρ ἐκεῖθεν, und ähnlich Ambrosius, myst. 46 und Augustin, Joh. ev. tr. II 15.

[191] o. S. 105 Anm. 162.

[192] carne Chr. 17.

[193] Dabei spielt dann das Zitat aus Jes. 7 wieder die Hauptrolle, z. B. Jud. 9; carne Chr. 17; Marc. IV 10. Die Bezugnahme auf die heidnische Mythologie verliert jetzt ihren positiven Sinn als ,,Anknüpfung" und wird wesentlich polemisch: apol. 21, 7 ff.; Marc. IV 10.

ren natürlichen Menschheit Jesu gegen die Gnosis herausstellt[194]. Damit folgt er der gleichen polemischen Tendenz, die wir schon bei Ignatios beobachten konnten und die auch in der Folgezeit dominiert. Aber Tertullian geht in seinem Haß gegen den doketischen Spiritualismus und die gnostischen Verflüchtigungen der Realität allerdings weiter als all seine Vorgänger und Nachfolger. Er betont nicht nur die ,,Torheit" der realen Geburt eines Gottes und die Jungfrauengeburt als höchste Steigerung dieser Torheit[195], sondern streift in seinem krassen Realismus mitunter die Grenze des eben noch Erträglichen. Gerade die unästhetischen Züge einer wirklichen, menschlichen Geburt und Aufzucht werden von ihm mit allen medizinischen Einzelheiten abstoßend deutlich beschrieben[196], um gerade so die Ernsthaftigkeit, die paradoxe Wahrheit eines wirklich Mensch gewordenen Gottes unüberhörbar klar zu verkündigen – nicht anders wie das entsprechende erbärmliche Leiden des Erlösers am Kreuz.

An irgendeiner, über den biblischen Text hinausgehenden Verherrlichung der menschlichen Person und Heiligkeit Mariens ist Tertullian in keiner Weise interessiert[197]. Es fehlt bei ihm jeder Anflug einer asketischen Beleuchtung der ,,Jungfrau" und der späteren

---

[194] Die Argumente, die Justin dial. 75 (Otto 270) für die *Jungfrauengeburt* ins Feld geführt hatte, verwandeln sich bei Tertullian einfach in Argumente für die *Geburt:* carne Chr. 3.

[195] carne Chr. 4; Iud. 9.

[196] Marc. IV 21; carne Chr. 4.20.23.

[197] Martha und Maria standen Jesus näher als seine Mutter; diese wird einmal im Gegensatz zur Kirche als Bild der ungläubigen Synagoge beschrieben, carne Chr. 7 Kroymann 210 ff.: fratres domini non crediderunt in illum . . . mater aeque non demonstratur adhaesisse illi, cum Martha et Maria aliaeque in commercio eius frequententur . . . figura est synagogae in matre abiuncta et Iudaeorum in fratribus incredulis. foris erat in illis Israel, discipuli autem noui intus audientes et credentes cohaerentes Christo ecclesiam deliniabant, quam potiorem matrem et digniorem fraternitatem recusato carnali genere nuncupauit; danach noch Augustin, enarr. ps. 127,12. Die Auslegung wird von Tertullian darum so ausführlich entfaltet, weil der einschlägige Text, Matth. 12,48, als vermeintliche Verleugnung der Mutter durch Jesus selbst dafür diejenigen Gnostiker, die seine Geburt bestritten, eine Hauptstütze abgab, Marc.

Ehe Mariens, die ja auch von Irenäus als eine wirkliche, physisch vollzogene Ehe gedacht war[198]. Die biblische Überlieferung, wonach Joseph nur bis zur Geburt des erstgeborenen Jesus sich der ehelichen Gemeinschaft enthalten und daß Jesus Brüder besessen habe, steht für ihn noch unbestreitbar fest[199]. In seiner ganzen, so überaus reich entfalteten praktisch-kirchlichen Schriftstellerei macht Tertullian nur ein einziges Mal vom Gedanken der jungfräu-

---

IV 19 Kroymann 482: uenimus ad constantissimum argumentum omnium, qui domini natiuitatem in controuersiam deferunt: ipse, inquiunt, contestatur se non esse natum dicendo: quae mihi mater et qui mihi fratres?

[198] Hugo Koch, Adhuc virgo (1929) 8–13; Virgo Eva (1937) 17–60.

[199] Vgl. z. B. monog. 8; carne Chr. 7 gegen die gnostische Erfindung einer uirginitas in partu die klassische Definition der ,,uirgo quantum a uiro, non uirgo quantum a partu", carne Chr. 23. Zum ganzen Problemkreis kann hier auf H. Koch, Adhuc virgo S. 3–7 und Virgo Eva, S. 8–17 verwiesen werden. Versuche, seine Darlegungen über Irenäus und Tertullian zu erschüttern, bedürfen keiner Widerlegungen; denn sie widerlegen sich selbst. Ich bin sogar der Meinung, daß Koch Irenäus und den von ihm angeblich abhängigen Tertullian immer noch zu isoliert sieht. Es gibt im Abendland vor Hilarius, also bis zur Mitte des vierten Jahrhunderts, überhaupt keinen Zeugen für das ,,semper virgo", und das wird schwerlich auf bloßem Zufall beruhen: u. S. 143 f. Auch Hippolyt sieht die ,,Brüder Jesu" noch als Kinder von Joseph und Maria an; vgl. L. Mariès, Hippolyte de Rome, Sur les bénedictions d'Isaac etc. (Patr. or. 27, 1; 1954) 150 f.: ,,Ses frères" a-t-il dit (Deut. 33,9): Ceux qui, selon la chair, étaient considérés comme étant ses frères, ceux-la, le Saveur ne les a pas reconnus, parce qu'ils n'étaient pas véritablement frères. Certains étaient nés de la semence de Joseph, mais Lui, d'une vierge et du Saint Esprit = N. Bonwetsch, Hippolyts Erklärung der Segnungen des Moses (1904) 10, S. 59 (eins der wenigen frühen Zeugnisse von Bedeutung, die Koch noch übersehen hat): ,,Für Brüder erkannte er die ‹nicht›, welche man wie nach Leiblichkeit für seine Brüder hielt; diese erkannte der Erlöser nicht, weil in Wahrheit nicht die Brüder ›waren‹, die von Joseph durch Samen Geborene waren, er aber von der Jungfrau und dem heiligen Geist; und jene hielten sie für seine Brüder, er aber erkannte sie nicht." Jedenfalls kann ich Koch darin nicht beipflichten, daß Tertullian, wie er Virgo Eva S. 64 sagt, ,,der Erste" gewesen wäre, ,,der eine beständige Jungfräulichkeit der Mutter des Herrn übernommen hätte, wenn sie ihm irgendwo bestimmt und zuverlässig begegnet wäre". Das scheint in der Tat innerhalb der Großkirche noch nicht der Fall gewesen zu sein; aber solche ,,Zeugnisse", wie sie das Protevangelium Jacobi oder die Ascensio Jesaiae bieten (u. S. 121 Anm. 221), hätte er aus inneren Gründen niemals akzeptiert, selbst wenn er ihre ,,historische" Unzulänglichkeit nicht durchschaut haben würde.

lichen Geburt Christi im Sinne eines ,,moralischen" Hinweises Gebrauch – und auch da geht es nicht eigentlich um ,,Jungfräulichkeit", sondern nur um die Abwehr des Lasters. Es gibt, meint er im Zusammenhang einer bußtheologischen Erörterung, heute keine Entschuldigung mehr für die Unzucht, nachdem Christus in ein Fleisch hinabgestiegen ist, das nicht einmal dem Brauch der Ehe geöffnet war, um dann auch selbst nicht einmal (in erlaubter Weise) zu heiraten[200], sondern vielmehr zum Kreuz des Leidens fortzuschreiten. Die ganze Deklamation mit ihrem rhetorischen Schluß a minore ad maius zeigt noch einmal, wie fern dem Antignosticus jede asketische Deutung der Jungfrauengeburt an und für sich liegen mußte und lag – und darin stimmt er nicht nur mit den älteren Vätern, sondern auch mit der Schrift überein, die er für all seine Thesen nicht umsonst so unermüdlich ins Feld führt.

In der Folgezeit tritt mit dem langsamen Abklingen der gnostischen Gefahr die Behandlung der Jungfrauengeburt spürbar zurück. Dies ist, wie mir scheint, bisher nicht genügend beachtet worden[201]. Das typologische Schema, schon bei Tertullian selten, findet im dritten Jahrhundert nahezu keine Verwendung mehr[202], und

---

[200] Eine ähnliche Verknüpfung der ,,Jungfräulichkeit" Christi mit seiner jungfräulichen Geburt erscheint auch carne Chr. 20 Kroymann 241: . . . uti uirgo est et regeneratio nostra spiritaliter ab omnibus inquinamentis sanctificata per Christum uirginem et ipsum etiam carnaliter ut ex uirginis carne.

[201] Doch bemerkt schon I. Ortiz de Urbina, Lo sviluppo della margiologia nella Patrologia Orientale, Orient. christ. period. 6 (1940), S. 40–82) 50: Dopo l'epoca degli apologeti orientali si entra in un periodo nel quale si presta pocchissima attenzione al problema mariologico.

[202] Es fehlt ganz bei Klemens von Alexandrien, Hippolyt und auch Origenes. Eine bescheidene Ausnahme bildet bei diesem höchstens das (echte?) Kommentar-Fragment Nr. 21 zu Lk. 1, 28, Rauer² 235: (a) Ἐπειδὴ εἶπεν ὁ θεὸς τῇ Εὔᾳ ,,ἐν λύπαις τέξῃ τέκνα", διὰ τοῦτο λέγει ὁ ἄγγελος: ,,χαῖρε κεχαριτομένη": αὕτη γὰρ ἡ χαρὰ λύει ἐκείνην τὴν λύπην: (b) εἰ γὰρ διὰ τὴν τῆς Εὔας κατάραν διέβη ἡ ἀρὰ ἐπὶ πᾶν τὸ τῶν θηλειῶν γένος, οὐκοῦν στοχαστέον, ὅτι διὰ τῆς πρὸς τὴν Μαρίαν εὐλογίας πλατύνεται ἡ χαρὰ ἐπὶ πᾶσαν ψυχὴν παρθένον. Methodios kennt den Vergleich der Jungfrau mit der jungfräulichen Erde (symp. III 4) und die Adam-Christus-Typologie (symp. III 4 f. 8), aber nicht die Verknüpfung von Eva mit Maria. Dies Letzte gilt auch noch für Euseb von Caesarea; vgl. besonders c. Marcell. II 1.

die Erwähnungen Mariens sind dementsprechend ebenfalls selten.
Wenn der typologische Vergleich mit Eva später, im vierten Jahrhundert, besonders in den Predigten von neuem gebraucht wird
und eine vielfach breite erbaulich-poetische Ausgestaltung erfährt[203], so hat er sein früheres theologisches Gewicht doch verloren und wird es erst im Mittelalter in veränderter Bedeutung wieder
zurückgewinnen. Der gelehrte Theologe *Julius Africanus* bemerkt
die Differenz des matthäischen und lukanischen Stammbaums Jesu
und verfällt als erster auf den ihn selbst nicht völlig befriedigenden
Ausweg, eine natürliche und eine rechtliche Abstammung zu unterscheiden: Lukas wäre dann z. T. dieser, Matthäus jener gefolgt[204].
Aber für die Frage der Jungfrauengeburt werden solche Erwägungen nicht aktualisiert. Die Theologie der alexandrinischen Schule
hat man unter ,,mariologischen" Gesichtspunkten mit Recht
,,kümmerlich" genannt[205]. Es ist ebenso gänzlich irreführend,
wenn man etwa *Hippolyt* als großen ,,Mariologen" zu feiern
sucht[206]. Die Eva-Maria-Typologie ist bei ihm überhaupt verschwunden[207]. Natürlich bekämpft auch er in seinen antihäreti-

---

2 [203] Ich gehe auf diese Entwicklung nicht weiter ein; doch wäre es unter dem Gesichtspunkt der rhetorischen Predigtkunst und -tradition an und für sich recht reiz-
voll, sie einmal weiter zu verfolgen; vgl. einstweilen JOUSSARD (o. S. 106 Anm. 164)
und TH. CAMELOT, Marie, la nouvelle Éve dans la patristique grecque du concile de
Nicée à saint Jean Damascène, Bull. Soc. Franç. d'Études Mariales 12 (1954)
157–172; A. WENGER, La nouvelle Éve dans la théologie byzantine, ebd. 13 (1955)
43–60.

[204] Sein Brief an Aristides, der diese Fragen behandelt, ist von Euseb, H. E. I 7 ex-
zerpiert: M. J. ROUTH, Reliquiae sacrae 2 (1946²) 231 ff., 334 ff.

[205] O. STEGMÜLLER, Art. Alexandrinische Schule, in: Lex. d. Marienkunde I, 1
(1957) 127.

[206] Von HUGO RAHNER ist sogar durch Zuweisung eines unechten Fragments
,,Hippolyt von Rom als Zeuge für den Ausdruck ϑεοτοκος" in Anspruch genom-
men worden: Zeitschr. f. kath. Theol. 59 (1935) 73–81; ebenso noch O. SEMMEL-
ROTH, Art. Maria, in: H. Fries, Handb. theol. Grundbegriffe 2 (1963) 116. Doch ist
dies völlig ausgeschlossen: P. MARIÉS, Patrol. orient. 27 (1954) VII f.; S. LYONNET,
Contribution récente des littératures arménienne et grégorienne à l'exégèse biblique
I, Biblica 39 (1958) 488 f.

[207] Das ist um so beachtenswerter, als seine Adam-Christus-Typologie die Jung-

schen Schriften die doketistische und judaistische Leugnung der Jungfrauengeburt[208] und beruft sich hierbei jetzt auch ausdrücklich auf das kirchliche Bekenntnis[209]. Er bezeichnet Jesus wiederholt als den von der heiligen Jungfrau wunderbar Geborenen[210]; aber er bleibt dabei ganz in den traditionellen Bahnen, ohne einen theologischen Fortschritt zu erzielen. Seine eigenen Interessen gehen in eine andere Richtung. Mehr als bisher konzentrieren sie sich statt auf die Inkarnation auf die Fragen der Passion. Selbst das alte Argument vom „Blut der Traube"[211] ist jetzt nicht mehr eine Weissagung auf die Jungfrauengeburt, sondern auf das Leiden des Herrn[212]. Diese mariologisch gleichgültige Haltung ist in dieser Zeit besonders für das Abendland typisch. Bei *Cyprian* und *Novatian* wird Maria nur im Vorübergehen je zwei- oder dreimal genannt – besonders im Zusammenhang des Schriftbeweises[213], bei Novatian noch

---

frauengeburt mit einbezieht: Dan. IV 11; deut. frg. I; Noet. 17 (Schwartz 16,31 ff.). Unter diesen Umständen darf man auch an der dunklen Stelle des (m. E. zweifellos) hippolytischen Schlusses im Diognetbrief 12,8 keine besondere mariologische Anspielung erwarten; vgl. zum Text im übrigen H. I. MARROU, A Diognète (Sources chrét. 1951) 83, Anm. 6; 239, Anm. 1; JOUASSARD, Nouvelle Éve S. 49. S. PETREMENT, Valentin est-il l'auteur de l'Épître aDiognète. Rev. d'hist. et de philos. rel. 46 (1966, S. 34–62) 41. – Über die typologische Beziehung zwischen Eva und den Frauen am Grabe Christi s. o. S. 110 f.

[208] ref. V 26; VII 33 f., 35; Noet. 3 (Schwartz 6, 45 f.).

[209] Vgl. F. KATTENBUSCH, Das apostolische Symbol 2 (1900) 354 ff.

[210] Vgl. z. B. Dan. IV 39; antichr. 4.28; deut. 33,1; ps. frg. 19.25. Die Stellen sind fast alle formelhaft. Im Psalmenfragment 18 findet sich eine Gegenüberstellung der menschlichen und göttlichen Züge Jesu bei der Engelverkündigung, der Hirtenanbetung, bei Simeon, Hanna, den Magiern und ihrem Stern, der Hochzeit in Kana – aber die jungfräuliche Geburt begegnet überhaupt nicht.

[211] o. S. 94.

[212] antichr. 11; bened. Mosis 18; pentat. frg. 17; anders Gen. frg. 24. Auch Tertullian kennt schon die Deutung auf die Passion und die Eucharistie: Marc. IV 40. Vgl. im übrigen M. SIMONETTI, Note su antichi commenti alle Benedizioni dei Patriarchi, Ann. Fac. di Lettere-Filosofia e Magistero 28 (1960) 1–71, und: Osservazioni sul De benedictionibus patriarcharum di Rufino di Aquileia, Riv. di cultura classica e medioevale 4 (1962) 3–44.

[213] Cyprian: test. III 73 (einschlägige Zitate auch III 75 f.); Novatian: trin. 28, beidemal unter Bezugnahme auf Jes. 7.

mit dem gewohnten antidoketischen Akzent[214]. Die Nichtbeachtung Mariens bei Cyprian[215] ist darum besonders auffällig, weil er nicht nur selber Asket, sondern, namentlich in den Schriften für die „Jungfrauen", auch ein eifriger Verfechter asketischer Ideale gewesen ist[216]. Aber als Vorbild in diesem Sinne erscheint niemals Maria, sondern immer nur Christus und auch er nur insoweit, als er selbst „jungfräulich" lebte, nicht unter Berufung auf seine jungfräuliche Geburt[217]. Eine neue Entwicklung unseres Problems ist nicht im lateinischen Westen zu Hause, sondern beginnt – wie alles theologische Leben – zunächst im Osten der alten Kulturwelt, der eigentlichen Wiege des Christentums.

III.

Im Kampf gegen die Gnosis war die Jungfrauengeburt grundsätzlich „dogmatisch" gewertet worden. Sie begründete als Geburt die wahre Menschheit Jesu Christi, und ihre typologische Deutung unterstrich darüber hinaus den sachlichen Zusammenhang, in den der wunderbare Fleischgewordene mit der Schöpfung und der ganzen alten Heilsgeschichte gestellt war. Eine moralische Deutung des Geschehens kam daneben praktisch nicht in Betracht. Sie hätte ja nur asketisch sein können[218], und die asketischen Neigungen der Gnosis und anderer radikaler Sektierer schlossen jede Auslegung in dieser Richtung von vornherein aus. Aber andererseits waren asketische Tendenzen dem frühen Christentum von Anfang an nicht fremd gewesen[219]. Seit dem Ende des zweiten Jahrhunderts dräng-

---

[214] trin. 24. Zwar weiß Novatian natürlich, daß Christus non ex semine als Mensch entstand (c. 14 Fausset S. 46,10); aber er vermeidet diesen Gesichtspunkt eher, als daß er ihn betont und nennt Maria niemals Jungfrau.

[215] Außer den oben Anm. 213 genannten Zitaten wird Maria bei ihm nur noch idol. 11; ep. 72,5 formelhaft erwähnt.

[216] Vgl. Koch, Virgo Eva S. 72 f.

[217] habit. virg. 3.5.7.

[218] Über eine derartige Ausnahme bei Tertullian s. o. S. 114 f.

[219] H. v. Campenhausen, Die Askese im Urchristentum, in: Tradition und Leben (1960) 114 ff.

ten sie nun auch innerhalb der „katholischen" Kirche mit verstärkter Energie empor. In diesem Geist findet man zuerst im Osten und hier zunächst weniger in der hohen Theologie als in der volkstümlichen Frömmigkeit zum alten Zeugnis einen neuen Zugang. Die Jungfrauengeburt wirkt in ihrer Heiligkeit jetzt als Gegenbild der natürlich-geschlechtlichen Betätigung, und Maria, die jungfräuliche Mutter, erscheint dann als Urbild der Reinheit und Unberührtheit, das die Bewunderung auf sich zieht. Zwar wird es noch lange dauern, bis sich solche Stimmungen innerhalb der Theologie durchgesetzt haben und die entgegenstehenden Elemente der älteren Tradition ganz aufgezehrt oder an den Rand geschoben sind. Sie dürfen auch für die schlichte Gemeindefrömmigkeit in ihrer Bedeutung nicht überschätzt und nicht zu schnell mit religionsgeschichtlichen oder religionspsychologischen Argumenten verallgemeinert werden; aber hier beginnt tatsächlich etwas entscheidend Neues, das in die Zukunft weist.

Das früheste zusammenhängende Dokument der neuen Betrachtungsweise stellt für uns ein apokryphes griechisches Buch über die Jugend Mariens dar, das heute sogenannte „Protevangelium Jacobi"[220]. Es will vom Herrenbruder Jakobus verfaßt sein. Die Darstellung reicht von der Verheißung der Geburt Mariens bis zur Geburt Jesu und noch ein Stück darüber hinaus. Der Grundstock der Schrift dürfte noch in die Mitte, spätestens ans Ende des zweiten Jahrhunderts gehören. (STRYCKER p. 418.: … nous estimerions raisonnable de placer la composition du Protévangile dans la seconde moité du IIe siècle. Erst damals fing das Marienleben u. dgl. an zu

---

[220] Ausgabe von M. TESTUZ, Papyrus Bodmer V – Nativité de Marie (Cologny-Genf 1958); zur Orientierung O. CULLMANN in Hennecke-Schneemelcher, Neutestamentl. Apokryphen I (1959) 277ff. ÉMILE DU STRYCKER, La forme la plus ancienne du Protévangile de Jacques. Recherches sur le Papyros Bodmer 5 avec une édition critique du texte grec et une traduction annotée. – Bruxelles 1961. – YSEBAERT, VigChr. 17 (1963) 237f.; ders., Le Protévangile de Jacques, – problèmes critiques et exégétiques, in: Cross, Stud. evang. 3 (1964) 339–359. P. A. VON STEMPVOORT, The Protevangelium Jacobi, the sources of its Theme and Style and their Bearing on its Date, ebd. S. 410–426.

interessieren. Ensuite l'importance excessive attribuée dans le Protévangile à la virginité et particulièrement á ses aspects négatifs et corporels, correspond bien aux tendances eneratites qui paraissent vers l'années 170 (Tatien) ... vgl. auch die „Makarismen" der Acta Pauli et Theclae 5f, um 180). Denn das Protevangelium Jacobi setzt zwar einerseits die großen kanonischen Evangelien schon voraus, erweitert und korrigiert sie aber andererseits mit einer Unbefangenheit, die zu einer späteren Zeit selbst in häretischen Kreisen kaum möglich gewesen wäre. Es trägt im ganzen durchaus kein polemisch-theologisches Gepräge. Der Erzähler will vor allem das wunderbare Leben Mariens verherrlichen und sie selbst als das reine Bild asketischer Vollkommenheit schildern. So hören wir denn von ihrem wunderbaren Ursprung – das Motiv der kinderlosen Eltern, denen im Alter dennoch ein Kind verheißen und geschenkt wird, wiederholt sich noch einmal – und von ihrer heiligen Kindheit und Aufzucht im Tempel, bis sie dem greisen Witwer Joseph übergeben wird, der natürlich gar nicht daran denkt, „die Jungfrau des Herrn' zu seinem wirklichen Weibe zu machen. Dementsprechend wird die wunderbare Fortdauer ihrer Jungfräulichkeit, sogar nach der Geburt Christi, in phantastischer Weise herausgestrichen: Salome, die Mariens leibliche Unversehrtheit bezweifelt, wird die prüfende Hand wie vom Feuer verzehrt und nur durch ein Wunder des Christkinds zurückgegeben. Daß die heilige Mutter zeitlebens Jungfrau bleibt, versteht sich von selbst. Die Brüder Jesu, von denen die älteren Evangelien übereinstimmend berichtet hatten, werden kurzerhand zu Stiefbrüdern aus Josephs erster Ehe gemacht. Leider läßt sich die Heimat dieser Schrift nicht näher bestimmen. (STRYCKER p. 423: très vraisamblablement en Égypte.) Nur daß sie aus judenchristlichen Kreisen nicht stammen kann, erscheint sicher; aber daß sie in ihrer Phantastik und Asketik „gnostisch" oder sonst irgendwie ketzerisch „beeinflußt" wäre, läßt sich ebensowenig behaupten[221].

---

[221] Das Gleiche gilt für die Aberkiosinschrift, die wohl Christus meint, wenn sie 13f. auf den ἰχθὺν ἀπὸ πηγῆς verweist, ὃν ἐδράξατο παρθένος ἁγνή; vgl. zur Aus-

Der erste Kirchenvater, der eine Kenntnis dieses Apokryphons erkennen läßt, ist *Klemens* von Alexandrien. Obschon ihm die älteren Gesichtspunkte zur Behandlung der Jungfrauengeburt nicht fremd sind[222], zeigt er bei ihrer Erwähnung, seiner Art nach, eine weitgehende Gleichgültigkeit gegen die historische Überlieferung als solche; er macht sie sogleich zum Gegenstand rein allegorischer Betrachtungen. Man spürt den Zusammenhang mit den exegetischen Traditionen der Gnosis. Klemens spricht wohl von der Kirche als jungfräulicher Mutter und führt das Bild dieser Mutterschaft in vielfacher Allegorese aus[223]; aber von Maria ist in diesem Zu-

legung TH. KLAUSER, Art. Aberkios in: Reallex. f. Antike u. Christentum 1 (1950) 15 f. Nicht so sicher ist die Auslegung der ,,heiligen Jungfrau": es könnten damit sowohl Maria wie die Kirche (schwerlich beide zugleich) gemeint sein. Im ersten Fall wäre die Inschrift ,,eines der ältesten Dokumente des Glaubens der ersten Christen an die jungfräuliche Empfängnis": S. GRILL, Lexikon d. Marienkunde I, 1 (1957) 22 f. Dagegen ist die gnostische Prägung der ebenfalls aus dem zweiten Jahrhundert stammenden Oden Salomos unbestreitbar. Hier wird 19,7 die wunderbare, schmerzlose Geburt ohne Geburtshelferin erwähnt. Noch phantastischer ist die Schilderung der Ascensio Jesaiae 11, 7f.; vgl. die Übersetzung des in verschiedenen Sprachen überlieferten Textes von J. FLEMMING und H. DUENSING bei Hennecke, Neutestamentliche Apokryphen (1924²) 313: ,,Und nach zwei Monaten an Tagen, als Joseph in seinem Hause war und Maria sein Weib, jedoch beide allein, da geschah es, während sie allein war, daß Maria alsbald mit ihren Augen hinschaute und ein kleines Kind sah, und sie war bestürzt. Und als die Bestürzung gewichen war, wurde ihr Mutterleib wie zuvor befunden, ehe sie schwanger war. Und als ihr Mann Joseph zu ihr sagte: Was macht dich bestürzt? wurden seine Augen geöffnet, und er sah das Kind und pries Gott, daß der Herr zu seinem Anteil gekommen sei. Und eine Stimme kam zu ihnen: Erzähle dieses Gesicht niemand. Aber das Gerücht über das Kind verbreitete sich in Bethlehem. Einige sagten: sie hat nicht geboren, und die Wehemutter ist nicht (zu ihr) hinaufgegangen, und wir haben keinen Schmerzensschrei gehört. Und sie waren alle im Dunkel über ihn, alle wußten von ihm, aber keiner wußte, woher er war."

[222] So bespricht er strom. I 147, 5 den Stammbaum und beruft sich strom. VI 127, 1 auf die prophetische Ankündigung der Jungfrauengeburt.

[223] paed. I 41, 3–42,2. Es handelt sich um einen äußerst komplizierten und obendrein schlecht überlieferten Text, dessen Vorstellungen an die Aberkiosinschrift (o. S. 121 Anm. 221) erinnern; vgl. zur Erläuterung W. VÖLKER, Der wahre Gnostiker nach Clemens Alexandrinus (1952) 154.156.

sammenhang nicht die Rede. Diese erscheint dafür einmal als Typus
der ewig jungfräulichen Schrift. Die Allegorie wird so ausgestaltet,
daß Maria nicht als Wöchnerin gilt, und dies – bemerkt Klemens –
haben einige Zeugen tatsächlich auch von ihr behauptet[224]. Es ist
nach dem Zusammenhang deutlich, daß Klemens die Jakobus-
Überlieferung im Auge hat, die Frage ihrer möglichen Zuverlässig-
keit aber nicht weiter diskutieren will[225]. Immerhin folgt er doch,
wie es scheint, selbst schon der Theorie, wonach die Brüder Jesu
vielmehr seine Stiefbrüder aus Josephs erster Ehe gewesen wären[226]. Dem liegt bei Klemens, der der Ehe durchaus nicht feindlich
gegenübersteht[227], vielleicht weniger eine asketische Tendenz zu
Grunde als ein allgemeines Gefühl des Geschmacks und der ästheti-
schen Rücksichtnahme, das in dieser Frage auch sonst seine Rolle
spielt. Es sind nicht alle Naturen aus so hartem Holze geschnitzt
wie Tertullian, und sobald man die spätere Ehe Mariens unter der
Voraussetzung der jungfräulichen Erstgeburt zu durchdenken be-

---

[224] Strom. VII 93, 7–94, 2: Ἀλλ', ὡς ἔοικεν, τοῖς πολλοῖς καὶ μέχρι νῦν δοκεῖ ἡ
Μαριὰμ λεχὼ εἶναι διὰ τὴν παιδίου γέννησιν, οὐκ οὖσα λεχώ (καὶ γὰρ μετὰ τὸ τε-
κεῖν αὐτὴν μαιωθεῖσίν φασί τινες παρθένον εὑρεθῆναι). τοιαῦται δ' ἡμῖν αἱ κυ-
ριακαὶ γραφαί, τὴν ἀλήθειαν ἀποτίκτουσαι καὶ μένουσαι παρθένοι μετὰ τῆς
ἐπικρύψεως τῶν τῆς ἀληθείας μυστηρίων. ,,τέτοκεν καὶ οὐ τέτοκεν'' φησίν ἡ
γραφή, ὡς ἂν ἐξ αὐτῆς, οὐκ ἐκ συνδυασμοῦ συλλαβοῦσα.

[225] Hierzu treffend Karl Rahner, Virgintas in Partu, in: Joh. Betz – Heinr.
Friess, Kirche und Überlieferung (Geiselmann-Festschrift 1960, S. 52–80) 66 f. =
Schriften zur Theologie 4 (1960, S. 173–205) 189 f. Ich kann jedoch nicht finden, daß
Klemens, wie G. Söll, Die Anfänge mariologischer Tradition (ebd. S. 35–51) meint,
von dieser Überlieferung nur ,,mit einigem Unbehagen'' Gebrauch mache.

[226] adumbr. Jud. 1 (Stählin S. 206). Daß Hegesipp (bei Eusebios, H. E. III 20,1)
schon ebenso geurteilt habe, läßt sich aus dem überlieferten Text nicht belegen:
Koch, Virgo Eva S. 88, Anm. 2.

[227] Strom. III 102 folgert er sogar – antignostisch – aus der jungfräulichen Geburt
des Herrn, daß die Geburt überhaupt nicht etwas Schlechtes sein könne. Dagegen
sagt Origenes, hom. Lev. VIII 3, die Frommen hätten mit Recht ihre Geburt ver-
flucht; dazu Heinr. Karpp, Probleme altchristlicher Anthropologie (1950) 197,
Anm. 1. Erst die θεία τεκνογονία hat die τεκνογονία Mariens und das ganze weibli-
che Geschlecht nach I. Tim. 2,15 zu Ehren gebracht: hom. Luc. frg. 32c (Rauer² S.
239).

ginnt, stellt sich von selbst ein gewisser Widerstand ein[228], dem die
dogmatische Konstruktion dann Rechnung tragen kann.

Anders liegen die Dinge bei einem älteren Zeitgenossen des Klemens, dem Verfasser des *pseudojustinischen* Traktats über die Auferstehung[229]. Sie stammt gewiß noch aus dem zweiten Jahrhundert,
und ihr Verfasser ist der erste christliche Theologe, der bei der Beurteilung der Jungfrauengeburt von einem radikal asketischen Empfinden bestimmt wird und daraufhin im strengen Sinn ihre Notwendigkeit behauptet. ,,Unser Herr Jesus Christus wurde nur aus
folgendem Grunde aus einer Jungfrau geboren: er sollte die Erzeugung, die aus gesetzloser Begierde hervorgeht, zunichte machen
und dem Herrscher dieser Welt den Beweis liefern, daß Gott den
Menschen auch ohne den geschlechtlichen Verkehr von Menschen
zu bilden vermöchte"[230]. Es wird also vorausgesetzt, daß selbst eine
eheliche Erzeugung etwas Gemeines, Ruchloses, ja dem Willen und
,,Gesetz" Gottes Entgegenstehendes bedeute, dessen Überwindung Christus schon in seinem irdischen Entstehen dem Teufel vor

---

[228] Vgl. Koch, Virgo Eva S. 85 f. und neuerdings z. B. E. Stauffer, Petrus und
Jakobus in Jerusalem, in: Roesle-Cullmann, Begegnung der Christen (1959, S.
361–372) 367 f., Anm. 46.

[229] Nach W. Delius, Pseudo-Justin ,,Über die Auferstehung", Theol. Viatorum
4 (1953) 181–204, wäre es – in Übereinstimmung mit einer frühen Hypothese von
Ad. Harnack, Die Überlieferung der griechischen Apologeten (1882) 163, Anm.
147 (vgl. Geschichte d. altchristl. Liter. II 1 [1958²] 510) – Melito von Sardes gewesen. Die asketische Einstellung würde gut zu der Theologie des ,,Eunuchen" (Euseb.
H. E. V 24,5) passen, der möglicherweise eben deshalb der späteren Kirche verdächtig geworden ist; vgl. C. Andresen, Art. Melito in: Relig. in Gesch. u. Gegenwart 4
(1960³) 846. Doch hält Andresen selbst, wie er mir brieflich mitteilt, Melito wegen
der theologischen Differenzen zur neu entdeckten Passa-Homilie nicht für den Verfasser des pseudo-justinischen Traktats. In der fraglichen Passa-Homilie (Lohse
10,39; 11,30) und in den sonstigen Fragmenten Melitos (vgl. Koch, Virgo Eva S.
64 f.) begegnen übrigens nur formelhafte Erwähnungen der Jungfrauengeburt.

[230] K. Holl, Fragmente vornicänischer Kirchenväter in den Sacra Parallela
(1899) 39: καὶ ὁ κύριος δὲ ἡμῶν Ἰησοῦς ὁ Χριστὸς οὐ δι' ἄλλο τι ἐκ παρθένου
ἐγεννήθη, ἀλλ' ἵνα καταργήσῃ γέννησιν ἐπιθυμίας ἀνόμου καὶ δείξῃ τῷ ἄρχοντι
καὶ δίχα συνουσίας ἀνθρωπίνης δυνατὴν εἶναι τῷ θεῷ τὴν ἀνθρώπου πλάσιν ...

Augen führt. Dies bestätigt dann, fährt der Text fort, auch sein weiterer Lebenswandel. Diejenigen Dinge, deren das Fleisch, wenn der Mensch leben will, bedarf, also Essen, Trinken und Kleidung, hat Christus in seinen Gebrauch genommen (und insofern die radikal weltfeindliche Gnosis zurückgewiesen); die geschlechtliche Betätigung aber ist für den Menschen durchaus nicht notwendig, und Christus hat sie darum auch nicht geübt, sondern in seinem Leben das Vorbild eines reinen, jungfräulichen Wandels dargeboten. In der Linie solcher Gedanken läge zweifellos die Forderung oder doch das Ideal einer ,,Ehelosigkeit für alle Getauften''[231]; aber es versteht sich von selbst, daß die Kirche gerade damals, im antignostischen und antimontanistischen Kampfe auf einen so radikalen Asketismus keinesfalls eingehen konnte. So bleibt die hier geäußerte Deutung der Jungfrauengeburt für das erste ohne Nachfolge. Aber die Motive, die damit spürbar geworden sind, wirken trotzdem weiter; sie bilden die wichtigste Voraussetzung für das neue Interesse an Mariens heiliger Person und eines entsprechenden Verständnisses von Jesu jungfräulicher Geburt.

Es ist wichtig, die Stellung, die *Origenes* in diesem Zusammenhang einnimmt, richtig zu bestimmen. Bei ihm zuerst werden die asketischen Motive im Rahmen des kirchlich-katholischen Denkens mit der Person Mariens in Verbindung gebracht (das war bei Pseudo-Justin noch nicht der Fall gewesen!) und bis zu einem gewissen Grade selbständig entwickelt. Ein leidenschaftlicher Vorkämpfer der Marienverehrung, als den man ihn mitunter versteht, ist Origenes trotzdem nicht gewesen. Man muß seine einschlägigen Äußerungen dazu nur in der richtigen Proportion sehen[232]. Im ganzen seines theologischen Nachdenkens und seiner riesigen Schriftstelle-

---

[231] KARL MÜLLER, Die Ehelosigkeit für alle Getauften in der alten Kirche (1927; = Aus der akademischen Arbeit [1930] 63 ff.); weiteres bei H. CHADWICK, Art. Enkratiten, Reallex. f. Antike u. Christentum 5 (1960) 351 ff.

[232] Eine bequeme Zusammenstellung der einschlägigen Texte in einem ,,Corpus Mariologicum'' bietet D. CIPRIANO VAGAGGINI, Maria nelle opere di Origene (Orient. christ. anal. 131, Rom 1942) 177–220, allerdings unter etwas einseitiger Bevorzugung der lateinischen Überlieferung.

rei stehen die gelegentlichen Bemerkungen über Maria durchaus am
Rande und haben jedenfalls kein besonderes Gewicht. Aber was
Origenes sagt, ist immer wohl durchdacht und verdient ernst genommen zu werden, auch dann, wenn es sich nur um praktische
und erbauliche Betrachtungen für die Gemeinde handelt.
Man erkennt den Ernst seiner Arbeit schon in den apologetischen
Ausführungen zur Jungfrauengeburt. Origenes ist hier nicht eigentlich originell oder schöpferisch; aber alle Argumente, die seine
Vorgänger ins Feld geführt haben, werden von ihm wieder aufgenommen, sorgfältig geordnet und entwickelt und z. T. auch durch
neue Gedanken fortgeführt und ergänzt[233]. So hat sich Origenes,
soweit wir wissen, als erster Theologe die Frage ,,hin und her über-
legt", warum Christus von einer verlobten Jungfrau geboren werden mußte[234]. Er erwidert, daß es nur so möglich war, sie vor dem
Verdacht des Ehebruchs zu schützen, und daß die Geburt des Heilands auf diese Weise außerdem auch dem Teufel verborgen blieb –
eine Erwägung, für die er sich auf Ignatios beruft[235]. (Spätere Theologen haben im Anschluß an Origenes die Zahl der Gründe dann
noch erheblich vermehrt.) Im übrigen erneuert Origenes natürlich
den Weissagungsbeweis Justins[236], der jetzt auch unmittelbar auf

---

[233] Treffend VAGAGGINI, aaO. S. 68: . . . al tempo di Origene la polemica anti-
guidaica ed antipagana sul concepimento verginale di Maria era quasi esaurita. Non
che i suoi scritti non contengono nulla al riguardo; al contrario: ma egli fu indutto a
trattare questa questione principalmente dal proposito di confutare metodicamente
l'Ἀληθὴς λόγος di Celso filosofo.

[234] hom. Luc. VI Rauer² S. 34 f.

[235] So Theodor von Heraklea, frg. 4 zu Matth. 1,24 bei JOS. REUSS, Matthäus-
kommentare aus der griechischen Kirche (1957) 57; Ambrosius, exp. Luc. II 1; instit.
virg. 6,42; Hieronymus, comm. Matth. 1,18; vgl. THEOD. ZAHN, Forschungen zur
Geschichte des neutestamentl. Kanons 2 (1883) 32 f., Anm.

[236] Dabei muß er sich c. Cels. I 34 auch auf die Übersetzungsfrage von Jes. 7,14
(o. S. 94) erneut einlassen. Das haben spätere Theologen ebenso wenig vermeiden
können; aber während Origenes sich in seiner Gewissenhaftigkeit erstmals auch um
eine philologische Parallele bemüht (ANTONIE WLOSOK, Nichtcyprianische Bibelzitate bei Laktanz, Studia patr. 4 [1961, S. 234 bis 250] 240, Anm. 4), begnügen sie sich
vielfach damit, die jüdischen Übersetzer frischweg als ungläubige Lügner zu be-
schimpfen; so z. B. Kyrill von Jerusalem, cat. XII 2.21. Diese Katechese ist übrigens

die Person Mariens bezogen sein kann[236a], und verteidigt die Möglichkeit des Geburtswunders so wie er mit dem Hinweis auf Gottes Allmacht die erste Schöpfung, die mythologischen Parallelen und jetzt auch die vermeintlichen Beispiele einer Parthenogenese in der Natur[237]. Positiv wird erklärt, Jesus habe zur Erfüllung seines Berufs einerseits mit den Menschen in Verbindung stehen und etwas mit ihnen Gemeinsames besitzen müssen und stamme darum seinem Leibe nach aus Mariens menschlichem Fleisch; andererseits sollte er aber auch etwas Außerordentliches aufweisen, damit seine Seele von allem Bösen unberührt bleiben konnte[238]. Doch steht diese etwas matte Begründung der Jungfrauengeburt nicht im Mittelpunkt der Auseinandersetzung. Diese konzentriert sich vor allem auf den von Kelsos wieder aufgegriffenen jüdischen Vorwurf, Jesus sei der Sproß eines Ehebruchs. Das ist nach Origenes schon darum eine Unmöglichkeit, weil aus verbrecherischen Verbindungen ,,erfahrungsgemäß'' nur minderwertige Menschen hervorgehen, Jesus aber eine Persönlichkeit von einzigartiger sittlicher Höhe und Reinheit gewesen sei. Das Wesen und somit auch der Ursprung von Körper und Seele müssen einander entsprechen[239]. Man sieht, wie die typisch origenistische Verwischung theologischer und anthropologischer Motive auch biologischen Vorstellungen der damaligen Zeit Raum geben kann[240].

---

ein interessanter Beleg dafür, daß der Weissagungsbeweis, dessen apologetische Bedeutung gegenüber den Juden und Heiden in der siegreichen Reichskirche zurückgetreten ist, gegenüber den Katechumenen immer noch erforderlich bleibt (cat. XII 5.16).

[236a] Vgl. in Lc. frg. 41b Rauer² S. 244: εἰ γὰρ τοῖς κατ᾽ ἐκεῖνο καιροῦ ἀσυμφανὴς ἦν ὁ τῆς θεοτόκου λόγος, ἀλλὰ νῦν ὁσήμεραι ἐπὶ πλείω λαλεῖ καὶ φαίνεται τὸ ἀληθὲς τῶν ὑπ᾽ αὐτῆς προφητευθέντων.

[237] c. Cels. I 37; dazu noch das Beispiel des Wurmes hom. Luc. XIV Rauer² S. 91.

[238] c. Cels. I. 33: διὰ τί οὐχὶ ψυχή τις ἔσται πάντῃ παράδοξον ἀναλαμβάνουσα σῶμα, ἔχον μέν τι κοινὸν πρὸς τοὺς ἀνθρώπους, ἵνα καὶ συνδιατρίψαι αὐτοῖς δυνηθῇ, ἔχον δέ τι καὶ ἐξαίρετον, ἵνα τῆς κακίας ἄγευστος ἡ ψυχὴ διαμεῖναι δυνηθῇ; Vgl. comm. Joh. I 31 (34), 220 Preuschen S. 39; hom. Luc. VII Rauer² S. 45.

[239] ₁c. Cels. I 32f.

[240] comm. ser. Matth. 50 Klostermann S. 109 scheinen auch die körperlichen

In exegetischem Zusammenhang kommt Origenes natürlich mehrmals auf Maria zu sprechen. Seine Darlegungen sind mitunter sehr breit, vertiefen sich aber meist nicht stärker in die biographischen Zusammenhänge, sondern gehen schnell ins allgemeine Vorbildliche und Allegorische über. Maria wird hierbei kaum vor anderen biblischen Gestalten bevorzugt[241]. Die Auslegung des Hohenliedes ist noch in keiner Weise „mariologisch" orientiert; auch der Brauttitel erscheint für Maria noch nicht[242]. Ebenso denkt Origenes nicht von ferne daran, Maria eine persönliche Sündenlosigkeit zuzuschreiben. Joseph und Maria – diese Reihenfolge ist bezeich-

---

Vorzüge Jesu mit seiner jungfräulichen Geburt verbunden zu sein: non solum autem exaltauit eum secundum spiritum, sed etiam secundum corpus (ut per omnia sit exaltatus), et corpus, quod suscepit de uirtute altissimi et de uirgine huiusmodi ministerium ministrante; vgl. KARPP, Anthropologie S. 196 f. Interessant ist unter diesem Gesichtswinkel das seltsame Argument, das Methodios res I 26, 1 seinem Origenisten zuschreibt, der die Auferstehung des Fleisches leugnet: Man könnte sich dawider auf die leibliche Auferstehung Christi berufen, ἀλλὰ τὸ Χριστοῦ σῶμα οὐκ ἦν ἐκ θελήματος ἀνδρός (Joh. 1, 13), ἡδονῆς ὕπνῳ συνελθούσης (Sap. Sal. 7, 2), ἀλλὰ ἐκ πνεύματος ἁγίου καὶ δυνάμεως ὑψίστου (Luk. 1, 35) καὶ παρθένου, τὸ δὲ σὸν ὕπνος ἐστὶ ἡδονὴ καὶ ῥύπος. Christus hat also auf Grund seiner nicht aus menschlicher Sinnlichkeit hervorgegangenen Geburt eine Leiblichkeit anderer Art gewonnen und konnte darum im Gegensatz zu allen anderen Menschen auch leiblich auferstehen.
    [241] Vgl. o. S. 110. Ihre Vorbildlichkeit wird beispielsweise comm. Joh. I 4 (6) 23; hom. Gen. XII 3 hervorgehoben.
    [242] K. WITTENKEMPER, Art. Braut in: Lexikon der Marienkunde I, 5 (1960) 898 ff. Die gnostische Vorgeschichte des Begriffs (vgl. z. B. Hippolyt, ref. VI 34, 4) ist hier nicht beachtet, während J. SCHMID, Art. Brautschaft, heilige, in: Reallexikon f. Antike u. Christentum 2 (1954) 528–564 umgekehrt auf das Verhältnis Mariens zu Christus gar nicht eingeht. Es erscheint mir sicher, daß der Brauttitel als Bezeichnung der asketischen „Jungfrauen" zuerst gebraucht worden und von hier aus auf Maria übergegangen ist. Seine Vorstufe ist nicht im Verhältnis Christus–Kirche (Christus–Eva, Christus–Maria) zu suchen. Der Befund ist für Maria noch im dritten Jahrhundert völlig negativ, mag der Zufall allegorischer Exegese gelegentlich auch in eine scheinbare Nähe der Braut-Vorstellung hinführen, so bei Hippolyt, antichr. 4 (Achelis S. 6). Noch im vierten Jahrhundert sind die Belege bei den griechischen Vätern überaus spärlich. Deutlich erscheint einmal bei Kyrill von Jerusalem cat. XII 26 für Maria die Bezeichnung τῆς παρθένου τῆς ἁγίας νύμφης. Dagegen spielt der

nend²⁴³ – haben in ihrem Glauben und in ihrer Heilserkenntnis im Laufe des Lebens Jesu noch eine Entwicklung durchmachen müssen²⁴⁴. In dieser Hinsicht ist besonders die Auslegung der Symeon-Weissagung²⁴⁵ bezeichnend, die bei den späteren griechischen Vätern – z. T. mit Abschwächungen – unendlich oft wiederholt worden ist²⁴⁶ und noch bei Johannes Damascenus wiederklingt²⁴⁷. Das ,,*Schwert*“, das durch Mariens Seele dringen soll, bezeichnet danach den Zweifel, der angesichts der Passion auch sie befallen mußte. Man kann, sagt Origenes, doch nicht annehmen, daß sie allein damals von ,,Ärgernis“ frei geblieben wäre, wo doch sogar die Apostel und Petrus selbst sich an Jesus ,,ärgerten“²⁴⁸. Wäre Maria damals von aller Anfechtung verschont geblieben, so wäre Christus nicht für ihre Sünden gestorben, und das erscheint unmöglich;

Brauttitel eine große Rolle bei Ephräm; vgl. z. B. de nativ. 16, 10 (Übersetzung nach EDM. BECK):
Schwester bin ich (dir) / aus dem Hause Davids,
welcher der Vater von uns beiden ist. / Auch Mutter bin ich;
denn dich trug ich im Schoße. / Auch Braut bin ich (dir);
denn du bist keusch. / Magd und Tochter
des Blutes und des Wassers; / denn du hast (mich) erkauft, getauft.

²⁴³ und wird in den Paraphrasen VAGAGGINIS regelmäßig umgedreht. hom. Luc. XIX Rauer² S. 116 heißt es in der Abwehr eines falschen Urteils über Maria und Joseph sogar: amoue hanc opinionem *maxime* a Joseph . . .

²⁴⁴ So zu Luk. 2,41 ff. etwa hom. Luc. XX Rauer² S. 121: et quia necdum plenam fidem Joseph et Maria habebant, propterea sursum cum eo permanere non poterant, sed dicitur descendisse cum eis; dazu VAGAGGINI aaO. S. 157–162.

²⁴⁵ Luk. 2,35.

²⁴⁶ Vgl. die Liste der von VAGAGGINI aaO. S. 206 verzeichneten Autoren.

²⁴⁷ de fide orthod. IV 14, § 91; vgl. sacra parall. Δ 26; dazu die etwas zaghaften Bemerkungen, mit denen V. GRUMEL, La mariologie de Saint Jean Damascène, Echo d'Orient 40 (1937, S. 318–346) 328 ff. die willkürliche Umdeutung C. CHEVALIERS, La mariologie de Saint Jean Damascène, Orient. christ. anal. 109 (Rom 1936) zurückweist.

²⁴⁸ Vgl. zu dieser Rangordnung den Wettstreit der Bescheidenheit im Bartholomäusevangelium 2.4 (deutsch von F. SCHEIDWEILER bei Hennecke-Schneemelcher S. 364 f., 366 f.), der hier aber schließlich zu Gunsten Marias ausgeht.

denn die Menschen sind ,,allzumal Sünder" und bedürfen der Erlösung durch ihn[249].
Dies alles ist im Rahmen altkirchlicher Theologie nicht weiter
auffällig. Bedeutsam sind dagegen die ausführlichen kritischen
Überlegungen über die dauernde Jungfräulichkeit Mariens, die jetzt
ihren Anfang nehmen. Im Geiste seines asketischen Lebensideals
hat Origenes diese Frage persönlich noch bestimmter bejaht als
Klemens; aber die biblische Begründung macht ihm Schwierigkeiten. Offenbar meldet sich in seiner Zeit und Umwelt schon vielfach
der Wunsch nach einem entsprechenden Bilde Mariens[250]; aber
noch vermag man nicht so einfach über die entgegenstehenden Aussagen des Matthäus- und Lukas-Evangeliums hinwegzulesen, wie
es spätere Theologen, denen der Glaube an die ,,Aeiparthenia" zur
Selbstverständlichkeit geworden war, bis hin zu Luther einschließlich getan haben. Bezeichnend hierfür ist der Standpunkt eines un-
genannten ,,Häretikers", der die biblische Vorstellung von Mariens
Ehe noch festhält und von hier aus Jesu vermeintliche Verleugnung
seiner Mutter zu erklären sucht: Jesus, meint er, habe sich darum
von Maria losgesagt – es handelt sich offenbar um eine Auslegung
von Matth. 12,48[251] –, weil es ihn empörte, daß sie sich nach seiner

---

[249] hom. Luc. XVII Rauer² S. 106: ergo scandalizati sunt universi in tantum, ut
Petrus quoque, apostolorum princeps, tertio denegarit. quid putamus, quod scanda-
lizatis apostolis mater domini a scandalo fuerit immunis? si scandalum in domini pas-
sione non passa est, non est mortuus Iesus pro peccatis eius. si autem omnes peccaue-
runt et indigent gloria dei, iustificati gratia eius et redempti (Röm. 3,23), utique et
Maria illo tempore scandalizata est; dazu VAGAGGINI S. 162–168. Der griechische
Text ist nur fragmentarisch erhalten; die Bezugnahme auf Petrus und die Apostel
wird durch ihn nicht mehr gedeckt.

[250] Das ist z. B. in den christlichen Interpolationen der Oracula Sibyllina der Fall:
JOH. BAPT. BAUER, Die Messiasmutter in den Oracula Sibyllina, Marianum 18
(1956) 118–124.

[251] Die Auslegung dieses Wortes machte von jeher Schwierigkeiten, nicht nur unter ,,mariologischen", sondern auch unter christologischen Gesichtspunkten. Die
Gnostiker versuchten von hier aus den menschlichen Ursprung Jesu überhaupt zu
leugnen: Tertullian, Marc. IV 19 (o. S. 114, Anm. 197); Epiphanios, haer. XXX
14,5. Titus von Bostra meint zum gleichen Text, ,,der Bote Mariens und der Brüder

wunderbaren Geburt dennoch mit Joseph ehelich verbunden und weitere Kinder empfangen hätte[252]. Gegenüber solchen Erwägungen wäre es für die asketischen Verteidiger Mariens natürlich das Einfachste gewesen, sich ohne weiteres auf das Protevangelium Jacobi oder ähnliche apokryphe Machwerke zu berufen, und dies haben „einige", wie Origenes weiß, in der Tat auch getan[253]. Aber Origenes selbst, der gegen die asketische Tendenz dieser Literatur keine Abneigung hegt[254], weiß doch um ihre Bedenklichkeit und verschmäht es darum, sich auf ihr Zeugnis zu stützen[255]. So bleibt ihm nichts anderes übrig, als mit den gewundenen und rabbulistischen Interpretationen zu beginnen, die von nun an die neutestamentlichen Texte zurechtbiegen müssen: die „angeblichen" Brüder Jesu, erklärt er, werden ja nicht ausdrücklich als Söhne Mariens aufgeführt; andererseits ist es aber durchaus nicht nötig, die Bibel dort, wo sie Jesus als „Erstgeborenen" bezeichnet und Joseph „bis" zu dessen Geburt sich des ehelichen Verkehrs enthalten läßt, im nächstliegenden Sinne zu verstehen[256]. Die Brüder Jesu waren

habe sich seines Auftrags vielleicht in ungezogener Weise entledigt und die niedrige Abkunft Jesu verspottet": J. SICKENBERGER, Titus von Bostra – Studien zu dessen Lukashomilien (1901) 105, Anm. 1.

[252] hom. Luc. VII Rauer² S. 43: ... ὅτι ἐτόλμησέ τις εἰπεῖν κατὰ τῆς Μαρίας, ὡς ἄρα ὁ σωτὴρ αὐτὴν ᾐρνήσατο, ἐπεί, φησίν, συνήφθη μετὰ τὴν ἀπότεξιν τὴν τοῦ σωτῆρος τῷ Ἰωσήφ; dazu VAGAGGINI aaO. S. 130–134.

[253] comm. Matth. X 17 Klostermann S. 21: τοὺς δὲ ἀδελφοὺς Ἰησοῦ φασί τινες εἶναι, ἐκ παραδόσεως ὁρμώμενοι τοῦ ἐπιγεγραμμένου κατὰ Πέτρον εὐαγγελίου ἢ τῆς βίβλου Ἰακώβου, υἱοὺς Ἰωσὴφ ἐκ προτέρας γυναικὸς συνῳκηκυίας αὐτῷ πρὸ Μαρίας. οἱ δὲ ταῦτα λέγοντες τὸ ἀξίωμα τῆς Μαρίας ἐν παρθενίᾳ τηρεῖν μέχρι τέλους βούλονται ...

[254] So referiert er comm. Matth. ser. 25 eine apokryphe παράδοσις, derzufolge Zacharias von den Juden ermordet wurde, weil er die Jungfräulichkeit Mariens anerkannt hatte; vgl. H. v. CAMPENHAUSEN, Das Martyrium des Zacharias, Hist. Jahrb. 77 (1958) 383 ff.

[255] A. v. HARNACK, Der kirchengeschichtliche Ertrag der exegetischen Arbeiten des Origenes 2 (1919) 37.

[256] hom. Luc. VII Rauer² S. 44: porro quod asserunt eam nupsisse post partum, unde approbent, non habent; hi enim filii, qui Ioseph dicebantur, non erant orti de Maria, neque est ulla scriptura, quae ista commemoret. Vgl. auch die spitzfindige Erklärung zu Joh. 19,26 im Johanneskommentar I 4, 23.

seine Stiefbrüder, und niemals ist es zwischen Joseph und Maria zur vollen ehelichen Gemeinschaft gekommen[257].

Einmal spricht sich Origenes im Anschluß an solche Thesen auch schon für Maria als das gegebene Vorbild der Asketinnen aus. Maria kann, nachdem der Heilige Geist über sie gekommen war und die Kraft aus der Höhe sie überschattet hatte, unmöglich die Lagergenossin eines Mannes geworden sein. „Ich meine also, daß Jesus der Erstling der heiligen Reinheit für die Männer, Maria aber für die Frauen geworden sei; denn es würde nicht wohl klingen, wenn man statt ihrer irgendeine andere als Erstling der Jungfräulichkeit herausstellen wollte."[258] Diese Feststellung bedeutet ein Novum. Es wäre indessen trotzdem nicht richtig, einer solchen vereinzelten Bemerkung besonders große Bedeutung zuzuschreiben. Sie hat keine erkennbaren Nachwirkungen gehabt. Vielmehr spielt Maria auch in der nachorigenistischen asketischen Literatur des dritten und noch des vierten Jahrhunderts eine merkwürdig geringe Rolle[259]. Selbst *Methodios* hat bei allem überschwenglichen Lob der Jungfräulichkeit von Mariens Vorbild so gut wie keinen Gebrauch gemacht[260]. Das gleiche gilt wohl auch von *Athanasios*[261] und, so-

---

[257] comm. Joh. frg. 31 zu 2, 11 Preuschen S. 506 f. Doch beschäftigt sich Origenes – trotz VAGAGGINI (aaO. S. 88) – noch nicht mit dem Problem einer „virginitas in partu": KOCH, Virgo Eva S. 68 ff.

[258] comm. Matth. X 17 Klostermann S. 21 f.: καὶ οἶμαι λόγον ἔχειν, ἀνδρῶν μὲν καθαρότητος τῆς ἐν ἁγνείᾳ ἀπαρχὴν γεγονέναι τὸν Ἰησοῦν, γυναικῶν δὲ τὴν Μαρίαν· οἱ γὰρ εὔφημον, ἄλλῃ παρ᾽ ἐκείνην τὴν ἀπαρχὴν τῆς παρθενίας ἐπιγράψασθαι.

[259] Die Marienpredigten Gregors des Wundertäters sind bekanntlich unecht: CH. MARTIN, Note sur deux homélies attribuées à saint Grégoire le Thaumaturge, Rev. Hist. Eccl. 24 (1928) 364–373. Euseb von Caesarea hat für Maria überhaupt kein selbständiges Interesse. Er erwähnt die „Jungfrau" fast nur formelhaft im Sinne des Glaubensbekenntnisses (dem. ev. II 3, 150 f.; IV 10; VII 1, 15) und des traditionellen Schriftbeweises (dem. ev. III 2, 51; VII 1, 30.36.85) und bei der Besprechung des Lukastextes 1, 30 ff. (dem. ev. 1, 97 f.). Vit. Const. III 43 heißt sie θεοτόκος. Vgl. o. S. 116 Anm. 202.

[260] Nur einmal im großen Schlußhymnus des Symposion, wird neben weiteren Beispielen der Jungfräulichkeit – Abel, Joseph, Jephtas Tochter, Judith und Susanna

weit ich sehe, allen großen Theologen des vierten Jahrhunderts[262].
Gregor von Nazianz beginnt damit, im Stile der neuen Heiligenverehrung auch und gerade auf Maria, die „Gottesmutter", die rüh-
menden Prädikationen zu häufen, welche ihre Reinheit und Heiligkeit hervorheben[263]; aber das Gesamtbild und die dogmatische Stellung ihrer Person werden dadurch kaum verändert. Die Sündlosigkeit Mariens bildet in der griechischen Theologie noch nirgends ein

---

– zuletzt auch die Jungfrau genannt: symp. XI 290. Sonst steht immer Christus im
Mittelpunkt, auch und gerade als Urbild der ἁγνεία. Weitere Erwähnungen der
Jungfrau sind mehr oder weniger formelhaft und ohne Interesse, so sanguis. 7, 5; 10,
3. Wenn der altslavische Text zuverlässig ist, wird sie 8,2 einmal schon als „heilig"
bezeichnet. Der Name „Maria" begegnet bei Methodios anscheinend überhaupt
nicht.

[261] Für die dogmatischen Schriften und die Vita Antonii ist der Befund eindeutig.
Athanasios feiert die Jungfräulichkeit als den wahrhaft christlichen Weg der Tugend
und führt sie immer wieder auf Christus zurück: incarn. 51; apol. ad Const. 33; vita
Ant. 91.94; ep. ad Amun. usw. Auch nach G. Söll, Art. Athanasios, Lex d. Marienkunde I, 3/4 (1959) 388, ist er „kein eigentlicher Mariologe, aber entschiedener
Verfechter der christologischen und soteriologischen Grundlagen der Gottesmutterschaft und Jungfräulichkeit Mariens". Seine ganze Theologie ist streng christologisch orientiert, und Maria besitzt darin schlechterdings keine selbständige Bedeutung. Dabei wird die Jungfrauengeburt nicht nur in der traditionellen antidoketischen Richtung erläutert (incarn. 8. 20; ad Epict. 5), sondern gegenüber den Arianern nunmehr auch als Zeichen der wahren Gottheit Christi mit Nachdruck geltend
gemacht, z. B. incarn. 18.49; ad Epict. 11; ad Maxim. 2; c. Arian. III 31. In diese
Richtung wird nun auch der traditionelle Schriftbeweis gewandt: incarn. 33–40. Vgl.
o. S. 84 Anm. 76 u. S. 142.

[262] Für das Abendland kann im gleichen Sinne auf Pseudo-Cyprian, De singula-
riate clericorum verwiesen werden: Koch, Virgo Eva S. 73 f. Hier bringt erst Ambrosius die Wende; vgl. u. S. 149f.

[263] Vgl. G. Söll, Die Mariologie der Kappadokier im Licht der Dogmengeschichte, Theol. Quartalsschr. 131 (1951, S. 163–188; 288–319; 426–457) 440 ff.
Treffend heißt es S. 434: „Aus den bisher vernommenen Texten kann man nicht beweisen, daß die Kappadokier auf die ethische Würdigung der Gottesmutter besonderes Gewicht gelegt haben". Der Versuch, durch „logische" Erwägungen weiter zu
kommen, ist historisch uninteressant. Söll bezieht auch Amphilochios in seine Untersuchung mit ein und verfährt dabei vorsichtiger und richtiger als I. Ortiz de Urbina, Mariologia Amphilochii Iconiensis, Orient. Christ. Period. 23 (1957)
186–191.

Problem. Aber wenn Johannes *Chrysostomos*, der, mit Gregor verglichen, in vieler Hinsicht auf dem entgegengesetzten Flügel steht,
in seinen Predigten kaum eine Gelegenheit vorübergehen läßt, um
auf Marias menschliche Mängel und Schwächen ausdrücklich hinzuweisen, so läßt sich dieses auffällige Verhalten doch wohl kaum
anders deuten, als daß er in dieser Richtung Gefahren heraufziehen
sieht und sich gegen die marianischen Verklärungstendenzen seiner
Gemeinde bewußt zu stemmen sucht[264].

Die einzige „mariologische" Frage, die im späteren vierten Jahrhundert stärker diskutiert wird und offenbar lebhaft umstritten ist,
betrifft die dauernde Jungfräulichkeit Mariens, ihre ᾿αειπαρθενία.
Schon Origenes hatte sie, wir wir sahen, nachdrücklich gefordert,
und in Alexandria war diese Lehre offenbar schon vor Athanasios
zu einer Selbstverständlichkeit geworden. Andernorts war die
Entwicklung noch keineswegs so weit. Die radikalen, kritischen
Arianer wie Eudoxios und Eunomios ließen die ewige Jungfräulichkeit von vornherein nicht gelten[265], und die vorsichtigen Erörterungen, die der große *Basilios* diesem Thema widmet, beweisen,
daß sie auch in rechtgläubigen Kreisen nicht allgemein anerkannt
war[266]. Basilios liegt wie stets daran, die Gegensätze im Lager der
kirchlichen Rechten nicht unnötig zu verschärfen. Er betont, daß
die Annahme einer ewigen Jungfrauenschaft Mariens nicht eigentlich notwendig sei. Ein dogmatisches Urteil könnte sich im Grunde

---

[264] Ich hoffe, daß eine von mir ausgegebene Dissertation diese Sätze näher begründen wird. Die Ausführungen von R. P. Dieu, La mariologie de S. Jean Chrysostome, in: Mémoires et Rapports du Congrès Marial 1 (Brüssel 1921) 71–83, genügen
nicht. Auf der anderen Seite ist es natürlich völlig phantastisch, wenn E. Michaud,
La christologie de S. Jean Chrysostome, Rev. intern. Théol. 17 (1909, S. 275–291)
282 die Möglichkeit erwägt, Chrysostomos habe Maria überhaupt nicht für eine
Jungfrau, sondern für eine unfruchtbare junge Ehefrau gehalten.

[265] Philostorgios, H. E. VI 2.

[266] Die Stellung des Apollinaris ist nicht ganz sicher zu bestimmen: Koch, Virgo
Eva S. 83, Anm. 1; vgl. aber frg. 2 bei Reuß, Matthäus-Kommentare S. 1. Vgl. aber
noch Anm. 287, S. 140 zur christologischen Auswertung der Jungfrauengeburt bei
Apollinaris.

damit begnügen, wenn nur ihre Unberührtheit bis zur Geburt Jesu festgehalten würde, und dieses Faktum steht dank der ausdrücklichen Bezeugung bei Matthäus von vornherein außer Diskussion. Aber Basilios fügt sogleich auch hinzu, daß die Behauptung, die Gottesmutter habe jemals aufgehört Jungfrau zu sein, von frommen Christen dennoch nicht wohl ertragen werden könne – sie sei, mit einem in der heutigen römisch-katholischen Kirche gebräuchlichen Ausdruck, der hier beinahe wörtlich vorweggenommen wird, piis auribus offensibile[267]. So bemüht sich Basilios erneut um den Nachweis, daß die scheinbar dafür zeugenden Argumente aus der Schrift nicht notwendig in diesem Sinne verstanden werden müßten, und landet wieder bei der Theorie der ,,Stiefbrüder'', d. h. er bewegt sich in der Nachfolge des Origenes[268]. Andere Theologen treten alsbald kräftiger auf[269], und so erscheint eine Leugnung der ewigen Jungfräulichkeit zuletzt allgemein als ein theologisches Unding und eine Unmöglichkeit[270]. Bei *Epiphanios* ist das Ziel der Entwicklung erreicht. Er konstruiert im traditionellen Stile der Ketzerbekämpfung eine eigene Sekte der ,,Antidikomarianiten'', die natürlich nur aus den finstersten Motiven dazu gebracht sein können, gegen die heilige Jungfrau zu stänkern, indem sie ihre dau-

---

[267] hom. in Christi gener. 5: ἡμεῖς δέ, εἰ καὶ μηδὲν τῷ τῆς εὐσεβείας παραλυμαίνεται λόγῳ (μέχρι γὰρ τῆς κατὰ τὴν οἰκονομίαν ὑπηρεσίας ἀναγκαία ἡ παρθενία, τὸ δ' ἐφεξῆς ἀπολυπραγμόνητο τῷ λόγῳ τοῦ μυστηρίου), ὅμως διὰ τὸ μὴ καταδέχεσθαι τῶν φιλοχρίστων τὴν ἀκοήν, ὅτι ποτὲ ἐπαύσατο εἶναι παρθένος ἡ θεοτόκος, ἐκείνας ἡγούμεθα τὰς μαρτυρίας αὐτάρκεις.

[268] Auch seine Stellung zu den Apokryphen ist ähnlich zurückhaltend.

[269] So Gregor von Nyssa in einer Weihnachtspredigt, Migne SG 46, 1140 f. (SÖLL S. 436); vgl. Didymos, trin. III 4. Doch wird man kaum sagen können, der Sache nach werde in diesem Text von Gregor auch schon die virginitas in partu ,,gelehrt''. Im Satze 1141 B καὶ ἡ μετὰ τόκου παρθένος, ἡ ἄφθορος μήτηρ περιέπει τὸ ἔκγονον muß das Prädikat ἄφθορος nicht physiologisch ausgelegt werden im Sinne des ,,incorruptibiliter'' des can. 3, mit dem das Lateran-Konzil von 649 die virginitas in partu für die römisch-katholische Kirche dogmatisiert hat.

[270] Doch muß gegen die Manichäer nicht nur die Realität der Geburt, sondern auch Mariens Jungfräulichkeit weiter verteidigt werden, z. B. von Titus von Bostra: SICKENBERGER, Titus S. 257 f.

ernde Jungfräulichkeit in Zweifel ziehen[271]. Und da er auf der anderen Seite auch schon einen nicht minder verwerflichen Kreis von Frauen kennt, die sogenannten Kollydridianerinnen, welche Maria Kuchen opfern und einen einigermaßen heidnischen Kultus entgegenbringen[272], kann er seinen Standpunkt bereits als die gesunde Mitte zwischen den Extremen präsentieren[273].

Die Nachricht läßt uns für einen Augenblick ahnen, welch einem Druck von unten die junge Reichskirche schon im vierten Jahrhundert ausgesetzt war, wenn sie trotz des Lobes und der asketischen Idealisierung, die die Mariengestalt inzwischen erfahren hatte, immer noch an der alten, grundsätzlich menschlichen Bewertung ihrer Person festhielt und einer direkten Marienverehrung nicht Raum gab. Tatsächlich kennt das vierte Jahrhundert noch keine Marienkirchen, keine Marienbilder, kein einziges Marienfest, und keine liturgische Anrufung Marias im Gottesdienst[274]. Maria befindet sich insofern gegenüber manchem Märtyrer-Heiligen noch in starkem Rückstand. Eine veränderte Einstellung macht sich zuerst in den Randgebieten der östlichen Kirche, außerhalb des griechischen Sprachbereiches bemerkbar. Schon Porphyrios der Tyrier bezeugt, daß die christlichen Jungfrauen sich im Besitz des Geistes glaubten – gleich dem Weibe, das Jesus geboren hat[274a]. Vor allem ist hier auf eine *koptisch* überlieferte *Athanasios*-Schrift über die Jungfräulichkeit zu verweisen, wobei es offen bleiben mag, ob sie nachträglich in einem ,,volkstümlichen" Sinne verfälscht worden oder tatsächlich echt ist[275]. Sie würde in diesem Falle die ,,andere" Seite des großen

---

[271] haer. 78.

[272] haer. 78,23,3–5; 79. Dazu Frz. Jos. Dölger, Die eigenartige Marienverehrung der Philomarianiten oder Kollyridianer in Arabien, in: Antike u. Christentum 1 (1929) 107–142.

[273] haer. 78,23,2 f.; 79,1,3 f.

[274] Soweit wird Des. Franses, Marienvereering en de eerste euuw van de Kerk, Coll. Francisc. Neerlandica V, 3 (1941), der nur die Zeit bis zur Mitte des vierten Jahrhunderts ins Auge faßt, trotz des Einspruchs von Söll, Kappadokier S. 456 f., Anm. 13 m. E. Recht behalten.

[275] Außerdem kommen noch zwei kürzere Texte in Betracht; alle sind von L.-Th. Lefort im Corpus script. christ. orient. 150 (1955) ediert. Keiner ist vollständig er-

Kirchenfürsten offenbaren, der nachweislich koptisch gepredigt hat und dem die Wünsche des Volkes, das er zu lenken wußte, wohl vertraut waren[276]. Hier spielt Maria als Jungfrau und Gottesmutter eine Rolle, die über das, was Athanasios als Dogmatiker sagt und sonst auch in den asketischen Abhandlungen zu vertreten pflegt[277],

---

halten. Ich darf in der Beurteilung ihrer Echtheit einem Fachmann folgen, C. DET-LEF G. MÜLLER, der mich freundlich beraten hat. Der kurze, allgemein als echt geltende erste Text (la lettre aux Vierges) ist ebenso wie der fragliche zweite (préceptes pour les Vierges) mit seiner Liste alttestamentlicher Heroen und dem Lobpreis der Jungfrauenschaft für uns ohne besonderes Interesse. Entscheidend ist das große dritte Stück, das keinen Titel trägt, die dauernde Jungfrauenschaft der ϑεοτοϰος behauptet und sie als Vorbild asketischer Tugenden den Jungfrauen vor Augen stellt. Der Text wird von Schenute und Ephräm bezeugt und von Ambrosius bereits in seiner Schrift über die Jungfrauen benutzt, muß also schon vor 376 verbreitet gewesen sein. Seine Echtheit ist von den Koptologen im allgemeinen angenommen, wird aber von ARTHUR VÖÖBUS, History of Asceticism in the Syrian Orient 1 (Löwen 1958) 64 f. völlig bestritten. Das dürfte zu weit gehen; doch ist mit der Möglichkeit späterer Erweiterungen und Überarbeitungen zu rechnen.

[276] Doch muß man sich hüten, die ,,volkstümliche" Religiosität durchweg für besonders asketisch und marienfromm zu halten. Wie wenig das auch für Ägypten zutrifft, zeigt die ,,Geschichte von Joseph dem Zimmermann", die hier gegen Ende des vierten Jahrhunderts entstanden ist. Maria findet darin nur geringe Beachtung und erscheint nicht als Asketin. Sie wird bis zu ihrer Verheiratung Joseph übergeben (3,2), und ihre Stieftöchter aus Josephs erster Ehe heiraten, ,,wie es für jedermann festgelegt ist" (11,1). 20,1 wird sie geradezu als ,,einfältig" geschildert: SIEGFR. MO-RENZ, Die Geschichte von Joseph dem Zimmermann (1951) 101.

[277] Freilich sind die Echtheitsfragen auch hier sehr umstritten; vgl. die Übersicht bei JOH. QUASTEN, Patrology 3 (1960) 45 ff. Wir können ihre Diskussion im einzelnen beiseite lassen, da die ,,mariologischen" Aussagen bei keinem der in Betracht kommenden Texte sehr wesentlich sind. Der von ED. V. D. GOLTZ 1905 herausgegebene Λόγος σωτηρίας πρὸς τὴν παρθένον (gegen dessen Echtheit: H. DÖRRIES, Wort und Stunde 1 [1966] 222 f.), erwähnt Maria überhaupt nur ein einziges Mal in formelhafter Weise (3). Der von Lebon, Muséon 41 (1928) 170 ff. herausgegebene ,,Brief an die Jungfrauen, die nach Jerusalem gegangen sind" verweist auf Maria, ,,die ohne Wasser war, als sie sich in der Wüste aufhielt" (179), verwendet sie also nur als Beispiel für die Entbehrlichkeit des Waschwassers. Und der ebenfalls von Lebon, Muséon 40 (1927) 209 ff. unvollständig auf syrisch und von Casey, Sitzungsber. d. Berliner Akad. 33 (1935) 1026 ff. auf armenisch herausgegebene Text eines weiteren Λόγος περὶ παρθενίας nennt zwar eine lange Reihe biblischer Zeugen für die

spürbar hinausgeht. Maria erscheint als Ur- und Vorbild asketischer Lebensführung schlechthin[278]. Schon der Apostel Paulus soll sich an ihr orientiert haben[279], und ihr musterhafter Wandel gilt allgemein als ,,eine große Hilfe"[280]. Hier ist Maria also eindeutig an die Stelle getreten, die bis dahin vielmehr von Christus besetzt war.

Aber auch im ostsyrischen Raum gibt es zu dieser Zeit bereits eine Persönlichkeit von geistigem Rang, die einer neuen, gesteigerten Verehrung für Maria in zahlreichen – freilich weniger streng theologischen als rhetorischen und poetischen Ergüssen – machtvollen Ausdruck gibt[281]. Das ist der syrische Lehrer und Dichter *Ephräm*, der in Nisibis geboren und 373 in Edessa, im Grenzgebiet des alten Reiches, gestorben ist. Ephräm ist von den Anschauungen ,,der großen zeitgenössischen griechischen Theologen so gut wie nicht beeinflußt"[282], und dieses Urteil gilt auch von dem ganzen orientalisch-überschwenglichen Stil seiner poetischen Verherrlichung Mariens als Jungfrau und als Christi Mutter und Braut[283]. Die alte

---

Jungfräulichkeit (Elia, Elisa, Daniel und seine Gefährten, Jeremia, Mirjam, Zippora, Johannes den Täufer, Johannes den Evangelisten, Paulus und Thekla), stellt Maria aber trotzdem nicht als Vorbild heraus (200).

[278] § 135.

[279] § 95.

[278] § 124.

[281] Es ist die ,,Vorliebe für Bilder, Parallelen und Antithesen, für Typen in der Natur und Schrift, die seiner Sprache dichterische Schönheit gibt, seiner Theologie aber eine Unbestimmtheit, die sich schwer in den genauen Fachausdrücken wiedergeben läßt": EDM. BECK, Die Mariologie der echten Schriften Ephräms, Oriens christ. 40 (1956, S. 22–39) 38. Dazu kommt die Schwierigkeit in der Bestimmung der Echtheit des überreichen, in verschiedene Sprachen überlieferten Stoffes. Vgl. die Orientierung durch BECK im Art. Ephrem le Syrien, in: Dict. de Spiritualité 4 (1960) 788–800 (798 f.: Dévotion à Marie).

[282] So BECK, Art. Ephräm im Lex. f. Theol. u. Kirche 3 (1950) 928; vgl. Art. Ephraem Syrus, Reallex. f. Antike u. Christentum 5, (1961, Sp. 520–531) 524 ff. Umgekehrt kann auch ,,von einem Einfluß der ephremischen Schriften auf die dogmatische Entwicklung der Mariologie des vierten und fünften Jahrhunderts . . . nicht gesprochen werden": L. HAMMERSBERGER, Mariologie der ephremischen Schriften S. 37; vgl. SÖLL, Kappadokier S. 169.

[283] Bis zu einem gewissen Grade sind ihm darin schon die gnostischen Oden Sa-

Eva-Maria-Typologie ist hier zu neuem, üppig wuchernden Leben erwacht und treibt erstaunliche Blüten. Einmal heißt es sogar, nur Christus und seine Mutter seien ohne jeden Makel und Sünde – im Gegensatz zu allen anderen Menschen und besonders zu den ungebärdigen „Kindern" der Kirche von Edessa, deren Sünden Ephräm beklagt[284]. Sieht man aber näher zu, so ist auch in solchen Wendungen nicht eigentlich eine absolute Sündlosigkeit Mariens behauptet. Ephräm denkt sich ihre Heiligung vielmehr so, daß die Jungfrau bei der Empfängnis Christi durch den Heiligen Geist zugleich ihre „Taufe" und die Gabe vollkommener Reinheit empfing[285]. Übrigens erscheint Maria auch bei Ephräm noch nicht als unmittelbares Vorbild der Asketinnen und Asketen. Es ist vielmehr immer noch allein Christus, der im Körper keuscher, d. h. asketischer, Männer und Frauen am liebsten wohnt, so wie er einst in eine Jungfrau herabstieg[286].

Die weitere Entwicklung in der Kirche des Ostens über das vierte Jahrhundert hinaus verfolgen wir nicht mehr. Sie hat eine immer reichere, schrittweise Entfaltung der Marienfrömmigkeit und der

---

lomos vorausgegangen, deren Ursprache gleichfalls das Syrische gewesen sein dürfte: A. Adam, Die ursprüngliche Sprache der Salomo-Oden, Zeitschr. neutest. Wissensch. 52 (1961) 141–156. – Zum Brauttitel s. o. S. 128 f., Anm. 242.

[284] carm. Nisib. 27,8.

[285] Beck, Mariologie S. 26 ff. Juan M. Fernandez, San Efrén Siro primer cantor de la immaculada concepción, Humanidades 10 (1958) 243–264, ist in seinen Formulierungen weit weniger vorsichtig. Über die Anschauung Ephräms gehen an diesem Punkte auch die griechischen Theologen der Folgezeit nicht hinaus – etwa Chrysipp von Jerusalem († 479) in einer Marienpredigt, Patr. Or. 19, 338: O. Stegmüller, Art. Chrysipp im Lex. d. Marienkunde I, 6 (1960) 1149. Das gleiche gilt auch noch für Johannes Damascenus, wie Grumel, Mariologie de S. Jean Damascène S. 321 ff. mit Recht, obschon immer noch abschwächend gegen C. Chevalier gezeigt hat.

[286] carm. Nisib. 46,1 (bei Beck, Mariologie S. 37). Die gleiche Grundauffassung zeigen schon die pseudoklementinischen Briefe ad virgines. Koch, Virgo Eva S. 74 ff. verweist besonders auf I, 6 Diekamp S. 9: „Einer Jungfrau Schoß empfing unsern Herrn Jesus Christus, den Gott Logos, und den Leib, den unser Herr getragen und mit dem er seinen Kampf in dieser Welt geführt hat, hatte er aus einer [heiligen] Jungfrau angenommen, (und nachdem unser Herr Mensch geworden ist in einer Jungfrau, hat er diese Lebensweise in dieser Welt eingehalten)."

Marienverehrung hervorgebracht, deren Rechtfertigung in die allgemeine Theologie der Heiligenverehrung und des Bilderdienstes
hineingehört. Dogmatisch hat sie jedoch – von sich aus – über die
mit den alexandrinisch-athanasianischen Stichworten der ,,Aeipar-
thenos" und ,,Theotokos" bezeichneten Lehren hinaus kaum zu
etwas Neuem geführt[287]. Dabei war der Theotokos-Titel ursprünglich überhaupt kaum mariologisch akzentuiert. Auch seine Bekräftigung in der Marienkirche von Ephesos 431 hatte nur christologische und keine erkennbare mariologische Bedeutung – jedenfalls
dann, wenn man die Meinung der verantwortlichen Kirchenmänner
in Betracht zieht[288]. Die einzige Preisrede, die Kyrill auf dem Kon-

---

[287] Darüber hinaus haben Apollinaris und seine Schüler die Jungfrauengeburt für
ihre monophysitisierende Christologie zu nutzen gesucht: A. DE RIEDMATTEN,
Some neglected Aspects of Apollinaris Christology, Dominican Studies 1 (1948, S.
239–260) 240–245. ORTIZ DE URBINA, Lo sviluppo della Mariologia S. 42 sagt mit
Recht: Se non fosse un po' bizarra espressione si potrebbe dire che la mariologia si
trovi generalmente nei Padri orientali allo stato frammentario", und beklagt diese
,,mancanza di sviluppo teologico nella mariologia"; ähnlich M. GORDILLO, Mariologia orientalis, Orient. christ. anal. 141 (Rom 1954). Dieser in ihrem Sinne ,,frag-
mentarische" Charakter der orthodoxen Mariologie verführt römisch-katholische
Beurteiler leicht dazu, die Lücken logisch im Sinne eigener Theologie zu schließen.
Auch wenn das Material dazu sorgsam aus der griechischen Literatur zusammengele-
sen ist, sind dann die Folgerungen gleichwohl fremdartig. So versucht man sogar die
immaculata conceptio als alte griechische Vätertradition zu erweisen: M. JUGIE,
L'immaculée conception dans l'écriture sainte et dans la tradition orientale (Rom
1952). Das gleiche gilt für die Mittlerschaft Mariens; so – unter Berufung auf den
Eva-Maria-Parallelismus – M. GORDILLO, La mediazione di Maria Vergine nella
Teologia bizantina, Rev. des études byzantines 11 (1953) 120–128. Über die Virginitas in partu s. u. S. 144 ff.

[288] Das ergibt sich – nicht ganz im Sinne des Autors – auch aus der reich belegten
Darstellung AD. EBERLES, Die Mariologie des Hl. Cyrillus von Alexandrien (1921).
Allerdings dürfte das Konzil von 431 insofern doch einen gewissen Wendepunkt bieten, als seine christologische Entscheidung für den beginnenden Marienkult und die
volkstümliche Marienfrömmigkeit einen willkommenen Anknüpfungspunkt bedeutete. So sieht die Entwicklung z. B. G. A. WELLEN, Theotokos – Eine ikonographi-
sche Abhandlung über das Gottesmutterbild in frühchristlicher Zeit (Utrecht-Ant-
werpen 1960) 94: ,,Seit dem Konzil von Ephesus gewinnt die Person der Gottesmutter sowohl im theologischen Denken als (auch) im Kult immer mehr an Bedeutung.

zil zu Ehren Marias gehalten haben soll[289], ist aller Wahrscheinlichkeit nach nicht echt, sondern eine spätere Fälschung[290]. Erst in
nachkyrillischer Zeit steigt Maria ihrem Rang nach eindeutig über
alle Heiligen empor[291], selbst die Apostel nicht ausgenommen[292].
Zu einer näheren dogmatischen Bestimmung der Notwendigkeit
einer Jungfrauengeburt hat auch die Lehre von der ἀειπαρθενία
Mariens nicht geführt. Nur stimmungsmäßig erscheint es ohne weiteres überzeugend, daß allein die reinste, ewig unberührte Jungfrau
ein würdiges Haus des himmlischen Gottmenschen bilden könnte[293]. Die Jungfrauengeburt selber gilt jetzt aber nicht mehr im alten

---

Ihr Name wurde bisher in den Traktaten und in der Predigt bloß dann erwähnt,
wenn die Person Christi den Gedanken an seine Mutter erweckte. Jetzt aber richten
sich die Gedanken auch unmittelbar auf ihre Person, obgleich immer unzertrennlich
mit Christus verknüpft. Und die Verehrung . . . tritt jetzt im öffentlichen Leben der
Kirche in Erscheinung." Von hier aus ist die Errichtung der ersten römischen Marienkirche, Santa Maria Maggiore, durch Sixtus III. (432–440) zu sehen. Doch warnt
WELLEN S. 118 mit Recht vor einer einseitigen Betonung des mariologischen Sinnes ihrer Mosaiken (wie sie z. B. auch G. STUHLFAUTH, Zu Ehren der Gottesmutter, Theol. Blätter 5 [1926] 301–303 vertrat). Das Konzil war eben ,,vor allem der Person
Christi gewidmet und der Triumphbogen in Santa Maria Maggiore zeugt von der orthodoxen Lehre über den adventus domini" (S. 129).

[289] Acta conc. oecum. I 32, S. 102–104, coll. Vatic. 80 = hom. div. 4.

[290] HERM. DÖRRIES, Gött. gel. Anz. 192 (1930) 380 ff.; vgl. AD. D'ALÉS, Rech.
Sc. Rel. 22 (1932) 62–70. Schon ED. SCHWARTZ vermerkt in seiner Ausgabe kurz und
bündig: sermo non est Cyrilli. Trotzdem wird der Text immer wieder fröhlich nach
Migne zitiert und als willkommenes Zeugnis kyrillischer Mariologie ins Feld geführt, z. B. von SÖLL, Maria = Kirche S. 139, HUHN, Maria est typus ecclesiae secundum patres (u. S. 152, Anm. 322) und A. SPINDELER, Art. Kyrill von Alexandri-
en, Lex. f. Theol. u. Kirche 6 (1961²) 708. Selbst JOH. QUASTEN, Patrology 3 (1960)
131 behandelt ihn ohne weiteres als echt und vermerkt nur bei den Literaturangaben
auf S. 132 den abweichenden Standpunkt von Eduard Schwartz.

[291] Aber noch auf dem Konzil von Chalkedon nahm die Mariologie ,,nur einen
bescheidenen Raum ein": H. RIEDINGER, Art. Chalkedon, in: Lex. d. Marienkunde
I, 6 (1960) 1091. Die meisten einschlägigen Äußerungen finden sich bezeichnenderweise im ,,Tomus Leonis", also in einem abendländischen Dokument.

[292] Vgl. dagegen o. S. 129.

[293] Die asketische Logik Pseudo-Justins (o. S. 124 f.) kann zur Stützung dieses Gedankens jetzt auch gewissermaßen umgekehrt werden: schon Kyrill von Jerusalem
folgert aus der kultischen Keuschheit der Priester, die als selbstverständlich gilt, die

antidoketischen Sinne als Zeichen der wahren Menschheit Jesu, sondern wird – wie es schon bei Athanasios begann[294] – vor allem als Zeichen seiner vollen Gottheit gewertet, deren Heiligkeit ein solches Wunder völlig angemessen erscheint[295].

IV.

Über dieses gleichsam schwebende Offenlassen der Probleme geht die altkirchliche Entwicklung nur im Abendland hinaus. Ihm haben wir uns jetzt noch abschließend zuzuwenden. In der zweiten Hälfte des vierten Jahrhunderts beginnt die lateinische Kirche ihren Entwicklungsrückstand gegenüber dem Osten mit großen Schritten aufzuholen. Neue Probleme der Ekklesiologie und Anthropologie werden aufgerührt, und unter dem spezifisch abendländischen Gesichtspunkt der adamitischen Erb- oder Wurzelsünde des Menschen gewinnt auch die Lehre von der Jungfrauengeburt einen veränderten, das frühere Verständnis aufnehmenden und erweiternden Sinn.

Bis dahin war man im Westen auch innerhalb des asketischen Schrifttums gegen eine Verherrlichung Mariens zurückhaltend geblieben. Gegen apokryphe Schriften war man skeptisch; eine alte lateinische Übersetzung des Protevangeliums Jacobi scheint überhaupt nicht existiert zu haben. Dementsprechend fehlt auch die Vorstellung der ,,ewigen" Jungfräulichkeit Mariens. Bis zu *Laktanz* einschließlich gibt es jedenfalls kein sicheres lateinisches Zeugnis für die Bejahung dieser Lehre, und noch *Viktorin* von Pettau scheint in seinem Matthäuskommentar ganz unbefangen von den

---

Unumgänglichkeit einer jungfräulichen Geburt ihres Herrn, cat. XII 25 Migne 33, 557: ἔπρεπε γὰρ τῷ ἁγιωτάτῳ καὶ διδασκάλῳ ἐξ ἁγνῶν ἐξεληλυθέναι παστάδων. εἰ γάρ ὁ τῷ Ἰησοῦ καλῶς ἱερατεύων ἀπέχεται γυναικός, αὐτὸς ὁ Ἰησοῦς πῶς ἔμελλεν ἐξ ἀνδρὸς καὶ γυναικὸς ἔρχεσθαι;

[294] S. 133, Anm. 261.

[295] Vgl. EBERLE, aaO. S. 73.105.116. Doch wird die hier aus der schmerzlosen Geburt gefolgerte virginitas in partu von Kyrill selber so nicht ausgesprochen.

Brüdern gesprochen zu haben, die Jesus besaß[296]. Vielleicht kann man sich auf *Firmicus Maternus* berufen; denn er bezeichnet Maria einmal als „virgo Dei"[296a]. Dies ist seit Tertullian und Cyprian der feststehende Name für gottgeweihte Jungfrauen der Gemeinde, die zur dauernden Jungfräulichkeit verpflichtet sind[297]. Aber noch *Hilarius* von Poitiers, der in seinem Matthäuskommentar die ewige Jungfräulichkeit Mariens als erster mit Entschiedenheit vertritt, muß sie gegen zahlreiche unfromme Leute verteidigen, die sich dagegen auf den Text des Matthäusevangeliums berufen und die neue „geistliche Lehre" darum keineswegs akzeptieren wollen[298].

Der ganze Fragenkreis kommt erst in der zweiten Hälfte des vierten Jahrhunderts voll in Bewegung[299], als die neue mönchische Begeisterung für das Virginitätsideal aus dem Osten in den Westen übergreift[300]. Gerade weil die Askese bis dahin im Abendland eine zwar selbstverständliche, aber dennoch nur begrenzte Rolle gespielt hatte, stieß der fremde Enthusiasmus und Radikalismus der neuen Frömmigkeit zunächst auf starke Widerstände und löste Reaktionen aus. Anders als im Osten gewinnt dabei gerade die Frage nach

---

[296] Helvidius beruft sich auf ihn, und der Protest, den Hieronymus, adv. Helv. 17 dagegen erhebt, ist wenig glaubwürdig: KOCH, Adhuc Virgo S. 27 f.; Virgo Eva S. 82 f.; anders BLINZLER, Brüder des Herrn S. 245 Anm. 123.

[296a] De errore prof. rel. 25,2; dazu KOCH, Virgo Eva. S. 81.

[297] Mit diesem etwas unsicheren, mittelbaren Beweis müssen wir uns begnügen. KOCH, Virgo Eva S. 81 verweist darüber hinaus noch auf die Consultatio Zacchaei et Apollonii, die c. 11 sogar die virginitas in partu ausdrücklich hervorhebt. Aber diese Schrift ist, wie heute feststeht, nicht von Firmicus, sondern erst nach 411 entstanden: B. ALTANER, Patrologie (1960⁶) 324 f.

[298] comm. Matth. I 3: sed plures irreligiosi et a spiritali doctrina admodum alieni occasionem ex eo occupant turpiter de Maria opinandi, quod dictum sit . . . (Mt. 1,18.20.25). – Der Matthäuskommentar ist noch vor der Verbannung des Hilarius in den Osten geschrieben; doch sind dadurch östliche Einflüsse natürlich nicht ausgeschlossen: KOCH, Virgo Eva S. 79 ff.

[299] So auch J. GALOT, La virginité et la naissance de Jésus, Nouv. Rev. théol. 82 (1960) 449–469.

[300] Im folgenden vgl. besonders die solide Darstellung von PHIL. FRIEDRICH, St. Ambrosius über die Jungfrauengeburt Marias (Virginitas Mariae in partu), Festgabe Alois Knöpfler (1917) 89–109.

Maria und Mariens Jungfräulichkeit sehr bald besondere Bedeutung. Helvidius, Jovinian und später noch Bonosus suchten nämlich der Überschätzung des asketischen Ideals u. a. auch dadurch zu begegnen, daß sie im Sinne der älteren abendländischen Tradition auf Mariens spätere, natürliche Ehe mit Joseph abhoben[301]. Dagegen haben dann Ambrosius, Hieronymus und viele andere die neue Lehre von der ἀειπαρθενία gestellt und leidenschaftlich verfochten. Schriftworte verfangen dagegen nicht mehr. Wer sie gegen die ewige Jungfräulichkeit ins Feld führt, beweist damit, wie Hieronymus ironisch sagt, nur dies, daß er wohl lesen, trotzdem aber das nicht begreifen kann, „was für eine fromme Überzeugung feststeht"[302]. Aber damit nicht genug, spitzte man die ἀειπαρθενία jetzt auch noch auf die abstruse Vorstellung einer sogar während der Geburt fortbestehenden jungfräulichen Unverletztheit des Marienleibes zu. Dieses theologische Fündlein einer virginitas nicht nur „ante" und „post partum", sondern auch „in partu" ist eine besondere Entdeckung der lateinischen Theologen[303]. Sie erinnert an

---

[301] Doch ist von Jovinian nur die Bestreitung der virginitas in partu, nicht auch post partum eindeutig bezeugt; vgl. Ambrosius, ep. 42,2: uirgo concepit, sed non uirgo generauit.

[302] adv. Helvid. 2: ipsis quibus aduersum nos usus est testimoniis reuincatur, ut intelligat se et legere potuisse, quae scripta sunt, et non putuisse, quae pietate roborata sunt, cognoscere. Doch verzichtet auch Ambrosius darum so wenig wie Hieronymus auf eine ausführliche Richtigstellung der vermeintlich falschen Auslegungen: inst. virg. 5,36–9,57.

[303] Vielleicht der erste abendländische Zeuge, der die wunderbare, schmerzlose Geburt und die fortdauernde leibliche Unversehrtheit Mariens ausführlich beschreibt, ist Zeno von Verona in seinen 362–372 entstandenen Predigten. Er ist darin offensichtlich von der Schilderung des Protevangeliums Jacobi abhängig, zeigt aber schon die charakteristische Hervorhebung der drei nebeneinander gestellten Zeiten der Jungfräulichkeit: ceterum fuit illa uirgo post connubium, uirgo post conceptum, uirgo post filium (tract. I 5,3; vgl. II 8,2).

Daß „eine Geburt ohne Schmerzen und leibliche Verletzung der Mutter" schon „seit dem 3. Jh. allgemein von den Kirchenvätern und Theologen vertreten" wurde, wie SEMMELROTH, aaO. S. 56 will, ist eine leere Behauptung. Im allgemeinen pflegt man in diesem Zusammenhang erst auf Hilarius von Poitiers zu verweisen. Selbst HUGO KOCH ist (Adhuc Virgo S. 29) der Meinung, De trinitate III 19 (Migne X 87)

gnostische Mythen[304], hat aber schwerlich unmittelbar mit ihnen zu tun. Für die Griechen war eine solche Vorstellung im Bekenntnis

sei die virginitas in partu vorausgesetzt, die Hilarius offenbar „während seines unfreiwilligen Aufenthalts im Osten (356–359)" kennen gelernt habe. „Dem ganzen Zusammenhang nach – es ist davon die Rede, daß der Vater durch die Zeugung des Sohnes kein damnum erlitten habe – ist damit die virginitas in partu zwar nicht allein, nicht einmal in erster Linie gemeint, aber sie ist mitgemeint." Nun ist es gewiß mißlich, auf Grund eines Textes zu argumentieren, für den eine kritische Edition immer noch aussteht; ich glaube aber zeigen zu können, daß auch diese vorsichtige Formulierung Kochs noch zu weit geht.

Die Beachtung des „ganzen Zusammenhangs", in dem die fraglichen Aussagen begegnen, ist für ihr richtiges Verständnis in der Tat unerläßlich. Hilarius hat zunächst in antiarianischer Frontstellung betont, daß im Sohn die ganze Fülle des Vaters leibhaftig gewohnt habe (Kol. 2,9) (III 15) und daß der Vater uns nach Joh. 17,4 erst durch ihn offenbart sei (III 16). Nam deum nemo noscit, nisi confiteatur et patrem unigeniti filii et filium non de portione aut dilatione aut emissione, sed ex eo natum inenarrabiliter, incomprehensibiliter ut filium a patre plenitudinem diuinitatis, ex qua et in qua natus est, obtinentem, uerum et infinitum et perfectum deum; haec enim Dei est plenitudo (III 17). Es kommt darauf an, daß diese unaussprechliche Geburt geglaubt werden. Der Sohn selbst tat auf Erden seine Wunder – die Weinverwandlung und die Brotvermehrung werden besonders genannt –, um uns diese Geburt gewiß zu machen: uolens itaque filius huius natiuitatis suae fidem facere factorum suorum nobis posuit exemplum, ut per inenarrabilium gestorum suorum inenarrabilem efficientiam de uirtute natiuitatis doceremur. Eine unmittelbare Erkenntnis des göttlichen Geheimnisses ist uns, quibus intelligentia ad conspicabiles res et corporeas coarctatur, versagt; aber wenn wir uns ans sichtbare Wunder halten, können wir auch das Unbegreifliche bejahen. Denn der Sohn ist des Vaters Ebenbild: cum enim sensu atque uerbis imaginem apprehendimus, necesse est etiam eum, cuius imago est, consequamur. Wir aber lassen nicht ab, töricht und frevelhaft nach dem Unsichtbaren zu fragen, quomodo filius et unde filius et quo damno patris uel ex qua portione sit natus, statt uns an die beweisenden exempla operationum zu halten (III 18). Statt auf jene unklugen Fragen einzugehen, sollen darum weitere, sie indirekt erhellende Wunder genannt werden, die ebenso unbegreiflich, aber im Leben Jesu wirklich erfahren worden sind: quaeris, quomodo secundum spiritum natus sit filius; ego te de corporeis rebus interrogo (III 19).

Soweit ist der Kontext klar; man darf nur das „secundum spiritum" (κατὰ πνεῦμα) nicht mit der Jungfrauengeburt durch den Geist zusammenbringen, sondern muß die Worte immer noch auf die göttliche ewige Geburt des Sohnes aus dem Vater beziehen. Dies gilt genau so für das weitere Beispiel vom Durchgang des auferstandenen Christusleibes durch die verschlossenen Türen (Joh. 20,19). Dieses Bild wird

zur „ewigen" Jungfräulichkeit der Gottesmutter zum Teil mit ein-
begriffen; sie war aber niemals zu einem selbständigen Thema theo-

---

später gerne herangezogen, um das Wunder des clausus uterus zu beleuchten; das
früheste Beispiel, das mir aus dem Abendland bekannt ist, findet sich bei Rufin,
comm. symb. 9. An der vorliegenden Stelle wird das Wunder aber wieder nur als irdische Bekräftigung für das überirdische Wunder der Gottesgeburt gebraucht; adsti-
tit dominus clauso domo in medio discipulorum – et filius est natus ex patre. noli ne-
gare, quod steterit, quia per intelligentiae infirmitatem consistentis non consequaris
introitum – noli nescire, quod ab ingenito et perfecto deo patre unigenitus et perfec-
tus filius deus natus sit, quia sensum et sermonem humanae naturae uirtus generationis excedat (III 20).

Dazwischen steht nun III 19 ein kurzer Abschnitt, der auch die irdische Geburt
Jesu aus einer Jungfrau als ein weiteres irdisches Wunder heranzieht, das das Wunder
der Gottesgeburt erhärten soll. Diese Absicht macht die Abschlußformel wieder un-
zweifelhaft: et quidem fas esset, non impossibile in deo opinari, quod per uirtutem
eius possibile fuisse in homine cognoscimus. Worin aber besteht nun die Analogie
des Wunderbaren zwischen der himmlischen und der irdischen Geburt? Offenbar
darin, daß so wie Gott durch die Erzeugung eines Sohnes keine Minderung erfuhr,
obschon er ihn ganz aus Eigenem hervorgebracht hatte, auch Maria nichts von einem
Manne hinzuempfing und dennoch einen vollständigen Menschen hervorbrachte,
ohne ihre eigene Natur dadurch zu verkürzen: et certe von suscepit, quod edidit, sed
caro carnem sine elementorum nostrorum pudore prouexit et perfectum ipsa de suis
non imminuta generauit. Hier ist nicht auf die näheren Umstände einer vermeintlich
schmerzlosen Geburt ohne Blutverlust und dergleichen reflektiert; das Wunder erschöpft sich vielmehr darin, daß Maria nichts von außen „empfing" und dennoch als
ganzer Mensch einen ganzen Menschen hervorbringen konnte. Die Wendung „sine
elementorum nostrorum pudore" geht auf den Geschlechtsakt, der sonst zur Erzeugung eines Menschen hinzugehört, in diesem Falle aber unterblieben ist; vgl. tract.
psalm. LXVII Zingerle 301: quia ipsae illae corporum et elementorum nostrorum
origines sint pudendae. Ich kann danach nicht finden, daß mit diesem Satze, wie
KOCH, aaO. S. 29, Anm. 1 will, speziell Tertullians Anschauung, „daß sich der Vorgang der Geburt Jesu bezüglich der pudenda von anderen Geburten nicht unterschieden habe (adv. Marc. III 11; IV 21; de carne Christi 4)", im Sinne einer virginitas
in partu abgelehnt worden sei. Denn bis jetzt ist von einer „virginitas in partu" in unserem Text überhaupt nicht die Rede gewesen. Es fragt sich nunmehr, ob dies im
vorangegangenen Satze geschehen ist, der an den früher zitierten Einleitungssatz anschließt. Dieser sei hier noch einmal wiederholt: quaeris quomodo secundum spiritum natus sit filius; ego te de corporeis rebus interrogo. non (?) quaero, quomodo natus ex uirgine sit, an detrimentum sui caro perfectam ex se carnem generans perpessa
sit. et certe non sucepit etc. Es fragt sich, ob das ‚non" des überlieferten Textes stehen

logischen Nachdenkens und von Auseinandersetzungen gemacht
worden, wie sie jetzt im Abendlande beginnen und trotz ihrer Peinlichkeit bis ins Mittelalter und darüber hinaus mit plumper Naivität

bleiben kann, und das ist m. E. nicht der Fall. Aber auch dann, wenn man die Nega-
tion beibehält, enthält der Satz noch nicht die eindeutige Bejahung einer virginitas-
in-partu-Vorstellung, die man darin finden möchte. Dies sei zunächst aufgewiesen.

Non quaero – das hieße also, daß Hilarius darauf verzichten möchte, die Geheim-
nisse, das quomodo der jungfräulichen Geburt aus Maria des näheren zu erörtern.
Insbesondere will er nicht auf die Frage eingehen, ob ihr ,,Fleisch" hierbei Schaden
gelitten habe oder nicht. Das würde m. E. bedeuten, daß Hilarius so gut wie bald danach Zeno die wunderbare, griechische Geburtsgeschichte des Protevangeliums Jacobi bereits kennt, auf die nähere Erörterung dieser Angaben sich aber – ähnlich wie
einst Klemens von Alexandrien (o. S. 122) – nicht einlassen möchte. Eine derartige
Stellungnahme wäre um so begreiflicher, als der Vergleich für sein Anliegen schwerlich irgendetwas Brauchbares ergeben hätte; denn das ,,damnum" einer Minderung
der väterlichen Substanz Gottes läßt sich doch nur schlecht mit der Verletzung des
jungfräulichen Leibes bei einer Geburt vergleichen. Entscheidend ist, daß ein neues
vollständiges Wesen neben das alte tritt, ohne daß dieses darum ,,weniger" geworden ist noch von außen etwas hinzuempfangen hat. Man könnte also selbst unter
Beibehaltung des überlieferten Textes kaum sagen, daß die virginitas in partu an dieser Stelle ,,mitgemeint" sei. Sie wird vielmehr ausgeklammert und stellt eine Frage
dar, die Hilarius auch nicht aufgreifen will, während er sie, abgesehen von dieser
Stelle, zugestandenermaßen nirgends auch nur gestreift hat.

In Wirklichkeit muß aber – trotz des Einspruchs der Mauriner – das ,,non" mit
Lipsius gestrichen werden. Nur so ergibt sich ein völlig glatter Zusammenhang ohne
überflüssige Seitenblicke, und die großartige, durchlaufende Kontrastierung des Irdischen mit dem unfaßbaren himmlischen Geschehen bleibt gewahrt. Hilarius will
im Gegensatz zu den ,,spekulierenden" Arianern nicht von hohen, himmlischen
Dingen reden, sondern begnügt sich damit, das Wunder der irdischen Geburt Christi
ins Auge zu fassen. Auch hier hat es sich ereignet, daß ein Wesen – Maria – ein zweites Wesen aus sich hervorbrachte, obschon es dazu nicht, wie es sonst notwendigerweise geschieht, von außen irgendetwas dazu empfing; dennoch ist sie in sich vollständig – nicht im physischen Sinne ,,unverletzt" – geblieben, und das entspricht genau dem Wunder der himmlischen Geburt des Logos aus Gott, an dem wir darum
auch nicht zweifeln sollen. Wenn dieser Text und seine Auslegung richtig sind, so hat
Hilarius als früher abendländischer Zeuge für die Vorstellung einer Virginitas in
partu also gänzlich auszuscheiden.

[304] Vgl. S. 82f. und 121f., Anm. 221; KARL ADAM, Theologische Bemerkungen zu
Hugo Kochs Schrift: Virgo Eva – Virgo Maria 1937, Theol. Quartalschr. 119 (1938,
S. 171–189) 177, Anm. 1; K. RAHNER, Virginitas in partu S. 190.

fortgesetzt werden[305]. Dabei erscheint die asketische Bewertung
der Jungfrauengeburt dermaßen selbstverständlich, daß z. B. Papst
Siricius das Dogma selbst in Gefahr sieht, wenn ein späteres eheli-
ches Zusammenleben zwischen Maria und Joseph auch nur in Betracht gezogen würde[306]. Nach *Gaudentius* hat die göttliche Geburt
den Glanz der Unversehrtheit Mariens sogar gesteigert[307]. Noch
bezeichnender ist, daß *Hieronymus* es für geboten hält, auch Joseph
für das Ideal der Jungfräulichkeit zu retten[308]. Er verwirft darum

---

[305] Eine vielseitige Übersicht über die Stellungnahme der Väter und die neuere Literatur zu diesem Problem bietet besonders KARL RAHNER mit seinem ,,Beitrag zum
Problem der Dogmenentwicklung und Überlieferung''. Vielleicht erklärt sich aus
diesen alten, längst vergessenen Streitfragen z. T. auch die, an der Bibel gemessen,
seltsame Gewohnheit, daß wir heute noch im Anschluß an das Glaubensbekenntnis
von der Jungfrauen*geburt* statt von einer jungfräulichen *Empfängnis* Jesu sprechen –
ein Umstand, auf den mich die Herren HABS und REICKE bei der Diskussion dieses
Vortrags in der Akademie besonders hingewiesen haben.

[306] Siricius, ep. 9,3: qui enim hoc astruit, nihil aliud nisi perfidiam Iudaeorum
astruit, qui dicunt eum non potuisse nasci ex uirgine. nam si hanc accipiant a sacerdo-
tibus aucoritatem, ut uideatur Maria partus fudisse plurimos, maiore studio ueritatem fidei expugnare contendent.

[307] Gaudentius, tract. XIII 4 Glueck S. 115: hanc omnipotentiam filii dei et hominis etiam mater uirgo testatur, quae de spiritu sancto concipiens ita deum et hominem, quem pudico utero gestauerat, edidit, ut apud incorruptam tanti nominis matrem post diuinum partum gloriosior integritas permaneret; ähnlich IX 12.

[308] ,,Die Mariologie des heiligen Hieronymus'' hat schon vor längerer Zeit durch
JOH. NISSEN eine Bearbeitung gefunden (Diss. theol. Münster 1913), die indessen
nicht viel mehr als eine fleißige, durch eigene theologische Reflexionen gelegentlich
leicht verwirrte Stoffsammlung darstellt. Hieronymus ist bei diesem Thema theologisch nicht originell. Er trägt ein ausgedehntes, meist aus Origenes bezogenes Material zusammen und weiß es mitunter von sich aus zu vermehren und fesselnd zu verwerten; vgl. z. B. c. Joh. Hieros, 32 die Betrachtung über vier mögliche Arten der
Entstehung eines Menschen, die mit Adam, mit Eva, mit Abel und mit Christus zur
Wirklichkeit geworden sind. Seine ihm besonders am Herzen liegende asketische
Predigt ist meist noch ganz in der alten Weise allein an Christus orientiert. Doch faßt
er gegen Jovinian auch schon Maria als Vorbild und ,,Mutter'' der Jungfrauen ins
Auge: ep. 22,38; adv. Jovin. I 31: et tamen haec uirgo perpetua multarum est mater
uirginum. In der heute wieder als echt geltenden Predigt 159,1 erklärt er nach Orige-
nes (o. S. 132) rundweg: Maria uirgo mater domini inter mulieres principatum tenet.

die so lange herrschende Theorie, die Brüder Jesu seien seine Halb-
brüder aus erster Ehe gewesen, und behauptet, es müsse sich nach
biblischem Sprachgebrauch hierbei vielmehr um seine Vettern ge-
handelt haben[309]. Diese willkürliche Annahme hatte den weiteren
Vorzug, daß sie die Theorie von der ewigen Jungfräulichkeit Mariens vom Zeugnis der apokryphen Quelle löste, in der allein etwas
von den ,,Halbbrüdern'' und der Witwerschaft Josephs zu lesen
war. Dies dürfte ein Hauptgrund dafür gewesen sein, daß die hie-
ronymianische Theorie im Abendland verhältnismäßig schnell zur
Anerkennung gelangte, während der Osten bei der älteren, apokryphen Begründung verharrte[310].

Dies alles bringt, so bezeichnend es sein mag, aufs Ganze gesehen
doch keine neuen Gedanken in die Auseinandersetzungen und führt
über die griechische Auffassung der Jungfrauengeburt sachlich
nicht wesentlich hinaus. Ein entscheidender Schritt nach vorne erfolgt erst dadurch, daß Ambrosius die Frage der Jungfrauengeburt
mit dem Problem der Erbsünde in Verbindung bringt.

Von allen Vätern der alten Kirche ist *Ambrosius* unter ,,mariani-
schen'' Gesichtspunkten zweifellos der ergiebigste und interessan-
teste[311]. Er vereinigt alle Anregungen, die ihm seine erstaunliche
Belesenheit in der griechischen theologischen Literatur vermittelt
hat, mit den älteren abendländischen Anliegen und Traditionen und
führt sie dann selbständig weiter. Zwar entwickelt auch er gewiß

---

[309] Adv. Helvid. 11–17. Zur Auslegung der evangelischen Texte im einzelnen vgl.
Koch, Adhuc virgo S. 33, Anm. 2;37.

[310] Vgl. Zahn, Brüder und Vettern S. 320–325.

[311] Eben darum verführt er freilich auch leicht dazu, aus seinen Worten noch
mehr herauszuholen, als sie enthalten. Es ist ein hoffnungsloser Versuch, sie unter
die modernen Stichworte der Mitwirkung am Erlösungswerk Christi, der Mittlerschaft und dergleichen zu rücken, wie es leider auch Jos. Huhn versucht hat, dem
wir im übrigen die gründlichste Darstellung zu diesem Gegenstand verdanken: Das
Geheimnis der Jungfrau-Mutter Maria nach dem Kirchenvater Ambrosius (1954);
vgl. von demselben den Art. Ambrosius im Lex. d. Marienkunde I, 1 (1957)
178–185. Ch. Neumann, The Virgin Mary in the works of St. Ambrose (Diss. Fribourg 1954) war mir nicht zugänglich.

noch keine für sich bestehende und in sich zusammenhängende „Mariologie"; (so auch E. Dassmann, Die Frömmigkeit des KVs Ambr. v. Mailand [1965] 7 Anm. 24: „Von einer Marienverehrung im eigentlichen Sinne kann jedoch bei Ambrosius noch keine Rede sein"), aber gleichwohl ist er weit mehr als seine Vorgänger an Mariens Person interessiert und schenkt ihr in seinen exegetischen und praktischen Schriften wiederholt liebevolle Beachtung. Dieses Interesse geht in erster Linie nicht auf besondere dogmatische Anschauungen zurück, hier behält die „Gottesmutter"[312] einfach ihren alten, gegebenen Platz[313]; entscheidend ist vielmehr die neue Begeisterung für das asketische Lebensideal, für das Ambrosius in führender Stellung zeitlebens gekämpft und gewirkt hat. In seinen Predigten und besonders in seinen für die „Jungfrauen" der Gemeinde bestimmten Traktaten preist und empfiehlt er unermüdlich die himmlische, alle menschliche Vernunft übersteigende neue christliche Tugend der Jungfräulichkeit. Christus hat sie in die Welt gebracht; aber neben ihm ist es jetzt vor allem Maria, deren „heiliges Vorbild alle Menschen zum Dienste der Jungfräulichkeit aufruft"[314]. Sie ist für Ambrosius zur vornehmsten „Lehrmeisterin der Jungfräulichkeit" geworden[315]. Es empört ihn, daß es Menschen,

---

[312] „Mater Dei" nennt Ambrosius Maria exam. V 65; virg. II 7, sonst meist nur „mater domini": Huhn, Geheimnis S. 16.

[313] Im Schoße der Jungfrau hat sich das unser Heil begründende contubernium diuinitatis et corporis sine ulla concretae confusionis labe vollzogen: virg. I 3,13; vgl. Wolfg. Seibel, Fleisch und Geist beim hl. Ambrosius (1958) 160 f. Ambrosius kann die Jungfrauengeburt im alten, antidoketischen Sinne noch als echte, menschliche Geburt kennzeichnen, quia homo uirgo (in ps. 39,18): partus uirginis non naturam mutauit (incarn. 104). Im allgemeinen bewegt er sich aber doch schon mit Entschiedenheit in die entgegengesetzte, athanasianische Richtung, wonach nicht die wahrhafte, sondern die wunderbare Geburt betont und als Zeichen der göttlichen Herkunft hervorgehoben wird: talis decet partus deum (Intende, qui regis Israel v. 8): Huhn, Geheimnis S. 20 ff. 74 ff.

[314] inst. virg. 5,35: . . . cum omnes ad cultum uirginitatis sanctae Mariae aduocentur exemplo.

[315] inst. virg. 6,45: uirginitatis magistra. Die „mystischen" Bilder der virgo Maria werden auch auf ihre Schülerinnen übertragen: ebd. 9,58–62.

sogar Bischöfe, gibt, die ihre ständige Virginität bezweifeln können[316], und auf einer Mailänder Synode läßt er ausdrücklich die rei-
ßenden Wölfe verurteilen, deren Wahnsinn auch nur die virginitas
in partu unglaublich findet und zurückweist[317]. Das Bild von Mariens Tugendleben wird mit Wärme geschildert und ausgemalt. In der
Erklärung des Lukasevangeliums hat Ambrosius, dem Texte folgend, bei der Verkündigung vor allem Mariens Demut und Glauben
herausgestellt; aber der höchste Lohn ist ihr gleichwohl um ihrer
Keuschheit willen zuteil geworden[318]. Gewiß, ,,Maria war nur
Gottes Tempel, nicht des Tempels Gott'', und wenn man den Heiligen Geist in der Tat so wie Christus anbeten muß, so hüte man sich
wohl, daraus die entsprechenden Folgerungen auch für die irdische
Mutter zu ziehen[319]. Aber Maria war es doch, die als heilige Jungfrau vom Himmel her dazu ausersehen war, ,,die Vergebung der
Sünden in ihrem Schoße zu tragen''[320], und die den Teufel so als
neue Eva[321] besiegt hat[322]. Obwohl sie sich bei der Empfängnis völ-

---

[316] inst. virg. 5,35.

[317] ep. 42. Trotz seiner entschiedenen Überzeugung von der virginitas in partu
kann sich übrigens auch Ambrosius über diesen Punkt gelegentlich ungenau und
scheinbar widersprechend ausdrücken: Koch, Virgo Eva S. 95 f.; dazu sachlich
richtig, aber mit unangemessener Entrüstung die Richtigstellung von Huhn, Geheimnis S. 125.

[318] Inst. virg. 6,45: et quae esset, cui maius quam matri dominus meritum repone-
ret, praemium reseruaret? nulli enim uberiora quam uirginitati deputauit munera, sicut scriptura nos docet.

[319] Spir. s. III 79 f.: haud dubie etiam sanctus spiritus adorandus est, quando ado-
ratur ille, qui secundum carnem natus ex spiritu sancto est. ac ne quis hoc deriuet ad
Mariam uirginem: Maria erat templum dei, non deus templi, et ideo ille solus ado-
randus, qui operabatur in templo. Offenbar will Ambrosius hier – ähnlich wie Epi-
phanios und Chrysostomos – einer Gefahr begegnen, die bereits droht. Das erste
Zeugnis für ein Mariengebet findet sich bei Gregor von Nazianz, or. 24 in laudem
Cypriani – allerdings im Rahmen einer volkstümlichen Legende von der keuschen
Märtyrerin Justina, die Maria in ihrer Bedrängnis um Hilfe anruft.

[320] inst. virg. 13,81.

[321] Die Eva-Maria-Typologie stammt bei Ambrosius aus der abendländischen
Tradition; aber indem er sie jetzt in den Bahnen Philos mehr moralisch als typologisch auslegt, gibt er ihr eine neue Wendung: Danielou, Sacramentum futuri S. 35.

lig passiv verhielt und der Herr sein Erlösungswerk ohne ihre Mitwirkung allein vollbringen mußte, hat er es doch bei Maria begonnen, und ,,sie, durch die allen Menschen das Heil bereitet ward,
sollte von ihrer Leibesfrucht auch als erste das Heil empfangen"[323].
Eine feste Theorie der Sündlosigkeit Mariens hat Ambrosius
trotz seiner enkomiastisch-überschwenglichen Äußerungen über
ihre ,,von irdischen Fehlern unbelastete"[324] Erscheinung nicht
entwickelt[325]; wohl aber rückt die jungfräuliche Geburt jetzt insofern unter diesen Gesichtspunkt, als sie das Mittel wird, Christus

---

Eine gute Zusammenstellung und Beurteilung des Materials bietet B. CAPELLE, Le
thème de la nouvelle Ève S. 56–62.

[322] obit. Theod. 44. Eine kritische Untersuchung über das Verhältnis Marias zur
Kirche bei Ambrosius gehört nicht in unseren Zusammenhang, wäre aber immer
noch lohnend. Ambrosius ist der erste Kirchenvater, bei dem ,,Maria" und ,,eccle-
sia" gelegentlich in eine mehr als ganz zufällige Berührung kommen. Das bezeichnet
seine Stellung zwischen den älteren Vätern und der mittelalterlichen Entwicklung.
Darum kann seine Bedeutung auch nur dann voll erkannt werden, wenn man seine
Äußerungen nicht nur gegen alle späteren und vollends alle modernen Vorstellungen
sorgfältig abhebt, sondern auch die vermeintlichen Vorgänger nach dieser Seite hin
nicht überschätzt; vgl. o. S. 107 f. Auch HUHN, Geheimnis S. 127 ff.; S. 144 ff. und:
Maria est typus ecclesiae secundum patres, imprimis secundum S. Ambrosium et S.
Augustinum, in: Maria et Ecclesia (Actus congressus Mariologico-Mariani, Lourdes
1958) 3 (Rom 1959) 163–199 kann in dieser Hinsicht nicht befriedigen.

[323] exp. Luc. II 17.

[324] exp. Luc. X 42: quam terrena vitia non gravarent; vgl. ebd. II 28: quae nescit
errorem.

[325] Jos. HUHN, Ursprung und Wesen des Bösen und der Sünde nach dem Kirchenvater Ambrosius (1933) 109 ff. und: Geheimnis S. 238 ff. findet bei ihm nur die
persönliche Sündenlosigkeit, aber noch nicht die Freiheit von der Erbsünde bezeugt,
obschon auch zu dieser bereits der ,,Ansatz" geboten sein soll. Das schränkt die Be-
hauptungen älterer Interpreten bereits erheblich ein, geht aber immer noch zu weit.
Ganz abgesehen davon, wieweit die scharfe scholastische Unterscheidung von per-
sönlicher und ererbter Sündhaftigkeit bei Ambrosius überhaupt angewandt werden
kann, ist es nicht möglich, aus gelegentlichen rhetorischen Preisungen (o. Anm. 324)
eine dogmatische Theorie zu machen, die der oft betonten ambrosianischen Lehre
von der allgemeinen Sündhaftigkeit der Menschen (HUHN, Ursprung S. 104 ff.)
durchaus widerspräche und Maria gleichsam nebenbei zu einer grundsätzlichen
Ausnahme erheben würde. Dies ergibt sich auch aus der Stellung Augustins, der
erstmals über das Problem reflektiert hat, u. S. 155 f.

selbst vor aller erbsündlichen Befleckung zu bewahren. Während sonst alle Menschen Sünder und „in Sünden empfangen" sind, ist die jungfräuliche Empfängnis und Geburt Christi tatsächlich ohne Befleckung vom Ursprung her vor sich gegangen. Durch sie blieb Christus vor der „natürlichen Ansteckung" der Erbsünde bewahrt. Er und er allein wurde „nicht in Unreinigkeit" empfangen[326] und so auch „in lauter Freude" geboren[327]. Das heißt: die Sündlosigkeit Christi ist entscheidend dadurch bedingt, daß er nicht „in der üblichen Weise" erzeugt worden ist. Niemand, der durch die leibliche Verbindung von Mann und Weib seinen Ursprung empfängt, ist von Sünde frei, und umgekehrt: „nur wer von Sünden frei ist, ist auch von dieser Art der Empfängnis frei"[328]. Dies ist eine Feststellung, die Ambrosius immer wieder zu verschiedenen Zeiten seines Lebens mit Nachdruck vollzogen hat. Sie ist ihm eigentümlich. Empfindungen der „natürlichen" Scheu vor dem geschlechtlichen Bereich und die Behauptung seiner unmittelbaren Verquickung mit

---

[326] Ps. 51,7 ist ein Vers, den Ambrosius direkt und indirekt sehr häufig zitiert, z. B. apol. David 56; paen. I 3,13 – mit der charakteristischen Fortführung: Christi autem caro damnauit peccatum, quod nascendo non sensit, quod moriendo crucifixit.

[327] In ps. XXXVII 5 (Petschenig 139) sucht Ambrosius von hier aus auch den Ausdruck „similitudo peccati" (Röm. 8,3) verständlich zu machen: quia etsi naturalem substantiam carnis huius susceperat, nec in iniquitatibus conceptus et natus est in delictis (ps. 51,7), qui non ex sanguinibus neque ex uoluntate carnis neque ex uoluntate uiri, sed de spiritu sancto natus (Joh.1,13) ex uirgine est.

[328] So in der verlorenen Auslegung zu Jesaja, aus der Augustin, contra II epist. Pelagianorum IV 29 (Urban-Zycha 559 f.) zitiert: „idcirco Christus immaculatus, quia nec ipsa quidem nascendi solita conditione maculatus est." et alio loco in eodem opere loquens de apostolo Petro „ipse", inquit, „obtulit, quod ante putabat esse peccatum, lauari sibi non solum pedes, sed et caput poscens, quod illico intellexisset lauacro pedum, qui in primo lapsi sunt homine, sordem obnoxiae successionis aboleri." item in eodem opere „seruatum est igitur", inquit, „ut ex uiro et muliere, id est per illam corporum commixtionem nemo uideatur expers esse delicti; qui autem expers delicti est, expers est etiam huismodi conceptionis." Hier folgt noch ein weiteres, verlorenes Zitat aus De Noe et arca. Vgl. ferner Augustin, De nuptiis et concupiscentia II 15; opus imperf. IV 88 und Ambrosius, exp. Luc. II 56; in ps. CXVIII 6,22; virg. I 21.

der menschlichen Sünde finden sich gewiß auch sonst, z. B. bei
Origenes[329], von dem Ambrosius in seinen Formulierungen teilweise abhängig ist[330]. Trotzdem geht er weit über ihn hinaus: die
asketische Betrachtung des ,,Fleisches" weitet sich zu einer grundsätzlichen Reflexion über das Wesen der Sünde; die Erbsünde tritt
so klar und entschieden hervor, wie sie kein östlicher Kirchenvater
jemals gekannt und gelehrt hat. Damit gewinnt das asketische Verständnis der jungfräulichen Geburt Christi ein unmittelbar dogmatisches Gewicht, wie es ihr bis dahin gefehlt hatte.

Wir stehen damit an einem entscheidenden Punkt. Ambrosius ist
sich noch nicht bewußt, eine besondere, dogmatische Wahrheit
auszusprechen, die es gegen etwaige Bestreiter zu verteidigen gelte.
Aber *Augustin* hat sich gegen die Pelagianer später mit vollem Recht
auf Ambrosius berufen[331], und durch Augustin hat der Gedanke
dann seine endgültige, die Zukunft bestimmende Fassung erhalten.

An und für sich ist *Augustin* – anders als Ambrosius – in seinem
Denken und in seiner Frömmigkeit durchaus kein ,,marianisch" bestimmter Theologe[332]. Abgesehen von seinen Predigten und gele-

---

[329] Vgl. besonders hom. Lev. VIII 3; auch Kyrill von Jerusalem o. S. 141, Anm.
292 und im übrigen H. CHADWICK, Art. Enkratiten Sp. 363.

[330] Der o. S. 153 Anm. 327 angezogene Abschnitt aus in ps. XXXVII 5 berührt
sich eng mit Origenes, comm. Rom. VI 12: HUHN, Ursprung S. 107 f.

[331] Vgl. JOS. HUHN, Ein Vergleich der Mariologie des Hl. Augustinus mit der des
Hl. Ambrosius in ihrer Abhängigkeit, Ähnlichkeit, in ihrem Unterschied, Augustinus Magister 1 (Congrès intern. Augustinien, Paris 1954) 221–239.

[332] Das ist natürlich nicht unbestritten. Ich beschränke mich im folgenden auf die
dogmatisch entscheidende Linie. Doch scheint mir bezeichnend, daß Augustin in
der Auffassung Mariens nirgends in einem wesentlichen Stück über Ambrosius hinausgegangen ist. Er nennt sie nicht einmal wie dieser ,,mater Dei" (so wie schon
FRIEDRICH [u. Anm. 333] und gegen HUHN, Geheimnis S. 16 mit Recht F. HOF-
MANN, Art. Augustinus im Lex. d. Marienkunde I 3/4 [1959, Sp. 456–469] und hat
den Brauttitel (der allerdings auch bei Ambrosius fehlt) vielleicht bewußt vermieden: CAPELLE, Le thème de la nouvelle Ève S. 71. In der Typologie läßt er Adam und
Eva stets Christus und der Kirche, nicht Christus und Maria korrespondieren:
HENRI RONDET, Le Christ nouvel Adam dans la théologie de Saint Augustin, Bull.
Soc. Franç. d'Études Mariales 13 (1955, S. 25–41) 41. Vor allem hat er auch die Be-
ziehung Mariens zur Kirche (o. S. 152 Anm. 322) nicht weiter ausgebaut: ,,Von ei-

gentlichen exegetischen Darlegungen ist er auf Maria von sich aus
selten zu sprechen gekommen[333]. Vielleicht am persönlichsten sind
seine Äußerungen vor den Jungfrauen der Gemeinde, die er mit
Maria parallelisiert. Augustin betont das geistige Verhältnis und
Mariens nicht bloß leibliche Mutterschaft und die ebenso einzigartige wie vorbildliche Stellung, die Maria für alle Gläubigen und jede
fromme Seele besitzt[334]. In der Lehre von der Jungfrauengeburt hat
er die Ergebnisse früherer Diskussionen – einschließlich der virginitas in partu – selbstverständlich übernommen und gegen die Häretiker, besonders die Manichäer, gegebenenfalls auch mit den geläufi-
gen apologetischen Argumenten verteidigt[335]. Er kennt und erörtert das Problem der Stammbäume sowie der Brüder und Schwestern Jesu[336], aber er fügt ihm kaum etwas Neues hinzu[337]. Auch

---

ner ‚Gleichung‘ Maria–Kirche kann bei Augustinus noch keine Rede sein", wie IL-
DEF. M. DIETZ, Maria und die Kirche nach dem Hl. Augustinus, Maria et ecclesia
(Acta congressus Mariologico-Mariani, Lourdes 1958) 3 (1959, S. 201–239) 218 f.
„auch gegenüber MÜLLER" (o. S. 105 Anm. 174) völlig zutreffend hervorhebt. Über
„Mariens Stellung in der Erlösungsordnung nach dem hl. Augustins" vgl. die tref-
fenden Ausführungen von FRITZ HOFMANN in den „Abhandlungen über Theologie
und Kirche" (Adam-Festschrift 1952) 213–224.

[333] Noch immer grundlegend und den neueren Arbeiten oft überlegen ist P.
FRIEDRICH, Die Mariologie des hl. Augustins (1907). Eine kürzere Übersicht über
das einschlägige Material bietet auch HOFMANN (o. Anm. 332).

[334] De s. virginitate 5 f. An derartige Texte über die „maternitas spiritualis"
knüpfen die modernen Interpretationen mit Vorliebe an; vgl. z. B. HOFMANN, Mariens Stellung S. 218 ff.; HUHN, Maria est typus Ecclesiae S. 195 ff.; DIETZ, Maria
und die Kirche S. 222 ff.

[335] Bezeichnenderweise fehlen bei Augustin – ähnlich wie bei den Kappadokiern
(SÖLL, Mariologie der Kappadokier S. 291) – die natürlichen und mythologischen
Analogien der Jungfrauengeburt fast vollständig: FRIEDRICH, Mariologie S. 68 f.;
HUHN, Mariologie bei Augustinus S. 227; vgl. dazu noch ep. 137,2; 161,2. Auch Ky-
rill von Jerusalem zieht sie cat. XII 17 nur mit einer leisen Entschuldigung heran.
Dagegen machen Rufin, comm. symb. 11 und besonders Hieronymus, adv. Jov. I 42
davon noch eifrigen Gebrauch.

[336] FRIEDRICH, Mariologie S. 19–47; 96–123.

[337] Auch die Vorstellung, daß Maria den Herrn durch das Ohr empfangen habe,
scheint, wie J. H. WASZINK, Art. Empfängnis im Reallex. f. Antike u. Christentum 4

auf das Problem der Sündlosigkeit Mariens ist Augustin nicht von
sich aus verfallen; es war Pelagius, der es in seinem Kampf gegen die
Allgemeinheit der Sünde, ohne die Tragweite zu ahnen, zuerst gegen Augustin in die Debatte warf.

In seiner Schrift „über die Natur" hatte *Pelagius* eine mit Abel
beginnende Reihe biblischer Personen aufgezählt, für die seiner
Meinung nach Sündhaftigkeit nicht in Betracht kam, und diese
Reihe mit der Mutter Jesu geschlossen. Darauf gibt Augustin eine
Antwort, deren Tragweite und Bedeutung seit dem zwölften Jahrhundert immer wieder umstritten und auch heute noch nicht zu einer einhelligen Auslegung gekommen ist. Augustin verwirft die pe-
lagianische Behauptung im ganzen, macht dabei für die Jungfrau
Maria jedoch einen Vorbehalt, der ihr unter dem Gesichtspunkt einer möglichen Sündlosigkeit eine Sonderstellung einräumt. Der
entscheidende Satz lautet: „Ausgenommen die heilige Jungfrau
Maria, hinsichtlich derer ich um der Ehre des Herrn (Christus) willen, wenn von Sünden die Rede ist, schlechterdings keine Diskussion zulassen möchte – denn woher wissen wir, wieviel größer das
Maß an Gnade war, das ihr zur völligen Überwindung der Sünden
zuteil geworden war, wo sie doch den zu empfangen und zu gebären
gewürdigt war, der zweifellos überhaupt keine Sünde hatte? – ausgenommen also diese eine Jungfrau würden all jene heiligen Männer
und Frauen, wenn sie lebten und wir sie zusammenrufen und befra-
gen könnten, ob sie ohne Sünde gewesen seien, einmütig Pelagius
widersprechen und dem Apostel recht geben, daß es Selbstbetrug
sei, wollte sich irgendein Mensch, und wäre es der reinste und hei-
ligste, von Sünden frei bekennen."[338] Augustin sieht also Maria als

(1959) 1253 gegen P. LANGLOIS, Art. Dracontius, ebd. Sp. 259 zeigt, bei Augustin
nicht originell zu sein.

[338] De natura et gratia 36, 42 Urba/Zycha 263 f.: excepta itaque sancta uirgine
Maria, de qua propter honorem domini nullam prorsus, cum de peccatis agitur, ha-
beri uolo quaestionem – unde enim scimus, quid ei plus gratiae collatum fuerit ad
uincendum omni ex parte peccatum, quae concipere ac parere meruit, quem constat
nullum habuisse peccatum? – hac ergo uirgine excepta si omnes illos sanctos et sanc-
tas, cum hic uiuerent, congregare possemus et interrogare, utrum essent sine pecca-

einen Sonderfall an, weil es sich nicht ausmachen läßt, welches Maß von Sündenfreiheit dort notwendig war, wo Christus, der von aller Sünde freie Heiland, menschliches Fleisch annehmen und geboren werden sollte. Christus allein ist, wie Augustin auch sonst betont, nicht „in Sünden empfangen" und schon im Mutterleibe nicht in Sünden ernährt worden; denn der ihn erzeugt, war Gott, und die ihn empfing und gebar, war eine Jungfrau. Der Gedankengang ist, wie man sieht, streng christologisch orientiert und wird darüber hinaus, was die Person Mariens anlangt, durchaus nicht weiter erörtert und fortgeführt. Augustin ist auf diese Frage auch später niemals zurückgekommen. Er hatte die Möglichkeit der aktuellen Sündlosigkeit eines Menschen zunächst theoretisch offen gelassen, obgleich er sie nicht annehmen wollte[339]; aber im Fortgang des pelagianischen Streites hat sich seine Stellung in diesem Punkte gefestigt und weiter verschärft, und zuletzt wird die Sündlosigkeit ausdrücklich für alle Menschen ausgeschlossen[340]. Nur Christus ist ganz rein, und auch von Maria ist jetzt nicht mehr die Rede. Unermüdlich und immer aufs Neue wird nur der eine Grundsatz wiederholt, daß alle Menschen Sünder und der Erlösung Christi bedürftig seien[341]. Es scheint mir danach klar, daß die Vorstellung einer persönlichen Sündlosigkeit Mariens (die Erbsünde bleibt hierbei überhaupt außer Betracht[342]) Augustin fern liegt und daß er an diesem Problem als solchem kein theologisches Interesse hat. Das, woran ihm – auch an der fraglichen Stelle – im Grunde allein gelegen ist, bleibt die einzigartige, in jeder Hinsicht ganz und gar sündlose Geburt Christi selbst. Doch mag die Entscheidung hinsichtlich Mari-

---

to, quid fuisse responsum putamus, utrum hoc, quod iste dicit, an quod Joannes apostolus (I. Joh. 1,8)?

[339] perfect. iustit. homin. 21,44; ep. 157,2.4.

[340] c. II epist. Pelag. IV 10,27.

[341] Vgl. die reich belegte Übersicht über die Entwicklung bei FRIEDRICH, Mariologie S. 183–233.

[342] Auch dies wird natürlich bestritten; vgl. aber außer den Darlegungen FRIEDRICHS die „kritischen Randglossen" von FRITZ HOFMANN, Die Stellung des heiligen Augustinus zur Lehre von der Unbefleckten Empfängnis Mariae, Theol. Quartalschr. 113 (1932) 299–319.

ens in suspenso bleiben – mehr als dies besagt ja auch seine erste
Antwort an Pelagius keinesfalls –, die Tatsache der jungfräulichen
Geburt ist nunmehr auch bei ihm unter dem Gesichtspunkt der Be-
wahrung vor der Erbsünde gerückt. Dies ist die Anschauung, die
Augustin – mit und ohne Beeinflussung durch Ambrosius – im
Kampf gegen die Pelagianer ausdrücklich festgestellt und immer
wieder bekräftigt hat[343], und dies bestimmt die weitere Entwick-
lung.

Das heißt, damit Christus in absoluter Heiligkeit geboren würde,
war es notwendig, daß er nicht auf dem Wege geschlechtlicher Erzeugung seine menschliche Natur gewann: Christus mußte jungfräulich empfangen und geboren werden. Denn der Geschlechtsakt
ist zwar nicht als solcher, wohl aber durch die ihm unweigerlich an-
haftende Begierlichkeit von der Sünde nicht zu lösen[344], und er ist

---

[343] Es ist kaum möglich, die einschlägigen Stellen aufzuführen, auf die Augustin
mit und ohne Berufung auf Ambrosius (o. S. 153, Anm. 328) auf sie Bezug nimmt
oder sie ausdrücklich entwickelt. Auch Predigten (wie z. B. s. 273,9; Mai 95,7 bei
Morin, S. Augustini sermones post Maurinos reperti S. 346) und Briefe kommen in
Betracht (wie die ep. 190 über die Kindertaufe). Auf folgende Stellen sei noch verwiesen: peccat. merit. et remiss. II 38; Genes. ad litt. X 20, 35 f.; nupt. et concupisc. I
24,27: . . . in illo renascatur, quem sine ista concupiscentia uirgo concepit, propterea quando nasci est in carne dignatus, sine peccato solus est natus; II 2,5; c. II. epist.
Pelag. I 11,24; c. Julian, V 15,52; 54: quod autem attinet ad peccati originalis in omnes homines transitum, quoniam per concupiscentiam carnis transit, transire in eam
carnem non potuit, quam non per illam uirgo concepit. (Das Fleisch Christi) conta-
gium uero peccati originalis non traxit, quia concumbentis concupiscentiam non
inuenit; corrept. et gratia 11, 30; opus imperf. II 56; IV 5.47 f. 78 f. 84.87–89; VI
34 f.

[344] Wir brauchen auf die gequälten Bemühungen Augustins, gegenüber dem
Vorwurf einer „manichäischen" Verteufelung von Natur und Ehe eine Unterscheidung der Sünde selbst von den Folgen oder Strafen der Sünde im geschlechtlichen Bereich durchzuführen, hier nicht einzugehen. JOS. MAUSBACH, Die Ethik des heiligen
Augustinus 2 (1909) 173 bemerkt sehr richtig, daß „die Mehrdeutigkeit gewisser
sprachlicher Ausdrücke" (wie malum, peccatum, gelegentlich sogar concupiscentia)
„eine besondere Quelle von Mißverständnissen" bilde. Aber sein eigener Versuch,
hinter den augustinischen Aussagen gleichwohl eine in sich völlig klare Grundan-
schauung herauszuarbeiten, bedeutet eben darum eine Überforderung Augustins
und der Sache nach eine Abschwächung seiner asketischen Abwertung des Ge-

es, durch den die ursprüngliche Sündenverfallenheit Adams, die Christus durchbricht, von Generation zu Generation weiter übermittelt wird. Gewiß hatte auch Mariens Leib durch Begierlichkeit seinen Ursprung gewonnen; aber sie hatte sie in *den* Leib nicht weiterleiten können, der ohne Begierde empfangen war[345]. So wollte auch Christus keinen Mann zum Vater haben, weil er nicht auf dem Weg der fleischlichen Begierlichkeit zu den Menschen gelangen wollte[346]. Nun hat Augustin – je länger, um so entschiedener – den eigentlichen Sitz der Sünde durchaus nicht nur im Leibe und seiner Geschlechtlichkeit, sondern vor allem im Geist und Willen des Menschen gefunden. Erst von hier aus ist das menschliche Wesen als Folge und Strafe des Sündenfalls bis in die natur- und triebhaften Bereiche pervertiert und verdorben worden. Aber da sich Augustin davor scheut, den Gedanken einer dem leiblichen Zusammenhang entsprechenden Fortzeugung der Seelen von Adam her zu behaupten[347], bleibt ihm gar nichts anderes übrig, als die Übertragung der Erbsünde im leiblichen Bereich anzusetzen, und als der Asket, der er war und blieb, sieht er sie darum auch mit dem geschlechtlichen Wesen der Fortpflanzung ganz unmittelbar verknüpft. Die Folgen dieses Gedankens waren verhängnisvoll. Denn so wenig Augustins Theorie einen Gegner vom Schlage Julians überzeugen konnte, so einleuchtend mußte sie allen Mönchen und zölibatären Klerikern erscheinen, die seine Gefolgschaft bildeten und alle kirchlichen

---

schlechtlichen. Vgl. dagegen die – vielleicht im entgegengesetzten Sinn ein wenig einseitige – Darstellung, die E. DINKLER, Die Anthropologie Augustins (1934) 112 ff. von der ,,in sich etwas verworrenen Lehre von der concupiscentia als Geschlechtslust und als Sünde" gegeben hat, und JUL. GROSS, Entstehungsgeschichte des Erbsündendogmas. Von der Bibel bis Augustinus (1960) 317–333, dem als unbestreitbar gilt, daß bei Augustin ,,die Bewertung der Begierlichkeit als einer eigentlichen Sünde vorherrscht" (S. 328); ferner JEAN LEBOURLIER, Misère morale originelle et responsibilité du pécheur, Augustinus Magister 3 (Paris 1955) 301–307.

[345] Opus imperf. V 62: Mariae corpus quamuis inde venit, tamen eam non traicit in corpus, quod inde non concepit; vgl. VI 22.

[346] Sermo Denis 25 Morin S. 159: sed noluit hominem habere patrem, ne per concupiscentiam carnatam ueniret ad homines.

[347] Vgl. DINKLER, Anthropologie S. 121 f.

Führer auch in Zukunft stellen sollten. Hier erhoben auch die Semi-
pelagianer keinerlei Widerspruch. Neben der praktisch-kirchlichen
Konsequenz der unumgänglichen Kindertaufe ist die Erbsündenlehre Augustins durch nichts so schnell und allgemein zur Anerkennung gebracht worden wie gerade durch ihre asketische, antise-
xuelle Motivierung. ,,Ohne Begierlichkeit", paraphrasiert Fulgen-
tius[348] den augustinischen Gedankengang, ,,gibt es keine Vereinigung der Eltern, und darum können die Söhne, die aus ihrem
Fleisch geboren werden, nicht ohne Sünde empfangen werden[349].
,,Dagegen ist das Fleisch Christi zwar gleichen Wesens mit dem
Fleische aller Menschen; aber das göttliche Wort geruhte, es aus
Maria der Jungfrau (zu nehmen und) mit sich zu einen; darum ist es
dennoch ohne Sünde empfangen und ohne Sünde geboren"[350].
Hieran hängt jetzt das Heil[351].

---

[348] Vgl. über ihn JOH. BAPT. BAUER, De sancti Fulgentii Mariologia, Marianum
17 (1955) 531–535.

[349] De fide 16: sine libidine non est parentum concubitus. ob hoc filiorum ex eo-
rum carne nascentium non potest sine peccato esse conceptus, ubi peccatum in pa-
ruulos non transmittit propagatio, sed libido. . .

[350] De fide 15: sed licet caro Christi et omnium hominum unius eiusdemque naturae sit, haec tamen quam deus verbum ex Maria virgine sibi unire dignatus est, sine
peccato concepta, sine peccato nata est.

[351] Das zeigt sich z. B. auch in der Theologie Leos des Großen. In seiner berühmten, z. T. von Prosper formulierten (J. GAIDIOZ, Saint Prosper d'Aquitaine et le
tome à Flavien, Rev. Sciences rel. 23 [1949] 270–301) Epistula dogmatica klingt dieser Gesichtspunkt allerdings nur leise an, Schwartz, Acta conc. oecum. II 2, S. 28:
. . . impassibilis deus non dedignatus est homo esse passibilis et immortalis mortis
legibus subiacere; nova autem natiuitate generatus, quia inuiolata uirginitas concupiscentiam nesciuit, carnis materiam ministrauit. Das Schriftstück ist für den Osten
berechnet. Um so kräftiger erscheint der Gedanke in einer Weihnachtspredigt Leos,
sermo 22,3. Hier ist davon die Rede, daß der Teufel auf das Menschengeschlecht einen gewissen Rechtsanspruch gewonnen hatte und besiegt werden mußte, wenn die
Erlösung möglich werden sollte. Dann fährt der Prediger fort: quod ut fierit, sine ui-
rili semine conceptus est Christus ex uirgine, quam non humanus coitus, sed spiritus
sanctus fecundat. et cum in omnibus matribus non fiat sine peccati sorde conceptio,
haec inde purgationem traxit, unde concepit. quo enim paterni seminis transfusio
non peruenit, peccati se illic origo non miscuit. inuiolata uirginitas concupiscentiam

So sind die ursprünglich getrennten Motive einer christologisch-theologischen und einer enkratitisch-asketischen Deutung der Jungfrauengeburt zu einer Einheit zusammengewachsen, die sich nicht mehr löst. Wir sind damit am Ende der altkirchlichen Entwicklung angelangt. Die Theorie, die sie zum Abschluß bringt, ist, wie wir gesehen haben, abendländischen Ursprungs. Im Osten, wo das asketische Anliegen in der apokryphen Jakobus-Offenbarung und im Zeugnis Pseudo-Justins zuerst zu Wort gekommen war, hat sie sich nicht durchgesetzt; denn hier gab es keine Erbsündenlehre im augustinischen Sinn. Die neue abendländische Theologie der Jungfrauengeburt hatte für Augustin selbst ausschließlich christologische Bedeutung. Aber sie bestätigte doch die ältere Entwicklung einer asketischen Verherrlichung Mariens und gab zugleich den Weg für eine neue Entfaltung der ,,Mariologie" frei. Das antipelagianische Dogma bleibt eine feste Basis für die gesamte hochmittelalterliche und neuzeitliche Marienlehre in der römisch-katholischen Kirche. Diese späteren Lehren selbst und ihre ekklesiologischen und anthropologischen Motive können ihrem Geist nach freilich nicht mehr als augustinisch oder überhaupt altkirchlich begründet gelten.

---

nesciuit, substantiam ministrauit. assumpta est de matre domini natura, non culpa. creata est forma serui sine conditione seruili, quia nouus homo sic contemperatus est ueteri, ut et ueritatem susciperet generis et uitium excluderet uetustatis. Das ist grober Augustinismus. Soweit ich sehe ist Leo auch sonst in seinen ,,mariologischen" Anschauungen über Augustin nicht wesentlich hinausgegangen. ALOIS SPINDELER, Papst Leo I. über die Mitwirkung Marias bei der Erlösung, Münch. theol. Zeitschr. 10 (1959) 229–234 hat den Papst ähnlich überinterpretiert, wie das auch Augustin häufig, aber zu Unrecht widerfährt.

Gebetserhörung in den überlieferten Jesusworten und in der Reflexion des Johannes

I. Die synoptische Überlieferung

Die Sprüche und Gleichnisse über das Gebet bilden im Ganzen der Verkündigung und des Lehrens Jesu nur einen verhältnismäßig eng begrenzten Komplex. Nicht das Beten, sondern der Glaube und die Umkehr eröffnen den Zugang zum Reiche Gottes. Auch ist der sachliche Zusammenhang mit den älteren Gebetsvorstellungen Israels überall zu spüren. Die philosophischen Zweifel an der Möglichkeit und am Sinn des Betens haben Jesus noch nicht berührt. Doch sind die älteren im Judentum lebendigen Gedanken durchweg in einer Weise fortgeführt, vereinfacht und radikalisiert, daß sie in ihrem Wesen verändert und neu erscheinen. Nirgends ist das deutlicher als im Verständnis der Gebetserhörung, die über alle früheren Ansätze hinausgeht und in der gesamten Religionsgeschichte ohne Beispiel und unvergleichlich ist.

Man kann die in der synoptischen Tradition begegnenden Jesusworte inhaltlich in drei Gruppen ordnen. Die erste betrifft den Ernst des Gebets, das niemand und nichts als allein Gott selber im Auge haben darf. Jesus fordert die strenge Abgeschlossenheit vor allen Zuschauern (Mt 6,5 f.): wer betet, darf nicht ,,heuchlerisch" auf ,,die Leute" schielen (Mt 6,1; 23,5), sondern wendet sich ausschließlich an Gott, der in das Verborgene des Herzens sieht und vor dem der ,,heidnische" Aufwand vieler Worte sinnlos wäre (Mt 6,7 f.). Das Gleichnis vom Pharisäer und Zöllner macht darüber

Aus: Kerygma und Dogma (Vandenhoeck & Ruprecht, Göttingen) 23, 1977, S. 157–171

hinaus deutlich, daß jede an Gott gerichtete Bitte nur eine Anrufung von Gottes Barmherzigkeit sein kann, für die vorausgegangene „Verdienste" keine Rolle spielen (Lk 18,10–14 a; vgl. 17,10). „Wer sich selbst erhöht, der wird erniedrigt werden" (Mt 18,4 = Lk 1.18,14 b).

Die zweite Gruppe bindet die Hilfe und Erhörung Gottes an die menschliche Bereitschaft, auch anderen zu vergeben, an Nachsicht und Versöhnlichkeit. Gott, der himmlische Vater, läßt es regnen über Gerechte und Ungerechte (Mt 5,44 f.). Wer seine Barmherzigkeit in Anspruch nimmt, darf sie seinen Mitknechten und Brüdern nicht versagen (Mt 18,23–35). Ehe man sich Gott naht, muß man sein Verhältnis zum Nächsten ins Reine gebracht haben (Mt 5,23–25). Ehe man Gottes Vergebung erbitten kann, muß man selbst allen Menschen, auch seinen Feinden vergeben, nicht nur für sich, sondern auch für seine Feinde, gebetet haben (Mk 11,25; Mt 5,44 = Lk 6,28; Mt 6,14 f.). Daran hängt, wie es die vierte Vaterunserbitte auf den knappsten Ausdruck bringt, unlöslich der Erfolg der eigenen Vergebungsbitte (Mt 6.6,12 = Lk 11,4)[1]. Dieser Gedanke ist, wie die zahlreichen späteren Parallelen zeigen, in den frühen Gemeinden sehr ernst genommen und besonders im Blick auf das Gebet betont worden. Doch ist sein Ursprung bei Jesus selbst nicht zu bezweifeln.

Die dritte Gruppe von Sprüchen und Gleichnissen lehrt die Hörer Jesu, an die Gewißheit der Gebetserhörung zu glauben. Ihr wol-

---

[1] Es fällt auf, daß hier wie in den verwandten Jesusworten immer nur vom Vergeben und Sich-Versöhnen die Rede ist, weitere Bedingungen aber nicht gestellt werden. Man könnte der Meinung sein, daß z. B. auch die vierte Vaterunserbitte einer entsprechenden Klausel zu Gunsten des Nächsten bedurft hätte: „Gib uns unser täglich Brot heute, wie auch wir mit den Bedürftigen teilen wollen oder geteilt haben." Allein eine solche Klausel fehlt. Offenbar genügt es, mit der Unversöhnlichkeit und Zwietracht den bösesten zwischenmenschlichen Schaden zu beheben. Ist der geheilt, so folgen auch „die Werke der Barmherzigkeit". Mit bloßem moralischen Eifern für die Wohltätigkeit ist dagegen im Grunde gar nichts gewonnen. In der Erzählung von der Salbung zu Bethanien wird er von Jesus selbst ausdrücklich in seine Schranken gewiesen: „Arme habt ihr immerdar unter euch, und wenn ihr wollt, könnt ihr ihnen Gutes tun; mich aber habt ihr nicht immerdar" (Mk 14,7).

len wir uns besonders zuwenden. Allgemein fällt zunächst noch auf, daß in den Jesusworten über das Gebet immer nur vom Bittgebet die Rede ist, nicht vom Dankgebet. Im zeitgenössischen Judentum und aufgeklärten Heidentum wird gerade das Dankgebet gerühmt und hervorgehoben. Es gilt als die würdigste Form des Gebets, als das höchste, sublimste Opfer, das der Mensch Gott darbringen kann und soll. Dagegen ist das einzige Dankgebet, das in allen Gleichnissen und Erzählungen Jesu begegnet, das verunglückte Gebet des Pharisäers (Lk 18,11 f.). Hier liegt für Jesus offensichtlich nicht der Schwerpunkt, wenn er vom Beten spricht. Natürlich soll das Dankgebet des Einzelnen damit nicht etwa ausgeschlossen werden. Wo der Mensch die Guttaten Gottes oder der Menschen erfährt, erwartet auch Jesus, daß er ,,Gott die Ehre gibt" (Lk 17,18) und den Vater im Himmel ,,preist" (Mt 5,16); und während das Gebet sonst ,,im Verborgenen" geschieht (Mt 6,6), erfolgt der Lobpreis vielmehr ,,mit lauter Stimme" (Lk 17,15). Aber es handelt sich nur um spontane Äußerungen, wie es der echten Dankbarkeit allein gemäß ist und entspricht. Der eigentliche Ort des regelmäßigen Gotteslobs war wohl stets der Gottesdienst der versammelten, sei es jüdischen, sei es christlichen Gemeinde. Auch der Dank des Tischgebets, das Jesus im Kreis seiner Jünger regelmäßig geübt haben soll, gehört in den Umkreis der festen, mehr oder weniger liturgischen Übung innerhalb der frommen Gemeinschaft. Die Gebetsworte Jesu handeln dagegen so gut wie ausnahmslos vom freien Gebet des Einzelnen.

Nicht zu übersehen ist noch ein weiterer Zug, der die Gebetslehre Jesu sehr deutlich unterscheidet von seiner frommen Umwelt. ,,Des Johannes Jünger fasten viel und verrichten ihre Gebete; desgleichen der Pharisäer Jünger" (Lk 5,33); dagegen findet sich bei Jesus kein einziges Wort, das zu besonders eifrigem, regelmäßigem oder gar langem Beten ermahnte. Im Gegenteil – Jesus warnt vor dem ,,plappern" und dem ,,heidnischen" ,,viele Worte machen" (Mt 6,7). Wenn Lukas den Sinn des Gleichnisses von der bittenden Witwe einleitend dahin deutet, daß man ,,immerdar beten und nicht nachlassen dürfte" (Lk 18,1), so biegt er die eigentliche Spitze damit gewaltsam in eine Richtung, die seiner eigenen auch sonst oft erkennbaren Vorliebe für das fleißige Beten entspricht[2]. Gewiß geht auch Jesus selbst nicht darauf aus, das freiwillige Beten einzuschränken oder zu „dämpfen" (1. Thess. 5,17.19); aber er vermeidet es doch konsequent, aus dem Gebet ein Gebot und „Gesetz" zu machen. Er gibt für das Beten in dieser Hinsicht keine neuen Vorschriften, sondern nur eine neue Verheißung. So atmet, aufs Ganze gesehen, das Vaterunser völlig den Geist Jesu. Es ist allerdings, wie die pluralische Form zeigt, schon ein Gemeindegebet und kann darum schwerlich unmittelbar und wörtlich von Jesus gelehrt worden sein. Dazu kommt, daß die überlieferten Texte bekanntlich – nicht nur zwischen Matthäus und Lukas – bis zum dritten Jahrhundert stark auseinandergehen, zumal im Aufbau und Bestand der ersten drei Bitten[3]. Aber andererseits entspricht das Vaterunser als reines Bittgebet (ohne die sekundäre Schlußdoxologie) in seiner Kürze, in der unmittelbaren Anrede des „Vaters" und auch im Gehalt der vierten und fünften Bitte völlig dem, was Jesus gelehrt und gefordert hatte.

Wir kommen nun zu den Texten der dritten Gruppe. Ihr einheitliches Thema läßt sich in dem einen Satz zusammenfassen: „Bittet, so wird euch gegeben." Das Merkwürdige hierbei ist, daß diese Verheißung ohne jede Einschränkung gegeben wird. Sie bindet ihre Geltung an keine besondere Situation und an keine persönliche oder inhaltliche Voraussetzung:

„Bittet, so wird euch gegeben.
Suchet, so werdet ihr finden.
Klopfet an, so wird euch aufgetan."

---

[2] Man könnte hier freilich auch auf die Gebetsmahnung in Gethsemane verweisen: „Wachet und betet, auf daß ihr nicht in Anfechtung fallet" (Mt 26,41 parr.). Aber wenn man den offensichtlich späteren, legendarischen Charakter der ganzen Szene nicht anerkennen will, so kann das Wort nur aktuell auf die damalige Situation der Jünger bezogen werden.

[3] Vgl. etwa RUD. FREUDENBERGER, Zum Text der zweiten Vaterunserbitte, NTS 15, 1968/69, 419–432.

Daran schließt sich eine nicht minder überraschende Begründung:

> Denn: wer da bittet, der empfängt;
> und wer da sucht, der findet;
> und wer da anklopft, dem wird aufgetan"

(Mt 7,7 f. = Lk 11,9 f.).

Es trifft im allgemeinen doch keinesfalls zu, daß jede Bitte, die man äußert, erfüllt, jedes Ziel, das man erstrebt, darum auch erreicht und ,,gefunden" wird. Die Sätze würden eher einleuchten, wenn sie negativ formuliert wären: ,,Denn dem, der nicht bittet, wird auch nicht gegeben; wer nicht suchen will, wird auch nichts finden" usw. Aber das würde den Sinn der Worte in eine falsche Richtung verschieben. Sie würden dann eine Forderung oder Bedingung stellen, ohne die auf keine Erfüllung zu rechnen wäre. Jesus will hier aber weder zum Gebet mahnen noch seine Notwendigkeit vorrücken, sondern er will das Zutrauen und die Gewißheit wecken, daß wer bittet, tatsächlich auch mit Erfüllung rechnen kann. Er spricht nicht von menschlichen Verhältnissen, sondern vom Gebet zu Gott. Wie das zu verstehen ist, zeigt das anschließende Gleichnis:

,,Wer ist unter euch Menschen, der, bittet ihn sein Sohn um Brot, ihm einen Stein biete, oder bittet er ihn um einen Fisch, ihm eine Schlange biete? Wenn Ihr, die ihr doch arg seid, könnt euren Kindern gute Gaben geben – um wieviel mehr wird euer Vater im Himmel denen Gutes geben, die ihn bitten" (Mt 7,9–11).

Es handelt sich also nicht um eine einfache Analogie zur menschlichen Erfahrung, sondern um einen Schluß a minore ad maius, vom Kleinen und Unvollkommenen zum Großen und Vollkommenen. Gewiß sind die Menschen nicht gut, sondern ,,arg"; trotzdem gibt es auch bei ihnen Fälle, da sie sich der Liebe und des Wohltuns nicht enthalten können. Ein irdischer Vater enttäuscht nicht die Bitte seines Kindes, das ihm vertraut; wieviel mehr wird der ,,Vater im Himmel", der die Güte selber ist, das kindliche Bitten der Seinen nicht enttäuschen, sondern gerne und gewiß auch erfüllen.

Zwei weitere Gleichnisse bringen denselben Gedanken noch kräftiger zum Ausdruck:

„Wer ist unter euch, der einen Freund hat und ginge zu ihm um Mitternacht und spräche zu ihm: ‚Freund, leih mir drei Brote; denn es ist ein Freund zu mir gekommen, und ich habe nichts ihm vorzusetzen' – und der drinnen würde antworten und sprechen: ‚Mach mir keine Unruhe. Die Türe ist schon abgeschlossen, und meine Kinder sind bei mir im Bett: ich kann nicht aufstehen und dir's geben.' Ich sage euch: selbst wenn er nicht aufstehen sollte und gäbe es ihm darum, daß er sein Freund ist, würde er doch um seiner Zudringlichkeit willen aufstehen und ihm geben, soviel er bedarf" (Lk 11,5–8).

Und das zweite Gleichnis:

„Es war ein Richter in einer Stadt, der fürchtete sich nicht vor Gott und scheute sich vor keinem Menschen. Es war aber eine Witwe in derselben Stadt, die kam zu ihm und sprach: ‚Schaff mir Recht gegen meinen Widersacher!' Und er wollte lange nicht. Dann aber überlegte er bei sich selbst: ‚Ob ich mich schon vor Gott nicht fürchte und vor keinem Menschen scheue, will ich dieser Witwe doch, weil sie mich nicht in Ruhe läßt, ihr Recht schaffen. Sonst kommt sie noch zuletzt und schlägt mich ins Gesicht" (Lk 18,2–5).

Auch diese beiden Gleichnisse gehen von menschlichen Gegebenheiten aus. Aber während das frühere sozusagen den günstigsten Fall wählte, um Gottes Vatergüte im Vergleich mit menschlichen Vätern dem Verständnis nahezubringen, liegen die Dinge hier gerade umgekehrt. Je unwahrscheinlicher es scheint, daß träge und bösartige Menschen sogar gegen ihren Willen sich dennoch genötigt finden, selbst solchen Menschen ihre Bitte zu erfüllen, die ihnen wenig oder gar nichts bedeuten, um so sicherer ist hier der Schluß, daß Gott, der allmächtige himmlische Vater, seine Kinder niemals im Stich lassen wird, sondern immer dazu bereit ist, ihre Bitten ohne Widerstand zu erhören[4].

---

[4] Um der Vollständigkeit willen sei hier noch ein Spruch angeführt, der nur bei Matthäus steht und in dieser Form schwerlich von Jesus stammen kann: „Wenn zwei

Fragt man nach den Gründen dieser unbedingten Zuversicht, so ist im Sinne Jesu offenbar nur eine Antwort möglich: es ist die unerschütterliche, ,,väterliche" Güte Gottes, die jeden Zweifel an der Wirklichkeit der Gebetserhörung von vornherein unmöglich macht und ausschließt. Wie aber verträgt sich diese Annahme mit der Wirklichkeit der Leiden und Enttäuschungen in dieser Welt, die sich damit doch in keiner Weise zu vertragen scheint? Es ist undenkbar, daß Jesus, der so offen die irdischen Verhältnisse sieht und schildert, den scheinbar offenkundigen Widerspruch zwischen seiner Verheißung und der alltäglichsten Erfahrung nicht gesehen habe. Dennoch bieten seine Sprüche und Gleichnisse keine Antwort und bleiben auf diese Frage stumm. Dies ist das eigentlich Rätselhafte in seiner Lehre vom Gebet.

Es wäre gewiß ein falscher Ausweg, wollte man die göttliche Erhörung überfromm auf die ,,geistlichen" Gaben beschränken und die Erfüllung materieller Bitten willkürlich beiseite lassen. Dazu geben die konkreten Beispiele in den Gleichnissen Jesu weder Anlaß noch Recht. Gewiß setzt das Gebet immer eine ernsthafte Not voraus und ist nicht dazu da, den ,,Armen", zu denen Jesus spricht, ein Leben ,,herrlich und in Freuden" (Lk 16,19), in irdischem Genuß und Überfluß in Aussicht zu stellen, und natürlich sind auch ,,geistliche" Sorgen und Bitten nicht ausgeschlossen, sondern verdienen sogar den Vorrang (Mt 6,33 = Lk 12,31). So ersetzt z. B. die lukanische Fassung des Gleichnisses vom bittenden Sohn die allgemeine Verheißung guter Gaben durch die besondere Gabe des heili-

---

von euch über irgendeine Sache einig werden, die sie erbitten wollen auf Erden, soll es ihnen widerfahren von meinem Vater im Himmel" (Mt 18,19). Der Spruch steht im Anhang zu einer ,,Gemeinderegel", die aus der Zeit ausgebildeter christlicher Gemeinden stammen muß. Sie setzt das gemeinsame Gebet der versammelten Gemeinden anscheinend schon als Normalform des christlichen Betens voraus. Danach ist das Wort zu interpretieren. Es empfiehlt nicht etwa besondere Gebetsverbrüderungen, wie sie das Mittelalter kennt, um die Kraft des Gebets zu verstärken, sondern will vielmehr die tröstliche Gewißheit vermitteln, daß ,,schon" die Bitte von zwei oder drei Christen die gleiche Verheißung besitzt wie das Gebet der versammelten Gemeinde. ,,Denn", fährt der Text bei Matthäus fort, ,,wo zwei oder drei versammelt sind in meinem Namen, da bin ich mitten unter ihnen" (Mt 18,20).

gen Geistes (Lk 11,13), und bekanntlich gibt es auch Fassungen des Vaterunsers, die eine ähnliche Bitte aufweisen oder das tägliche durch ein überirdisches Brot ersetzen. Aber selbstverständlich behält auch die Bitte um das handgreifliche tägliche Brot im Sinne Jesu ihr Recht. Jesus verbietet zwar das ,,Sorgen"; aber die Alltagsfragen ,,Was sollen wir essen? Was sollen wir trinken? Womit sollen wir uns kleiden?" sind damit nicht einfach übersprungen. Sie finden vielmehr den gleichen Trost, wie ihn die Erhörungsgewißheit des Gebets bietet: ,,Euer himmlischer Vater weiß, daß ihr all dies nötig habt" (Mt 6,32 = Lk 12,30).

Die apokalyptische Vertröstung auf den kommenden Ersatz und Ausgleich im Reiche Gottes liegt näher, dürfte aber ebensowenig ausreichen, um die bestehende Schwierigkeit wegzuerklären. Denn überraschenderweise fehlt gerade in den das Gebet betreffenden Texten jeder, auch der leiseste Hinweis auf eine ,,eschatologische" Erfüllung[5]. Es wäre daher unerlaubt, eine solche Perspektive als pauschale Lösung vorauszusetzen und einzutragen. Es ist offenbar nicht möglich, den Abgrund, der hier zwischen der Verheißung und der Erfahrung klafft, durch rationale Beobachtungen und Überlegungen von außen her zu überbrücken. Und doch wäre die Preisgabe der Hoffnung an diesem Punkt gleichbedeutend mit der Preisgabe Gottes selbst oder zum mindesten des Vertrauens auf Gottes ständige Güte und Verläßlichkeit. Die Haltung, die dieser Versuchung allein widerstehen kann, heißt bei Jesus ,,Glaube".

,,Alle Dinge sind dem möglich, der glaubt" (Mk 9,23) und: ,,Alles, was ihr bittet im Gebet, wenn ihr glaubet, werdet ihr's empfangen" (Mt 21,22; Mk 11,24)[6].

---

[5] Nur das Lukasevangelium läßt in einem Zusatz zum Gleichnis von der bittenden Witwe den ,,Herrn" im Sinne der kirchlichen ,,Naherwartung" reden: ,,Höret, was der ungerechte Richter sagt: Sollte Gott aber seinen Auserwählten nicht Recht schaffen, die zu ihm rufen Tag und Nacht, und sollte er's mit ihnen in die Länge ziehen? Ich sage euch: er wird ihnen Recht schaffen und zwar in Kürze" (Lk 18,6–8).

[6] Ob der Zusammenhang von Glaube und Gebet an dieser Stelle ursprünglich ist, was z. B. DIETER LÜHRMANN, Glaube im frühen Christentum (1976) S. 20, mit gu-

Aber dieser Glaube ist den „kleingläubigen" Menschen offenbar nicht natürlich und bedarf der „Stärkung" (Lk 17,5). Er hat für das erste keinen anderen Anhalt als die Worte und die Person des lehrenden Jesus selbst. Erst mit der Katastrophe der Kreuzigung und der nachfolgenden Auferstehung ändert sich die Situation. Der „Glaube" wird dadurch jedoch nicht entbehrlich gemacht, sondern erfährt nur eine eigentümliche Vertiefung und Konzentration.

II. Johannes

Jesu Ausage, daß alle Gebete vom „Vater" unbedingt erhört würden, ist von den Synoptikern überliefert, sonst aber im Neuen Testament nur von einem wieder aufgenommen worden, nämlich von Johannes[7]. Aber nachdem sich die ganze Macht und Feindschaft der „Welt" in seinem Tode gezeigt hatte – und besiegt war, konnte das nicht mehr unverändert und unreflektiert in derselben Weise geschehen. Der Satz hätte sonst unsinnigerweise wie eine „natürliche" Wahrheit gewirkt, die auch ohne Ihn und ohne Glauben jedermann einleuchten könnte und müßte. Jetzt erscheint die Verheißung vielmehr als eine „Offenbarung": „Wahrlich, wahrlich, ich sage euch: Was ihr den Vater bitten werdet in meinem Namen, das wird er euch geben" (16,23). Dieser Zusatz „in meinem Namen" ist neu und ist entscheidend: „Bisher habt ihr noch nichts in meinem Namen erbeten. Bittet und empfanget, auf daß eure Freude vollkommen sei" (16,24). So bleibt der Zusammenhang mit dem Ursprung der Verheißung gewahrt, und daran hängt jetzt alles.

Natürlich bedeutet „im Namen Jesu beten" nicht den Gebrauch einer bloßen Formel, durch die das Gebet äußerlich versichert und in seinem Erfolg garantiert würde. Das wäre ein abergläubisches

---

ten Gründen bezweifelt, ist bei der zentralen Bedeutung, die das Glaubensthema überhaupt besitzt, nicht wesentlich; vgl. GERHARD. EBELING, Jesus und Glaube, in: Wort und Glaube I (1960) 203–254 (238 f.).

[7] Ich benutze diese Chriffre, um das Evangelium und den späteren Johannesbrief unter sachlichen Gesichtspunkten zusammenzufassen.

Mißverständnis. Gemeint ist vielmehr, daß der Beter vom Wort und Glauben Jesu herkommen, sachlich durch ihn bestimmt und mit ihm verbunden sein muß. Die Formel als solche kann auch fortfallen: ,,Wenn ihr in mir bleibt und meine Worte in euch bleiben, so mögt ihr bitten, was ihr wollt, und es wird euch zuteil werden'' (15,7). Der erste Johannesbrief kann dieser sachlichen Verbundenheit auch einen mehr ,,praktisch'' gewandten Ausdruck geben: er erinnert an die von Jesus betonte Pflicht zur Liebe und Versöhnlichkeit: ,,Was wir ihn bitten, empfangen wir von ihm; denn wir halten seine Gebote und tun, was vor ihm gefällig ist. Und dies'' – fährt er erläuternd fort – ,,ist sein Gebot: wir sollen dem Namen seines Sohnes Jesus Christus glauben und sollen einander lieben'' (1. Joh. 3,22 f.). Andererseits ist es ebenso auch möglich, Jesus selbst als Empfänger und Erfüller des Bittgebetes anzusehen – so völlig ist seine Übereinstimmung und seine Einheit mit dem Vater selbst: ,,Was ihr bitten werdet in meinem Namen, das werde ich tun, damit der Vater verherrlicht werde in dem Sohn. Wenn ihr mich etwas bitten werdet in meinem Namen, werde ich es tun'' (14,13 f.).

Diese Zusammengehörigkeit von Vater und Sohn macht es unmöglich, in der Bindung an den ,,Namen'' Jesu so etwas wie ein Abrücken der Beter vom Vater zu sehen; sie vermittelt vielmehr gerade die neue, vollkommene Unmittelbarkeit zu ihm: ,,Es kommt der Tag'', sagt der abschiednehmende Jesus vor seinem Hingang aus der Welt, ,,da werde ich nicht mehr in Rätselworten mit euch reden, sondern euch freimütig vom Vater Kunde geben. An dem Tage werdet ihr in meinem Namen bitten, und ich sage euch nicht, daß ich den Vater für euch bitten werde; denn er selbst, der Vater, hat euch lieb, weil ihr mich geliebt und geglaubt habt, daß ich von Gott ausgegangen bin'' (16,26 f.). Dieser kommende ,,Tag'' ist der Tag des heiligen Geistes, der zugleich als ein Wiederkommen Jesu (14,18; 28; 16,16), ja, des Vaters selber zu den Seinen verstanden ist: ,,Wenn einer mich liebt und mein Wort hält, so wird ihn auch mein Vater lieben, und wir werden zu ihm kommen und bei ihm Wohnung machen'' (14,23). Die ständige Verknüpfung und leise Ver-

schiebung der „trinitarischen" Begriffe ist offensichtlich gewollt
und macht eine plumpe Dogmatisierung der Verhältnisse unmöglich. Gemeint ist immer dasselbe: es ist allein Christus, der den Zugang der Seinen zu Gott geöffnet hat und offen hält; aber diese dauernde geschichtliche „Mittlerschaft" erreicht wahrhaftig ihr Ziel
und wird so zu einer neuen „Unmittelbarkeit".

Bei Jesus ruhte die Gewißheit der Gebetserhörung auf dem Gedanken der unbegrenzten Güte des himmlischen Vaters: er hatte
seine Hörer von hier aus aufgerufen, sich als Gottes Kinder zu verstehen. Johannes interpretierte den Gedanken der Gotteskindschaft
in der gleichen neuen Weise wie die Vorstellung des Gebetes selbst.
Gewiß, Jesus kam in die Welt zu seinem Eigentum; „aber die Seinen nahmen ihn nicht auf". Darum wurde „die Macht, Gottes Kinder zu werden" nur denjenigen wirklich zuteil, „die ihn aufnah-
men" und an seinen Namen glaubten. Diese Kindschaft war gerade
nicht ein „natürlicher" Vorgang, sondern die Glaubenden wurden
durch die Sendung des Sohnes vielmehr „aus Gott gezeugt"
(1,11–13). Daß es sich hierbei um ein Geschenk und ein Wunder der
Liebe Gottes handelt, betont in gleicher Weise der Erste Johannesbrief: „Sehet, welch eine Liebe hat uns der Vater gezeigt, daß wir
Gottes Kinder heißen sollen und es auch sind" (1. Joh 3,1). Die
Jünger haben im Johannesevangelium diese Stufe der Vollendung
zunächst noch nicht erreicht. Sie tappen in ständigem Mißverstehen
dessen, was Jesus in Wahrheit will. Erst mit seinem Hingang zum
Vater und mit dem Empfang seines Geistes sind sie wahrhaft zum
Glauben befreit und Gottes Kinder geworden. Dementsprechend
heißt Jesus zunächst auch allein „der Sohn", und erst mit seinem
Scheiden ändert sich das Bild. Erst da kann Jesus die Jünger als seine
eigenen „Brüder" anerkennen. Seine letzten Worte an Maria Magdalena lauten: „Gehe hin zu meinen Brüdern und sage ihnen: Ich
steige empor zu meinem Vater und zu eurem Vater und zu meinem
Gott und zu eurem Gott" (20,17). Die Jünger sind Jesus damit in
gewisser Weise an die Seite gestellt. Was bedeutet das für ihr Gebet?
Um dies zu verstehen, müssen wir uns jetzt Jesus zuwenden und
dessen eigenes, eigentümliches Beten näher ins Auge fassen.

In den synoptischen Evangelien war das Beten Jesu kein zentrales Thema gewesen[8]. Jesus vollbringt all seine Wunder und Machttaten aus eigener Kraft, ohne Gebet, und auch die Rat- und Beistandsuchenden in seiner Umgebung beten nicht zu Gott, sondern wenden sich um Hilfe unmittelbar an ihn. Daß Jesus persönlich gebetet habe, wird zwar vorausgesetzt; aber dazu zieht er sich bei bestimmten Gelegenheiten allein in die Einsamkeit zurück, und wir erfahren über den Wortlaut seiner Gebete nichts[9]. Erst in der Passionsgeschichte finden sich einige kurze, aber betonte Gebete Jesu wörtlich angeführt. Sie haben keinen Anspruch auf Echtheit[10] und sollen vor allem die Gesinnung illustrieren, mit der er sein Leiden auf sich nahm. Daß dies in vollendetem Gehorsam, aber doch nicht ohne natürliches Grauen und Widerstreben geschah, zeigt vor allem das Gebet in Gethsemane. Ein Zusatz des Matthäusevangeliums läßt Jesus bei der Gefangennahme darüber hinaus sogar bewußt auf jedes weitere Gebet um Hilfe verzichten, damit alles nach der Schrift so vollendet werde, wie es vollendet werden „muß" (Mt 26,53 f.).

Im Johannesevangelium ist diese Entwicklung in gewisser Weise zum Abschluß gekommen; aber gleichzeitig setzt hier eine neue und andersartige Reflexion ein, die den Gedanken des Gebets im üblichen Sinne überholt. Jesus erscheint hier mit dem Willen des Vaters von vornherein in einem solchen Maße einig und geeint, daß von einem „Zittern und Zagen" angesichts des bevorstehenden Leidensweges, geschweige denn von einem Widerstand dagegen überhaupt nicht mehr die Rede sein kann. Nur ein schwacher Schatten der natürlichen Beklommenheit zieht für kurze Zeit durch sein Gemüt, ohne ihn irgend zu verwirren: „Jetzt ist mein Gemüt in Angst, und was soll ich sagen – etwa: Vater, errette mich aus dieser Stunde?

---

[8] Das übliche Tischgebet gewinnt nur im Blick auf das letzte Abendmahl tiefere Bedeutung.

[9] Der feierliche, mit dem „Heilandsruf" verknüpfte Dank und Lobpreis (Mt 11, 25–27 = Lk 10,21 f.) kann m. E. nicht als echt gelten.

[10] Das Gebet in Gethsemane (Mt 26,39 parr 42) hatte keine Zeugen; die Gebete Mt 27,46 parr. und Lk 23,46 sind aus dem Psalter erschlossen, und Lk 23,34 (Jes 53,12) ist auch textlich unsicher überliefert.

Nein, dazu bin ich doch in diese Stunde gekommen. Vater, verherr-
liche Deinen Namen" (12,27 f.)[11]. Selbst der sterbende Jesus wird
am Kreuz kein Gebet mehr sprechen; er schließt mit einem uner-
schütterlichen: ,,Es ist vollbracht" (19,30).

Für uns ist hier die Fortsetzung der vorhin berührten Szene vor
allem interessant. Auf den Gebetsanruf Jesu, heißt es, ,,da erscholl
eine Stimme vom Himmel: ,Ich habe ihn verherrlicht und werde ihn
abermals verherrlichen' " – nämlich den Namen des Vaters durch
die ,,Erhöhung" Jesu am Kreuz. Die Umstehenden wissen nicht,
wie sie dieses Wunder deuten sollen; Jesus aber erklärt es: ,,Um
meinetwillen ist diese Stimme nicht erschollen, sondern um euret-
willen." Sie zeigt, daß jetzt, in der Vollendung des Lebens Jesu,
,,das Gericht über die Welt" hereinbricht und ,,der Fürst dieser
Welt" verbannt wird (12,28–31). Jesus selbst hatte also eine derartige feierliche Bejahung seines Wunsches von seiten Gottes gar nicht
nötig.

Was damit gemeint ist, wird in der Erzählung von der Erweckung
des Lazarus deutlicher entfaltet. Jesus befindet sich hier im Unterschied zum vorigen Gespräch unter Menschen, die ihn verehren
und seiner Wundermacht vertrauen. Sie meinen, wäre Jesus nur
eher gekommen, so wäre Lazarus nicht gestorben (11,21.32.37; vgl.
11,15). Maria ist sogar bereit, auch jetzt noch darauf zu bauen, daß
alles, worum Jesus Gott bittet, ihm auch zuteil werden würde
(11,22). Doch selbst dieser ungewöhnlich kühne Glaube hat das
wahre Wesen Jesu noch nicht erfaßt. Es ist nicht an dem, daß Jesus
jeweils von Fall zu Fall Gottes besonderen Beistand erbitten müßte,
um helfen zu können; er selbst ist ,,die Auferstehung und das Leben", und diese Lebenskraft tritt nicht erst am Jüngsten Tage in Erscheinung, sondern ist in seiner Person schon jetzt für alle gegenwärtig; jeder, der lebt und an ihn glaubt, wird in Ewigkeit nicht
mehr sterben (11,24–26).

Das nachfolgende Wunder der Erweckung ist nur die Illustration

---

[11] Dies ist im Gegensatz zu den älteren Bibelausgaben wohl die richtige Übersetzung des schwer zu interpungierenden Textes.

dieser Wahrheit; sie macht aber auch den Sinn des Betens Jesu endgültig klar. Jesus spricht am geöffneten Lazarus-Grab ein Gebet; aber es ist kein Bittgebet, sondern ein Dankgebet für die Erhörung, obgleich die Erweckung selbst noch gar nicht stattgefunden hat: „Vater, ich danke dir, daß du mich erhört hast" (11,41). Aber die scheinbare Paradoxie dieser Aussage findet sogleich ihre Erklärung: „Doch ich wußte, daß du mich allzeit hörst; aber um des Haufens willen derer, die hier herumstehen, habe ich so gesprochen, damit sie glauben, daß du mich gesandt hast" (11,42). Jesus selbst bedurfte also des besonderen, abgegrenzten Gebetes für die eigene Person keineswegs. Er steht mit seinem Vater in einer dauernden, nie abreißenden Verbindung und hängt mit ihm so innig zusammen, daß von hier aus das Vorher und Nachher einer Erhörung bedeutungslos wird und ein bestimmtes, den Abstand erst überbrückendes Gebet sich erübrigt. Jesus spricht es nur, damit die Menschen es hören, dieser wunderbaren Übereinstimmung gewahr werden und daraus seine Sendung „erkennen", d. h. daß sie begreifen, woher Jesus in Wahrheit stammt und ausgegangen ist: „Wer mich sieht, der sieht den Vater" (14,9); denn „ich und der Vater sind eins" (10,30). In dieser Erkenntnis beruht das Heil.

Darum sollen die Jünger Jesu, die an ihn glauben, nun in dies wunderbare Verhältnis miteinbezogen werden. Dies ist der letzte Sinn seiner „Sendung", wie es im sogenannten „hohenpriesterlichen Gebet" des scheidenden Heilands abschließend enthüllt wird. Dies Gebet ist ein Gebet der Fürbitte, das Jesus vor den Seinen und für sie an den Vater richtet; und es ist andererseits – wieder in einer gewissen zeitlichen Vorwegnahme – ein Rückblick auf das als schon vollendet gesehene Lebenswerk des Erlösers selber. Es verspricht, daß die gegenwärtigen und die zukünftigen Jünger, die an Jesus glauben, immer mit ihm vereint bleiben und seine Herrlichkeit schauen sollen. „Ich habe die Herrlichkeit, die du mir gegeben hast, ihnen gegeben, damit sie eins. seien, so wie wir eins sind – ich in ihnen und du in mir, damit sie vollendet seien in eins, damit die Welt erkenne, daß du mich gesandt hast und sie liebest, so wie du mich geliebt hast" (17,22 f.). Das ursprüngliche Verhältnis, in dem Jesus zu Gott stand, soll jetzt also durch Jesus nach Gottes Willen auch auf die Jünger Jesu ausgedehnt werden.

Diese Teilhabe und Einbeziehung gilt auch für den Auftrag und das Schicksal der Jünger in der Welt. Sie sollen der Welt nicht entnommen werden (17,15), sondern sie sollen wie Jesus in der Welt für Jesus zeugen, damit durch ihr Wort auch andere fähig werden, an ihn zu glauben (17, 20 f.). Die Bindung an Jesus selbst bleibt dabei immer entscheidend; denn „ohne mich könnt ihr nichts tun" (15,5). Und so wie Jesus mit seiner Botschaft die Feindschaft und den Haß der Welt erregte, werden auch die Jünger gehaßt und verfolgt werden (15,20), obwohl oder gerade weil sie sein Werk fortführen und dabei noch größere Werke vollbringen als er (14,12). „Ich habe euch erwählt und gesetzt, daß ihr hingehet und Frucht bringet und eure Frucht bleibe, damit alles, was ihr vom Vater in meinem Namen bittet, er euch gebe" (15,16,23).

Damit ist die Voraussetzung und der genaue Ort des Gebets umschrieben. Die johanneische Lösung des Erhörungsproblems liegt in der vollkommenen Gesinnungseinheit mit Jesus und dadurch mit dem Vater selbst. Indem die Jünger Jesu den Willen des Vaters auch im Leiden freudig und willig erfüllen, stehen sie in der Gewißheit des vollkommenen Einseins mit Christus und haben über diese Einigung hinaus nichts mehr zu wünschen. Dies erklärt auch die merkwürdige Inhaltlosigkeit und Leerheit ihres immer schon erfüllten Gebets. Wie bei Jesus selbst ist die Vorstellung eines besonderen Gebets überflüssig geworden. Das Gebet hat es nicht mehr nötig, die vorherige Entfremdung zu überwinden – und aus dem Bittgebet wird das Dankgebet[12] und die vollendete Anbetung Gottes selbst.

---

[12] Dieser Gedanke findet sich in Bultmanns großartiger Auslegung der Lazaruserweckung statt auf die Gläubigen auch auf Jesus selber angewandt. Das Evangelium nach Johannes (1941) 312: „Er steht ständig als der Bittende und damit als der Empfangende vor Gott. In ihm ist verwirklicht, was als eschatologische Möglichkeit den Seinen verheißen ist." Indessen ist im Evangelium (trotz der „Erhörung") niemals von einem Bitten Jesu die Rede, und an der betreffenden Stelle geht es im Gebet Jesu gerade um den einzigartigen und bleibenden Vorsprung seiner wesenhaft mit Gott geeinten Person: deren wunderbare „Sendung" sollen die Zuhörer durch sein Beten

Was das heißt, hat das Gespräch Jesu mit der Samariterin in einer großen Vision prophetisch ausgesprochen. Der alte „Gottesdienst" der Menschen ist durch das Kommen Jesu überwunden: „Glaube mir, Weib, es kommt die Stunde, da ihr weder auf diesem Berge noch in Jerusalem den Vater anbeten werdet" (4,21). Schon in der programmatischen Erzählung von der Tempelreinigung hatte das Johannesevangelium das Wort vom Tempel als dem „Bethaus", das die älteren Evangelisten an dieser Stelle boten, nicht zufällig fortgelassen (2,16). Trotzdem ist jetzt natürlich mehr gemeint als die bloße Aufhebung einer kultischen Ortsgebundenheit; sie wäre weder für die Juden noch für gebildete Heiden eine Neuheit gewesen. Es geht hier um eine neue Erkenntnis und eine neue Form des Betens und Anbetens schlechthin: „Ihr betet an, was ihr nicht kennt; wir beten an, was wir kennen[13]. Es kommt die Stunde und ist jetzt da, daß die wahrhaften Anbeter Gott in Geist und Wahrheit anbeten werden; denn der Vater sucht die, die ihn also anbeten. Gott ist Geist, und die ihn anbeten, müssen ihn in Geist und Wahrheit anbeten" (4,22–24). Das heißt: Gott will durch dieselbe Kraft angebetet werden, die er selber ist. Es geht nicht um eine neue Weise des Betens, nicht um die Geistigkeit oder Wahrhaftigkeit des Gebetes, sondern um ein neues Sein, ein neues Einig- und Einssein mit Gott selbst. Und dies schenkt niemand als der alles vollendende Messias (4,25), der in seinem Geist gegenwärtige Jesus Christus selbst.

III. Schlußbetrachtung

Für Johannes ist nach dem Dargelegten die Vollendung des Glaubens als solche auch das Ende des Gebets, zumindest des Bittgebets im bis dahin üblichen Sinne. In der vollendeten Einigung mit

---

erkennen. Die an und für sich richtige relative Analogie Christi mit den Christen ist hier zu weit getrieben.

[13] Den hier übergangenen Satz „denn das Heil kommt von den Juden" kann ich mit zahlreichen Auslegern nur als einen schlecht placierten Einschub beurteilen.

Christus wird das Gebet zur unmittelbaren Anbetung Gottes und
damit zur endgültigen Erfüllung des Lebens durch ihn. Danach sind
die Worte von der Erhörung jeder denkbaren Bitte zu verstehen:
das völlige Einvernehmen mit dem Willen Gottes läßt wie bei Jesus
selbst Erwartung und Erfüllung, das Bitten und das Erhörtwerden
tatsächlich in eins fallen. Diese Einigung darf aber nicht enthusia-
stisch oder mystisch interpretiert werden – als seliges Erleben im
schweigenden ,,Stillstand" vor Gott. Es ist grundsätzlich mit der
Erfüllung des göttlichen Willens in der Welt verbunden, d. h. die
Jünger sind berufen, in der Welt den ,,Namen" Jesu zu bezeugen
und Gott dadurch zu ,,verherrlichen". Das bedeutet weiter, daß
dies Zeugnis gegenüber der widerstrebenden Welt immer auch zum
Leiden, zu Verfolgungen und zum Sterben führen wird. ,,Der
Sklave ist nicht mehr als sein Herr. Haben sie mich verfolgt, so werden sie euch auch verfolgen" (15,20). Als letztes irdisches Ziel erscheinen also das Leiden und die Seligkeit des Martyriums[14]. Der
Grund und die Folge des wunderbaren Einseins mit Gott liegt also
in der Nachfolge auf dem Wege Jesu und in der erneuten Übernahme seines vollendeten Geschicks.

Ist eine solche Betrachtungsweise nicht schlechthin phantastisch,
schwärmerisch und häretisch? Ein solches, auf den ersten Blick na-
heliegendes Urteil wäre meines Erachtens voreilig und schief. Denn
es wäre ein Mißverständnis, wollte man in der johanneischen Auffassung der Jüngerschaft die einfache Beschreibung einer planen
Wirklichkeit und eines ein für alle Mal erreichten Zustands erblik-
ken. Dagegen spricht schon die Eigentümlichkeit der johanneischen
Eschatologie mit ihrem Ineinander von ,,Einst" und ,,Jetzt", von
Weissagung und Erfüllung – in der Gegenwärtigkeit. Es geht hier
um eine besondere Art der Vollendung, auf die die Christen zwar
ständig ,,in Geist und Wahrheit" bezogen sind, die ihnen aber doch

---

[14] Der ausgebildete Begriff von ,,Martyrium" oder ,,Märtyrer" begegnet im Johannesevangelium bekanntlich nicht; doch möchte ich seinen Ursprung nach wie vor
im johanneischen Bereich vermuten; vgl. mein Buch über ,,Die Idee des Martyriums
in der alten Kirche" (1936. ²1964) 37 ff. mit dem Nachtrag.

nur solange wirklich zu eigen ist, als sie an Christus, dem Wein-
stock, hangen bleiben. Es handelt sich also nicht um eine frei
schwebende, in sich selbst vollendete Wirklichkeit, sondern um das
Bezogensein auf eine außerhalb ihrer selbst liegende Größe, die ihnen Bestand gibt, also nicht um „Schwärmerei", sondern, modern
gesprochen, um ein dialektisches Verhältnis. Darauf weist nicht nur
das ständige Straucheln, Versagen und Nicht-Verstehen der Jünger
bis in die Abschiedsreden und bis ins Passionsgeschehen hinein, so
daß ihr Glaube nur in der Fürbitte und Verheißung Jesu den letzten
Halt zu besitzen scheint, sondern dafür gibt es ein noch untrügli-
cheres Symptom: auch das Johannesevangelium kennt die Erfahrung der Christensünde. Jesus selbst gibt – nach der Auferstehung –
seinen Jüngern die Macht, ihr zu begegnen und sie zu bekämpfen:
„Nehmet hin den heiligen Geist. Welchen ihr die Sünden vergebt,
denen sind sie vergeben; welchen ihr sie behaltet, denen sind sie behalten" (20,23). Der noch konkreter und pastoraler redende Erste
Johannesbrief hat diese Sicht der Wirklichkeit ausdrücklich auf jedes Christenleben bezogen: es wäre „Lüge", wollte jemand für sich
Sündlosigkeit in Anspruch nehmen. Die wahre Reinheit besteht
vielmehr darin, daß er sich immer von neuem von der Sünde scheidet, und das geschieht allein dadurch, daß er seine Sünden bekennt
und die Versöhnung durch Christi Blut empfängt (1. Joh 1)[15]. So
erscheint hier – und nur hier im Neuen Testament – der Gedanke
der ständigen Sündhaftigkeit und ihrer immer neuen Überwindung
durchaus im Sinne des lutherischen „gerecht und Sünder zugleich".
   Trotzdem haben sich die johanneischen Kreise, wie es scheint, in
eigenen Konventikeln zusammengeschlossen. Im Rahmen einer
gemeinchristlichen, etwa paulinischen Gemeinde wäre ihr Glaube
an die geistgewirkte Vollkommenheit in der Tat wohl kaum zu halten gewesen. Diese Kreise sind, obwohl keineswegs kirchenfeind-
lich, alsbald mit den amtlichen Vertretern eines Normalchristen-

---

[15] Hier beginnt auch das Eintreten der Christen für einander (1. Joh 3,17) und die
Fürbitte für den sündigen Bruder (1. Joh 5,17). Im Evangelium waren Eintreten und
Fürbitte noch auf den einen Jesus beschränkt.

tums zusammengestoßen (3. Joh) und in diesen Konflikten zu Grunde gegangen. Die Idee eines besonderen Zusammenschlusses der „ernsten", vom Geist gelehrten Christen ist darum freilich nicht untergegangen. Er ist im Lauf der Kirchengeschichte immer wieder aufgetaucht und in meist kurzlebigen Versuchen mehr oder weniger verwirklicht worden[16]. Es fällt nicht schwer, mit solchen Versuchen vom Standpunkt eines streng katholischen oder eng reformatorischen Standpunkts aus ins Gericht zu gehen. Aber wer in der Bildung solcher Gruppen nicht wenigstens eine Frage vernimmt, wird wohl auch „Johannes" mit dem, was er sagt, mißverstehen und irgendwie einebnen oder konsequenterweise überhaupt verwerfen müssen. Dessen Jünger haben es indes nicht nötig, das „Zeugnis von Menschen" anzunehmen (1. Joh 5,9), und können sich darauf berufen, daß „wer an den Sohn Gottes glaubt, das Zeugnis in sich selbst hat" (1. Joh 5,10), und „das Wort Gottes bleibt in ihm" (1. Joh 2,14).

Blicken wir dagegen auf die ursprüngliche Verheißung Jesu von hier aus zurück, so wird man nicht sagen können, daß die johanneische Auslegung sie tatsächlich eingeholt und völlig erschöpft habe. Sie interpretiert sie vielmehr nur in einer bestimmten Richtung für eine bestimmte Art des Christseins und entspricht darin ihrer einseitig „monophysitischen" Sicht der Gestalt Jesu selbst. Diese ist nicht die einzig mögliche. Rein historisch beurteilt, hat die Passionsdeutung der Synoptiker zweifellos mehr „Wahrscheinlichkeit" für sich. Ihr entspricht das Gebet Jesu in Gethsemane, in dem das natürliche Wollen dem Willen Gottes zwar gehorsam, aber gleichwohl nicht ohne schmerzliches Widerstreben entgegen-

---

[16] Am nächsten kommt dem johanneischen Jünger – trotz der idealistischen Fassung – der vollkommene wahre Gnostiker bei Klemens von Alexandrien (Klemens selbst bezeichnet sich nicht als einen solchen). Weiter wäre an die Klostergemeinschaft Basilios des Großen, an den Messalianismus eines Symeon (Pseudo-Makarios), im Westen u. a. an Franz und die Franziskaner-Spiritualen zu erinnern, in der Neuzeit besonders an die Brüder-Gemeinde, die sich nicht als Sekte verstehen wollte und z. T. dennoch als solche verfolgt wurde.

kommt, insofern also einer „dyophysitischen" Christologie gemäß
wäre. Dies Gebet ist in der Nachfolge Jesu von unzähligen Christen
wiederholt worden. Es trägt der Erfahrung von Anfechtung und
Leiden viel stärker Rechnung; und es begründet im Blick auf Jesu
Auferstehung die Hoffnung auf künftige Erlösung und Erfüllung,
die man in Geduld erwarten muß. Das ist dem kindlichen Vertrauen
zum Vater gewiß nicht unangemessen; aber es bedeutet doch eine
Abschwächung und Hinausschiebung der ursprünglichen Erhörungsgewißheit.

So steht auch diese eschatologische Erklärung der Jesusworte zu
ihrer ursprünglichen Offenheit in einer gewissen Spannung. Einzig
der nackte Glaube, der Gott weder Zeiten noch Bedingungen vor-
schreibt, entspricht der Verheißung ganz und gar, die ohne Wenn
und Aber gegeben wurde. Und er vermag es, sich auf diese Verheißung einzulassen – nicht einfach „blind", sondern „im Aufsehen
auf den Anfänger und Vollender unseres Glaubens" (Hb 12,2), der
ihn selbst gelehrt, bis zum Tode bewährt und mit einem neuen Leben bestätigt hat.

Zur Perikope von der Ehebrecherin (Joh 7,53–8,11)

Liegt der Erzählung von Jesus und der Ehebrecherin, Joh 7,53–8,11, ein historischer Vorfall zu Grunde? Seit Ulrich Becker dieser Perikope 1963 ein ganzes Buch gewidmet hat[1], scheinen die Neutestamentler fast ausnahmslos geneigt, diese Frage zu bejahen[2]. Mir sind jedenfalls seitdem nur mehr oder weniger vorsichtige Zustimmungen und keine einzige entschiedene Ablehnung begegnet[3]. Ich finde das erstaunlich, und das mag die folgenden Bemerkungen rechtfertigen. Auf eine ausführliche Widerlegung aller, z. T. recht skurriler Argumente, die für die Echtheit ins Feld geführt werden, will ich mich nicht einlassen. Es genügt, die konvergierenden Gründe zusammenzustellen, die die Annahme der Echtheit m. E. unmöglich machen und eine spätere, apokryphe Entstehung der Erzählung fordern.

Auf die überlieferungsgeschichtlichen Verhältnisse brauche ich nicht näher einzugehen; denn sie sind bekannt und im wesentlichen unbestritten. Wir haben es in unserem Text nicht mit einer Einzelerzählung zu tun, sondern mit dem aus dem Zusammenhang gerissenen Stück eines Evangeliums. Das zeigen die ersten Sätze mit hinlänglicher Klarheit[4]. Das Evangelium selbst ist verloren und wurde

---

Aus: Zeitschrift für die Neutestamentliche Wissenschaft 68, 1977, S. 164–175.

[1] U. BECKER, Jesus und die Ehebrecherin. Untersuchungen zur Text- und Überlieferungsgeschichte von Joh. 7,53–8,11 (1963).

[2] Ich bin für den Nachweis der Literatur Herrn Kollegen HARTWIG THYEN zu besonderem Dank verpflichtet.

[3] GÜNTHER BORNKAMM hat sie in seinem Jesus-Buch ([10]1975) allerdings nirgends erwähnt und damit steillschweigend verworfen. Ich zweifle nicht daran, daß viele mit ihm übereinstimmen, aber des ständigen Streitens müde geworden sind.

[4] Joh 7,53 und 8,1 gehören nicht mehr zum johanneischen Text, sondern bilden den ursprünglichen Übergang zur folgenden Perikope.

vielleicht als irrig verworfen; aber auf die schöne Geschichte wollte man offenbar trotzdem nicht verzichten. Sie wurde später an verschiedenen Stellen des Johannes-, z. T. auch des Lukasevangeliums eingeschoben. Mit diesem letzten erscheint sie auch ihrem Geiste nach verwandt[5]. Doch spielt die Perikope in den großen Bußauseinandersetzungen um 200 noch nirgends eine Rolle. Die erste sichere Erwähnung findet sich in der Didaskalia, also im dritten Jahrhundert[6]. Allgemeiner bekannt wird sie im Westen anscheinend erst während der zweiten Hälfte des vierten Jahrhunderts: Pacian von Barcelona, Ambrosius und Augustin berufen sich auf sie, müssen sie aber z. T. noch gegen Zweifel in Schutz nehmen. Der griechische Osten bleibt noch länger mißtrauisch[7]. Damit ist die Möglichkeit eines hohen Alters der Geschichte selbst noch nicht ausgeschlossen[8]; aber andererseits sind diese Daten gewiß auch nicht geeignet, ein besonderes Zutrauen in ihre „Echtheit" zu begründen.

Form und Stil der Perikope sind ungewöhnlich. Sie beginnt wie eins der zahlreichen Streitgespräche über das Gesetz – hier aller-

---

[5] R. SCHNACKENBURG, Das Johannesevangelium II, 1971, 226, Anm. 1: „Eine lukanische Herkunft des Stückes, die mehrfach behauptet wurde, lehnt Becker (70 f.) ab, wohl mit Recht; aber eine stilistische und sachliche Nähe zur lukanischen Tradition bleibt bestehen."

[6] BECKER S. 92 ff. möchte erneut schon Papias für die Perikope namhaft machen, der nach Eusebios, Hist. eccl. III 39, 17 angeblich aus dem Hebräerevangelium eine Geschichte περὶ γυναικὸς ἐπὶ πολλαῖς ἁμαρτίαις διαβληθείσης ἐπὶ τοῦ κυρίου kennt. Wenn aber RUFIN in seiner Übersetzung daraus eine *mulier adultera* macht, so kann ihm dabei durchaus dieselbe Verwechselung unterlaufen sein wie so vielen späteren Kommentatoren. Es muß also bei PH. VIELHAUERs Urteil (bei HENNECKE-SCHNEEMELCHER, Neutestamentl. Apokryphen I, 1959, 78) bleiben: daß die Gleichsetzung nicht mehr als »nur eine mögliche Hypothese« ist.

[7] K. ALAND, Studien zur Überlieferung des Neuen Testaments und seines Textes, 1967, 39–46, nimmt aus allgemeinen kanongeschichtlichen Erwägungen an, „daß die Perikope bereits im 2. Jahrhundert ihren Weg in die später[en] kanonischen Evangelien begann". Mir erscheint dies jedoch zweifelhaft: Warum hat sie dann in den Bußdiskussionen des späten zweiten und noch des dritten Jahrhunderts vor der Didaskalia nirgends eine Rolle gespielt? Auch nach Schnackenburg, 235, hat die Perikope „jedenfalls kaum vor dem 3. Jh. Eingang in den Vier-Evangelien-Kanon gefunden".

[8] So spricht auch G. DELLING, Art. „Ehebruch" in RAC IV, 675 von einer „vermutlich alten Überlieferung".

dings nicht mehr als theoretische Debatte, sondern innerhalb einer konkreten, aufs äußerste gespannten Situation. Die Antwort Jesu weicht einer direkten Entscheidung aus, verändert die Lage gleichwohl von Grund auf, und es folgt die Wechselrede mit der Sünderin selbst. Sie bildet den eigentlichen Höhepunkt der „zweigipfeligen" Komposition. Diese ist nach den üblichen Kategorien kaum einzuordnen. „Vielleicht", meint Schnackenburg etwas resigniert, „sind unsere formgeschichtlichen Schemata für solche Geschichten der Evangelienüberlieferung zu starr"[9]. Dabei ist diese doppelte Szene – trotz zahlreicher Varianten – im ganzen zweifellos einheitlich entworfen und gestaltet. Die edle Schönheit der Erzählung hat von jeher zu ihrer Beliebtheit beigetragen. Nur ist das kein Grund, sie daraufhin für „historisch" zu halten. Im Gegenteil, gerade die psychologische Feinheit ihrer Ausführung und die vielen ausmalenden Einzelzüge sind unter diesem Gesichtspunkt verdächtig. Man denke zum Vergleich etwa an die nicht minder kunstvolle Szenenfolge der gewiß legendarischen Vorgeschichte bei Lukas. Das anfängliche Schweigen Jesu, das zweimalige, gebückte Schreiben auf dem Erdboden[10], das Hin und Her im Gespräch mit der Ehebrecherin – all diese Einzelheiten wirken „novellistisch"[11] und literarisch und, historisch geurteilt, sehr wenig ursprünglich. Dazu kommen nun die zahlreichen Unwahrscheinlichkeiten der

---

[9] A.a.O. 234.

[10] R. Brown, The Gospel according to John, 1966, 333 f., und H. Baltensweiler, Die Ehe im Neuen Testament 1967, 125–128, zählen nicht weniger als fünf, z. T. weiter differenzierbare Erklärungen für diesen wahrscheinlich doch nur die überlegene Ruhe Jesu illustrierenden Zug. Baltensweiler selbst erwägt die Möglichkeit, daß „das Bücken Jesu in seiner spezifischen Bedeutung nicht mehr verstanden wurde" und „schon sehr früh das Bücken als ein ‚Schreiben auf die Erde' interpretiert wurde". (!) Am ehesten hat die schon von Ambrosius, Hieronymus und Augustin vertretene Erwägung ein Recht auf Beachtung, wenn sie zur Erklärung auf Jer 17,13 verweisen: „Die dich verlassen, müssen in die Erde geschrieben werden." Aber kann man solche verborgene, unaufgeklärte Symbolik wirklich voraussetzen? J. D. Derrett, Law in the New Testament: The story of the woman taken in adultery, NTS 10, 1963/4,1–26, bes. 16 ff., errät sogar den genauen Text, den Jesus niederschrieb: erst nämlich Ex 23,1 b, später 23,7 a.

[11] R. Bultmann, Die Geschichte der synoptischen Tradition, ²1931, 67.

eingangs vorausgesetzten Situation und im Ablauf des Geschehens selbst. Wir wollen einmal voraussetzen, es sei in dieser späten Zeit wirklich noch rechtens gewesen, jede Ehebrecherin mit dem Tode zu bestrafen – und schon dies ist fraglich[12]. Aber wie kommen dann die Schriftgelehrten und Pharisäer, wenn sie eine ertappte und verurteilte Ehebrecherin[13] zur Exekution begleiten[14], auf den Gedanken, Jesus im Tempel aufzusuchen, um mit ihm über den Fall zu debattieren? Oder, handelt es sich – wahrscheinlicher – um ein mehr tumultuarisches Vorgehen, bei dem das Urteil noch aussteht[15] – warum schiebt man es nun ausgerechnet Jesus zu? Eine wahrscheinlich sekundäre Variante[16] bietet eine der Zinsgroschengeschichte entlehnte Erklärung an: man wollte Jesus damit ,,versuchen", um ihn nachher verklagen zu können. Aber wieso das? Rechnete man darauf, Jesus werde in seiner Barmherzigkeit und ,,Sünder"-Freundschaft geradezu gegen das feierlich zitierte Gesetz Stellung nehmen? Oder sollte er im Fall einer Zustimmung den Römern denunziert werden, die sich das ius gladii vorbehalten hatten[17]? Noch

---

[12] Dies ist ein Punkt, auf den mich Herr Kollege KLAUS BERGER, besonders hinwies: nach H. SCHULZ, Das Todesrecht im A. T. (1969), handelt es sich in vielen Fällen hier von Anfang an mehr um ,,sakralrechtliche Deklarationen" als um Sanktionen. Für die Behandlung speziell von Ehebrecherinnen in der Spätzeit vgl. K. BERGER, Volksversammlung und Gemeinde Gottes, ZThK 73, 1976, 175, Anm. 48.

[13] Auf die rabbinisch-knifflige Frage, ob es sich dabei wirklich um eine Ehefrau und nicht vielmehr um eine Verlobte handelte, brauchen wir hier nicht einzugehen. Dagegen SCHNACKENBURG, 266 f.

[14] Daß das Urteil – trotz V. 10! – bereits gefällt war, folgert J. JEREMIAS, Zur Geschichtlichkeit des Verhörs Jesu vor dem Hohen Rat, ZNW 43, 1950/51, 148 f. wie schon BILLERBECK II, 520, m. E. allzu scharfsinnig aus der Anwesenheit der Schriftgelehrten.

[15] DERRETT, 9 ff., und andere rechnen mit einer Art Lynchjustiz.

[16] Der V. 6 a steht bei NESTLE in Klammern und fehlt in der Rekonstruktion von BECKER, 73. Es ist nach der wirren Überlieferungsgeschichte des Textes in keiner Weise erstaunlich, daß er eine Fülle von Varianten aufweist.

[17] Dies ist eine durch die Parallele der Zinsgroschengeschichte (o. Anm. 16) nahegelegte Hypothese, die besonders von J. JEREMIAS, zuletzt: Neutestamentliche Theologie I: Die Verkündigung Jesu, 1971, 77, Anm. 15, vertreten wird. Dagegen DERRETT, 12 und Becker 170 f.

---

phantastischer ist die gleichfalls vertretene Annahme, die Frager
seien sich selbst nicht einig gewesen, welche Todesart zu wählen sei.
Jesus sollte entscheiden, ob die im Gesetz vorgeschriebene Steinigung oder die Erdrosselung für die Ehebrecherin passender sei[18] –
dies letzte eine später übliche Form der jüdischen Hinrichtung, für
die wir aus der Zeit Jesu allerdings noch keinen Beleg besitzen[19].
Ferner: Wo ist der Ehebrecher geblieben? Wo die Zeugen? und vor
allem: Wo ist der Ehemann? Fragen über Fragen! Ich weiß wohl,
daß bei entsprechendem Eifer und gelehrtem Wissen sich auf jede
dieser Fragen irgend eine Antwort finden läßt und auch – keineswegs einhellig – gefunden ist; nur scheint der Text selbst von all diesen Problemen gar nichts zu wissen. Die frisch erzählten Einzelzüge
seines Berichts sind schwerlich dafür gedacht, den rückfragenden
Juristen und Historikern das erforderliche Material zur Verfügung
zu stellen. Die nächstliegende Erklärung ist vielmehr, daß der Erzähler seine Geschichte in ganz anderer Absicht frei entworfen und
ausgestaltet hat, ohne das geringste von den Schwierigkeiten zu ahnen, die die kundigen Ausleger später darin entdecken sollten.

Dies gilt auch für die seltsame Auflösung des Tumultes. Es ist
zweifellos sehr eindrücklich beschrieben, wie sich die Ankläger
nach der beschämenden Antwort Jesu einer um den andern ver-
krümeln, so daß die Frau allein vor Jesus zurückbleibt, der sich
abermals niederbückt und schweigend zu schreiben fortfährt; aber –
ist so ein Ablauf wirklich wahrscheinlich? Gleichviel, ob das
Todesurteil schon gefällt war oder ob es sich um eine geplante
Lynchjustiz handelte, ein so friedliches Ende der drohenden Katastrophe grenzt doch ans Wunderbare. Man kann natürlich auf die
persönliche Überlegenheit und Würde Jesu verweisen, die auch das
fast Ungewöhnliche und Unglaubliche zu bewirken imstande war.

---

[18] Diese m. E. völlig situationswidrige Erklärung entwickelt der „vermutungs-
freudige" (E. FASCHER, ThLZ 89, 1964, 916) Becker, 165 ff.; zustimmend BAL-
TENSWEILER, 128 ff.

[19] D. DAUBE, Origen and the Punishment of Adultery in Jewish Law, StPatr 2,
1957, 109–113.

Aber mich erinnert diese Schilderung doch schon an die Szene der Gefangennahme, so wie sie das Johannesevangelium überhöhend dargestellt hat[20]. Die Häscher weichen vor der göttlichen Hoheit Jesu zurück und stürzen sogar zu Boden. Das entspricht dem späteren Glauben an die Unüberwindlichkeit des Gottessohnes, aber schwerlich den wirklichen Möglichkeiten des geschichtlichen Lebens Jesu, hier wie dort.

Wir wenden uns nun dem eigentlichen, sachlichen Gehalt und der besonderen Aussage unserer Perikope zu und betrachten zunächst den Gegenstand der Auseinandersetzung als solchen. Er hat in den sonst überlieferten Gesetzesdebatten Jesu keine Parallele. Denn dort geht es regelmäßig um Verstöße im kultisch-zeremoniellen Bereich, vor allem gegen das Sabbatgebot und die Reinheitsvorschriften. Darüber hinaus werden keinerlei ernsthafte ,,kriminelle'' Vergehen ins Auge gefaßt, geschweige denn entschuldigt oder in Schutz genommen. Hier aber geht es um ein schweres Vergehen, das nach damaligen – und nicht nur damaligen – Begriffen geahndet werden mußte. Durch das Dazwischentreten Jesu wird die Bestrafung verhindert – und zwar mit einer Begründung, deren Tendenz noch weit über diesen Einzelfall hinausgreift: ,,Wer von euch ohne Sünde ist, der werfe auf sie als erster den Stein.'' Kein Mensch ist ohne Sünde, und so macht das Wort Jesu, streng genommen, überhaupt alle Justiz, zumindest jede Blutjustiz unmöglich. Ist diese Konsequenz wirklich gewollt? Die neueren Exegeten schrecken vor einer derartigen sozial-nihilistischen Deutung des Wortes begreiflicherweise zurück, und es ist beinahe ergötzlich zu sehen, in wie verschiedener, im Grunde immer gleich verzweifelter Weise sie nach einem Ausweg suchen. Walter Bauer versteht die Sündlosigkeit, um die es hier geht, nach älteren Vorgängern in einem künstlich eingeschränkten Sinne. (Das Wort ἀναμάρτητος ,,sündlos'', begegnet im Neuen Testament nur an dieser Stelle.) Es soll, meint er, dem vermeintlichen Zusammenhang entsprechend, hier bloß auf den Ehebruch oder ähnliche sexuelle Verfehlungen bezogen sein. Das

---

[20] Joh 18,6.

hieße dann: Niemand soll über Verbrechen urteilen, deren er selber schuldig geworden ist. Andernfalls würde ja „der Mensch überhaupt als Richter disqualifiziert"[21]. Aber eine derartig banale Auslegung[22] ist undurchführbar. Sie würde nach dem Zusammenhang ja besagen, daß alle Anwesenden sich in der angegebenen Weise schuldig fühlen mußten. So viel Böses jedoch die Evangelien den „Pharisäern und Schriftgelehrten" zur Last legten – als Ehebrecher und Fleischessünder haben sie sie niemals angeklagt oder bezeichnet[23]. Warum sollten sie sich darum, „angefangen von den Ältesten", von dem Worte Jesu „in ihrem Gewissen überführt"[24], davon gestohlen haben? Ulrich Becker folgt Bauers Argument und ergänzt es durch den weiteren, auch sonst beliebten Hinweis auf die Einzigartigkeit der Vollmacht Jesu, deren Rechte nicht verallgemeinert werden dürften, und folgert entsprechend: „Deshalb sind die Worte nicht ein grundsätzliches Verdikt über die Justiz"[25]. Derrett dagegen, voll rabbinistischer Gelehrsamkeit, meint, Jesus habe die Mängel gerade dieses Prozeßverfahrens richtig durchschaut und nur aus diesem Grunde eingegriffen: die Frau sei zuvor nicht vorschriftsmäßig verwarnt worden, und der Ehemann stecke mit den Zeugen offensichtlich unter einer Decke. Andernfalls, heißt es mit erstaunlicher Unbefangenheit, hätte die Steinigung gewiß auch die Billigung Jesu gefunden[26]. Stauffer endlich macht Jesus geradezu zum Reformer des Eherechts: Er wollte der Polizei grundsätzlich „in allen Angelegenheiten der Liebe und Ehe" jegliche Einmischung verbieten[27].

---

[21] W. Bauer, Das Johannesevangelium ³1933, 118.

[22] Bauer verweist u. a. auf Cicero, Verr. III 4: non modo accusator sed ne obiurgator quidem ferendus est is, qui, quod in altero vitium reprehendit, in eo ipse dereprehenditur.

[23] So u. a. mit Recht auch K. H. Rengstorf, Art. ἀναμάρτητος, ThWNT I, 1933, 338.

[24] Diese Wendung dürfte allerdings wieder eine spätere Hinzufügung sein.

[25] Becker, 173.

[26] S. 25: . . . had she been warned and had the accusers been sinless her stoning could have taken place with his approval. Ähnlich, doch vorsichtiger Brown, 228.

[27] E. Stauffer Die Botschaft Jesu damals und heute, 1959, 81 f.

Dies alles sind m. E. Notauskünfte, die nur zeigen, wie schwer es ist, den fraglichen Ausspruch als ein echtes Wort Jesu verständlich zu machen. Gewiß, Jesus hat den Seinen jegliches ,,Richten" verboten[28]; aber diese Weisung zielte wie all seine Lehren auf den persönlichen Bereich des Gewissens und des menschlichen Zusammenlebens. Hier aber greift er in ein öffentliches, rechtliches Verfahren ein und verhindert seine Durchführung grundsätzlich. Sollte er sich also wirklich fast in der Weise Tolstojs gegen jedes menschliche Strafrecht gewandt und seine Anwendung schlechthin untersagt haben? Das erscheint doch zweifelhaft. Jesus steht außerhalb dieses ganzen Fragenkreises. Er hat es überhaupt abgelehnt, in bürgerliche Rechtskämpfe verwickelt zu werden[29], und die einzige ,,politische" Streitfrage – sie wurde an ihn von außen herangetragen – hat er in dem Gespräch über den Zinsgroschen zwar in eine andere Richtung gelenkt, als konkrete Rechtsfrage jedoch gleichwohl im Sinne der herrschenden Macht und bestehenden Ordnung beantwortet[30]. Die einzige schwache Möglichkeit, mit dem Text fertig zu werden, bleibt dann die Annahme, Jesus habe das rechtliche Gewicht der Angelegenheit spontan übersehen und den Fall eben ,,nicht juristisch, sondern sittlich" gefaßt[31]. Aber eine solche Deutung kann der uneingeschränkten, prinzipiellen Formulierung des Ausspruchs doch schwerlich gerecht werden.

Die ganze Peinlichkeit solcher Erörterungen verschwindet, sobald wir uns entschließen, das Wort nicht mehr Jesus selbst zuzuschreiben, sondern darin vielmehr einen Satz aus der frühen christlichen Kirche erkennen. Die vorkonstantinische Kirche hat dem Staat und der öffentlichen Ordnung nicht das Recht bestritten, gegen wirkliche Verbrecher entsprechend vorzugehen. Aber sie selbst hatte an diesem ganzen Fragenkreis kein Interesse und fühlte sich

---

[28] Mt 7,1–5 parr.
[29] Lk 12,14.
[30] Mt 22,15 ff. parr.
[31] BAUER, 118. ,,Jesus faßt die Frage nicht juristisch, sondern sittlich und schiebt die Entscheidung den Anklägern zu, indem er sie zu Verhör und Urteilfällung gegenüber der eigenen Person zwingt."

dadurch nicht betroffen; denn in ihrem Bereich galt die Sünde ohnedies schon als getilgt und sollte unter Christen überhaupt keine Heimstatt mehr besitzen[32]. Die Kirche stellt einen fremden, heiligen Bereich dar, gleichsam eine Enklave des Himmels in einer verlorenen und ihr feindlich gesinnten Welt. Ihre weltlichen Sorgen und Sünden gehen die Christen nichts an; sie sind auch für deren Bekämpfung nicht verantwortlich; denn der Beruf eines Richters oder Soldaten[33] ist ihnen ohnedies verwehrt und grundsätzlich verboten. In der Kirche herrscht ein anderes Recht als die blutige Gewaltordnung der irdischen Herrschaft. Sie folgt dem Gesetze Christi, der die Geduld, die Barmherzigkeit und die unbedingte Vergebungsbereitschaft für jeden Christen zur Pflicht gemacht hat. Ein Christ soll seinen Schuldigern vergeben und darf auf den sündigen Bruder keinen Stein werfen. So gesehen, macht ein solches Wort Jesu keine prinzipiellen Schwierigkeiten. Die Lage beginnt sich erst dann langsam zu ändern, als die Christen aufhören, im Reich eine verschwindende Minorität zu sein, und – seit Marc Aurel, spätestens seit Konstantin – dazu genötigt werden, die schwere Last der allgemeinen sozialen, militärischen und politischen Verantwortung an ihrem Teile mitzutragen. Jetzt gibt es alsbald auch christliche Richter und Beamte und erst damit wird der Text unserer Perikope zu einem ernsten und aktuellen Problem. Selbst ein politisch so aufgeschlossener Mann wie der Bischof Ambrosius von Mailand ringt angesichts des Jesuswortes mit der Frage, wie man sich zu den christlichen Statthaltern zu stellen habe, die durch ihren Beruf dazu gezwungen sind, ihre Mitmenschen zu „verurteilen" und sogar

---

[32] So die Apologie des Aristides c. 16 und mehr oder weniger alle späteren Apologeten bis zu Origenes c. Cel. VIII (70) 75. Vgl. schon 1 Petr 4,12 ff.

[33] Darum macht das von Mt 26, 52b eingefügte Wort πάντες γὰρ οἱ λαβόντες μάχαιραν ἐν μαχαίρῃ ἀπολοῦνται zunächst ebensowenig Schwierigkeiten wie unser Text, wird aber später, als es christliche Soldaten gibt, gleichfalls zum Problem. Die Frage nach der Erlaubtheit des Soldaten- und des Richterberufs für die Christen entwickelt sich im wesentlichen parallel. Ich darf hier auf meinen eigenen Aufsatz verweisen: Der Kriegsdienst der Christen, in: Tradition und Leben, 1960, 203 ff.

Todesurteile zu fällen[34]. Aber wir brauchen diese Entwicklung nicht weiter zu verfolgen; denn unsere Perikope stammt aus einer Zeit, wo solche Fragen noch nirgends in Betracht gezogen werden. Es würde allerdings von hohem sozialethischen und allgemein-theologischen Interesse sein, die Geschichte ihrer Auslegung einmal zusammenhängend durch alle Jahrhunderte der Kirche zu verfolgen.

Wir haben bis jetzt nur die erste Hälfte unserer Geschichte bedacht; aber auch das Gespräch mit der Ehebrecherin muß auf dem Hintergrund des frühen zweiten Jahrhunderts verstanden und erklärt werden. Dieser Teil trägt im Sinne des Erzählers den Hauptakzent und zeigt, mit dem bekannten synoptischen Material verglichen, auffallende Besonderheiten. Bestimmte, schwere Sünden spielen in der alten Jesus-Überlieferung, wie gesagt, sonst kaum eine Rolle. Wir hören nur allgemein von Jesu Umgang mit ,,Zöllnern und Sündern‘‘ so wie mit den Samaritern, d. h. mit den Verachteten und Ausgestoßenen der gesetzlich korrekten und streng gläubigen Gesellschaft. Insbesondere fehlen in seiner Umgebung im Gegensatz zur Legende[35] und zur modernen Erwartung (die sich nicht zuletzt auf unsere Perikope stützt) die sündigen Weiber so gut wie völlig[36]. Die einzige Ausnahme steht im Lukasevangelium, das auch sonst die Frauen besonders hervorhebt: Es ist die Begegnung Jesu mit der Sünderin, die im Haus des Pharisäers unvorhergesehen an Jesus herantritt und seine Füße salbt[37]. Jedoch auch sie ist zwar eine stadtbekannte Dirne, aber keine Ehebrecherin und gehört nicht zu den Tischgenossen Jesu. Hinsichtlich der Ehe waren von Jesus

---

[34] Vgl. besonders ep. I 25 und I 26 (Maur.) an Studius. Ältere Belege für die Verwerfung der Todesstrafe s. bei H. Chadwick, Priscillian of Avila (1976), 130.

[35] An den Anfang dieser Entwicklung gehört schon die Samariterin am Jakobsbrunnen mit ihren fünf oder sechs Männern, Joh 4,18, sowie das ,,wegen vieler Sünden verklagte Weib‘‘, von dem Papias berichtet (o. Anm. 6).

[36] Dagegen heißt es vom Buße predigenden Täufer, Mt 21,31 f., allerdings, daß im Gegensatz zu den ,,Hohenpriestern und Ältesten‘‘ die Zöllner und Huren ihm ,,geglaubt‘‘ hätten.

[37] Lk 7,37 ff.

nur die strengen Worte über die Unantastbarkeit und Unscheidbarkeit überliefert[38] – ausgenommen nur eben der Fall des Ehebruchs[39]. In unserer Erzählung erklärt Jesus dagegen, er wolle die Ehebrecherin seinerseits auch „nicht verurteilen". Diese überraschende Formulierung versteht sich natürlich im Blick auf die voraufgegangene Frage nach den Anklägern, die sämtlich verschwunden sind. Aber soll sie nicht mißverstanden werden, so muß jetzt noch eine moralische Mahnung für die Zukunft hinzugefügt werden: „Geh hin und sündige von nun an nicht mehr"[40]. Das entspricht allerdings wenig der Art, die wir an Jesus gewohnt sind: Sonst scheint er solche sichernden Reden kaum gebraucht und statt dessen der Macht und Freude der Umkehr vertraut zu haben[41]. Man vergißt auch über der ergreifenden Gewalt dieser stillen Szene nur zu leicht, wie wenig für die Frau selbst damit schon geklärt und geordnet ist. Was soll jetzt aus ihr werden? Kann sie zu ihrem Manne zurückkehren, und wird er sie wieder aufnehmen? Hat sie überhaupt wirklich bereut, und wie will sie dann ein neues Leben beginnen? All solche zusätzlichen Fragen würden die Wirkung der kunstvoll gebauten Erzählung offensichtlich verderben. Sie hat nur

---

[38] Mt 5,27–32, 19,7–9 parr.

[39] Daß die berühmte Klausel bei Mt 5,32 wahrscheinlich nicht ursprünglich und auch in ihrem Sinn umstritten ist, braucht uns hier nicht zu beschäftigen.

[40] Zu Unrecht empfindet BECKER 173, Anm. 29 im Anschluß an STAUFFER die ganze Floskel als sekundär; sie ist in diesem Zusammenhang unumgänglich. Textkritisch ist nur das ἀπὸ τοῦ νῦν allenfalls zweifelhaft. Daß sie in der Didaskalia fortgelassen ist (u. Anm. 46); ergibt sich dort ohne weiteres aus dem Zweck der Anführung.

[41] Freilich ist das Vergleichsmaterial spärlich, aber, wie ich meinen möchte, charakteristisch: Zachäus, der von sich aus eine Wiedergutmachung verspricht (doch dürfte dieser Vers sekundär sein), wird Lk 19,9 mit einem Jubelruf entlassen, die Sünderin im Haus des Pharisäers (o. Anm. 37) mit einem Friedenswunsch. Und kann man sich vorstellen, daß Jesus seine Tischgemeinschaft mit den Zöllnern und Sündern durch eine Vermahnung für die Zukunft beschloß? Übrigens erfährt auch im Johannesevangelium die Samariterin am Jakobsbrunnen (o. Anm. 35) nichts Derartiges; dagegen wohl der – gar nicht direkt als Sünder gekennzeichnete – Geheilte am Teich Bethesda, Joh 5,14.

eine Tendenz und macht nur eine einzige Aussage: Jesus, der Milde und Verzeihende, ist bereit, auch den Ehebruch, zum mindesten den einmaligen Ehebruch, barmherzig zu vergeben. Gerade so ist die Erzählung aber für das frühe zweite Jahrhundert von höchster Aktualität. Dir Kirche dieser Zeit steht den Traditionen ihres Ursprungs noch sehr nah, ist aber andererseits dringend darauf angewiesen, die geforderte Reinheit ihrer Gemeinschaft praktisch zu erhalten. Wieweit darf sie dann im Verzeihen, das den Christen untereinander geboten war, tatsächlich gehen? Der Ehebruch ist doch mehr als eine menschliche Beleidigung – er ist eine Sünde gegen Gott und bedroht den Frieden und die Zucht einer jeden Gemeinschaft. Paulus hatte einem Mann, der eine unerlaubte Ehe geschlossen hatte, zwar nicht alle Hoffnung auf seine Errettung genommen, ihn aber gleichwohl unerbittlich aus der Gemeinde ausgestoßen[42]. Gegen Mitte des zweiten Jahrhunderts hatte Hermas eine – angeblich erste – Bußmöglichkeit für alle sündigen Christen verkündet. Dabei dachte er nicht zuletzt an die Fleischessünden und Ehebrüche, die offenbar auch unter Christen nicht selten waren[43]. Aber Hermas kennt auch Lehrer, die solch schwere Sünden nach der Taufe für schlechthin unvergebbar hielten[44]. Am Ende des Jahrhunderts erklärt die radikale Erweckungsbewegung der Montanisten Ehebruch, Mord und Abfall für Todsünden, die innerhalb der Kirche überhaupt keine Verzeihung finden dürften. Man darf sich die Entwicklung zweifellos weder zeitlich noch landschaftlich zu einheitlich und unproblematisch vorstellen. Aber die Unsicherheit der Gemeindeführer und die verzweifelte Sorge der in ihrem ewigen Heil bedrohten Sünder muß vielfach groß gewesen sein. Dies dürfte die geistige Atmosphäre sein, in der sich unsere Legende gebildet und der unbekannte Erzähler sie in die feste künstlerische Form gebracht hat[45]. Sie will den Ernst des todeswür-

---

[42] 1 Kor 5,1 ff.

[43] Vgl. besonders Herm 29,5 (= Mand. IV 1,4) ff.

[44] Herm. 31,1 (= Mand. IV 3); zur näheren Auslegung vgl. besonders B. POSCHMANN, Paenitentia secunda (1940), 159 ff.

[45] Darauf hat schon mit Recht, aber ohne nähere Begründung HELMUT KÖSTER in

digen Verbrechens Ehebruch gewiß nicht vertuschen; aber sie will im Gegensatz zur Sicherheit und Unbarmherzigkeit der Rigoristen vor allem das evangelische Recht und die Pflicht hervorheben, auch der Ehebrecherin zu vergeben. Dies ist auch der Sinn, den schon die ersten uns bekannten Ausleger der Perikope in ihr gefunden und ins Feld geführt haben. Die Didaskalia wendet sich an den Leiter der Buße, den Bischof, und sagt: „Wenn du in deiner Unbarmherzigkeit den Bußfertigen nicht aufnehmen willst, so sündigst du wider Gott den Herrn; denn du hast dich von unserem Heiland und Gott nicht überzeugen lassen und hast ihm nicht geglaubt, um das zu tun, was er an jenem Weibe tat, das gesündigt hatte und das die Ältesten vor ihn hinstellten, ihm das Urteil überließen und dann von hinnen gehen mußten"[46]. Und etwa hundert Jahre später beruft sich unser nächster Zeuge, Pacian von Barcelona, im gleichen Sinn auf unsere Perikope – gegen die „unbarmherzigen" Bußnormen der Novatianer, bezeichnenderweise hier schon in Verbindung mit der Erzählung von der Jesu Füße salbenden „Sünderin": „Ihr wollt nicht im Evangelium lesen[47], daß der Herr sogar der Ehebrecherin vergab, die ihr Geständnis ablegte[48], und die niemand zu verdammen wagte, und daß er die Sünderin lossprach, die mit ihren Tränen Jesu Füße wusch"[49].

---

seinem Aufsatz über „die außerkanonischen Herrenworte als Produkt der christlichen Gemeinde", ZNW 48, (1957), 233 hingewiesen. Unsere Perikope, meint er, will „keine Episode aus dem Leben Jesu schildern, sondern sie will einen Beitrag geben zu der Frage, ob Todsünden vergeben werden können – in unserem Falle der schwere Ehebruch".

[46] Didasc. 7 = Const. apost. II 24; die verschiedenen Fassungen bei BECKER, 126.

[47] Heißt das, daß die novatianischen Evangelien die Perikope noch nicht enthielten?

[48] Mit diesem „confitenti" wird die Geschichte ebenso wie mit dem folgenden „absolverit" der Bußpraxis des 4. Jhs. angeglichen.

[49] PACIAN, Epist. ad Sympronianum III 20: Nolite in evangelio legere, quod pepercit dominus etiam adulterae confitenti, quam nemo damnarat, quod peccatricem, quae lacrimis pedes eius lavabat, absolverit.

Unsere Geschichte selbst ist freilich erheblich älter. Sie kennt noch keine fest geordnete Bußdisziplin, auf die sie die Didaskalia wie Pacian beziehen. Sie mag schon bald nach der ersten Jahrhundertwende, spätestens um die Mitte des zweiten Jahrhunderts entstanden sein. Aber daß die Frage der Vergebung oder Verdammung der Ehebrecher schon damals akut gewesen ist, läßt sich gewiß nicht bezweifeln. Wir haben etwa aus dieser Zeit noch eine zweite Legende, die nicht den Ehebruch, sondern den Mord, die ,,zweite Todsünde'' behandelt und den gleichen Geist der Vergebung atmet[50]. Klemens von Alexandrien überliefert die Erzählung vom ,,geretteten Jüngling''[51], betontermaßen als einen ,,wahren'' alten Bericht[52]. Er beruft sich freilich in diesem Falle nicht auf Jesus selbst, aber auf seinen Apostel Johannes, der in der Vollmacht Jesu handelt. Hier liegt die Absicht, verzweifelnden Todsündern Mut zur Umkehr, zum Vertrauen auf Christi Barmherzigkeit zu machen, noch deutlich zu Tage. Ein getaufter junger Christ ist zum Räuber und Mörder geworden und damit ,,Gott gestorben''[53]. Der Apostel aber will ihn nicht verloren geben, sondern läßt sich von seinen Spießgesellen gefangen nehmen und vor ihn führen. Aber da zeigt sich die eigentliche Schwierigkeit seines Unternehmens: Der Jüngling ergreift vor Johannes beschämt die Flucht, weil er die Möglichkeit seiner Rettung auf immer verwirkt glaubt. Aber Johannes setzt ihm nach: ,,Warum fliehst du vor mir, mein Sohn? . . . Du hast noch Hoffnung auf das Leben! Ich selbst will bei Christus für dich bürgen . . . Bleib stehen! Faß Vertrauen! Christus hat mich gesandt''[54]. Klemens selbst wendet diese Legende übrigens nicht mehr

---

[50] Der Kampf um die Vergebbarkeit des Abfalls fällt erst ins dritte und vierte Jahrhundert und kann dann – zur Zeit des grundsätzlich geschlossenen Kanons – nicht mehr mit neuen Legenden, sondern nur durch Exegese der alten Texte selbst mühsam beantwortet werden.
[51] So nennt bekanntlich HERDER seine schöne Nachdichtung der Legende.
[52] Quis dives salvetur 42,1.
[53] Ebd. 42,9.
[54] Ebd. 42,13: Τί με φεύγεις ἴτέκνον ... μὴ φοβοῦ · ἔχεις ἔτι ζωῆς ἐλπίδας · ἐγὼ Χριστῷ λόγον δώσω ὑπὲρ σοῦ ... στῆθι · πίστευσον · Χριστός με ἀπέστειλεν.

auf den Mord an, der unter Christen damals gewiß höchst selten war, sondern besonders auf die Reichen und weiter auf alle Sünder, die angesichts der Strenge der kirchlichen Forderungen den Mut zur Erneuerung ihres Lebens verloren haben. Wir brauchen hier nicht ins einzelne zu gehen. Man sieht jedenfalls, daß der evangelische „Geist Christi", auf den man sich bei der Perikope von der Ehebrecherin so gerne als ein Zeichen ihrer Echtheit beruft, auch später in der Kirche Christi noch nicht gestorben war und keinesfalls auf seine „echten" Worte beschränkt werden kann.

Ich fasse das Ergebnis zusammen, das sich für die Echtheitsfrage ergeben hat. Die Perikope von Jesus und der Ehebrecherin ist spät und unsicher in unseren Kanon gelangt. Sie ist ihrer Form nach seltsam, inhaltlich ungewöhnlich und strotzt von Unwahrscheinlichkeiten. Sie läßt sich im Leben Jesu kaum unterbringen, fügt sich aber um so leichter der späteren Zeit ein, am ehesten wohl in den Beginn oder die erste Hälfte des zweiten Jahrhunderts. Ihre unbestreitbar hohe literarische Qualität ist für die kritische Beurteilung nicht selten gefährlich geworden. Sie bleibt, vorsichtig ausgelegt, auch theologisch durchaus unanstößig. Aber echt im Sinne der historischen Ursprünglichkeit ist sie darum gleichwohl keinesfalls.

Taufen auf den Namen Jesu?

Daß die ersten christlichen Taufen noch nicht „in Namen des Vaters und des Sohnes uns des heiligen Geistes", sondern einfach „auf den Namen Jesu" gespendet wurden, kann heute als allgemeine wissenschaftliche Überzeugung gelten[1]. Ein solcher Ritus paßt zu den neutestamentlichen Aussagen über die Taufe in allen ihren Spielarten; denn hier ist so gut wie ausnahmslos allein oder vor allem von Jesus die Rede. Durch die Taufe wird der Täufling mit Jesus Christus verbunden und gewinnt durch ihn das Heil. Christi Tod und Auferstehung geben der Taufe Inhalt und Sinn; der Glaube an ihn ist die Voraussetzung, die Vergebung der Sünden und der Empfang des Geistes sind die vornehmsten Wirkungen der Taufe. Daß der Name Jesu beim Vollzug der Taufe in der einen oder anderen Weise auch genannt oder „ausgerufen" wurde, leuchtet von hier aus ohne weiteres ein und findet durch die wiederholte Erwähnung des „Namens", in dem oder auf den der Täufling getauft wird, eine scheinbar eindeutige Bestätigung.

Allein so einfach liegen die Dinge in Wirklichkeit keinesfalls. Die Ableitung und der genaue sprachliche Sinn dieser Wendungen hat die Forschung bekanntlich seit langem beschäftigt. Während eine ältere Generation zu ihrer Erklärung vor allem nach hellenistischen Parallelen ausschaute, ist man in neuerer Zeit dazu übergegangen, sie stärker auf dem Hintergrund des Alten Testaments zu verstehen und jüdische und gemeinorientalische Vorstellungen heranzuzie-

---

Aus: Vigiliae Christianae 25 (1971) 1–16
[1] Grundlegend für diese Annahme wurde W. Heitmüller, Im Namen Jesu (1903).

hen. Der „Name" ist hier keine bloße Bezeichnung einer Person, sondern er betrifft ihr Wesen. Er ist ein Teil ihrer selbst und kann geradezu an ihre Stelle treten. Das Ausrufen des Namens ist im alten Israel ein förmlicher Rechtsakt, der Eigentums- und Herrschaftsverhältnisse begründet[2]. Der heilige Gottesname zumal gewinnt die ganze Bedeutung der göttlichen Wirklichkeit selbst, ihrer lebendigen Wirkung, Gegenwart und Macht. Dies alles trifft in der frühen Kirche für den Namen Jesu ebenfalls zu[3]. Der Name Jesu Christi vergegenwärtigt den Herrn der Gemeinde, sein Heilswerk und seine rettende Kraft. Danach ist auch das „Taufen auf den Namen Jesu" zu verstehen. Die auffallende Wendung entspringt gewiß einem Hebraismus; nur würde man dann eher eine kausale oder instrumentale Beziehung erwarten; hier handelt es sich jedoch viel mehr um die Richtung und das Ziel, auf die hin die Taufe gespendet wird[4]. Die Taufe unterstellt den Täufling seinem neuen Herrn und überträgt auf ihn das durch ihn gewirkte, in seinem „Namen" beschlossene und verheißene Heil. Es ändert sich dem Sinne nach überhaupt nichts, wenn man den „Namen Jesu" einfach durch Jesus (oder in anderen Texten durch „Christus", „Kyrios" usw.) ersetzt, wie es schon im Neuen Testament und auch später nicht selten geschieht.

Ist es unter diesen Umständen trotzdem, wie man meint, „nicht zu bezweifeln"[5], daß der Name Jesu im Akt der Taufe regelmäßig auch

---

[2] K. Galling, Die Ausrufung des Namens als Rechtsakt in Israel, Theol. Lit. Zeitg. 81 (1956) 65–70.

[3] Vgl. hierzu und zum folgenden H. Bietenhard, Art. ὄνομα im Theol. Wörterb. z. NT V (1954) 242 ff.; Jos. Ysebaert, Greek Baptismal Terminology – its Origins and Early Development (Diss. Nijmegen 1962), und Gerh. Delling, Die Zueignung des Heils in der Taufe. Eine Untersuchung zum neutestamentlichen „taufen auf den Namen" (1961). Hier weitere Literatur.

[4] Die geläufige Verbindung בְּשֵׁם würde nur zu den seltenen Verbindungen mit ἐπί und ἐν passen. לְשֵׁם hat zwar finalen Sinn (Bietenhard S. 217); aber für die durchaus vorherrschende Formel εἰς τὸ ὄνομα fehlen brauchbare Parallelen; Delling S. 15 ff.

[5] H. Conzelmann, Grundriß der Theologie des NTs (1967) 66; Bietenhard S. 275 („selbstverständlich"); Delling bemerkt mehrfach (besonders S. 63; 96), daß in

vernehmlich ausgesprochen und ,,proklamiert'' wurde, also die eigentliche ,,Taufformel'' des Urchristentums bildete[6]? Die Analogie
der trinitarischen Formel, die spätere Praxis und die betonte, exor-
zistische Bedeutung, die der Jesusname in der frühen Kirche gewinnt[7], sprechen so entschieden dafür, daß die Frage anscheinend
gar nicht ernsthaft gestellt wird. Ich möchte im folgenden nichtsdestoweniger den Versuch machen, die communis opinio zu erschüttern. Es gibt eine Reihe von Anzeichen, die ihr entgegenstehen, und
da die Anzeichen zusammenstimmen, müssen sie beachtet werden[8].
Der erste Hinweis ist eine recht allgemeine, wenn man so will:
sprachstatistische Beobachtung. Der ,,Name'' Jesu oder auch einfach ,,der Name'' begegnet im urchristlichen Schrifttum bekanntlich überaus häufig. Man bekennt, glaubt, verkündet den Namen;
man leidet für ihn, trägt ihn, versammelt sich, betet, grüßt im Namen Jesu Christi. Es gibt in Wahrheit nichts, was man nicht durch
oder in seinem Namen tun könnte: ,,Alles, was ihr tut in Worten
oder Werken, das tut im Namen des Herrn Jesu.''[9] Offensichtlich
ist das Moment des Ausgesprochenwerdens in solchen Sätzen nicht
mehr wesentlich; es verblaßt und geht z. T. gänzlich verloren – eine
Entwicklung, die sich für den Namen des Herrn schon im Alten Testament abzeichnet[10]. Man möchte hiergegen einwenden, daß die

---

den vorliegenden Texten das ,,Aussprechen'' des Namens gerade nicht hervorgehoben werde, zieht daraus aber keine Konsequenzen.

[6] Einzig diese vermeintliche Funktion des ,,Namens'' fasse ich ins Auge. Etwaige
Taufpredigten, -bekenntnisse und -gebete bleiben im folgenden beiseite.

[7] Vgl. besonders Justin, apol. II 6,6; dial. 30,3; 49,8; 76,6; 85,2; 111,2; Irenäus,
haer. II 32,4; Tertullian, apol. 23,15 usw., aber auch schon Matth. 7,22; Mark.
9,38 f. par.; Luk. 10,17; Act. 16,18; 19,13.

[8] Ich bitte die Exegeten unter meinen Lesern um Nachsicht, wenn ich es nicht
über mich bringe, zu jedem Text, den ich im folgenden anführen werde, jeweils die
ganze Literatur zu verzeichnen und alle divergierenden Meinungen zu verhandeln.
Ein historischer Gedankengang muß vor allem durch seine Geschlossenheit und die
Evidenz der Einordnungen überzeugen. Daß ich die exegetischen Bemühungen
darum nicht generell mißachte und die folgenden Überlegungen nicht in völliger
Unkenntnis ihrer Resultate geschrieben habe, wird man mir hoffentlich glauben.

[9] Kol. 3,17.

[10] BIETENHARD, S. 262.

Bedeutung des Namens bei der Taufe durch solche Beobachtungen nicht berührt werde; denn hier sei er von grundlegender Bedeutung und durch den liturgischen Ablauf der ganzen Handlung unbedingt gefordert. Aber wie erklärt sich dann die Tatsache, daß der Name gerade im Zusammenhang mit der Taufe, aufs Ganze gesehen, höchst selten erwähnt und genannt wird? Die Formel vom ,,Taufen auf den Namen Jesu" wird zwar durch einen gleich zu besprechenden Text bei Paulus unmittelbar als alt erwiesen, findet sich aber, streng genommen, nur in einem einzigen Buch des Neuen Testaments, nämlich in der Apostelgeschichte des Lukas[11]. Auch unter den Apostolischen Vätern taucht sie nur in der Didache und bei Hermas je einmal auf[12]. Man sollte meinen, wenn das ,,Ausrufen" oder ,,Anrufen" des Jesusnamens ein konstitutives Stück des Taufvorgangs gewesen wäre, müßte der sonst so oft beschworene Name doch gerade hier mit einer gewissen Regelmäßigkeit erscheinen. Allein, was beim Vollzug der Taufe genannt und hervorgehoben wird, ist – dem Wortsinn von βάπτειν/βαπτίζειν entsprechend – immer wieder und auf mancherlei Weise das den Geist tragende oder mit dem Geist gleichzeitig wirksame Wasser[13]. In der Taufe empfängt der Täufling Christus und sein Heil; aber das Mittel, durch das es ihm übertragen wird, ist das Taufwasser und nicht ein beim Eintauchen oder bei der Benetzung mit dem Wasser etwa gesprochenes Wort[14].

---

[11] Act. 2,38; 8,16; 10,48; (18,8); 19,5; (22,16).

[12] S. u. S. 206 f.

[13] Vgl. neben den evangelischen Texten, die die Überlegenheit der Christus-Taufe über die Johannes-Taufe hervorheben, noch Joh. 3,5; Tit. 3,5; Hebr. 10,22; I. Petr. 3,20 f.; I. Joh. 5,6; Barn. 11; Ignat. Eph. 18,2; Herm. 11,5 (vis. III 3,5) 31,1 (mand. IV 3,1); 93,4 (sim. IX 16,4).

[14] Eph. 5,26 ... ἵνα [ὁ Χριστὸς] αὐτὴν [sc. τὴν ἐκκλησίαν] ἁγιάσῃ καθαρίσας τῷ λουτρῷ τοῦ ὕδατος ἐν ῥήματι ist die grammatische Verbindung von ἐν ῥήματι bekanntlich nicht eindeutig. Der Text handelt jedoch nicht vom einzelnen Täufling, sondern von der Kirche, und schon darum kann das ἐν ῥήματι m. E. nicht ,,das den Taufakt begleitende, bei der Taufe vom Taufenden gesprochene Wort" meinen (G. KITTEL, Art. λέγω, λόγος im Theol. Wörterb. z. NT IV [1942] 117 Anm. 193), sondern ist in Übereinstimmung mit dem vorherrschenden Gebrauch das Wort der all-

Paulus ist kein Zeuge wider diesen Tatbestand, so sehr er die Christus-Beziehung des Taufgeschehens betont. Er läßt die Christen kurzweg „auf Christus Jesus"[15] oder „zu einem Leibe" (Christi)[16] und „auf seinen Tod" getauft und mit ihm durch die Taufe „begraben" sein[17]; aber von einem direkten „Ausrufen" seines Namens ist nirgends die Rede. Ja, wenn er die israelitischen „Väter" wie die Christen auf Christus insgesamt,„auf Mose in der Wolke oder im Meer" getauft sein läßt[18], so verbietet sich eine derartige Vorstellung sogar eigentlich von selbst. Nur einmal spricht Paulus vom Taufen auf einen bestimmten „Namen"[19], und diese Stelle ist für unsere Frage besonders aufschlußreich. Es handelt sich um den berühmten Text, in dem er sich gegen die Streitigkeiten in Korinth wendet. Die korinthische Gemeinde droht sich in Gruppen aufzuspalten, die sich auf ihre jeweiligen geistlichen Führer und auch auf Paulus berufen. Aber „ist denn Paulus für euch gekreuzigt? oder seid ihr auf den Namen des Paulus getauft?"[20] Paulus dankt Gott, daß er in Korinth so gut wie keine Taufen selbst vollzogen habe, so daß „niemand sagen kann, er wäre auf meinen Namen getauft"[21]. Die Vorstellung einer Taufe „auf den Namen des Paulus" ist der einer Taufe „auf den Namen Jesu" offensichtlich nach-

---

gemeinen Verkündigung und Predigt. Wenn I. Tim. 6,12 wirklich auf die Taufe zielt, so betrifft die ὁμολογία natürlich auch keine Taufformel, sondern allenfalls ein Taufbekenntnis wie Act. 8,37 (s. u. S. 202f.). Über I. Kor. 6,11 s. u. Anm. 19.

[15] Röm. 6,3; Gal. 3,27.

[16] I. Kor. 12,13.

[17] Röm. 6,3f.

[18] I. Kor. 10,2.

[19] Auch I. Kor. 6,11 ... ἀλλὰ ἀπελούσασθε, ἀλλὰ ἡγιάσθητε, ἀλλὰ ἐδικαιώθητε ἐν τῷ ὀνόματι κυρίου Ἰησοῦ Χριστοῦ καὶ ἐν τῷ πνεύματι τοῦ θεοῦ ἡμῶν erinnert an die Taufe, gibt dem ὄνομα des Herrn aber gleichzeitig eine umfassende Bedeutung, die es – wie das πνεῦμα – als eine das ganze seitherige Leben der Korinther durchdringende Kraft erscheinen läßt. Eine verengte Interpretation des „Namens" auf die bloße Nennung bei der Taufe wäre verkehrt. Sie könnte hier allerdings durchaus im Blick sein – wenn sich diese Übung aus anderen Texten erweisen ließe.

[20] I. Kor. 1,13.

[21] I. Kor. 1,14–16.

gebildet. Paulus setzt voraus, daß ein von ihm Getaufter eben
darum schon dem Irrtum verfallen könnte, er sei „auf den Namen"
des Paulus getauft, d. h. geistlich an seine Person und Autorität gebunden worden[21a]. Daran, daß Paulus seinen eigenen Namen bei
der Taufe wörtlich proklamiert hätte, ist natürlich nicht gedacht[22].
Etwas Derartiges ist für den Sinn einer Taufe „auf den Namen"
Pauli also nicht notwendig und legt einen entsprechenden Brauch
somit auch für den Namen Jesu keinesfalls nah[23].

Nun haben wir aber sogar ein direktes Zeugnis dafür, daß im Urchristentum eine Taufe ohne irgendeine bestimmte Taufformel und
ohne Anrufung des Namens Jesu tatsächlich möglich war. Es ist die
Schilderung, die Lukas von der Taufe des sogenannten „Eunuchen" oder Kämmerers der äthiopischen Königin gibt. Dieser ist
durch die Predigt des Philippus für Christus gewonnen worden. Als
sie nun an ein Gewässer gelangen, äußert er von sich aus den
Wunsch nach der Taufe: „„Sieh, da ist Wasser. Was hindert's, daß
ich getauft werde?' Und er ließ den Wagen halten, und sie traten
beide ins Wasser, Philippus wie der Eunuch, und er taufte diesen.
Als sie aber aus dem Wasser heraustiegen", fährt die Erzählung
fort, wurde Philippus entrückt, und der Kämmerer setzte beglückt
seinen Weg fort[24]. Man sieht: hier wird die Taufe unbestreitbar
ohne jede Taufformel vollzogen. Denn man darf diese vermeintli-

---

[21a] Vgl. u. Anm. 34.

[22] Ein solches Verfahren wäre in der ganzen alten Kirhce unerhört. Irenäus
schreibt zwar haer. I 23,5 über den Ketzer Menander: resurrectionem enim per id
quod est in eum baptisma accipere eius discipulos; aber Tertullian, de anima 50, der
an dieser Stelle der irenäischen Vorlage folgt (J. H. WASZINK in seiner Ausgabe
[1947] 519), hat sie gewiß richtig verstanden, wenn er die Verheißung einfach auf
„seine", d. h. die von ihm oder in seiner Gemeinschaft gespendete Taufe bezieht:
qui baptisma eius acceperint (vgl. Justin, apol. I 26,4). Dagegen hat Pseudo-Tertullian, adv. omnes haer. 1 den Tatbestand vergröbernd mißverstanden: negans habere
posse quemquam salutem, nisi in nomine suo baptizatus fuisset.

[23] Die entgegengesetzte Schlußfolgerung DELLINGS S. 70 ist mir unverständlich.
Aber auch H. CONZELMANN, Der erste Brief an die Korinther (1969) 50 schreibt:
„„Auf den Namen' schließt die Nennung dieses Namens in sich; das zeigt der Kon-
text."   [24] Act. 8,35–36. 38 f.

che Lücke im Bericht natürlich nicht mit den besonderen Umständen dieser Taufe erklären wollen und darf auch nicht auf den Ausweg verfallen, der Name sei gerade darum nicht genannt, weil er bei jeder Taufe selbstverständlich und die ausdrückliche Erwähnung dieses Stückes eben deshalb entbehrlich gewesen sei. Vielmehr hat man die Schilderung der Apostelgeschichte offenbar recht bald als unzureichend empfunden. Eine Reihe westlicher Zeugen hat den Text darum vervollständigt, um ein korrekteres Bild zu gewinnen. Das, was sie nachtragen, ist indessen wieder nicht die erwartete Taufformel, sondern eine voraufgehende katechetische Frage des Philippus[25] und eine seinen Glauben bezeugende Antwort des Kämmerers: ,,Philippus sagte zu ihm", heißt es im Anschluß an das Taufbegehren des Kämmerers: ,,Wenn du von ganzem Herzen glaubst, so kann es geschehen", und dieser erklärt darauf mit den Worten des traditionellen Bekenntnisses: ,,Ich glaube, daß Jesus Christus der Sohn Gottes ist."[26] Darauf steigen die beiden ins Wasser, und die Handlung nimmt den beschriebenen Verlauf.

Diese Beschreibung ist darum besonders bemerkenswert, weil sie in dem einzigen Buch des Neuen Testamentes steht, das die Wendung vom ,,Taufen auf den Namen Jesu" überhaupt verwendet. Will man nicht das problematische Hilfsmittel der Quellenscheidung ungebührlich strapazieren, so folgt daraus, daß man diese Worte also nicht im Sinne einer wie immer gesprochenen Taufformel auf den Namen Jesu verstehen darf. Sie kennzeichnen die Taufe vielmehr lediglich dahin, daß es sich um eine auf Christus zielende, den Christusglauben voraussetzende und durch Christus rettende Taufe handelt, mit einem Wort: um eine Christustaufe. Dies schließt natürlich nicht aus, daß Christus in dem einen oder anderen Fall wirklich angerufen oder sein Name auch in anderer Weise ,,ausgerufen" und hörbar gemacht wurde. Aber solche liturgischen

---

[25] Vielleicht hat sie schon formelhaften, ,,liturgischen" Charakter: vgl. O. CULLMANN, Spuren einer alten Taufformel im Neuen Testament, Vorträge und Aufsätze (1966) 524–531.

[26] Act. 8,37.

Bereicherungen waren für die Taufhandlung selbst nicht entscheidend, und die Wendung als solche sagt über die Form der Ausübung jedenfalls nichts.

Aber ist eine derartige „stumme" Form der Taufe in der sakralen Welt des Orients überhaupt vorstellbar? Ich glaube, es kommt darauf an, daß wir uns nicht in allgemeine Analogien verlieren, sondern die Ursprünge der Taufe dort suchen, wo sie nachweislich entstanden ist. Die christliche Taufe ist – darüber kann kein Zweifel sein – zunächst nichts anderes gewesen als die auf Christus bezogene Erneuerung und Fortführung der johanneischen Taufe. Johannes der Täufer kann aber trotz des Ansehens, das er bei seinen Anhängern genoß, keinesfalls unter Ausrufung seines oder irgendeines anderen Namens getauft haben[27]. Für eine derartige Annahme gäbe es in der ganzen Welt des korrekten Judentums mit seinen Waschungen und seiner – wohl erst später aufgekommenen – Proselytentaufe kein Analogon. Dasselbe gilt für Qumran, dessen Reinigungsriten nach dem Vorbild der Tempelpriesterschaft gestaltet waren[28], und wenn es noch weitere sogenannte „Taufsekten" gegeben hat, so wissen wir über sie zu wenig, um etwas Gegenteiliges auch nur vermuten zu können[29]. Übrigens würde eine Herleitung des Taufrituals aus dem hellenistischen Mysterienwesen an dieser Stelle auch nicht weiter führen. Hier fehlt es zwar nicht an festen Formeln, Hymnen und Gebeten; aber der entscheidende Akt der Einweihung scheint in der Regel gleichfalls durchaus „stumm" gewesen zu sein, d. h. er war

---

[27] Nach K. Rudolph, Die Mandäer I (1960) 231 wäre die Johannes-Taufe überhaupt nur eine „Selbsttaufe in Anwesenheit des Täufers" gewesen. Dagegen spricht aber der einzigartige Beiname „der Täufer" und doch wohl auch die Analogie der christlichen Taufe.

[28] K. G. Kuhn, Art. „Qumran" in: Die Relig. in Gesch. u. Gegenw. IV (1961) 748.

[29] Die Mandäer haben ihre Taufen später allerdings mit ausgedehnten Invokationen verschiedener „Namen" verbunden: E. Segelberg, Maṣbūtā. Studies in the Ritual of the Mandaean Baptism (1958) 53 ff.; K. Rudolph, Die Mandäer II (1961) 61 ff.; aber von hier aus sind auf die Anfänge der Bewegung keine Rückschlüsse möglich.

auf erschütternde Schauungen und Begegnungen abgestellt, aber keineswegs auf die Beschwörung eines ,,Namens'' oder überhaupt auf wesentliche Worte gegründet[30].

Nun mag sich in der Kirche sehr bald das Bedürfnis gemeldet haben, die neue Bedeutung ihrer eigenen, christlichen Taufe hervorzuheben, und eine Anrufung oder wie immer geartete Proklamation des Namens Jesu lag dann gewiß nicht fern. Aber es wäre doch immer noch mit einer Zeit des Übergangs zu rechnen, in der sich die neue Praxis bilden konnte und gegebenenfalls herrschend wurde. Eine scharfe Unterscheidung von den johanneischen Taufen war in den ersten Anfängen der Kirche um so weniger möglich, als Jesus sich selbst der Johannes-Taufe unterzog, Johannes als größten Propheten anerkannt und eine eigene, d. h. an seinen Namen gebundene Form der Taufe keinesfalls begründet hatte. Auch dies ist keine leere Vermutung. Wir besitzen in der Apostelgeschichte noch einen oder vielmehr zwei unabhängig überlieferte Nachrichten, die die vorausgesetzte Entwicklung bestätigen. Der Judenchrist Apollos war, wie Lukas sagt, ,,im Weg des Herrn unterwiesen'' und verkündigte voll geistlichen Feuers die Botschaft über Jesus; dennoch kannte er zunächst nur ,,die Taufe des Johannes'' und mußte über den Sinn einer wahren christlichen Taufe darum noch ,,genauer'' unterwiesen werden[31]. Und Paulus stößt in Ephesos auf eine Gruppe von zwölf Christen, die, wie es heißt, nur ,,auf die Taufe des Johannes'' getauft waren. Sie wissen angeblich auch noch nichts vom Heiligen Geiste, den ja im Gegensatz zur Bußtaufe, wie sie Johannes geübt hatte, einzig die Christustaufe

---

[30] Die einzige Ausnahme, die ich kenne, ist die mithrische Einweihung zum Grad des miles. Bei Tertullian, de corona 15 heißt es vom Mysten: qui cum initiatur in spelaeo, in castris vere tenebrarum, coronam interposito gladio sibi oblatam quasi mimum martyrii, dehinc capiti suo accomodatam monetur abuia manu a capite pellere et in humerum, si forte, transferre dicens Mithran esse coronam suam, statimque creditur Mithrae miles, si deiecerit coronam, si eam in deo suo esse dicerit. Aber hier handelt es sich noch nicht um die letzte Stufe der Initiation, die durch die ,,Bluttaufe'' des Tauroboliums anscheinend wieder völlig stumm erreicht wird.

[31] Act. 18,24–26.

verleiht. So tauft sie Paulus noch einmal ,,auf den Namen des Herrn Jesus", und nach der Handauflegung des Apostels fällt der Geist auf die so getauften Christen[32]. Dieser Bericht stößt sich in seinen Angaben über den Geist und die zweite Taufe mit dem vorigen und ist auch sonst einigermaßen seltsam. Aber das gibt uns noch kein Recht, die entscheidende Mitteilung über die christliche Johannes-Taufe überhaupt zu löschen und aus den wunderlichen ephesinischen Christen Täufer-Jünger zu machen (die bis nach Kleinasien verschlagen wurden!), die Johannes-Taufe des Apollos aber einfach für eine ,,lukanische Fiktion" zu erklären[33]. Beide, Apollos wie die ephesinischen Christen, sind vielmehr Zeugen einer ersten Ausbreitungswelle des Christentums, in der die Christustaufe und die Johannestaufe noch als identisch galten[34]. Es liegt gewiß nahe, die neue Taufe, die Paulus demgegenüber ,,auf den Namen des Herrn Jesu" vollzieht, sich jetzt so vorzustellen, daß der neue Herr ausdrücklich genannt und ausgerufen wurde; aber die geprägte Wendung selbst darf nach allem Gesagten nicht mehr in diesem Sinne gepreßt werden.

Wir haben also aus urchristlicher Zeit kein einziges sicheres Zeugnis für eine Verwendung des bloßen Jesusnamens innerhalb einer festen Taufformel, die allein durch diesen Namen bestimmt wäre. Am ehesten könnten eine Wendung des Jakobusbriefes und die Hermasapokalypse in diese Richtung weisen, die beide wohl erst im vorgerückten zweiten Jahrhundert entstanden sind. Hermas erwähnt den ,,Namen" außerordentlich häufig, nicht nur im marty-

---

[32] Act. 19,1–7.

[33] So E. KÄSEMANN, Die Johannesjünger in Ephesos. Exegetische Versuche und Besinnungen I (1960) 158–168.

[34] GÜNTHER BORNKAMM weist mich darauf hin, daß auch im Johannesevangelium 3,2 ff.; 4,1 f. im Streit der Johannes- und Jesusjünger hinsichtlich der Form der Taufe keine Unterscheidung gemacht wird. Aber ,,vom Täufer getauft und sein Jünger werden, ist", wie R. BULTMANN, Das Evangelium des Johannes (1950[2]) 128 Anm. 7 zu Joh. 4,1 bemerkt, ,,identisch"; darum empfinden seine Anhänger das Taufen Jesu bzw. seiner Jünger als unstatthaft.

rologischen Zusammenhang[35]. Die Christen sind im Namen des Herrn berufen[35a], haben ihn „ergriffen"[36], sie haben ihn „erkannt"[37], vertrauen auf ihn[38], und sind überhaupt diejenigen, die diesen Namen „haben"[39] oder „tragen"[40] und „anrufen"[41]. Gewiß erinnern einige dieser Wendungen an das erste Christwerden und damit an die Taufe. Aber die traditionelle Wendung vom „Getauftwerden auf den Namen des Herrn" begegnet trotzdem nur ein einziges Mal, übrigens wieder unter starker Hervorhebung des „Wassers"[42]. Es bestünde gerade bei dieser massenhaften Ausweitung des „Namen"-Gebrauchs an und für sich kaum Veranlassung, die Worte anders auszulegen als bisher. Aber eine Formulierung scheint doch unmittelbar auf eine Namensnennung bei der Taufe hinzuweisen, und gerade diese taucht auch im Jakobusbrief entsprechend auf. Hermas spricht von abgefallenen Christen, die „den Herrn mit ihren Sünden gelästert und sich zudem des Namens geschämt haben, der über ihnen ausgerufen war"[43], und Jakobus redet die reichen Heiden an, die „den schönen Namen lästern, der über euch ausgerufen ist"[44]. Die Wendung von dem Volk des Eigentums, über das Gottes Name genannt oder ausgerufen ist, stammt aus der alttestamentlich-jüdischen Tradition[45]. Hier aber meint sie zweifellos den Namen Jesu und muß dann in erster Linie

---

[35] Herm. 9,9 (vis. III 1,9); 10,1 (vis. II 2,1); 13,2 (vis. III 5,2); 72,4 (sim. VIII 6,4); 98,3 (sim. IX 21,3); 105,2 ff. (sim. IX 28).

[35a] Herm. 67,1 (sim. VIII 1,1).

[36] Herm. 89,4 (sim. IX 12,4); 90,2 (sim. IX 13,2).

[37] Herm. 93,7 (sim. IX 16.7).

[38] Herm. 94,4 (sim IX 17,4).

[39] Herm. 96,2 (sim. IX 19,2).

[40] Herm. 90,2 ff. (sim. IX 13); 91,5 ff. (sim. IX 14); 92,2 f. (sim. IX 15,2 f.); 94,4 (sim. IX 17,4).

[41] Herm. 91,3 (sim. VIII 1,1).

[42] Herm. 22,3 (vis. IV 1,3).

[43] Herm. 72,4 (sim. VIII 6,4): … ὅτι δὲ καὶ ἐπαισχυνθέντες τὸ ὄνομα τοῦ κυρίου τὸ ἐπικληθὲν ἐπ' αὐτούς.

[44] Jak. 2,7: οὐκ αὐτοὶ βλασφημοῦσιν τὸ καλὸν ὄνομα τὸ ἐπικληθὲν ἐφ᾽ ὑμᾶς.

[45] M. DIBELIUS-H. GREEVEN, Der Brief des Jakobus (1964²) 175.

auf die Taufe bezogen werden. In welcher Weise der „schöne Name" hierbei genannt wurde, bleibt allerdings offen. Es ist keineswegs ausgeschlossen, daß hiermit bereits an die trinitarische Formel gedacht war, die spätestens um die Jahrhundertwende aufgekommen und schnell verbreitet worden ist. Denn sie hatte, wie wir gleich sehen werden, trotz der breiteren Entfaltung durchaus im Namen Jesu ihren Schwerpunkt[46]. Man konnte also im Blick auf die Taufe gegebenenfalls immer noch ihn allein als die eigentlich entscheidende Größe hervorheben[47].

Die trinitarische Formel taucht bekanntlich zuerst im Matthäusevangelium und wohl unabhängig von diesem ebenso in der Didache auf[48]. Sie wird von Justin wörtlich angeführt[49], ist durch Irenäus[50] und Tertullian[51] bezeugt und für Klemens von Alexandrien

---

[46] Dies betont soweit zu Recht O. CULLMANN, Die ersten christlichen Glaubensbekenntnisse (Zürich 1943) 45 f.

[47] Nach JOH. LEIPOLDT, Die urchristliche Taufe im Lichte der Religionsgeschichte (1928) 33 Anm. 5 wäre die Taufe „auf den Namen Jesu" überhaupt als bloße Abkürzung der dreigliedrigen Formel zu verstehen: „Wenn man abkürzt, greift man selbstverständlich das Glied heraus, in dem sich die christliche Besonderheit unmißverständlich ausdrückt; also den Namen Jesu." Über weitere Versuche, die trinitarische Formel für die Frühzeit zu retten s. O. KUSS, Zur vorpaulinischen Tauflehre, Auslegung und Verkündigung I (1963, S. 98–120) 10 f. Anm. 47.

[48] Der Taufbefehl Matth. 28,19b dürfte ein früher Einschub in den ursprünglichen Text sein. Die Didache schließt sich 7,1 einer schon bestehenden liturgischen Tradition an. Vgl. H. KÖSTER, Synoptische Überlieferung bei den Apostolischen Vätern (1957) 190 ff.; J.-P. AUDET, La didachè – Instructions des Apôtres (1958) 364 f.

[49] Apol. I 61,3. Es ist nicht ganz deutlich, wieweit die erläuternden Zusätze, die er zum „Vater" und zu „Jesus Christus" (statt des „Sohnes") macht (ἐπ' ὀνόματος τοῦ πατρὸς τῶν ὅλων καὶ δεσπότου θεοῦ καὶ τοῦ σωτῆρος ἡμῶν Ἰησοῦ Χριστοῦ), schon zum festen Bestand der Formel gehören. Wenn bei der Wiederholung 61,10.13 das ὄνομα vor jeder „Person" wiederholt wird, so ist dies jedenfalls nur die Folge der eingeschobenen Reflexionen und Zwischenbemerkungen.

[50] Iren. epid. 3.

[51] Tert. de bapt. 6,1; adv. Prax. 26. Doch umfassen die pauca uerba (bapt. 2,1) hier schon etwas mehr, quam dominus in euangelio determinauit (de cor. 3), vor allem eine Erwähnung der Kirche (bapt. 6,2).

ziemlich sicher zu erschließen[52]. Sie findet sich – neben mancherlei phantastischen und mehr oder weniger synkretistischen Formeln – auch in den gnostischen und gnostisierenden Kreisen[53]. Von einer angeblich vielfach „durchschimmernden" älteren kultischen Überlieferung, die sich auf den Jesusnamen beschränkte[54], vermag ich nirgends eine Spur zu entdecken. Daß in den die Taufe vorbereitenden oder ihr folgenden Liedern und Gebeten unter Umständen allein Jesus angerufen und gepriesen wurde, ist völlig natürlich und in keiner Weise erstaunlich. Denn auch die trinitarische Taufe ist eine Christustaufe[55], und so bleiben die Christen auch weiterhin auf Christus und seinen „Namen" getauft. So schreibt die Didache selbst eine trinitarische Taufe vor und spricht doch unbefangen von den „auf den Namen des Herrn" getauften Neophyten[56]. Es ist ein

---

[52] Clem. Alex. strom. II 11,2; V 73,2; vgl. 103,1; paid. I 42,1.

[53] Evang. Phil. 59,57; act. Thom. 132; ep. apost. 5 (16); Clem. Alex. exc. ex Theod. 76,3; 80,3; Iren. haer. I 21,3; Hippol. elench. V 9,4; August. de bapt. c. Donat. III 16,20; de haer. 44. Das Verbot, εἰς τρεῖς ἀνάρχους ἢ τρεῖς παρακλήτους zu taufen, in den canon. apost. 49 (48) dürfte sich auch auf gnostische Formeln beziehen, vgl. im übrigen die trotz der z. T. veralteten Fragestellung immer noch wertvollen Ausführungen von Joh. Kunze, Glaubensregel, Heilige Schrift und Taufbekenntnis (1899) 348 ff.

[54] W. Bousset, Kyrios Christos (1921²) 230. Bousset stützt sich vorzüglich auf gnostische Texte bzw. deren mutmaßliche Urformen; so, neben den Taufgebeten der die trinitarische Taufe bezeugenden Petrusakten (act. Verc. 5) und Thomasakten (27.157), besonders auf die zweigliederige Taufformel der Elkesaiten (Hippol. ref. IX 15,1), einige Wendungen der pseudoklementinischen Rekognitionen (I 73,4; IX 11,2), obgleich hier „die Erwähnung der trinitarischen Formel außerordentlich häufig" ist, und die Engeltaufe (Clem. Alex. exc. ex Theod. 22,6) der – gleichfalls trinitarisch taufenden – Valentinianer. Am ehesten Gewicht hat die wunderliche Formel der Markosier bei Iren. haer. I 21,2 f., die erst Irenäus I 21,3 trinitarisch umgestaltet haben soll.

[55] So setzt Augustin, dem der korrekte Gebrauch der trinitarischen Formel für die Gültigkeit einer Taufe entscheidend ist, die trinitarische Taufe gerade als solche mit der Christustaufe in eins, de bapt. VI 47: quis nesciat non esse baptismum Christi, si uerba euangelica, quibus symbolum constat, illic defuerint . . . ideoque dicimus non omnem baptismum . . ., sed baptismum Christi, id est: uerbis euangelicis consecratum . . . ubique eundem esse.

[56] Did. 7,1 wird die Tauformel εἰς τὸ ὄνομα τοῦ πατρὸς καὶ τοῦ υἱοῦ καὶ τοῦ

Irrweg, aus diesem vermeintlichen Widerspruch irgendetwas über differierende Schichten und Traditionen zu folgern. Justin kennt ebenso allein die trinitarische Formel und erläutert sie für die Heiden ziemlich ausführlich[57]; aber auch bei ihm sind die Christen durch den Namen Christi belehrt und „erleuchtet", d. h. getauft, und mit geistlichen Gaben beschenkt worden[58]. Noch bei Kyrill von Jerusalem ist es nicht anders: die trinitarisch getauften[59] Christen haben Christus „angezogen" und sind insgesamt „auf Christus getauft"[60]. Natürlich verrät sich in solchen Wendungen auch die Nachwirkung des biblischen Sprachgebrauchs; aber die Gedanken werden doch völlig sicher und frei in diesem sinngemäßen Nebeneinander entwickelt[60a].

Besonders lehrreich sind unter diesem Gesichtspunkt die Auseinandersetzungen des Ketzertaufstreits. Cyprian polemisiert hier heftig gegen eine Formel Stephans von Rom, der die Taufe aller „in nomine Jesu" getauften Ketzer als gültig anerkennen will[61]. Er hebt

---

ἁγίου πνεύματος vorgeschrieben, 7,3 in einer vielleicht jüngeren Schicht noch einmal ohne die bestimmten Artikel wiederholt. Aber 9,5 heißt es kurzerhand, nur die βαπτισθέντες εἰς ὄνομα κυρίου dürften an derEucharistie teilnehmen; dazu Audet S. 362. Der Didache folgen die Const. apost. VII 22,1; 25,5.

[57] Apol. I 61,3.10.13 (o. Anm. 49).

[58] Dial. 39f. 88b/89a: Gott schiebt das Gericht auf γινώσκων ἔτι καθ᾿ ἡμέραν τινὰς μαθητευομένους εἰς τὸ ὄνομα τοῦ Χριστοῦ αὐτοῦ καὶ ἀπολείποντας τὴν ὁδὸν τῆς πλάνης, οἵ καὶ λαμβάνουσι δόματα ἕκαστος ὡς ἄξιοί εἰσιν, φωτιζόμενοι διὰ τοῦ ὀνόματος τοῦ Χριστοῦ τούτου: ὁ μὲν γὰρ λαμβάνει συνέσεως πνεῦμα, ὁ δὲ βουλῆς κτλ.

[59] Catech. myst. II 4; vgl. I 9.

[60] Catech. myst. III 1: εἰς Χριστὸν βεβαπτισμένοι καὶ Χριστὸν ἐνδυσάμενοι σύμμορφοι τοῦ υἱοῦ τοῦ θεοῦ.

[60a] Vgl. z. B. noch die kühne „mystische" Aussage des Methodios, symp. VIII 8,191: . . . οἱονεὶ Χριστῶν γεγονότων τῶν κατὰ μετουσίαν τοῦ πνεύματος εἰς Χριστὸν βεβαπτισμένων.

[61] Cypr. ep. 74,5: aut si effectum baptismi maiestati nominis tribuunt, ut qui in nomine Iesu Christi ubicumque et quomodocumque baptizantur innouati et sanctificati iudicarentur, . . . cur non eadem eiusdem maiestas nominis praeualet in manus impositione, quam ualuisse contendunt in baptismi sanctificatione? Vgl. 73,4: 57,18.

dabei besonders auf die Markioniten ab, deren Taufe niemals anerkannt werden sollte[62]. Daraus scheint zu folgen, daß die Markioniten immer noch die sogenannte „Jesustaufe" geübt hätten. Gerade
für sie würde eine solche Annahme einige Wahrscheinlichkeit besitzen; denn Markion glaubte jedenfalls nicht an den „Vater", den die
Katholiken bekannten, und hätte den älteren Brauch, wenn er jemals existiert hätte, gewiß festgehalten[62a]. In Wirklichkeit bilden
jedoch auch die Markioniten keine Ausnahme von der allgemeinen
Regel. „In dieser Kirche wurde getauft und das Abendmahl gehalten wie bei den anderen Christen."[63] Auch ihre Taufformel war trinitarisch[64]. Gerade Cyprians Polemik beweist auf das deutlichste,
daß hier wie bei den übrigen in Betracht kommenden Ketzern nicht
die Taufformel den Stein des Anstoßes bildete, sondern daß allein
der falsche, hinter den korrekten Worten verborgene Glaube und
die fehlende Zugehörigkeit zur katholischen Kirche den Grund der
Verwerfung bildeten[65]. Die Taufe „in nomine Jesu" ist für ihn wie

---

[62] Cypr. ep. 73,5: ac ne longum sit per haereses universas decurrere et singularum
uel ineptias uel insanias recensere, quia nec delectat id dicere, quod aut horret aut pudet nosse, de Marcione interim solo . . . examinemus, an possit baptismatis eius ratio
constare. Die Markioniten waren von Stephan unter anderen Sekten namentlich erwähnt worden: ep. 74,2.

[62a] So verwarfen später die Archontiker nach Epiphanios, panar. XL 2,6–8 die
kirchliche Taufe ganz ὡς ἀλλοτρίαν καὶ εἰς ὄνομα Σαβαὼθ γεγενημένην ... τοῦ
τὸν νόμον δεδωκότος.

[63] A. v. HARNACK, Marcion (1924²) 144.

[64] HARNACK beruft sich außer der cyprianischen Korrespondenz auf das ausdrückliche Zeugnis Augustins, de bapt. III 15,20. Doch ist der Tatbestand mittelbar
wohl auch für den Osten bezeugt; vgl. Basilios, ep. (can. ad Amphil.) 199,47 über die
Enkratiten, Sakkophoren und Apotaktiten, die sämtlich beim Übertritt in die Kirche
getauft werden müssen, ἐπειδὴ ὥσπερ Μαρκιωνιστῶν ἐστιν ἀποβλάστημα ἡ κατ᾽
αὐτοὺς αἵρεσις ... μὴ γὰρ λεγέτωσαν, ὅτι εἰς πατέρα καὶ υἱὸν καὶ ἅγιον πνεῦμα
ἐβαπτίσθημεν, οἵ γε κακῶν ποιητὴν ὑποτιθέμενοι τὸν θεόν, ἐφαμίλλως τῷ Μαρ-
κίωνι καὶ ταῖς λοιπαῖς αἱρέσεσιν.

[65] Das hat JOH. ERNST, Papst Stephan I. und der Ketzertaufstreit (1905) 93 ff.
unwiderleglich bewiesen. Die gewundenen, an einem vermeintlichen Gedankengang
Cyprians klebenden Ausführungen A. STENZELs, Cyprian und die „Taufe im Namen Jesu", Scholastik 30 (1955) 372–387, der „seit dem 2. Jahrhundert zahlreiche

für Stephan lediglich eine Kurzform zur Bezeichnung der entscheidenden Größe innerhalb der selbstverständlich trinitarischen Formel[66]. Es kommt ihm gerade darauf an zu zeigen, daß die Taufe den
Ketzern nichtig ist, obwohl hüben und drüben die gleichen Worte
gebraucht werden[67].
Übrigens hat es in der Kirche auch später über die Taufformel als
solche kaum Streit gegeben[68]. Eine Diskussion über die sogenannte

---

antitrinitarische Sekten" kennt (S. 380) und auch sonst einer wirklich historischen
Orientierung entbehrt, besagen dagegen nichts. Übrigens folgt Cyprian wie meist so
auch in der Beurteilung der Ketzertaufe völlig den theologischen Anschauungen Tertullians: de bapt. 15,2.

[66] Das Gleiche gilt für Bischof Caecilius von Biltha auf dem karthagischen Konzil
vom 1. September 256, sent. LXXXVII episc. 1 und vor allem von dem wenig später
entstandenen pseudocyprianischen Liber de rebaptismate; vgl. J. ERNST, Die Lehre
des Liber de rebaptismate von der Taufe, Zeitschr. f. kath. Theol. 24 (1900) 425–462,
bes. S. 435 ff.; zur Datierung zuletzt FR. BOVON, De vocatione gentium (1967).

[67] Gegenüber den Novatianern wird dies nur mit besonderem Nachdruck formuliert, ep. 69,7: quod si aliquis illud opponit, ut dicat eandem Nouatianum legem te-
nere quam catholica ecclesia teneat, eodem symbolo quo et nos baptizare, eundem
nosse Deum patrem, eundem filium Christum, eundem Spiritum sanctum ac propter
hoc usurpare eum potestatem baptizandi posse, quod uideatur interrogatione baptismi a nobis non discrepare, sciat, quisque hoc opponendum putat, primum non
esse unam nobis et schismaticis symboli legem neque eandem interrogationem, nam
. . . mentiuntur interrogatione, quando non habeant ecclesiam.

[68] Vgl. aber o. Anm. 53. Daß Paulus von Samosata die regula baptismatis nicht
gehalten habe, quam secum multi haeretici, cum de catholica discederent, abstule-
runt eamque custodiunt, ist lediglich eine falsche Folgerung, die Augustin, de haer.
44 aus dem can. 19 von Nicaea, der sie zu taufen befiehlt, von seinen Voraussetzungen aus zieht; ebenso Papst Innocenz I., ep. 17,10; vgl. B. NEUNHEUSER, Taufe und
Firmung, in: M. SCHMAUS, R. GEISELMANN, A. GRILLMEIER, Handb. d. Dogmengesch. IV 2 (1956) 59. Die Korrektheit ihrer Taufformel bezeugt z. B. Athanasios,
or. c. Arian. II 43 (...καὶ οἱ Σαμωσατέως μαθηταὶ τὰ ὀνόματα λέγοντες οὐδὲν
ἧττον εἰσιν αἱρετικοί). Auch die Eunomianer haben zweifellos die trinitarische
Formel benutzt, wie Epiphanios, panar. LXXVI 54,33 karikierend zugibt: [Εὐνό-
μιος] ἀναβαπτίζει δὲ αὐτοὺς [sc. die orthodoxen und sogar die arianischen Konver-
titen] εἰς ὄνομα θεοῦ ἀκτίστου καὶ εἰς ὄνομα υἱοῦ κεκτισμένου καὶ ὄνομα πνεύματος ἁγιαστικοῦ καὶ ὑπὸ τοῦ κεκτισμένου υἱοῦ κτισθέντος. Sie begnügten sich
aber mit einem einmaligen Untertauchen des Täuflings, das sie mit Röm. 6,3 moti-
vierten, εἰς τὸν θάνατον, ὡς ἔφασκον, τοῦ κυρίου βαπτίζοντες: Philost. hist. eccl.

Jesustaufe wird man jedenfalls vergebens suchen, weil sie niemals existiert hat. Die vollständige, trinitarische Taufformel ist seit dem zweiten Jahrhundert überall in Gebrauch[69]. Sie ist durch das Matthäusevangelium zwingend gefordert, und wird auch von den Ketzern nicht angefochten. Nur für den Exegeten des Neuen Testaments ergibt sich an dieser Stelle ein gewisses Problem; denn die dortigen Aussagen über den Taufvollzug scheinen mit der geltenden Praxis teilweise nicht recht übereinzustimmen. Origenes ist unseres Wissens zuerst darauf aufmerksam geworden. So sagt er zu Röm. 6,3: ,,Vielleicht wirfst du hier die Frage auf, warum der Apostel allein Christi Namen bei der Taufe erwähnt, da der Herr seinen Jüngern doch gesagt hat, sie sollten alle Völker im Namen des Vaters und des Sohnes und des heiligen Geistes taufen; denn er sagt: ,alle, die wir in Christo getauft sind', während es doch keine rechte Taufe gibt, die nicht unter dem Namen der Trinität steht. Aber achte auf die weise Überlegung Pauli. An dieser Stelle wollte er sich nämlich weniger über den Charakter der Taufe als über den Tod Christi äußern; er wollte uns überreden, nach dessen Gleichbild der Sünde abzusterben und uns mit Christo begraben zu lassen, und es wäre nicht passend gewesen, dort, wo er vom Tode sprach, den Va-

---

X 4; conc. Constant. can. 7 (= conc. quinisext. can. 95); vgl. can. apost. 50 (49). Daraus machen dann Socr. hist. eccl. V 24 und Soz. hist. eccl. VI 26 ein die moderne Forschung irreführendes οὐκ εἰς τριάδα ἀλλὰ εἰς τὸν τοῦ Χριστοῦ θάνατον βαπτίζεσθαι. Selbstverständlich konnten auch die Eunomianer den matthäischen Taufbefehl nicht beiseite lassen. Aber angesichts der orthodoxen Auslegung des Textes suchten sie wenigstens den Ritus zu vereinfachen, da das dreimalige Untertauchen die Gleichheit der drei göttlichen Personen zu bestätigen schien. Die spätere Deutung des dreimaligen Untertauchens auf die drei Tage, die Christus im Grabe weilte, mag mit diesen Streitigkeiten zusammenhängen. Im Römerbriefkommentar des Origenes habe ich diese Interpretation im Gegensatz zu Jos. CREHAN, Early Christian Baptism and the Creed (1950) 108 f. noch nicht gefunden. Über den Brauch einmaligen Untertauchens in Spanien und seine Beziehung zum ,,Comma Johanneum" s. M. Siotis, Αἱ δογματικαὶ παραλλαγαὶ τοῦ κειμένου τῆς Καινῆς Διαθήκης S. II 1 (Athen 1967) 83 ff.

[69] August. de bapt. III 22: sacramenti integritas ubique cognoscitur, sed ad peccatorum illam irrevocabilem remissionem extra unitatem ecclesiae non ualebit.

ter oder den heiligen Geist zu nennen."[70] Vielleicht hat auch der
Verfasser des Büchleins über die Wiedertaufe das Problem etwas
unvermittelt gestreift, freilich ohne es dann in seiner verworrenen
Art wirklich zu klären[71]. Im vierten Jahrhundert nennt Hilarius
diese Unstimmigkeit unter anderen vermeintlichen Widersprüchen
in der Schrift, die aber nur den Ungläubigen zu falschen Konsequenzen verführen[72]. Basilios stößt im Kampf um die Homoousie
des Geistes darauf[73] und widmet der Frage eine sorgfältige Besprechung[74]. Ambrosius folgt ihm und führt das Problem in breiter Ent-

---

[70] Comm. Rom. V 8 Lommatzsch S. 383 f.: Requiras fortassis etiam hoc, quod
cum ipse dominus dixerit ad discipulos, ut baptizarent omnes gentes in nomine patris
et filii et spiritus sancti, cur hic apostolus solius Christi in baptismo nomen assumse-
rit, dicens: ,,quicunque baptizati sumus in Christo", cum utique non habeatur legi-
timum baptisma, nisi sub nomine trinitatis, sed intuere prudentiam Pauli, quoniam
in praesenti loco non tam baptismatis rationem quam mortis Christi discutere cupie-
bat, ad cuius similitudinem etiam nos suaderet mori debere peccato et consepeliri
Christo, et non erat conueniens, ut, ubi de morte dicebat, uel patrem nominaret uel
spiritum sanctum.

[71] De rebapt. 7: nec aestimes huic tractatui contrarium esse, quod dixit dominus:
,,ite, docete gentes, tinguite eos in nomine patris et filii et spiritus sancti." quia cum
hoc uerum et rectum et omnibus modis in ecclesia obseruandum sit et obseruari quoque solitum sit, tamen considerare oportet, quod inuocatio nominis Iesu non debet a
nobis futilis uideri propter uenerationen et uirtutem ipsius nominis, in quo nomine
uirtutes omnes solent fieri et nonnumquam aliquae etiam ab hominibus extraneis.

[72] Hilar. de synod. 85: . . . ne postremo apostoli reperiantur in crimine, qui baptizare in nomine patris et filii et spiritus sancti iussi tantum in Jesu nomine baptizaue-
runt.

[73] Doch haben auch die Pneumatomachen mit trinitarischer Formel getauft:
W.-D. HAUSCHILD, Die Pneumatomachen (Diss. theol. Hamburg 1967) 102 f. –
nicht aus ,,bloßem Konservatismus", sondern weil der Taufbefehl des Matthäus-
evangeliums keinesfalls zu umgehen war. Aus demselben Grunde darf man hier auch
nicht eunomianische Gegner vermuten (o. Anm. 68); gegen H. DÖRRIES, De spiritu
sancto. Der Beitrag des Basilius zum Abschluß des trinitarischen Dogmas (1956) 58
Anm. 21 81.

[74] Basil. de spir. s. 12,28: καὶ μηδένα παρακρουέσθω τὸ τοῦ ἀποστόλου ὡς τὸ
ὄνομα τοῦ Πατρὸς καὶ τοῦ ἁγίου Πνεύματος ἐπὶ τῆς τοῦ βαπτίσματος μνήμης
πολλάκις παραλιμπάνοντος μηδὲ διὰ τοῦτο ἀπαρατήρητον οἰέσθω τὴν ἐπίκλησιν
εἶναι τῶν ὀνομάτων ... ἡ γὰρ τοῦ Χριστοῦ προσηγορία τοῦ παντός ἐστιν ὁμολο-

faltung auf dem Boden der nunmehr ausgebauten Trinitätslehre einer glatten Lösung entgegen: da die drei gleichwesentlichen Personen der Gottheit nicht zu scheiden sind, genügt es grundsätzlich,
wenn nur eine einzige ausdrücklich genannt wird; denn ,,wer eine
genannt hat, hat damit die ganze Trinität bezeichnet"[75]. Aber diese
gelehrten Diskussionen geben für unsere Frage nichts mehr her,
und wir können sie beiseite lassen.

γία ... Das Gleiche ergibt sich für den Geist aus Jes. 61,1; Ps. 44,8; I. Kor. 12,13.
ἀλλ᾽ οὐ παρὰ τοῦτο τέλειον ἄν τις εἴποι βάπτισμα, ᾧ μόνον τὸ ὄνομα τοῦ πνεύματος ἐπεκλήθη. χρὴ γὰρ ἀπαράβατον μένειν ἀεὶ τὴν ἐν ζωοποιῷ χάριτι δεδομένην
παράδοσιν ...

[75] De spir. s. I 3,44. Die zusammenhängende Erörterung reicht von 3,40–45: et sicut, qui benedicitur in Christo benedicitur in nomine patris et fili et spiritus sancti,
quia unum nomen est, potestas una, ita etiam, ubi operatio aliqua diuina aut patris
aut fili aut spiritus designatur, non solum ad sanctum spiritum, sed etiam ad patrem
refertur, nec solum ad patrem, sed etiam ad filium refertur et spiritum. (41) denique
Aethiops eunuchus Candacis reginae baptizatus in Christo plenum mysterium con-
secutus est, et illi, qui negauerunt se scire spiritum sanctum, quamuis baptizatos se
dicerent in Iohannis baptisma, baptizati sunt postea . . . (42) baptizati sunt itaque in
nomine Christi Iesu. nec iteratum est in his baptisma, sed nouatum; unum enim baptisma. ubi autem non est plenum baptismatis sacramentum, nec principium uel spe-
cies aliqua baptismatis aestimatur. plenum est, si patrem et filium spiritumque fatea-
re. si unum neges, totum subruas. et quemadmodum, si unum sermone conpraehen-
das, aut patrem aut filium aut spiritum sanctum, fide autem nec patrem nec filium nec
spiritum sanctum abneges, plenum est fidei sacramentum ita etiam, quamuis et patrem et filium et spiritum dicas et aut patris aut fili aut sancti spiritus minuas potestatem, uacuum est omne mysterium. denique et illi ipsi, qui dixerant ,,nec si spiritus
sanctus sit, audiuimus", baptizati sunt postea in nomine domini nostri Iesu Christi.
et hoc abundauit ad gratiam, quia iam spiritum sanctum Paulo praedicante cognoue-
rant. (43) nec contrarium debet uideri, quia, quamvis etiam postea tacitum sit de spiritu, tamen creditum est, et quod uerbo tacitum fuerat, expressum est fide. cum enim
dicitur ,,in nomine domini nostri Iesu Christi" per unitatem nominis impletum mysterium est, nec a Christi baptismate spiritus separatur, quia Iohannes in paenitentia
baptizauit, Christus in spiritu. (44) nunc consideremus, utrum, quemadmodum in
Christi nomine plenum esse legimus baptismatis sacramentum, ita etiam sancto tantum spiritu nuncupato nihil desit ad mysterii plenitudinem, et rationem sequamur,
quia qui unum dixerit, trinitatem signauit: . . . (Act. 10,38; Ps. 32,6); (45) (Act. 1,5;
I. Kor. 12,13). unum opus, quia unum mysterium, unum baptisma, quia mors una
pro mundo. unitas ergo operationis unitas praedicationis, quae non potest separari.

Was ist also aus all dem, was wir ausgeführt haben, für die früheste Form der christlichen Taufe zu schließen? Wenn es richtig ist, daß ihre Anfänge zunächst überhaupt keine Formel als festen Bestandteil des Taufvollzuges gekannt haben und wenn die trinitarische Formel andererseits noch aus dem ersten Jahrhundert stammt und sich dann offenbar schnell und ohne erkennbaren Widerstand verbreitet hat, so kann die dazwischen liegende Zeit auf jeden Fall nur kurz gewesen sein. Sie war, meine ich, zu kurz, um die Ausbildung einer festen Regelung im Sinne der ,,Jesustaufe'' überhaupt möglich zu machen; denn ein bestimmter liturgischer ,,Formzwang''[76] lag diesen frühen Zeiten noch fern. Deutliche Spuren einer solchen Taufe lassen sich kaum ermitteln, und die vermeintlichen Gründe, die dafür angeführt werden, haben sich als Scheingründe erwiesen. Die Dinge liegen hier ähnlich wie bei der viel diskutierten Frage der urchristlichen Kindertaufe. Auch in diesem Fall ist es m. E. nicht möglich, von einer Zeit, der das Problem als solches noch gar nicht aufgegangen war, dennoch grundsätzliche Lösungen zu erwarten: die Praxis ging vermutlich verschiedene Wege. Daß die eingliedrige Taufformel ,,auf den Namen Jesu'' vor dem Sieg der trinitarischen Formel schon eine allgemeine, feststehende Übung geworden wäre, erscheint mir jedenfalls ausgeschlossen. Die historische Wahrscheinlichkeit spricht nicht dafür, und die gegenteile Annahme läßt sich aus den Texten weder beweisen noch plausibel machen.

---

[76] O. Kuss, aaO. S. 107 im Blick auf die (scheinbar) differierenden Aussagen der Didache (o. S. 209); ,,... es ist weder in dem einen noch in dem anderen Fall für diese erste Zeit an einen Formzwang zu denken.''

Das Bekenntnis im Urchristentum

Das Christentum ist seinem Wesen nach eine bekennende Religion, und von Bekenntnissen braucht man darum nicht erst dort zu reden, wo wörtlich festgelegte Glaubensbekenntnisse oder „Symbole" kirchenrechtlich in Geltung stehen. Es ist keinesfalls unberechtigt, schon im Urchristentum nach dem christlichen Bekenntnis zu fragen, wie es seit langem geschieht. Nur muß man dann auch wissen, was im urchristlichen Sinne ein Bekenntnis hieß und war, und darf diesen Terminus nicht beliebig oder anachronistisch nach dem Verständnis einer späteren Zeit gebrauchen[1]. Es geht z. B. nicht an, daß man, wie vielfach geschieht, die berühmte Formel über Tod und Auferstehung Jesu, die Paulus im Ersten Korintherbrief zitiert, unbedenklich als ein „Bekenntnis" ausgibt[2] und für die weitere Suche nach Bekenntnissen von ihr ausgeht. Paulus selbst hat sie nicht als ein solches bezeichnet, und inhaltlich läßt sie sich am besten als ein Stück geschichtlicher Jesus-Überlieferung verstehen[3]. Es ist darum richtiger, wenn die Forschung neuerdings nicht mehr hier, sondern bei der sogenannten „Homologie" und den Jesus-

Aus: Zeitschrift für die neutestamentliche Wissenschaft 63 (1972) 210–253.

[1] Gegen den hier drohenden Wirrwarr der Deutungen und Bezeichnungen kehren sich in verschiedener Absicht u. a. schon F. HAHN, in der Einleitung zur Neuausgabe von A. SEEBERGS Katechismus des Urchristentums (1966) XIII ff.; K. LEHMANN, Auferweckt am dritten Tag nach der Schrift (1968) 17 ff.; M. RESE, Formeln und Lieder im Neuen Testament, VF 15 (1970) 75 ff.

[2] So jüngst wieder J. GNILKA, Jesus Christus nach früheren Zeugnissen des Glaubens (1970) 60 (1 Kor 15,3 ff. = „christologisches Glaubensbekenntnis").

[3] Als solches gehört es m. E. eher zur Vorgeschichte des Neuen Testaments als der Bekenntnisse: H. v. CAMPENHAUSEN, Die Entstehung der christlichen Bibel (1968) 126 ff.

Akklamationen eingesetzt hat und den Begriff des Bekenntnisses von dort aus präziser zu fassen sucht. Es fragt sich nur, wie man diesen Anfang und die dann von ihm ausgehende Entwicklung historisch interpretieren soll. Ich gestehe, daß mich die bisherigen Deutungen in dieser Hinsicht nicht befriedigt haben[4]. Sie orientieren sich viel zu schnell an dem Normalbild des späteren Urapostolicums, dessen Anfänge nach einem heute überholten Forschungsstand meist schon in die Mitte des zweiten Jahrhunderts gesetzt werden[5], und suchen für das Bekenntnis selbst einen Sitz im Leben, den es m. E. nie gehabt haben kann. So wage ich dem Lauf, den das

---

[4] Natürlich kann man in einem übertragenen Sinne jeden religiösen Text, der eine religiöse Überzeugung zum Ausdruck bringt, ein ,,Bekenntnis" nennen, also auch Hymnen, Prophetien, mythische Erzählungen und Berichte; so z. B. mit einigem Vorbehalt H. Köster, Entwicklungslinien durch die Welt des frühen Christentums (1971) 193; ähnlich E. Käsemann, Konsequente Traditionsgeschichte?, ZThK 62 (1965) 140, indem er das Wort ,,Bekenntnis" allerdings in Anführungszeichen setzt; aber bei unserer Fragestellung ist mit einem derartigen verwaschenen Sprachgebrauch nichts anzufangen. A. Harnack hatte im ,,Anhang" zu A. Hahns ,,Bibliothek der Symbole und Glaubensregeln" (1897³) 364 in solchem Fall richtiger von der ,,ältesten Überlieferung" gesprochen, die ,,dem Glauben . . . eine feste, resp. festere Gestalt gegeben" hat.

[5] Es sieht zuweilen so aus, als hätten die seinerzeit mit Recht berühmten Theorien von Harnack, Holl und Lietzmann bei uns noch immer ihre quasi-kanonische Geltung, obgleich die reichen, freilich seit den Anfängen bei J. Kunze, Glaubensregel, Heilige Schrift und Taufbekenntnis (1899) vor allem im Ausland fruchtbar fortgeführten Forschungen zum κανὼν ἀληθείας (πίστεως) ein unverändertes Festhalten an ihren Aufstellungen längst unmöglich gemacht haben. Hier hätten schon J. N. D. Kellys klassisches Werk ,,Early christian Creeds" (London 1950, deutsch ,,Altchristliche Glaubensbekenntnisse" 1971) und noch mehr die m. E. unwidersprechlichen Darlegungen R. P. C. Hansons, Tradition in the early Church (London 1962) einigen Wandel schaffen müssen. Aber E. v. Dobschütz scheint noch immer für die Gegenwart zu schreiben, wenn er in ,,Das Apostolicum in biblisch-theologischer Beleuchtung" (1932) 11 kritisch bemerkt: ,,Viel Unsicherheit und Irrtum ist auch in der Symbolforschung dadurch entstanden, daß man sich den Unterschied zwischen Symbol und regula fidei nicht klar gemacht hat. Was uns bei den älteren Vätern als Glaubensregel entgegentritt, ist eine freie Zusammenfassung der wichtigsten Lehrstücke des christlichen Glaubens, in den Grundzügen freilich festliegend, aber im einzelnen und besonders in der Formgebung frei beweglich."

urchristliche Bekennen genommen hat, noch einmal nachzugehen und die in Betracht kommenden Formeln nach meinem Verständnis neu zu ordnen. Dies allein ist die Aufgabe, die ich mir gesetzt habe. Es ist nicht meine Absicht, die vielverhandelten Texte wieder einmal zu kommentieren – weder im philologischen Sinn noch nach ihrer systematischen Tragweite. Ich hoffe, daß gerade in dieser Beschränkung das, was ich zeigen möchte, um so klarer hervortritt.

Das christliche Bekenntnis ist ursprünglich keine Aufzählung der dem Glauben wesentlichen Überlieferungsstücke und Lehrwahrheiten (die vielmehr ihre eigenen Wege gegangen sind), sondern die ebenso kurze wie unmißverständliche Bezeichnung des einen göttlichen Gegenübers, dessen Bejahung den einzelnen Christen zum Christen macht und von jedem Nichtchristen unterscheidet, also der Person Jesu. In einem zweiten Stadium wird es, gegen christliche Irrlehren gewandt, gleichzeitig zu einem Panier, um das sich die Gläubigen scharen und so von den Irr- und Ungläubigen getrennt halten können. Endlich kann das sich ausweitende Bekenntnis auch zu einem Leitfaden der Lehre werden und allgemein-katechetische, unter Umständen auch liturgisch-doxologische Bedeutung gewinnen. Doch wird diese letzte Stufe innerhalb der urchristlichen Entwicklung nicht mehr erreicht. Daß diese Bestimmungen nicht willkürlich aufgegriffen und behauptet werden, soll zunächst der urchristliche Wortgebrauch bestätigen[6].

„Bekennen" heißt im Neuen Testament ὁμολογεῖν[7]. Dieses Tätigkeitswort hat seine Geschichte gehabt und besitzt eine ziemlich

---

[6] Das Material zum folgenden bei O. MICHEL, Art. ὁμολογέω, ἐξομολογέω κτλ., ThW V (1954) 199–220; BAUER WB (1958⁵) 1125f.; V. H. NEUFELD, The earliest Christian Confessions (Leiden 1963) 13ff.; R. J. LEDOGAR, Acknowledgment. Praise-Verbs in the early greek Anaphora (Rom 1968) 71ff.; 164

[7] Nur Hebr. 13,15 ist ὁμολογεῖν im Sinne von „lobpreisen" gebraucht, wie sonst ἐξομολογεῖσθαι. Eine solche Verwendung des Verbum simplex ist anscheinend auch im Judentum die Ausnahme. Ich habe als Belege in der LXX nur 3 Esr 4,60, 5,58 gefunden (Hatch-Redpath II 993). Im späteren Kirchengriechisch findet sich anscheinend gleichfalls kein solcher absoluter Gebrauch, sondern nur die Umschreibung ὁμολογεῖν χάριν: G. W. H. LAMPE, A Patristic Greek Lexicon (Oxford 1961) 957f.

weite allgemeine Bedeutung[8]. Im spezifischen christlich-religiösen Gebrauch meint es entschieden etwas anderes als „lehren", διδάσκειν, oder „überliefern", παραδιδόναι. Es ist auch vom medialen Kompositum ἐξομολογεῖσθαι zu unterscheiden. Dieses bedeutet in alttestamentlich-jüdischer Tradition soviel wie „lobpreisen"[9] und daneben das „Bekennen", d. h. Eingestehen, von Sünden[10]. Überall, wo ὁμολογεῖν nicht im neutralen gemein-griechischen Verständnis von „zugeben", „bestätigen" und „erklären", sondern im ausgezeichneten Sinn der religiösen Parteinahme innerhalb des Neuen Testaments gebraucht wird[11], zielt der Terminus allein und ausschließlich auf Jesus selbst[12]: er muß von jedem Christen angenommen, anerkannt und „bekannt" werden.

Der Ausgangspunkt der gesamten Entwicklung scheint in einem sehr alten, im Kerne wohl echten Jesuswort zu liegen[13]. In seiner

---

[8] Vgl. G. BORNKAMM, Homologia. Zur Geschichte eines politischen Begriffs, Geschichte u. Glaube I (= Ges. Aufs. III, 1968) 140–156.

[9] Dahinter steht das hebräische ידה im Hifʿil und Hitpaʿel. Zum Verständnis dieses Wortsinns s. G. BORNKAMM, Bekenntnis und Opfer, Geschichte und Glaube I (= Ges. Aufs. III, 1968) 122–139, aber auch die kritische Anmerkung von R. DEICHGRÄBER, Gotteshymnus und Christushymnus in der frühen Christenheit (1967) 22f. Im klassischen Griechisch hat ἐξομολογεῖν niemals diese Bedeutung. Ἀνθομολογεῖσθαι findet sich im NT nur Lk 2,38 (im Sinne von „lobpreisen").

[10] Diese Bedeutung hat bei Aquila auch ὁμολογεῖν an der einzigen Stelle (Prov. 28,13), wo er das Wort gebraucht: J. REIDER, N. TURNER, An Index to Aquila (Leiden 1966) 172.

[11] Klassisch wird ὁμολογεῖν in solchem Fall mit einem doppelten Akkusativ verbunden wie in christlichen „Prädikationssätzen" auch. Die Konstruktion ὁμολογεῖν ἐν ἐμοί (Mt 10,32; Lk 12,8) ist ein Aramaismus. Der einfache personale Akkusativ wie 1 Joh. 2,23 ὁ ὁμολογῶν τὸν υἱόν scheint eine christliche Neuerung zu sein.

[12] Ὁμολογεῖν bedeutet im NT also nicht „feierliche Glaubensaussagen machen bzw. sich im Glauben zu etwas bekennen", wie Michel, 209 behauptet. Abgesehen von Röm 10,9f. (hierüber s. u. S. 233f.) und Hebr. 13,15 (o. Anm. 7) fehlt in den hierfür angeführten Belegen der Terminus ὁμολογεῖν oder er hat (wie Act 23,8) die übliche neutrale Bedeutung von „bejahen, anerkennen" oder – er zielt auf Jesus in Person.

[13] Zum folgenden G. BORNKAMM, Das Wort Jesu vom Bekennen, Ges. Aufs. III (1968) 25–36; für die Probleme der Variation C. Colpe, Art. υἱὸς τοῦ ἀνθρώπου, ThW VIII (1969, 403–448) 444f., 450. 459. 463.

matthäischen Fassung hat es folgenden Wortlaut: ,,Jeder, der sich zu mir bekennt vor den Menschen, zu dem will auch ich mich bekennen vor meinem Vater im Himmel; wer mich aber verleugnet vor den Menschen, den will auch ich verleugnen vor meinem Vater im Himmel."[14] Charakteristisch für die Gestalt des Wortes ist die strenge Entgegensetzung von ,,bekennen" und ,,verleugnen"[15] und die ebenso strikte Entsprechung zwischen dem irdischen Bekenntnis zu Jesus und dessen himmlischen ,,Bekenntnis" oder Urteil, das darauf antwortet. Es gibt also keinen Mittelweg, auf dem der Jünger der Entscheidung ausweichen könnte, und die Wahl, die er trifft, entscheidet unweigerlich über sein ewiges Heil oder Verderben. Insofern hat der Bekenner selbst sein Schicksal in der Hand. Das Bekenntnis, das von ihm gefordert wird, ist öffentlich: es geschieht ,,vor den Menschen". Doch sind die ,,Menschen", von denen hier die Rede ist, nicht als neutrale Größe gesehen; sie sind die Vertreter der ,,Welt" im johanneischen Sinne, d. h. einer gottfeindlichen, gegen Jesus stehenden, dämonischen Gegnerschaft[16]. Das zeigt neben vielen Parallelen schon der Zusammenhang, in dem das Wort steht. Das Bekennen ist von Anfang an als ein aktives, nach außen gewandtes Bezeugen gemeint, ein persönliches Eintreten für den Herrn, auf den sich der Glaube verläßt, und erscheint, lockend und drohend zugleich, in durchaus apokalyptischer Beleuchtung.

Dieser Spruch hat eine gewaltige Nachgeschichte gehabt. Schon in den synoptischen Evangelien ist er nicht weniger als viermal

---

[14] Mt. 10,32. Die Parallele Lk. 12,8 f. hat in den Nachsätzen für das ,,ich" Jesu jeweils den ,,Menschensohn".

[15] Auch ἀρνεῖσθαι hat wie ὁμολογεῖν eine weitere, gemeingriechische Bedeutung, nämlich ,,neinsagen", ,,leugnen", und eine spezifische: ,,verleugnen". Auch ἀρνεῖσθαι wird in dieser zweiten Bedeutung meist, aber nicht so ausschließlich, auf die Person Jesu als direktes Objekt bezogen; vgl. H. SCHLIER, Art. ἀρνέομαι, ThW I (1933) 468–471. Aber auch hier gilt: Man kann eigentlich nur davon reden, ,,daß man jemanden, aber nicht, daß man etwas verleugnet" (469); H. RIESENFELD, The Meaning of the Verb ἀρνεῖσθαι, Coniectanea Neotestamentica (Festschr. Fridrichsen 1947) 207–219.

[16] In der Parallele Mk. 8,38 wird dies durch das formelhafte ἐν τῇ γενεᾷ ταύτῃ τῇ μοιχαλίδι καὶ ἁμαρτωλῷ noch besonders hervorgehoben.

überliefert[17]. Im Johannesevangelium[18], im Ersten Johannesbrief[19], in der Apokalypse[20], im Zweiten Timotheusbrief[21] und
noch bei Hermas[22] klingt er unüberhörbar nach; der Zweite Timotheusbrief[21] zitiert ihn ausdrücklich[23]. Darin sind ihm fast alle an
die Märtyrer gerichteten und von ihnen berichtenden Schriften gefolgt[24]. Man kann sagen: überall, wo im Urchristentum das christologische Bekennen oder ein ihm korrespondierendes Verleugnen
auftaucht, ist im Zweifelsfall eine direkte oder indirekte Nachwirkung dieses Jesus-Wortes zu vermuten. Der einzige Terminus, der
mit ὁμολογεῖν in dieser Bedeutung konkurrieren kann, ist das johanneische μαρτυρεῖν. Ursprünglich fast gleichbedeutend, hat sich
μαρτυρεῖν und μαρτυρία mit der Zeit besonders mit der martyro-
logischen Vorstellung des ,,Blutzeugnisses" verbunden; ὁμολογεῖν

---

[17] Mk. 8,38 und Lk. 9,26 fehlt die erste, verheißende Hälfte des Spruchs, und ἀρνεῖσθαι ist durch ἐπαισχύνεσθαι ersetzt. Natürlich handelt es sich hier wie auch
sonst meist im NT ,,nicht um eine psychologisch bedingte Scham, sondern vielmehr
um das Versagen oder Nichtversagen des Zeugnisses" (MICHEL, 207 Anm. 27). ,,Es
ist die aus dem Zweifel an die Wahrheit des Herrn erwachsene Besorgnis, im Urteil
der Welt, von dem man lebt, zu Schanden zu kommen" (SCHLIER, 470). Die ,,Ver-
leugnung" des Petrus (Mk 14,68 parr.; 71 parr.) ist das Musterbeispiel. Auch Mt 7,23
τότε ὁμολογήσω αὐτοῖς, ὅτι οὐδέποτε ἔγνων ὑμᾶς dürfte nicht zufällig an 10,32 f.
anklingen.

[18] Joh. 1,20: καὶ ὡμολόγησεν καὶ οὐκ ἠρνήσατο, ὡμολόγησεν, ὅτι ἐγὼ οὐκ εἰμὶ ὁ
Χριστός. Vgl. 9,22; 12,42. ,,Die Behauptung Johannes des Täufers, nicht selbst der
Messias zu sein, ist im Sinne des Evangelisten das indirekte Bekenntnis zu Jesus, die
ihm mögliche Art, ihn nicht zu verleugnen" (SCHLIER, 469).

[19] 1 Joh. 2,23; 4,15. Näheres u. S. 250f. Zu Ignatios s. u. S. 256ff.

[20] Apk 3,5: ... καὶ ὁμολογήσω τὸ ὄνομα αὐτοῦ ἐνώπιον τοῦ πατρός μου καί
ἐνώπιον τῶν ἀγγελῶν αὐτοῦ.

[21] 2 Tim 2,13: εἰ ἀρνησόμεθα, κἀκεῖνος ἀρνήσεται ἡμᾶς.

[22] Herm. 105 (sim IX 28) 4,7: ταῦτα ὑμῖν λέγω, τοῖς διστάζουσι περὶ ἀρνήσεως
ἢ ὁμολογήσεως. ὁμολογεῖτε, ὅτι κύριον ἕξετε, μήποτε ἀρνούμενοι παραδοθήσεσθε εἰς δεσμωτήριον (vgl. Mt. 5,25/Lk. 12,58).

[23] 2 Clem. 3,2. Der Text scheint von der Matthäus-Fassung bestimmt, weicht
aber trotzdem ab: H. KÖSTER, Synoptische Überlieferung bei den Apostolischen
Vätern (1957) 71ff.

[24] Über diese Entwicklung H. v. CAMPENHAUSEN: Die Idee des Martyriums in
der alten Kirche (1962²) 20ff.1 anders N. BROX, Zeuge und Märtyrer (1961) 114ff.

und ὁμολογία behalten dagegen stets ihre worthafte Bedeutung und leiten schließlich zum Begriff des verbindlichen „Bekenntnisses" und der „Konfession" hinüber[25]. Doch bleiben Wort- und Tatzeugnis der Sache nach stets untrennbar, und die Erinnerung hieran hat „auf die kommende Bekenntnisentwicklung" darum „eine beständige, wenn auch nicht immer wirksame Korrektur ausgeübt"[26].

Es mag auffallen, daß im Urchristentum bis über die Grenze des ersten Jahrhunderts hinaus ein ausdrückliches „Bekenntnis" zum Einen Gott, soweit wir sehen, niemals als solches gefordert wird[27]. Der Glaube an ihn erschien in der Tradition des Judentums und seiner heiligen Schriften offenbar als selbstverständlich[28]; das Bekenntnis zu Jesus war dagegen das eigentlich Neue und Entscheidende. Erst in der apologetischen Literatur des zweiten Jahrhunderts wird der Glaube an den Einen Gott vor und neben dem Jesus-Bekenntnis eigens hervorgehoben[29]. Aber auch das Jesus-Bekenntnis gab es zunächst kaum in einer ausgeprägten Gestalt. Das Urwort Jesu hatte die Frage, wie ein solches Bekennen gegebenen-

---

[25] Doch ergibt sich auch hier ein abgeschwächt martyrologischer Gebrauch in der Vorstellung des ὁμολογητής (confessor); so zuerst im Brief der Lyoner bei Eusebios, Hist. eccl. V 2,3.

[26] W. MAURER, Bekenntnis und Sakrament I (1939) 11.

[27] Am ehesten könnte man hier an die akklamatorische Nennung des εἷς θεός neben dem εἷς κύριος 1 Kor. 8,4–6 erinnern, die aber in einem anderen Zusammenhang nur als eine den Christen selbstverständliche Voraussetzung erwähnt werden. „Paulus ist mit den Korinthern einig im Bekenntnis zum Monotheismus": H. LIETZMANN / W. G. KÜMMEL, An die Korinther I/II (1949⁴) 37, vgl. 2 Tim. 2,5.

[28] Zum erstenmal erscheint ein ausdrückliches Gebot, an den Einen Gott zu glauben, bei Hermas 26 (mand 1). Es stammt aus jüdischer Tradition und hat hier als „Voraussetzung der geforderten Enthaltsamkeit . . . in der Tat keine selbständige Bedeutung": M. DIBELIUS, Die Apostol. Väter IV: Der Hirt des Hermas (1923) 497. Entsprechendes gilt für Jak 2,19, wo „die Eigenart gerade des christlichen Glaubens nicht zur Darstellung kommen soll: ders., Der Brief des Jakobus (1964) 195 f.

[29] Aber noch bei Aristides erscheint der Glaube an den Einen Gott als besonderer Vorzug des Judentums (apol. 14,2), während für die Christen vielmehr das Bekenntnis zum Gottessohn Jesus Christus bezeichnend ist (15,1). Erst in einem zweiten Anlauf nennt die schlecht überlieferte Apologie die Erkenntnis des Schöpfergottes neben den Geboten des Herrn Jesus Christus (15,3).

falls zu lauten habe, gänzlich offen gelassen. Wenn wir trotzdem
schon in den synoptischen Evangelien auf bestimmte, stereotyp ge-
formte Sätze stoßen, die sich nur als „Bekenntnissätze" verstehen
lassen[30], so befinden wir uns bereits auf einer späteren Stufe der
Entwicklung[31]; damit beginnt das wörtlich gefaßte Bekenntnis. Es
handelt sich um zwei denkbar einfache Aussagen, die in ihrer knappen Geschlossenheit schwerlich unmittelbar aus der konkreten und
bewegten Auseinandersetzung mit der Umwelt erwachsen sind.
Der Name Jesu wird hier jeweils mit einer bestimmten „Prädikation", einem Hoheitstitel, in Verbindung gebracht, der seinen Rang
und Anspruch bestätigt: „Jesus ist der Christus" und „Jesus ist
Gottes Sohn". Je nach dem Zusammenhang können diese Sätze
auch den Namen Jesu fortlassen und als direkte Anrede oder Frage
gefaßt werden: „Dieser ist" oder „Du bist" der Christus, bezie-
hungsweise: der Gottessohn. In dieser Prädikation sieht der Christ
das Wesentliche seines Glaubens ausgedrückt: dies ist also das, was
er von Jesus „bekennt".

Die Beschränkung auf diese zwei Titel ist das Ergebnis eines
Sichtungsprozesses[32]. Die Zahl der Jesus beigelegten Hoheitstitel
ist weit größer[33]. Jeder von ihnen scheint in einer eigenen, bestimmten Tradition zu wurzeln. Auffallend ist vor allem das Fehlen des
„Menschensohns" und des „Davidssohns"[34]; ebenso fehlen die

---

[30] Doch sind sie hier noch nicht mit dem Begriff des „Bekennens" verbunden. Vgl. u. S. 227 ff.

[31] Auf die Tatsache, daß Paulus die Bekenntnissätze noch nicht zu kennen scheint (u. S. 232 f.), darf hierfür allerdings kein zu großes Gewicht gelegt werden, da er auch sonst von der synoptischen Tradition in seinen Briefen nur geringen Gebrauch macht. Aber auch das Fehlen entsprechender Sätze für den „Menschensohn" ist für den späteren Ursprung der Bekenntnissätze bezeichnend.

[32] H. SCHLIER, Die Anfänge des christologischen Credo, in: B. WELTE, Zur Frühgeschichte der Christologie (1970, 13–58) 35 f.

[33] Vgl. die Übersicht bei F. MUSSNER, Art. „Jesusprädikate", LThK V (1960²) 966 f.

[34] In Frageform erscheint das Bekenntnis zum υἱὸς Δαυίδ einmal Mt. 12,23 und Mt. 21,9 als Akklamation, beidemal durch die ὄχλοι. Die alte Formel, die Röm.

spezielleren Titulaturen „Nazoräer", „der Knecht" (παῖς) oder
„der Heilige Gottes"[35]. Doch verzichte ich auf den Versuch, diese
Ur- und Vorgeschichte der ersten Bekenntnissätze von mir aus zu
erhellen. Ursprung und Bedeutung dieser „Hoheitstitel" ist schon
wiederholt der Gegenstand ebenso gründlicher wie umfassender
Studien gewesen[36]; doch eine restlose Klärung und Übereinstimmung scheint trotzdem nicht erreicht zu sein. Ich setze daher erst
dort ein, wo sich die bestimmten Prädikationssätze als Normalform
durchgesetzt haben. Es geht an dieser Stelle ja nicht um den speziel-
len theologischen Sinn, der den Titeln als solchen zukommt, sondern nur um ihre „bekenntnishafte" Bedeutung, insofern Jesus hier
in der einen oder anderen Form, als Christus oder als Gottessohn,
bejaht und „bekannt" wird. Natürlich gehörte die Prädizierung
Jesu als „Christus", d. h. als Messias, ursprünglich in den Umkreis
der jüdischen Heilserwartung[37], und seine Bezeichnung als Gottessohn ist erst in der hellenistisch-heidnischen Umwelt wenn nicht
entstanden, so doch jedenfalls herrschend und entscheidend geworden. Es ist jedoch bezeichnend, daß sich beide Prädikationen

---

1,3 f. benutzt wird, ist trotz Chr. Burger, Jesus als Davidssohn (1970) 29 kein
„Bekenntnis".

[35] Dieser Titel begegnet allein bei Joh 6,69 (vgl. S. 230) und im Munde der Dämonen Mk 1,24/Lk 4,34 als Bekenntnissatz.

[36] Vgl. vor allem F. Hahn, Christologische Hoheitstitel (1964[4]); außerdem O.
Cullmann, Die Christologie des NTs (1958[2]); W. Kramer, Christos Kyrios Gottessohn (Zürich 1963); E. Schweizer, Art. υἱός, ThW VIII (1969, S. 364–402)
367 ff.; zuletzt K. Berger, Zum traditionsgeschichtlichen Hintergrund Christologischer Hoheitstitel, NTS 17 (1970/71) 391–425.

[37] Übrigens „bekennt" auch noch Justin in seiner Auseinandersetzung mit dem
Juden Tryphon Jesus regelmäßig als „Christus" (wie Lukas in der Apostelgeschichte): dial. 35,7; 39,6; 43,8; 47,4; 48,4; 108,2; 35,2 heißt es: τὸν σταυρωθέντα Ἰησοῦν
ὁμολογεῖν καὶ κύριον καὶ χριστόν und nur 108,2: τῶν ὁμολογουμένων Χριστὸν
καὶ διδάσκαλον καὶ υἱὸν θεοῦ εἶναι (47,4 ist im Gegensatz zu den Bekennern auch
vom Verlust der Seligkeit – οὐθ᾽ ὅλως σωθήσεσθαι ἀποφαίνομαι – für die Verleugner die Rede: τοῦς ἀρνησαμένους, ὅτι οὗτός ἐστιν ὁ Χριστός). – Dagegen sagt Aristides schon in der ersten erhaltenen Apologie vor den Heiden 15,1: οἱ δὲ χριστιανοὶ
γενεαλογοῦνται ἀπὸ τοῦ κυρίου Ἰησοῦ Χριστοῦ. οὗτος δὲ ὁ υἱὸς τοῦ θεοῦ ὑψίστου ὁμολογεῖται. Hier ist „Jesus Christus" ohne weiteres ein Eigenname.

und die verschiedenen Prädikationen insgesamt für das christliche Bewußtsein offenbar nicht gestoßen haben. Zwar hat jede Bezeichnung einen einzigartigen Sinn: sie kommt allein Jesus zu und ist gegen weitere, konkurrierende Anwärter durchaus exklusiv; aber untereinander schließen sich die mancherlei Titel keineswegs aus. Christus, der Herr, der Heiland, der ewige Hohepriester, der Gottessohn und Gott – jeder ,,Name" beleuchtet die Funktion und das Wesen Jesu von einer anderen Seite; aber keiner, möchte man fortfahren, ist imstande, das, was Jesus war, allein und erschöpfend zu umschreiben.

Die eigentlichen Bekenntnissätze haben sich trotzdem mit großer Konsequenz auf die zwei führenden Titel, ,,der Christus" und ,,der Gottessohn", konzentriert. Sie zeigen damit ihr formelhaftes, ,,bekenntnishaftes" Gepräge. Das Bekenntnis ist eben, im Gegensatz zum kultischen Lobpreis oder Gebet, nicht der Ort und Anlaß zu hymnischer Entfaltung, sondern drängt auf das Wesentliche, Unverrückbare und Entscheidende, bei dem es bleiben soll. Kleine Variationen in der Wortstellung und gelegentliche Erweiterungen sind demgegenüber nicht von Belang. Die festen Sätze über Jesus als Christus und Jesus als Gottes Sohn begegnen, wesentlich unverändert, nicht nur in den synoptischen Evangelien, sondern auch im Johannesevangelium, in der Apostelgeschichte, im Ersten Johannesbrief und noch in einigen weiteren Schriften bis in die ersten Jahrzehnte des zweiten Jahrhunderts hinein. Schon früh kommt es auch zur Verschmelzung beider Aussagen in einem einzigen Bekenntnissatz; doch ist die Trennung in zwei Sätze, die sich nebeneinander behaupten, in urchristlicher Zeit noch die Regel[38].

---

[38] Ich gebe im folgenden eine Zusammenstellung. Ich verkenne natürlich nicht, daß sie sehr grob ist. Da in den Bekenntnissätzen das Gewicht ganz auf den Hoheitstiteln ruht, ist es in vielen Fällen kaum möglich, die geschlossenen Bekenntnis*sätze* gegenüber der knapperen Erwähnung des Titels mit Schärfe abzuheben. Eine sorgsame Exegese der einzelnen Textstellen hätte natürlich auch sonst noch vieles zu beachten, was in einer geschichtlichen Orientierung über den wesentlichen Gang der Entwicklung, wie ich meine, beiseite bleiben darf.

Das klassische Beispiel eines betonten Christusbekenntnisses bietet das Bekenntnis des Petrus bei Caesarea Philippi[39]. Im Gegensatz

Mk. 8,29	σύ	εἶ	ὁ χριστός	
Lk. 9,20	ὑμεῖς δὲ τίνα με	λέγετε	εἶναι;..τὸν χριστὸν τοῦ θεοῦ.	
Mt. 16,20	αὐτός	ἐστιν	ὁ χριστός	
Lk. 22,67	εἰ οὐ	εἶ	ὁ χριστός,	εἰπὸν ἡμῖν
Lk. 23,35	εἰ οὗτός	ἐστιν	ὁ χριστὸς τοῦ θεοῦ ὁ ἐκλεκτός	
Act. 9,22	οὗτός	ἐστιν	ὁ χριστός	
Act. 17,3	οὗτός	ἐστιν	ὁ χριστός	
Act. 18,5	[Ἰησοῦν]	εἶναι	τὸν χριστὸν	Ἰησοῦν
Act. 18,28	[Ἰησοῦν]	εἶναι	τὸν χριστὸν	Ἰησοῦν
Joh. 1,20	ἐγὼ	οὐκ εἰμὶ	ὁ χριστός.	
Joh. 4,26	ἐγώ	εἰμι	[ὁ χριστός]	ὁ λαλῶν σοι
Joh. 7,26	οὗτός	ἐστιν	ὁ χριστός	
Joh. 7,41	οὗτός	ἐστιν	ὁ χριστός	
Joh. 9,22	ἐάν τις αὐτὸν	ὁμολογήσῃ χριστόν		
Joh. 10,34	εἰ σὺ	εἶ	ὁ χριστός,	εἰπὸν ἡμῖν παρρησίᾳ
1 Joh. 2,22	ὁ ἀρνούμενος ὅτι Ἰησοῦς	οὐκ ἔστιν	ὁ χριστός	
1 Joh. 5,1	Ἰησοῦς	ἐστιν	ὁ χριστός	
Justin	vgl. o. Anm. 37			
Mk. 1,11	σὺ	εἶ	ὁ υἱός μου	ὁ ἀγαπητός
Lk. 3,22	σὺ	εἶ	ὁ υἱός μου	ὁ ἀγαπητός
Mt. 3,17	οὗτός	ἐστιν	ὁ υἱός μου	ὁ ἀγαπητός
Mk. 3,11	σὺ	εἶ	ὁ υἱὸς τοῦ θεοῦ	
Lk. 4,41	σὺ	εἶ	ὁ υἱὸς τοῦ θεοῦ	
Mk. 9,7	οὗτός	ἐστιν	ὁ υἱός μου	ὁ ἀγαπητός
Lk. 9,35	οὗτός	ἐστιν	ὁ υἱός μου	ὁ ἐκλελεγμένος
Mt. 17,5	οὗτός	ἐστιν	ὁ υἱός μου	ὁ ἀγαπητός
2 Petr. 1,17	[οὗτός	ἐστιν]	ὁ υἱός μου ὁ	ἀγαπητός μου οὗτός ἐστιν
Lk. 4,3	εἰ	[εἶ]	υἱὸς εἶ τοῦ θεοῦ	
Mt. 4,3	εἰ	[εἶ]	υἱὸς εἶ τοῦ θεοῦ	
Lk. 4,9	εἰ	[εἶ]	υἱὸς εἶ τοῦ θεοῦ	
Mt. 4,6	εἰ	εἶ]	υἱὸς εἶ τοῦ θεοῦ	
Mt. 14,33	ἀληθῶς	[εἶ]	υἱὸς θεοῦ εἶ	
Mk. 15,39	οὗτος ὁ ἄνθρωπος	[ἦν]	υἱὸς θεοῦ ἦν	

zum unsicheren Meinen der „Menschen"[40] wagt Petrus, auf die bedeutsame Frage Jesu die entscheidende Antwort zu geben: „Du bist der Christus"[41]. Damit ist für jüdisches Empfinden alles gesagt: Je-

Mt. 27,54	[οὗτος]	[ἦν]	υἱὸς θεοῦ ἦν οὗτος
Mt. 27,43		[εἰμί]	θεοῦ εἰμι υἱός
Act. 9,30	οὗτός	ἐστιν	ὁ υἱὸς τοῦ θεοῦ
Joh.1,34	οὗτός	ἐστιν	ὁ υἱὸς τοῦ θεοῦ
Joh. 1,49	σὺ	εἶ	ὁ υἱὸς τοῦ θεοῦ
Joh. 10,36		[εἰμί]	υἱὸς θεοῦ εἰμι
1 Joh. 4,15	Ἰησοῦς	ἐστιν	ὁ υἱὸς τοῦ θεοῦ
1. Joh. 5,5	Ἰησοῦς	ἐστιν	ὁ υἱὸς τοῦ θεοῦ
Act. 8,37	[Ἰησοῦν Χριστόν	εἶναι]	τὸν υἱὸν τοῦ θεοῦ
			εἶναι τὸν Ἰησοῦν Χριστόν
Barn. 5,9	ἑαυτὸν	εἶναι	υἱὸν τοῦ θεοῦ
Barn. 7,9	ἑαυτὸν	[εἶναι]	υἱὸν τοῦ θεοῦ εἶκαι
Aristid.			
ap. 15,1	οὗτος		ὁ υἱὸς τοῦ ὑψίστου ὁμολογεῖται
Mt. 16,16	σὺ	εἶ	ὁ χριστὸς, ὁ υἱὸς τοῦ θεοῦ τοῦ ζῶντος
Mk. 14,61	εἶ σὺ	εἶ	ὁ χριστὸς, ὁ υἱὸς τοῦ εὐλογητοῦ
Mt. 26,63	εἶ σὺ	εἶ	ὁ χριστὸς, ὁ υἱὸς τοῦ θεοῦ
Joh. 11,27	σὺ	εἶ	ὁ χριστὸς, ὁ υἱὸς τοῦ θεοῦ
Joh. 20,31	Ἰησοῦς	ἐστιν	ὁ χριστός, ὁ υἱὸς τοῦ θεοῦ

[39] Mit Recht sagt MICHEL, 208 Anm. 28, man dürfe „nicht nur fragen, wo der Begriff ὁμολογεῖν auftaucht, sondern auch, wo von der Sache, vom Wesen des ὁμολογεῖν die Rede ist. So fehlt . . . im Petrusbekenntnis . . . ein Hinweis auf die Wortgruppe, obwohl von der Sache und dem Wesen des ὁμολογεῖν gesprochen wird". Das gilt auch für die übrigen Prädikationssätze der Synoptiker.

[40] Lukas unterstreicht an dieser Stelle den Gegensatz, indem er für ἄνθρωποι das verächtliche ὄχλοι setzt. – Noch schärfer wird die Bekenntnissituation im Johannesevangelium herausgearbeitet, das im übrigen einer anderen Tradition folgt. Angesichts des beginnenden Abfalls vieler Jünger stellt Jesus Joh. 6,67 die Entscheidungsfrage: μὴ καὶ ὑμεῖς θέλετε ὑπάγειν; und Petrus gibt ihm eine feierlich-pathetische Antwort, die 6,69 mit dem „Bekenntnis" schließt: καὶ ἡμεῖς πεπιστεύκαμεν καὶ ἐγνώκαμεν, ὅτι σὺ εἶ ὁ ἅγιος τοῦ θεοῦ. Der befremdliche Titel (o. Anm. 35) ändert kaum den Sinn des „Bekenntnisses" als eines Akts der Parteinahme, der den Standort des Jüngers gegen die vielen Ungetreuen an der Seite des „geglaubten und erkannten" Herrn festlegt.

[41] Mk. 8,29. Natürlich ist das anschließende Schweigegebot und die Leidensankündigung Jesu so wenig wie die Weissagung des Verrats Joh. 6,70 eine Zurückweisung des Titels als solchen. „Gerade weil es das rechte Bekenntnis ist, braucht Jesus

sus ist der erwartete Messias, dem die Zukunft gehört, und Petrus stellt sich auf seine Seite; er hat Jesus erkannt und hat sich zu ihm bekannt. Lukas hat den Markustext nur unwesentlich erweitert: „Du bist der Christus Gottes."[42] Dagegen stellt Matthäus dem Christus-Titel bereits den Titel „Gottessohn" an die Seite: „Du bist der Christus, des lebendigen Gottes Sohn."[43] Im allgemeinen hat der Titel „Gottessohn" aber auch bei Markus schon das tärkere Gewicht[44]: er ist die höchste Bestimmung, die das eigentliche Wesen der Jesus-Person enthüllt. So offenbart ihn schon im Eingang des Evangeliums die Himmelsstimme bei der Taufe: „Du bist mein lieber Sohn"[45], und diese Proklamation wird bei der Verklärung Jesu wiederholt[46]. Der Hohepriester verbindet im Verhör Jesu den Christustitel unmittelbar mit der Bezeichnung des „Gottessohns": „Bist du Christus, der Sohn des Hochgelobten?" – und Jesus bejaht die so gestellte Frage ausdrücklich[47]. Abschließend erscheint das Bekenntnis zum Gottessohn noch einmal im Munde des heidnischen Centurio: „Wahrlich, dieser Mensch war Gottes Sohn."[48] Matthäus und Lukas haben diese Sätze meist übernommen[49] und

---

gar nicht dazu ‚Stellung zu nehmen', sondern kann zu dem weiter gehen, was nun gesagt werden muß": E. Haenchen, Die Komposition von Mk. VIII 27–IX 1 und Par., Nov. Test. 6 (1963, 81–109) 87.

[42] Lk. 9,20; ebenso 23,35.

[43] Mt. 16,16.

[44] Zum folgenden Ph. Vielhauer, Erwägungen zur Christologie des Markusevangeliums, in: E. Dinkler, Zeit u. Geschichte (Festschr. R. Bultmann 1964, 155–169) 159ff.

[45] Mk. 1,11.

[46] Mk. 9,7.

[47] Mk. 14,61f. Dem χριστός entspricht der βασιλεὺς τῶν ᾿Ιουδαίων in der Pilatusfrage: Mk. 15,2 parr.; 9 parr.; 12 parr.; (18 parr.;) 26 parr.; richtiger: βασιλεὺς τοῦ ᾿Ισραήλ Mk. 15,32; Joh. 1,49.

[48] Mk 15,39. Dazu kommt noch das unfreiwillige Bekenntnis der Dämonen 3,11; vgl. 5,7.

[49] Doch fehlt das Dämonenbekenntnis (o. Anm. 48) bei Matthäus, und Lukas hat 23,47 das Zeugnis des Centurio umgebildet, außerdem 22,67 die Frage des Hohenpriesters auf den Christustitel beschränkt.

noch einige neue Belege hinzugefügt[50]. Daß es sich um feste, geprägte Aussagen handelt, ist nicht zu bezweifeln. Sie sind unklassisch in der Form[51] und haben trotz ihrer Kürze einen eigentümlich starken, ,,bekennenden" Klang.

Im Johannesevangelium ist die Zahl der Jesus prädizierenden Sätze außerordentlich vermehrt, und hier taucht auch das Stichwort ,,bekennen" in diesem Zusammenhang auf[52]. Gleichzeitig ist die Zahl der auf Jesus übertragenen Hoheitstitel auffallend vermehrt[53]. Jesus ist der ,,Herr"[54], der ,,König Israels"[55], der ,,Menschensohn"[56] und der ,,Heilige Gottes"[57]. Selbst der alte, hebräische Titel ,,Messias" wird neben ,,Christus" von neuem gebraucht[58]. Diese Fülle der ,,Namen" ist zweifellos beabsichtigt. Jesus selbst in seiner Einzigkeit ist der alleinige Inhalt des Evangeliums. Jeder mögliche Titel hat nur Hinweischarakter, und keiner kann Jesus ganz so umschreiben, wie er in Wahrheit ist[59]. Denn er ist mit dem

---

[50] Die Fragen des Versuchers Mt 4,3.6 = Lk 4,3.9, das Zeugnis der Bootsinsassen Mt 14,39 und die höhnende Aufnahme des Selbstbekenntnisses durch die jüdischen Führer Mt 27,43.

[51] E. NORDEN, Agnostos Theos (1971²) 183 ff. versteht die Satzanfänge mit σὺ εἶ, ἐγώ εἰμι und οὗτός ἐστιν als ,,typische Form der Anaklese eines Gottes". ,,Wo wir sie in griechischer Sprache finden, handelt es sich um Urkunden, die entweder aus orientalischen Sprachen übersetzt sind, oder um solche, die aus der Sphäre des orientalisierten Hellenismus stammen" (183).

[52] Joh. 1,20, 9,22, 12,42.

[53] Dazu kommen die verschiedenen bildhaften Bezeichnungen in den ,,fast analogielosen" (111) ἐγώ εἰμι-Sätzen, die nicht in unseren Zusammenhang gehören; hierzu E. SCHWEIZER, EGO EIMI (1965²); A. FEUILLET, Les EGO EIMI christologiques du quatrième Evangile, RSR 54 (1966) 5–22; 213–240.

[54] Vgl. besonders Joh 13,13 f.; 20,28; 21,7.

[55] Joh 1,49; vgl. 18,37.

[56] Vgl. besonders Joh 1,51; 3,13; 5,27; 9,35; 12,34 u. a.

[57] S. o. Anm. 35.

[58] Joh 1,41; 4,25.

[59] Auch hier gilt also:
Sei von seinen tausend Namen
Dieser hochgelobet. Amen."

Vater „eins"[60] und selbst „Gott"[61]. Dennoch behalten die beiden führenden Titel des Bekennens auch hier ihren ausgezeichneten Platz, und es kann nicht zufällig sein: Jesus gilt als der Christus[62], und vor allem als Gottes Sohn[63]. Das ganze Evangelium, heißt es abschließend, sei geschrieben, „daß ihr glaubet: Jesus ist der Christus, der Sohn Gottes, und daß ihr glaubend in seinem Namen das Leben habt"[64].

Noch entschiedener werden im Ersten Johannesbrief die beiden Prädikationssätze als feste Norm des Glaubens ins Feld geführt. „Wer immer glaubt, daß Jesus der Christus sei, ist aus Gott geboren."[65] Und: „Wer ist der Sieger über die Welt, wenn nicht, welcher glaubt: Jesus ist Gottes Sohn?"[66] Es geht hier um die Abwehr des falschen Glaubens in der Kirche selbst[67], und diese zwei Sätze gelten jetzt bereits als von jeher unbestreitbare Wahrheit. Sie sind mit der Jesusbotschaft gegeben, und an ihnen erkennt man, wer wahrhaftig ein Christ ist. Natürlich kann man fragen, ob diese so betonte Hervorkehrung nicht erst durch den polemischen Anlaß hervorgerufen sei und ob die Sätze außerhalb des johanneischen Kreises vielleicht noch nicht in dieser Weise geläufig waren. Aber sie sind jedenfalls keine typisch johanneische Bildung und, wie wir gesehen haben, auch sonst verbreitet. Sie sind, wie die älteren Evangelien beweisen[68], schon längst keine geprägte Kurzform des Chri-

---

[60] Joh 10,30; 17,11.

[61] Joh 1,1 (5,18); 20,28; vgl. 1 Joh 5,20.

[62] Joh 1,41; 4,26; 9,22; 11,27; so freilich auch im Munde der unsicheren Menge: 4,25; 7,26.31.41.

[63] Joh 1,43; 3,18; 5,25; 10,36; 11,4; 19,7. „Daß für den Evangelisten der Titel die . . . messianischen Titel überbieten soll, ist deutlich": R. Bultmann, Das Evangelium des Johannes (1968⁹) 64, Anm. 3.

[64] Joh 20,31; die gleiche Titelkombination 11,27, der Sache nach auch 1,34.

[65] 1 Joh 4,15; vgl. 2,22 gegen den „Verleugner" (ὁ ἀρνούμενος) dieses Satzes.

[66] 1 Joh. 5,5; vgl. 4,15, wo für πιστεύειν das traditionelle, betonte ὁμολογεῖν eintritt. Beide Verben sind in diesem Zusammenhang offensichtlich gleichwertig. Es ist m. E. daher nicht glücklich, hier von einer „Pistisformel" zu reden.

[67] Hierzu u. S. 249 ff.

[68] In der Apostelgeschichte werden sie ebenfalls zu einer zusammenfassenden Be-

stus-Glaubens, und diese Formelhaftigkeit gibt ihnen auch dort eine eigene Bedeutung, wo man noch nicht dazu genötigt ist, sich innerhalb der Christenheit selbst polemisch auf sie zu berufen[69].

Blickt man von hier auf Paulus zurück, so springt der Unterschied in die Augen: zwar ist ihm der Gebrauch der beiden Hoheitstitel völlig geläufig; aber die bekenntnishafte Fassung in einen bestimmten Satz scheint ihm noch fremd zu sein. Da, wo er ein eindeutiges Bekenntnis nennen will, bezieht er sich vielmehr auf eine in hellenistischen Gemeinden bereits übliche Jesus-Akklamation: „Herr (ist) Jesus." Dieser kultische Ruf der Anbetung gilt als spontan und geistgewirkt, hat aber doch einen mehr oder weniger „liturgischen" Charakter[70]. Der Name Jesu wird asyndetisch mit dem „Hoheitstitel" verbunden, und Jesus wird hierbei nicht als Christus oder als Gottessohn, sondern als Herr angerufen: „KYPIOC IHΣOYC". Daß diese Akklamation nicht erst von Paulus geschaffen ist, zeigt der ältere Christushymnus, den er im Philipperbrief zitiert[71]. Dieser schließt mit einer Schilderung der Endverherrlichung Jesu, da sich aller Knie vor ihm beugen und „eine jede Zunge preisend bekennen[72] wird: Herr (ist) Jesus Christus, KYPIOC IHΣOYC XPIΣTOC".

---

zeichnung der Christusverkündigung an die Juden 9,22; 17,3; 18,5.28 bzw. die Heiden 9,30.

[69] Es ist m. E. kaum verwunderlich, daß sie in den sonstigen urchristlichen Schriften (bis auf Barnabas und Ignatios s. u.) nicht mehr auftauchen. Der ständige Rekurs auf das Bekenntnis ist typisch für eine mit der Irrlehre kämpfende Orthodoxie. Der Christustitel ist bei den Apostolischen Vätern schon fast durchweg zum bloßen Namensteil geworden, und auch „Sohn" und „Sohn Gottes" erscheint, von Ignatios und Hermas abgesehen, keineswegs so häufig, wie man erwarten sollte.

[70] Vgl. K. H. SCHELKLE, Art. „Akklamation", RAC I (1950) 216–234; H. SCHLIER, Credo, 13–58.

[71] Phil 2,6–11. Über die verschiedenen Rekonstruktionen zuletzt J. T. SANDERS, The New Testament Christological Hymns (Cambridge 1971) 58 ff.

[72] Hier ist nicht ὁμολογεῖν gesetzt, sondern das Kompositum ἐξομολογεῖσθαι, das meist nicht „bekennen", sondern „lobpreisen" bedeutet. Die Wahl des Ausdrucks entspricht dem kultischen Charakter dieser himmlischen Ovation und ist obendrein durch den anklingenden Text des Alten Testaments (Jes. 45,23 LXX) gefordert.

Auf dieselbe Form gottesdienstlicher Anbetung greift Paulus auch im Ersten Korintherbrief zurück, um sie gegen gewisse Pneumatiker zu kehren, deren geistlicher Hochmut sich über die schlichten Gemeindeglieder erhebt und so die Gemeinschaft der Kirche zu spalten droht. Jeder, erklärt er, der sich von den stummen Götzen getrennt hat und jetzt in den Ruf „Herr Jesus" mit einstimmt, zeigt eben dadurch, daß er den Geist besitzt; denn „niemand kann KYPIOC IHΣOYC sagen, es sei denn in dem heiligen Geist"[73]. Paulus behandelt die kultische Akklamation also wie ein echtes, individuelles Bekenntnis[74]. Die bekenntnishafte Bedeutung dieser zwei Worte wird von ihm dadurch noch unterstrichen, daß er der akklamierenden Anerkennung des „ANAΘEMA IHΣOYC", die förmliche Verfluchung Jesu, entgegensetzt[75], einen Akt der Verleugnung[76], der niemals im Geiste Gottes vollzogen werden kann und eindeutig von dem Herrn scheidet[77]. Bei Paulus lautet das „Bekenntnis" also einfach „KYPIOC IHΣOYC"[78].

Das gleiche ergibt sich aus einem Text des Römerbriefes, den man neuerdings wiederholt für die Frage der Bekenntnisbildung herangezogen hat. Hier ist übrigens die einzige Stelle, an der Paulus ausdrücklich von einem „Bekennen" (ὁμολογεῖν spricht[79]: „Wenn du

---

[73] 1 Kor 12,2–3.

[74] Man kann insofern hier formulieren, wie es H. Conzelmann, Was glaubte die frühe Christenheit? Schweizer. Theol. Umschau 25 (1955, 61–74) 68 Anm. 6 im Blick auf die spätere Entwicklung *tut:* „Entstanden ist der Ruf als positive Aussage im Gemeindegottesdienst, *angewendet* wird er dann früh als kritischer Maßstab . . ."

[75] Die Bedeutun des „Anathema" an dieser Stelle ist bekanntlich sehr umstritten. M. E. hat die einfache Erklärung H. Conzelmanns, Der erste Brief an die Korinther (1969) 241, die größte Wahrscheinlichkeit für sich: „ἀνάθεμα Ἰησοῦς ist Gegensatzbildung des Paulus ad hoc zu κύριος Ἰησοῦς."

[76] Das Verbum ἀρνεῖσθαι ist bei Paulus auffallenderweise nicht in Gebrauch – weder in seiner spezifisch christlichen, noch in der allgemeinen Bedeutung.

[77] Paulus kennt kein Christsein ohne Teilhabe am heiligen Geist.

[78] H. Lietzmann, Symbolstudien X, Kleine Schriften III (1962) 230: „Hier lautet das Bekenntnis nur Κύριος Ἰησοῦς, nichts weiter."

[79] 2 Kor. 9,13 redet er von der ὁμολογία der Korinther εἰς τὸ εὐαγγέλιον τοῦ Χριστοῦ. Hier ist der Begriff indessen nicht technisch, sondern „noch weit gefaßt

mit deinem Munde Jesus als Herrn bekennst und in deinem Herzen
glaubst, daß Gott ihn von den Toten erweckt hat, wirst du gerettet
werden."[80] Die erste Hälfte des Bedingungssatzes ist eine unver-
kennbare Anspielung auf die Kyrios-Akklamation[81]. Die zweite
Hälfte fügt Paulus hinzu, um dem alttestamentlichen Text gerecht
zu werden, den er zuvor geboten hat und auf diese Weise „exegetisch" aktualisiert[82]. Das Zitat lautet: „Nahe ist dir das Wort: in
deinem Munde und in deinem Herzen."[83] Paulus versteht das hier
genannte „Wort' als „Wort des Glaubens" an Christus, den man
„mit dem Munde" in der Kyrios-Akklamation „bekennt", und
läßt dem „im Herzen" die Gewißheit der Auferweckung entsprechen, von der in einem vorher angezogenen Zitat gleichfalls die
Rede war[84]. Man erkennt den bestimmenden Einfluß des alttestamentlichen Textes auch an der verkehrten Ordnung, in der das
„Bekennen" dem „Glauben" zunächst vorangeht. Schon im nächsten Satze rückt Paulus sie zurecht und stellt stillschweigend die
richtige Reihenfolge her – erst ‚glauben", dann „bekennen"[85], um
dann in seiner Erörterung der Glaubensverkündigung fortzufah-
ren. Auf die Auferweckung kommt er nicht mehr zurück[86].

Überblickt man diesen Zusammenhang, so besteht m. E. keine
Veranlassung, hinter der paulinischen Textauslegung eine be-

---

und nicht fest umgrenzt" (MICHEL, 216), sachlich allerdings von einem Bekenntnis
zur Christusbotschaft, und das heißt: zu Christus, kaum zu unterscheiden.

[80] Röm 10,9.

[81] „Das kommt besonders in der Formulierung von B sa Cl zum Ausdruck":
SCHLIER, Credo, 14 Anm. 1.

[82] Vgl. J. BONSIRVEN, Exégèse rabbinique et exégèse paulinienne (Paris 1939)
306 f.

[83] Dtn 30,14 LXX.

[84] Röm 10,7: Dtn 30,13 LXX.

[85] Röm 10,10.

[86] Sie ist für Paulus im Glauben an das Evangelium Christi natürlich immer mit-
gedacht; vgl. besonders 1 Kor 15,1–4.12 ff.; ferner Röm 4,24 f.; 6,4.9; 8,11.34; 2
Kor 5,15; Gal 1,1; 1 Thess 1,10. Die Erwähnung der Auferweckung Röm 10,9 ist
also, auch von hier aus gesehen, keineswegs überraschend.

stimmte Formel zu wittern. Die Behauptung, an dieser Stelle erschiene das reine Bekenntnis, die sogenannte ,,Homologie", mit einer geschichtlichen Aussage, dem ,,Credo", so verbunden, daß gewissermaßen schon die Urform des späteren ,,Taufbekenntnisses" erkennbar werde[87], entbehrt jedes Beweises. Der Text selbst legt eine derartige Annahme nicht nahe, und es fehlt dafür – nicht nur bei Paulus – an irgendeiner Analogie, die sie empfehlen würde. Geschichtlich orientierte ,,Bekenntnisse" entstehen, wie sich zeigen wird[88], nicht vor dem Beginn des zweiten Jahrhunderts und beruhen hier auf Voraussetzungen, wie sie für Paulus noch nicht gegeben waren. Für ihn genügt noch die einfache Anrufung Jesu[89], um Inhalt und Wesen des Christusglaubens zusammenzufassen[90]. ,,Niemand anderes und nichts anderes als Jesus Christus" ist für ihn der Inhalt des christlichen Bekenntnisses[91], und nur ,,von dieser Mitte her werden gleichsam im Vorübergehen Mißverständnisse ausgeräumt, Fehldeutungen korrigiert und Präzisierungen vorgenommen."[92]

Wie aber verhält sich die Kyrios-Akklamation, die Paulus bezeugt, zu den Bekenntnissätzen, wie sie uns im Markusevangelium

---

[87] Diese Auffassung wird besonders von H. Conzelmann vertreten: Was glaubte 86 f.; Grundriß der Theologie des NT (1968) 81 f., aber auch von Kramer, 61; K. Wengst, Christologische Formeln und Lieder des Urchristentums (1967) 22; Schlier, Credo, 20; U. Wilckens, Das NT, übersetzt und kommentiert (1971²) 538 Anm. 3; G. Friedrich, Die Bedeutung der Auferweckung Jesu, ThZ 27 (1971, 305–327) 313 f. u. a.

[88] S. u. S. 247 ff.

[89] Vgl. 2 Kor. 4,5: οὐ γὰρ ἑαυτοὺς κηρύσσομεν, ἀλλὰ Χριστὸν Ἰησοῦν κύριον ... Dazu R. Bultmann, Theologie des NT (1965⁵) 128. Weitere Spuren der Kyrios-Akklamation lassen sich vermutungsweise auch 1 Kor. 8,6,18; Eph 4,5 und vielleicht sogar noch Act. 11,20 erkennen: Schlier, Credo 15 f.

[90] So sagt auch schon J. A. Bengel über den κύριος-Titel zu Röm. 10,9: In hac appellatione est summa fidei et salutis. G. Delling, Der Gottesdienst im NT (1952) 77: ,,In ihm [sc. im geistgewirkten Rufe κύριος Ἰησοῦς] kann der gesamte Inhalt der christlichen Verkündigung zusammengefaßt werden."

[91] O. Kuss, Paulus (1971) 313.

[92] Ebd. 271.

zuerst begegnet sind? Dies ist die Frage, der wir uns zuwenden müssen. Die sachliche Verwandtschaft beider Aussagen ist natürlich
nicht zu bestreiten. Hier wie dort handelt es sich um Prädikationen,
die auf Jesus übertragen werden[93]. In der Verbindung seines Namens mit dem Hoheitstitel erschöpft sich das Bekenntnis hier wie
dort[94], und hier wir dort liegt die primäre Bedeutung weniger in einer bestimmten theologischen Mitteilung als in der aktiv vollzogenen Anerkennung Jesu als solcher, in der Proklamation seines
durch den Titel bezeichneten Anspruchs, und das heißt eben: im
Bekennen. Aber aus dieser Verwandtschaft und aus dem zeitlichen
Abstand der Bezeugung folgt noch nicht, daß die Bekenntnissätze
aus den Akklamationen hervorgegangen seien, so daß sie dann
nichts anderes wären als der literarisch vervollständigte Nieder-
schlag einer entsprechenden kultischen Übung. Gegen einen solchen Kurzschluß spricht schon die offenbare Verschiedenheit der
hier und dort gebrauchten Titulaturen. In den Akklamationen wird
– soweit wir sehen können – regelmäßig der Kyrios-Titel verwendet[95], der in den Bekenntnissätzen gerade fehlt[96], und die hier dominierenden Prädikationen ,,Christus" und ,,Gottessohn" erscheinen umgekehrt als solche niemals in einer Akklamation[97].

---

[93] Dies hat besonders SCHLIER, Credo 35, eindrücklich herausgestellt.

[94] Vgl.. V. H. NEUFELD, The earliest christian Confessions (Leiden 1963) 140
über die κύριος-Akklamation: ,,The basic pattern of the earliest homologia includes
two elements: the naming of Jesus, and the ascription to him of an important title or
concept ...

[95] So auch Joh. 20, 28; vgl. 21,7. Die Akklamation Jesu als υἱὸς Δαυείδ beim
Einzug in Jerusalem (o. Anm. 34) ist kein christliches Bekenntnis.

[96] Eine Ausnahme könnte vielleicht Act. 10,36 das unsichere οὗτός ἐστιν πάντων
κύριος sein. Die Wendung Act. 11,20 εὐαγγελιζόμενοι τὸν κύριον Ἰησοῦν, auf die
SCHLIER, 18 noch hinweist, erlaubt keinen sicheren Rückschluß auf einen Aussage-
satz ,,Jesus ist der Kyrios". Schließlich könnte man noch an Herm. 105,1 (sim IX
28,7) erinnern: ταῦτα ὑμῖν λέγω τοῖς διστάζουσιν περὶ ἀρνήσεως ἢ ὁμολογήσεως
ὁμολογεῖτε, ὅτι κύριον ἔχετε, μήποτε ἀρνούμενοι παραδοθήσεσθε εἰς δεσμωτήριον (Mt. 5,25 par.). Hier ist aber ὅτι κύριον ἔχετε mehr eine Umschreibung des
Bekenntnissinns als ein Bekenntnissatz (der Name Jesu fehlt).

[97] Mt 14,33 ist vielleicht ein Grenzfall; aber gerade diese Stelle gehört einer jüngeren Schicht an.

Auch dürften einige der in den Evangelien überlieferten Bekenntnissätze entschieden älter oder zumindest nicht jünger sein als die
Sitte des Akklamierens, die doch aller Wahrscheinlichkeit nach erst
in den hellenistischen Gemeinden gebräuchlich wurde. Dazu
kommt, daß die Akklamation – trotz ihrer bekenntnishaften Aus-
deutung durch Paulus – in der Regel ein gemeinsamer Akt der kultisch versammelten Gemeinde ist, während die Bekenntnissätze so
gut wie ausschließlich als Stellungnahme oder als Zeugnis eines Einzelnen überliefert sind. Sie entsprechen damit ganz dem ursprünglichen Sinne des Jesusworts.

Will man für die Bekenntnissätze, wie es einer verbreiteten For-
schungstendenz entspricht, trotzdem einen kultischen Ursprung
voraussetzen, so genügt also keinesfalls der allgemeine Hinweis auf
die gottesdienstliche Akklamation; es muß eine besonders kultische
Situation gefunden werden, in die ein derartiges individuell ver-
pflichtendes Bekenntnis sinnvoll hineinpaßt. Das kann dann nur die
Taufe gewesen sein[98]. So ist es auch, soweit ich sehe, noch immer
herrschende Meinung, daß die ältesten christlichen Bekenntnisse
aus dem „Taufbekenntnis" geflossen seien. An dem Vorhandensein
eines solchen Bekenntnisses scheinen nirgends ernsthafte Zweifel
zu bestehen. Es wird zwar zugestanden, daß sich „in keinem Text
der apostolischen Zeit . . . die Zusammengehörigkeit von Taufe
und Bekenntnis nachweisen" läßt[99]; aber unter dem Einfluß der älteren Symbolforschung ist man offenbar der Meinung, daß die spätere Entwicklung der Taufliturgie einen sicheren Rückschluß ge-
statte[100]. Dabei wissen wir nicht einmal, ob es in der Frühzeit über-

---

[98] Natürlich kann man auch während des sogenannten „Taufgottesdienstes" mit
Akklamationen rechnen. Sie dürfen dann aber nicht als „Taufbekenntnis" bewertet
werden.

[99] F. HAHN, Der urchristl. Gottesdienst, Jahrb. f. Liturgik u. Hymnol. 12 (1967,
1–44) 34 Anm. 230. Nur der Hebräerbrief wird von dieser Feststellung – ich meine,
zu Unrecht – ausgenommen; über ihn s. u. S. 245 ff.

[100] Auch ein Patristiker wie W. RORDORF bleibt hier noch im traditionellen
Fahrwasser: La confession de foi et son „Sitz im Leben" dans l'église ancienne, Nov.
Test. 9 (1967) 225–238.

haupt eine feste Taufformel gegeben hat[101]. Der einzige Text, auf
den man sich für das vermeintliche Taufbekenntnis berufen kann
und vor allem beruft, ist der bekannte Einschub bei der Taufe des
äthiopischen Kämmerers in der Apostelgeschichte[102]. Er dürfte aus
dem späteren zweiten Jahrhundert stammen[103]. Hier antwortet
Philippus auf das Taufbegehren des ,,Eunuchen": ,,Wenn du von
ganzem Herzen glaubst, ist es möglich" (dieser Bitte zu willfahren),
und dieser erwidert darauf mit dem typischen ,,Bekenntnissatz":
,,Ich glaube, daß Gottes Sohn Jesus Christus ist."[104] Es läßt sich indessen keineswegs sicher begründen, daß diese Hinzufügung auf
eine entsprechende Sitte zurückgeht. Die Ergänzung ist an dieser
Stelle auch ohne solche Erklärungen begreiflich. Denn die nach späteren Begriffen übereilte Hurtigkeit, mit der sich Philippus auf
Grund einer einzigen Reiseunterhaltung zur Taufe des Fremdlings
entschließt, mußte im zweiten Jahrhundert im höchsten Grade be-
denklich erscheinen. Sie widersprach dem Grundsatz, die Taufe ja
nicht vorschnell zu erteilen, und noch Tertullian, der den ursprünglichen Text bewahrt hat, muß sich sehr darum bemühen, dieses Beispiel nicht als normativ, sondern als gottgewollte Anomalie zu erklären[105]. Wahrscheinlich sucht der nachträgliche Einschub dieser

---

[101] H. v. Campenhausen, Taufen auf den Namen Jesu? VigChr 25 (1971) 1–16;
vgl. in diesem Band S. 197 ff.

[102] Act 8,37.

[103] ,,V. 37 steht nur in einem Teil der ,westlichen' Überlieferung: E e gig perp
sy^{hmg}, z. T. bei Iren und Cyprian": E. Haenchen, Die Apostelgeschichte (1965⁵)
262. O. Cullmann, Die ersten christlichen Glaubensbekenntnisse (Zürich 1943) 14
Anm. 26 hat sich mit der Annahme, der Vers gehöre zum ursprünglichen Text, zu
Recht nicht durchgesetzt.

[104] Die Voranstellung des Hoheitstitels vor dem Namen Jesu ist allerdings auffällig. Man könnte versucht sein, sie im Sinne des ersten Johannesbriefs antidoketisch
zu akzentuieren: nicht der (unbestrittene) Hoheitstitel, sondern die (wirkliche,
menschliche) Person trägt den Ton. Es sollte übrigens auch beachtet werden, daß es
sich um ein Bekenntnis *vor* der Taufe und nicht wie später um eine Bejahung der
Taufformel während des Taufakts selber handelt.

[105] Tertullian, de bapt. 18: ceterum baptismum non temere credendum esse
sciunt, quorum officium est . . . si Philippus tam facile tinxit eunuchum, recogite-
mus manifestam et exertam dignationem domini intercessisse. spiritus Philippo prae-

Verlegenheit einigermaßen abzuhelfen[106]. Man muß zu seiner Erklärung also keineswegs auf eine entsprechende „liturgische" Sitte zurückschließen[107]. Das Gegenteil ergibt sich vielmehr, wie mir scheint, mit aller Bestimmtheit aus einer weiter greifenden Erwägung.

Die – gewiß spärlichen – Berichte aus ältester Zeit, die den Taufvorgang schildern, lassen keine Spur eines voraufgehenden „Bekenntnisses" erkennen und schließen es z. T. geradezu aus[108]. Man ging im allgemeinen wohl von der Voraussetzung aus, daß ein Taufbewerber, der die christliche Gemeinde kannte und sich nun zum letzten Schritt entschloß, dann auch wußte, was er tat, und seinen Glauben an Jesus nicht mehr eigens zu bekräftigen brauchte. Man taufte ihn ohne vorheriges Glaubensbekenntnis und überhaupt ohne großen liturgischen und rhetorischen Aufwand im Vertrauen auf die gnadenhafte Wirkung und Wunderkraft, die der Taufe als solcher innewohnt. Nahm man dem Täufling vor der Taufe ein „Versprechen" ab[109], so zielte auch dieses nicht auf seinen Glauben, sondern auf die sittlichen Gebote und Ordnungen, die er als Christ hinfort halten und bewahren sollte[110]. Alles, was wir über

---

ceperat in eam uiam pertendere; spado et ipse inuentus est non otiosus nec qui subito tingui concupisceret . . .

[106] Bei Tertullian folgt auf die Taufe des Kämmerers auch noch eine ähnliche Entschuldigung für die geschwinde Taufe des Saulus.

[107] So auch K. ALAND, Taufe und Kindertaufe (1971) 23. 72.

[108] Außer der Taufe des Kämmerers wäre noch auf die Taufe des Saulus Act 9,10 ff. und des Cornelius 10,44 ff. zu verweisen. Did 7 und Justin, apol. I 61 (u. Anm. 110) erwähnen ebensowenig ein Taufbekenntnis. Dasselbe gilt auch für die vorchristlichen Taufen durch Johannes.

[109] Auch dies ist zunächst schwerlich eine feste Regel gewesen. Erwähnt wird ein solches Versprechen erstmals von Justin, apol. I 61,2 in klarer Abhebung von der zuvor gewonnenen Überzeugung, die der Täufling von der Wahrheit der christlichen Botschaft und Lehre bereits hat.

[110] Justin, apol. I 61,2: ὅσοι ἂν πεισθῶσι καὶ πιστεύουσι ἀληθῆ ταῦτα τὰ ὑφ' ἡμῶν διδασκόμενα καὶ λεγόμενα εἶναι καὶ βιοῦν οὕτως δύνασθαι ὑπισχνῶνται, εὔχεσθαί τε καὶ αἰτεῖν νηστεύοντες παρὰ τοῦ θεοῦ τῶν προημαρτημένων ἄφεσιν διδάσκονται ... ἔπειτα ἄγονται ὑφ' ἡμῶν ἔνθα ὕδωρ ἐστί, καὶ τρόπον ἀναγεννήσεως, ὃν καὶ ἡμεῖς αὐτοὶ ἀνεγεννήθημεν, ἀναγεννῶνται· ἐπ' ὀνόματος γὰρ

den frühchristlichen „Taufunterricht" wissen oder vielmehr: vermuten können[111], weist eindeutig in diese praktisch-ethische Richtung[112]. Dies will beachtet sein.

Im Fortgang des zweiten Jahrhunderts ist nun allerdings eine bald weit verbreitete Sitte aufgekommen[113], die dem Taufkandidaten innerhalb des Taufaktes selbst eine gewisse Bekenntnismöglichkeit einräumt. Die „Artikel" der Taufformel werden dem im Wasser stehenden Täufling in Frageform einzeln vorgelegt, worauf er sie jedes mal mit einem πιστεύω bzw. „credo" beantwortet und dann – im ganzen dreimal – „getauft", d. h. mit Wasser begossen oder untergetaucht wird. Diese Sitte scheint Justin noch nicht zu kennen[114], aber durch Tertullian wird sie jedenfalls für Afrika deutlich

---

τοῦ πατρὸς τῶν ὅλων καὶ δεσπότου θεοῦ καὶ σωτῆρος ἡμῶν Ἰησοῦ Χριστοῦ καὶ πνεύματος ἁγίου τὸ ἐν τῷ ὕδατι τότε λουτρὸν ποιοῦνται. Dazu die Fortsetzung 65,1: ἡμεῖς δὲ μετὰ τὸ οὕτως λοῦσαι τὸν πεπεισμένον καὶ συγκατατεθειμένον ἐπὶ τοὺς λεγομένους ἀδελφοὺς ἄγομεν κτλ.

[111] Mit Recht sagt E. MOLLAND, A Lost Scrutiny in the Early Baptismal Rite, Opuscula patrist (1970, 231–234) 232: „In the N.T. there is no trace of a catechumenate."

[112] Vgl. außer der Standespredigt des Täufers Lk 3,7 ff. den berühmten Text Hebr. 6,1 ff., der jedenfalls kein Christusbekenntnis enthält, und vor allem Did. 7,1: die Zweiwegelehre gilt hier als Taufunterweisung: W. RORDORF, Un chapitre d'éthique judéo-chrétienne: Les deux voies, RScRel 60 (1972), 109–128) 115 ff. Auch 2 Clem. 17,1 erinnert an eine „Taufkatechese": εἰ γὰρ ἐντολὰς ἔχομεν, ἵνα καὶ τοῦτο πράσσωμεν, ἀπὸ τῶν εἰδώλων ἀποσπᾶν καὶ κατηχεῖν, πόσῳ μᾶλλον ψυχὴν ἤδη γινώσκουσαν τὸν θεὸν οὐ δεῖ ἀπόλλυσθαι. Man vgl. ferner Justin apol. I 61 (o. Anm. 110); Tertullian, de paen. 6; Hippolyt, in Dan. I 18,2 und die Taufparänese der pseudoklementinischen Homilien XI 25 ff., auch das von Hippolyt, refut. IX 16,2 zitierte gnostische „Tauf"gelübde des Buches Elchasai. Das Resultat ist überall dasselbe: „Die praktische Bewährung steht im Vordergrund" (C. ANDRESEN, Die Kirchen der alten Christenheit [1971] 241) – und ein Bekenntnis zu Christus oder zur Trinität ist nirgends vorhanden.

[113] Doch fehlt sie im syrischen Raum (der ja auch sonst vielfach seine eigenen Wege geht und Altertümliches zu bewahren liebt): G. KRETSCHMAR, Die Geschichte des Taufgottesdienstes in der alten Kirche, in: K. F. MÜLLER/W. BLANKENBURG, Leiturgia V (1970, 1–348) 116 ff. Auch in Afrika war sie zu Cyprians Zeiten wahrscheinlich noch nicht überall gebräuchlich: ANDRESEN, 189 Anm. 157.

[114] S. o. Anm. 110.

bezeugt[115]. Daß dieses Verfahren schon im Urchristentum geübt worden sei, läßt sich mit nichts begründen[116]. Diese Bejahung der Tauffragen konnte natürlich auch als „Bekenntnis" angesehen werden. Möglicherweise läßt sich schon „das schöne Bekenntnis vor vielen Zeugen", an das der Erste Timotheusbrief erinnert[117], auf eine derartige Übung deuten[118]. Doch ist es bekanntlich sehr um-

[115] De spect. 4,1; ad mart. 3,1; adv. Prax 26,9; de carn. resur. 48,11. Wieweit die Taufformel, die „pauca uerba", von denen Tertullian de bapt. 2,1 spricht, stärker erweitert war, quam dominus in euangelio determinauit (de cor. 3,3), ist umstritten. Er selbst sagt de bapt. 6,2, daß dem numerus nominum diuinorum, die an sich ausreichend seien, adicitur ecclesiae mentio, quoniam ubi tres, id est: pater et filius et spiritus sanctus, ibi ecclesia, quae trium corpus est. Möglicherweise hat J. N. BAKHUIZEN VAN DEN BRINK, Sakrament und Ehtik in der frühen Kirche, in: Kyriakon I (Festschrift Quasten 1970, 59–68) 63, mit seiner Deutung recht: „Das ‚Mehr' wird die Kirche gewesen sein", vielleicht schon in der durch Cyprian ep. 69,7; 70,2 erwähnten Erweiterung; so auch J. M. RESTREPO-JARAMILLO, Tertulliano y la doble fórmula en el simbolo apostólico, Gregorianum 15 (1934, 3–58) 17. Die älteren Rekonstruktionsversuche kranken sämtlich an einer Vermengung der Taufformel mit der elastischen „Regula". Für die wirkliche, nicht sehr große Bedeutung der Formel s. vor allem R. P. C. HANSON, Origen's Doctrine of Tradition (London 1954) 114; Tradition (o. Anm. 5) 68: „As it (sc. baptismal creed) is not connected with the doctrinal formulae of the earliest periods . . ., it is impossible to claim that its doctrinal content constitutes original authentic tradition. It is regarded as a useful and venerable summary of the Christian faith in he barest possible form, the faith reduced to its lowest possible terms." M. W. hat sich bezeichnenderweise auch kein Schriftsteller der vorkonstantinischen Zeit jemals auf den theologischen Inhalt der Taufformel als solchen berufen – die Taufe gilt nur als kirchliche Verpflichtung und „Vertrag". Die einzige Ausnahme, Cyprian an den oben angeführten Stellen, bestätigt die Regel.

[116] Die entgegengesetzten Mutmaßungen KELLYS, 47 f. zu Texten wie Act 16,14 f. 22,16; Justin, apol. I 61 beruhen m. E. auf einer petitio principii. H. LIETZMANN, Die liturgischen Angaben des Plinius, Kl. Schriften III (1962, 48–53) 50 f. und: Carmen = Taufsymbol, ebd. 54 f. möchte schon die Wendung bei Plinius, ep. X 96 carmen Christo quasi deo dicere auf „das in Frage und Antwort gefaßte Taufbekenntnis" beziehen; dagegen SHERWIN-WHITE, The Letters of Pliny (Oxford 1966) 704 ff.

[117] 1 Tim 6,12.

[118] Das wird in dem Maß wahrscheinlicher, als man mit dem zeitlichen Ansatz der Pastoralbriefe weiter hinabgeht. Ich halte daran fest, daß sie erst aus nachmarkionitischer Zeit stammen: H. v. CAMPENHAUSEN, Polykarp von Smyrna und die Pastoralbriefe, Aus der Frühzeit des Christentums (1963) 197–252.

stritten, ob dieses „in der Interpretation und formgeschichtlichen Einordnung kontroverse Stück" überhaupt von der Taufe handelt[119]. Und selbst wenn dies der Fall sein sollte, ist von hier aus auf die Form der Ableistung und auf den eventuellen Text des Bekenntnisse selbst kein Schluß möglich[120]. Vielleicht ist an dieser Stelle, wenn sie von der Taufe spricht, überhaupt nicht an Worte gedacht, da schon „die Taufe als Ganzes, das Faktum, daß der Täufling sie erbittet und auf sich nimmt, ein Bekenntnis des Glaubens . . . ist"[121]. Fest steht, daß, wenn das „Taufbekenntnis" des Eunuchen beiseite bleiben muß, aus der vorkonstantinischen Zeit der Kirche auch nicht ein sicheres Beispiel bekannt ist, in dem von einem selbständigen „Taufbekenntnis" die Rede wäre, das der Täufling selbst zu rezitieren oder vor der Taufe zu bejahen hätte[122]. Da auch die ur-

---

[119] Es könnte sich z. B. nach E. KÄSEMANN an dieser Stelle auch um „das Formular einer neutestamentlichen Ordinationsparänese" handeln (so der Titel seines Aufsatzes, Exeget. Versuche u. Besinnungen I [1960] 101 ff.). H. CONZELMANN meint in der Neubearbeitung von M. DIBELIUS, Die Pastoralbriefe (1966[4]) 66, daß auch in diesem Falle „Elemente der Taufparänese verwendet" sein müßten.

[120] Es scheinen an dieser Stelle verschiedene formelhafte Elemente ineinandergeschoben zu sein. Doch darf man sich für die Annahme, es läge eine Tauferinnerung vor, keinesfalls auf die Nennung des Pontius Pilatus stützen, da dessen Name bei der Erwähnung der Kreuzigung und Passion Jesu in den verschiedensten Texten „formelhaft" begegnet, besonders auch bei der Austreibung von Dämonen: F. KATTENBUSCH, Das Apostol. Glaubensbek. II (1900) 630. Innerhalb der formellen Bekenntnisse des vierten Jahrhunderts erscheint er erstmals im Ariminense von 359: F. J. BADCOCK, The History of the Creeds (London 1930) 51; vgl. H. LIETZMANN, Symbolstudien III (1922), Kleine Schriften III (1962, 194–211) 265 f.

[121] KRETSCHMAR, Taufgottesdienst 50.

[122] Als vermeintliche Ausnahme erscheint nur das Zeugnis des Bischofs Dionysios von Alexandrien in dem Brief an Dionysios von Rom, Eus. hist. eccl. VII 8. Aber hier dürfte ein alter Übersetzungsirrtum vorliegen, der u. a. auch von G. KRETSCHMAR, Beiträge zur Geschichte der Liturgie, insbesondere der Taufliturgie in Ägypten, Jahrb. f. Liturg. u. Hymnologie 8 (1963, 1–54) 42; Taufgottesdienst S. 134 und H. J. VOGT, Ἀθετέω im Brief des Dionys. v. Alexandrien über Novatianus, in: F. L. CROSS, Stud. Patr. X, 1 (1970) 195–199 übernommen wird. Der fragliche Text lautet: Νουατιανῷ μὲν γὰρ εὐλόγως ἀπεχθανόμεθα διακόψαντι τὴν ἐκκλησίαν καί τινας τῶν ἀδελφῶν εἰς ἀσεβείας καὶ βλασφημίας ἑλκύσαντι καὶ περὶ τοῦ θεοῦ διδασκαλίαν ἀνοσιωτάτην ἐπεισκυκλήσαντι καὶ τὸν χρηστότατον κύριον

christlichen Quellen von etwas derartigem schweigen, muß man annehmen, daß es ein solches „Taufbekenntnis" zunächst auch nicht gegeben hat. Die Erinnerung an die repräsentativen „Taufgottesdienste" der nachnicänischen Reichskirche mit ihrer „traditio" und „redditio symboli"[123] darf das Bild der Anfänge nicht verfärben und überstrahlen und ihre schlichte Eigenart dadurch unerkennbar machen.

Woher stammen also die „Bekenntnissätze", wenn sie weder aus der Akklamation noch aus einem vermeintlichen „Taufbekenntnis" erwachsen sind? Auf diese Frage möchte ich eine ketzerische Antwort geben: die Bekenntnissätze hatten überhaupt keinen bestimmten „Sitz im Leben", und es ist weder möglich noch auch nötig, etwas derartiges ausfindig zu machen. Mir scheint, die heutige, insbesondere die deutsche neutestamentliche Forschung hat eine verhängnisvolle Neigung, den Begriff der Formel sehr eng zu fassen und zu ihrer Erklärung regelmäßig auf bestimmte, insbesondere kultisch-liturgische Voraussetzungen zu rekurrieren. Die Bekenntnissätze waren aber, wie so viele Wendungen, die man heute als

---

ἡμῶν Ἰησοῦν Χριστὸν ὡς ἀνηλεῆ συκοφαντοῦντι, ἐπὶ πᾶσι δὲ τούτοις τὸ λουτρὸν ἀθετοῦντι τὸ ἅγιον καὶ τήν τε πρὸ αὐτοῦ πίστιν καὶ ὁμολογίαν ἀνατρέποντι τό τε πνεῦμα τὸ ἅγιον ἐξ αὐτῶν, εἰ καί τις ἦν ἐλπὶς τοῦ παραμεῖναι ἢ καὶ ἐπανελθεῖν πρὸς αὐτούς, παντελῶς φυγαδεύοντι. Auch Lampe 957 führt diese Stelle für den Gebrauch von ὁμολογία „at baptism" an und fügt zwei vermeintliche Parallelen aus späterer Zeit hinzu: Const. app. VII 42,3; Chrysost., hom. 1,3 in Eph. Aber muß in der Wendung τήν τε πρὸ αὐτοῦ πίστιν καὶ ὁμολογίαν das πρὸ αὐτοῦ wirklich auf das λουτρόν bezogen werden (in diesem Fall sollte man weit eher τούτου erwarten) und nicht vielmehr auf Novatian, der den älteren „vor ihm" in der Kirche bestehenden Glauben und das rechtgläubige Bekenntnis umgestürzt und verderbt hat? Ich glaube, dies Verständnis liegt weit näher, und damit paßt der Text in seine Zeit, die sonst nur die Tauffragen und Antworten während der Taufe kennt und nichts von einem der Taufe „vorausgehenden Glaubensbekenntnis" weiß. Im übrigen ist der Text so spät, daß er für die urchristliche Praxis in keinem Fall Wesentliches besagen kann.

[123] Diese kann frühestens in der zweiten Hälfte, wahrscheinlich erst gegen Ende des dritten Jahrhunderts – zuerst im Westen und dann wohl in Rom – überhaupt aufgekommen sein: H. J. CARPENTER, Creeds and baptismal Rites in the first four centuries, JThSt 44 (1943) 1–11; KELLY, 53 ff.

Formelfragmente interpretiert[124], in den urchristlichen Gemeinden überhaupt nicht an einen bestimmten Ort und Text gebunden, sondern sozusagen überall zu Hause. Es ist gewiß kein Zufall, daß sie uns vorzüglich in der evangelischen Überlieferung entgegentreten; denn hier bilden sie gleichsam den Schlüssel, der den Jesus-Bericht im Sinne eines entwickelten Christusglaubens aufschließt und verständlich macht. Aber andererseits sind sie nach Sinn und Gestalt auch so einfach, daß sich ihre Formulierung fast von selbst ergab, sobald man Jesus als den Messias-Christus und Gottessohn erkannt und „bekannt" hatte und dies Bekenntnis zu ihm als Inbegriff des christlichen Glaubens schlechthin verstand. Überall, in Predigten, Unterweisungen, Gebeten, Auseinandersetzungen und erbaulichen Gesprächen, gab es genug Gelegenheiten, auf solche Kernsätze zurückzukommen[125]. In jeder Sekte und in jedem Konventikel bildet sich schnell ein Bestand von festen Wendungen und schlagwortartigen, geprägten Thesen, sozusagen ein bestimmter religiöser Jargon, und die urchristlichen Gemeinden machen hiervon keine Ausnahme. Gerade sie waren im allgemeinen keineswegs einseitig kultisch

---

[124] Mit Recht warnt N. A. DAHL, Formgeschichtliche Beobachtungen zur Christusverkündigung in der Gemeindepredigt, in: Neutest. Studien f. Rud. Bultmann (1957[2], 3–9), 3: „Es gibt im N. T. vielerlei Aussagen über Christus, auch feierliche Aussagen in einem gehobenen Stil; aber nicht alles ist kerygmatisch, nicht alles liturgisch, und nicht überall darf man von Glaubensbekenntnissen reden." Schon M. DIBELIUS, Zur Formgeschichte des Neuen Testaments (außerhalb der Evangelien), Theol. Rundsch. 3 (1931, 207–242) 225 f. hatte unterstrichen, es böten selbst solche Sätze, die „formelhaft" klingen, darum noch „keine Gewähr, daß es sich auch bei ihnen um wirkliche Formeln handelt". Dagegen spricht E. KÄSEMANN, Art. „Formeln" II; Liturgische Formeln im NT", in: RGG II[3] (1958, Sp. 993–996) 995 von der „fast unübersehbaren Fülle gehobener Wendungen im NT", die „bisher so gut wie gar nicht daraufhin geprüft" sei, „was liturgischem Gebrauch entstammt". Mir scheint, seitdem ist des Guten fast zu viel geschehen; doch fühle ich mich nicht als der Herkules, der der formelgierigen Hydra ihre fortwuchernden Köpfe ausbrennen kann, wozu man viel weiter ausholen müßte, und beschränke mich auf mein Thema.

[125] Das Martyrium dürfte als Sitz im Leben für die Bekenntnissätze je länger um so weniger in Betracht kommen. Kam man hier überhaupt dazu, seine religiösen Überzeugungen auszusprechen, so mußte man den Heiden gegenüber weiter ausholen.

interessiert, und eine geordnete Liturgie war, wie die Paulusbriefe beweisen, jedenfalls im heidenchristlichen Bereich zunächst noch nicht vorhanden[126]. Es bedeutet m. E. eine Unterschätzung der Beweglichkeit und der erstaunlichen geistigen Lebendigkeit der frühen Gemeinden, wenn man die festen Elemente ihrer Sprache ständig nach vermeintlichen Formularen und Fragmenten liturgischer (oder katechetischer) Texte absucht, in denen sie uns erst viel später als biblische Reminiszenzen zum Teil wiederbegegnen.

Im wiederholten Gebrauch stumpft der ursprüngliche aktuelle Sinn der Bekenntnissätze allmählich ab. Hatten sie einst als Zeichen mutiger Entscheidung gegolten, so werden sie allmählich zum festen geistlichen Besitz des traditionellen Gemeindeglaubens. Vielleicht ist es hierfür ein Symptom, wenn im Hebräerbrief erstmals ohne jeden Zusatz von „dem Bekenntnis" gesprochen wird. In den älteren Schriften des Neuen Testaments begegnet das Nomen nirgends in technischer Bedeutung[127]. Die synoptischen Sprüche fordern allein das persönliche Bekennen, und auch für die Akklamationen bei Paulus und die Bekenntnissätze im johanneischen Bereich wird nur das Tätigkeitswort gebraucht. Zweifellos hat auch das absolut gesetzte „Bekenntnis" im Hebräerbrief allein das Bekenntnis zu Jesus im Auge. Der Verfasser denkt dabei in erster Linie wohl an den alten Satz, daß Jesus Gottes Sohn sei[128]. Doch fällt auf

---

[126] Auch in der Didache beschränken sich die „liturgischen Angaben" auf eine kurze Anweisung für den Vollzug der Taufe und die bei der Eucharistie zu sprechenden Gebete, wobei den Propheten der Text überdies noch frei gegeben wird.

[127] Später erscheint es sowohl 1 Tim. 6,12 f. wie auch mehrfach bei Justin im Dialogus: 11,4, 47,4 (εἰς χριστὸν τοῦ θεοῦ); 64,1 (αὐτοῦ); 131,2, vorher bei Paulus einmal in untechnischer Bedeutung (o. Anm. 79). In der Apologie I 4,6; 39,5; II 2,14 meint ὁμολογία, dem Prozeßverfahren entsprechend, das bekennende Eingeständnis, ein Christ zu sein. Hier geht der spezifisch christliche Sprachgebrauch in den gängigen über. Zur ὁμολόγησις bei Herm. 105,7 (sim. IX 28,7) s. o. Anm. 22; es handelt sich hier um ein reines Verbalsubstantiv.

[128] So mit Recht schon A. Seeberg, Der Katechismus der Urchristenheit (1903; Neudruck 1966) 145 im Blick auf 4, 14; vgl. 1, 4 ff.; ebenso G. Bornkamm, Das Bekenntnis im Hebräerbrief, Studien z. Antike u. Urchrist. (1959, 188–203) 189 ff. Das Tätigkeitswort ὁμολογεῖν begegnet im Hebräerbrief nur einmal 13,15. Es ist hier

die Besonderheit dieses Prädikats jetzt kein Nachdruck mehr. ,,Das Bekenntnis" ist zum Inbegriff alles dessen geworden, was die Gemeinde von Jesus – und nur von ihm – empfangen hat, glaubt und erwartet[129]. Daran will der Verfasser seine Hörer erinnern, wenn er vom Bekenntnis spricht. Offensichtlich machen sich in den Gemeinden bereits Zeichen der Ermüdung und Erschlaffung bemerkbar. ,,Darum, heilige Brüder, ihr Teilhaber der himmlischen Berufung, blicket auf den Apostel und Hohenpriester unseres Bekenntnisses, Jesus"[130], den ,,Anführer und Vollender des Glaubens"[131]. ,,Laßt uns unbeugsam festhalten am Bekenntnis der Hoffnung – denn treu ist, der die Verheißung gegeben hat – laßt uns aufeinander achten und zur Liebe und rechten Werken reizen und nicht die eigene Versammlung verlassen, wie das bei einigen üblich geworden ist ..."[132] ,,Wir haben den großen Hohenpriester ... Jesus, den Sohn Gottes; so laßt uns nun festhalten an dem Bekenntnis."[133] So ein Appell meint nicht bestimmte ,,Schultraditionen und Katechismusstücke"[134], aber ebensowenig irgendeine ,,kultische Entfaltung

---

ausnahmsweise (o. Anm. 7) wie ἐξομολογεῖσθαι in dem allgemeinen, kultischen Sinne von ,,lobpreisen" gebraucht und bezieht sich in dieser Bedeutung – jedenfalls zunächst – nicht auf Christus, sondern auf Gott; so mit Recht DEICHGRÄBER, 117f.;anders BORNKAMM, Bekenntnis, 195f. und E. GRÄSSER, Hebräer 1,1–4, in: Evang.-kath. Kommentar z. NT. Vorarbeiten H. 3 (1971, 55–91) 69. LEDOGAR (o. Anm. 6), 134, versucht, in der Deutung einen Mittelweg zu gehen: ,,In 13, 15 the verb takes on the character of praise as well, but it does not thereby lose its fundamental significance as a profession of faith in the divine Name (of Jesus?)."

[129] Es handelt sich insofern in der Tat nicht ,,um ein subjektives Bekenntnis", aber auch nicht eigentlich wie R. GYLLENBERG, Die Christologie des Hebräerbriefes, ZSTh 11 (1934, 662–690) 673 meint, um ,,das Christentum als objektive Größe", sondern es geht immer noch allein um Jesus selbst.

[130] Hebr. 3,1. Der Genitiv τῆς ὁμολογίας ἡμῶν ist nach H. Windisch, Der Hebräerbrief (1931²) 29 ein ,,freier Genitiv der Zugehörigkeit, von dem das Bekenntnis handelt, den es nennt".

[131] Hebr. 12,2.

[132] Hebr. 10,23 ff.

[133] Hebr. 4,14.

[134] Gegen solche Auslegungen A. SEEBERGS, 142 ff. soweit zu Recht E. KÄSEMANN, Das wandernde Gottesvolk (1957²) 106, der aber seinerseits 108 ,,unter der

der Christologie"[135]. Das „Bekenntnis" ist nichts anderes als das gläubige Bekenntnis zu Jesus selbst. Ich sehe keinerlei Veranlassung, hier speziell an das vermeintliche „Taufbekenntnis" zu denken oder gar an ein nur gemutmaßtes Stück der Abendmahlsliturgie[136]. „Jesus Christus – gestern und heute derselbe und so auch in Ewigkeit"[137] – das ist im Hebräerbrief wie bisher das Eine und das Ganze, das die Gemeinde mit ihrem Bekenntnis festhält und bejaht.

Wollte man das Urchristentum auf die ersten zwei Generationen beschränken, so könnte unsere Betrachtung an dieser Stelle beendet sein. Es ergäbe sich dann ein völlig einheitliches, unmißverständliches Resultat. Wir fassen es in einer vorläufigen Bilanz zusammen. Jesus der Herr, der Christus und Gottessohn, ist die einzige Wirklichkeit, zu der man sich als Christ „bekennt". Die beiden Bekenntnissätze, die sich aus der Fülle bekenntnishafter Prädikationen herausheben, sind nur die bevorzugte, standardisierte Bezeichnung für den allen Christen gemeinsamen Glauben an Jesus. Dabei tritt das Bekenntnis zu Christus in der heidnischen Umwelt zurück,

---

ὁμολογία des Hebr. die urchristliche Gemeindeliturgie" versteht, insbesondere die „liturgische Gemeindehomologia", die im Brief eine „ausgeführte Darstellung und Interpretation" erfahre.

[135] So O. MICHEL, Der Brief an die Hebräer (1966⁶) 336. „Die eigentlichen Bekenntnisformeln werden der Öffentlichkeit auch nicht preisgegeben" (95).

[136] Die erste Meinung ist seit SEEBERG (1903) 143 f. verbreitet und wird neuerdings unter problematischer Berufung auf H. LIETZMANN, Die Anfänge des Glaubensbekenntnisses, Kl. Schr. III (1962, 163–181) 176 ff. gerne mit der zweiten Vorstellung kombiniert; so bei BORNKAMM, Hebräerbrief, 194 ff.; WENGST, 99 ff. u. a. Im Brief selbst wird die ὁμολογία niemals auf die Taufe bezogen; diese wird nur einmal (10,22) mit ihr in eine lockere Verbindung gebracht. Noch kühner sind die eucharistischen Kombinationen in einem Schriftstück, das von dieser Feier so gut wie völlig schweigt (nur eine Andeutung 13,10), wie ja der Hebräerbrief mit seinen Theorien über den vergangenen Kultus des AT wohl auch sonst zu den am wenigsten kultischen Schriften des Neuen Testaments gehören dürfte. Im Fall der ὁμολογία (was nicht „Homologie", sondern „Bekenntnis" heißt) löst sich das liturgische Ratespiel von selber auf, sobald man nicht allein auf Hebr. 13,15 (o. Anm. 128) starrt, sondern auf die sonstige präzise Bedeutung von ὁμολογεῖν im NT achtet, dem der spätere Gebrauch von ὁμολογία durchaus entspricht (o. Anm. 127).

[137] Hebr 13,8.

jedoch ohne zu verschwinden, und das Bekenntnis zum „Gottessohn" gewinnt ein deutliches Übergewicht. Andere, differenzier-
tere „Bekenntnisse" lassen sich nicht feststellen. Diese Einfachheit
der beiden einander ähnlichen und grundsätzlich gleichwertigen
Bekenntnissätze ist soziologisch wie theologisch aufschlußreich.
Noch fühlt sich die Christenheit, die Kirche als ein einziges chri-
stusgläubiges Volk; alle Spannungen und Gegensätze heben seine
durch Jesus gleichsam vorgegebene Einheit nicht auf[138]. Der einzigartige Name, die Person, zu der sie sich vor aller Welt bekennt,
reicht in diesem ersten Stadium aus, um die christliche Einheit öffentlich und unübersehbar herzustellen. Ehe die ausdrückliche
Nennung Gottvaters hinzutritt[139], ist das christliche Bekenntnis
somit noch kürzer als das Bekenntnis der Mohammedaner[140]. „Bekenntnisse" im Stil des Apostolicums finden sich schlechterdings
noch nicht. Allein dieser Zustand kann nicht dauern und endet,
noch ehe das Urchristentum zu Ende geht. Spätestens um die
Wende vom ersten zum zweiten Jahrhundert machen sich in der
Christenheit Gegensätze bemerkbar, die nicht mehr als Irrtümer

---

[138] Selbst Paulus hat bei aller Radikalität seiner Ablehnung der judaistischen Ge-
setzesforderung den letzten kirchlichen Bruch stets zu vermeiden gewußt. Für die
sonstige frühchristliche Polemik ist es bezeichnend, daß sie auch dort, wo es sich
möglicherweise schon um „gnostische" theologische Gegner handelt, gewöhnlich
bei einer sittlichen Kritik stehenbleibt (so auch Paulus selbst Röm 16,17 ff. Phil
3,18 f.): Mt 7,15 f., Act 20,29 f., Did 11,5, Herm 36,4 f. (mand VI 2,4 f.) 53,4 ff.
(sim IV 4 ff.) usw. Solche Gründe können dann auch schon zum Ausschluß einzelner Personen führen: 1 Kor 5,1–5, 2 Thess 3,6–16, Mt 18,17, Act 5,1–11, aber nicht
zu einer Kirchenspaltung.
[139] Daß dies so spät geschieht, gehört auch zu den Voraussetzungen dafür, daß ein
naiver Monarchianismus sich so weit verbreiten und so lange behaupten konnte.
[140] Einen Vergleich mit dem Judentum wage ich nicht zu ziehen. Wenn es zutrifft,
daß „am Anfang", wie C. Westermann sagt (Art. „Bekenntnis", II, RGG (1957³),
Sp. 989–991), 989 „das einfache Bekenntnis Israels" steht: „Jahwe ist unser Gott"
und daß das „geschichtliche Credo", von dem G. v. Rad spricht, Theol. des AT I
(1962⁴) 135 ff. (vgl. II⁴ [1965⁴] 440 ff.) sich von hier aus entfaltet hat, so würden sich
zur weiteren Entwicklung des christlichen Bekenntnisses sehr merkwürdige und er-
wägenswerte Parallelen ergeben.

und Verfehlungen innerhalb ihrer Gemeinschaft, sondern schlechthin als deren Aufhebung erscheinen. Das bedeutet nicht, daß einzelne verkehrte Theologumena vertreten würden, sondern daß Jesus selbst von den falschen Lehrern nicht mehr gelehrt, sondern preisgegeben ist, daß sie seinen Namen nicht mehr bekannt, sondern verleugnet haben. Ein anderes Verständnis des radikalen Bruchs ist nach dem personalen Sinn des christlichen Glaubens und Bekennens gar nicht denkbar[141].

Das erste Zeugnis dieser veränderten Situation ist für uns der Erste Johannesbrief[142]. Die letzte Zeit und Stunde, heißt es hier, ist jetzt angebrochen. Denn es sind viele falsche Propheten und „Antichristen", ja der Antichrist selbst ist durch sie in die Welt gekommen[143]. Das Neue und Gefährliche ist, daß die Verführer aus der christlichen Gemeinschaft selbst hervorgegangen sind: „Sie sind von uns ausgegangen – aber sie waren nicht von uns."[144] Das Eigentümliche ihrer Lehre besteht darin, daß sie die Person Jesu verflüchtigen, indem sie seine volle, „fleischliche" Realität nicht mehr anerkennen und dementsprechend auch an sein reales, blutiges Sterben nicht glauben wollen[145]. Es handelt sich also, modern gesprochen,

---

[141] Diese Schroffheit bleibt während der gesamten alten Kirchen- und Dogmengeschichte unverändert. Aber andererseits müht sich schon Justin, dial. 45–48; vgl. apol. I 26, um eine Grenzziehung zwischen solchen Irrtümern, die in der kirchlichen Gemeinschaft noch tragbar, und solchen, die es nicht mehr sind, und schon bei Origenes ist die dogmatische Beurteilung der christlichen Glaubensvollkommenheit nach „beispielsweise hundert" einzelnen Lehrpunkten vollendet: comm. Joh. 16,183 ff.; de princ. I praef. 2.

[142] Das Johannesevangelium läßt noch keine polemische Absicht gegenüber den Doketen erkennen – auch nicht in dem berühmten ὁ λόγος σάρξ ἐγένετο von 1,14: E. Käsemann, Aufbau und Anliegen des johanneischen Prologs, Exeget. Versuche u. Besinnungen II (1964, 155–180) 170 ff.

[143] 1 Joh 2,18 ff., 4,1.3; vgl. 2 Joh 7. Mit dieser Gleichsetzung ist die alte mythisch-apokalyptische Vorstellung vom Antichristen „historisiert": R. Bultmann, Die drei Johannesbriefe (1967) 40 f.

[144] 1 Joh 2,19.

[145] 1 Joh 4,2 f., 5,6; vgl. 2 Joh 7. Auf die schwierigen Versuche, die Lehre der Gegner genauer zu rekonstruieren, brauchen wir hier nicht einzugehen; vgl. R. Schnackenburg, Die Johannesbriefe (1963²) 15 ff.

um „Doketen" und damit um die ersten deutlich erkennbaren Vertreter einer „gnostischen" Theologie. In der Gnosis meldet sich ein neues, dem urchristlichen Glauben fremdes Empfinden zu Wort, das konsequenterweise die ganze frühere Überlieferung verändern und auch die Lehre über Gott und Welt, über den Geist, die Kirche und die christliche Sittlichkeit umbilden und verwandeln muß. Aber es ist doch bezeichnend, daß der Widerspruch zuerst an der Christologie aufbricht und zunächst hier allein wahrgenommen wird. An diesem einen, zentralen Punkt des christlichen Glaubens und Bekennens entzündet sich der Kampf. Tatsächlich bleibt der Doketismus, d. h. die Leugnung oder Verkürzung nicht der Gottheit, sondern der Menschheit Jesu, die dauernde Gefährdung der gesamten altkirchlichen Christologie. Er stirbt Jahrhunderte lang nicht aus, und noch die letzten Entscheidungen des sechsten und siebten Jahrhunderts sind durch ihn hervorgerufen und bestimmt[146].

Unser Briefschreiber ist sich über die Verderblichkeit der neuen Lehre sofort im klaren. Wer die Realität des Menschen Jesus, wer den Sohn in dieser Weise „verleugnet", hat auch den Vater nicht mehr, so wie „der, der den Sohn bekennt, auch den Vater hat"[147]. Wie für den Evangelisten gibt es auch für den Verfasser des Ersten Briefs keine andere Möglichkeit zu Gott zu kommen als durch Jesus allein[148]. In diesem Bewußtsein greift er die alten Bekenntnissätze von neuem auf: „Wer anders ist der Lügner, als der leugnet, daß Jesus der Christus ist?"[149] und: „Wer immer bekennt, daß Jesus Gottes Sohn ist, in dem bleibt Gott und der bleibt in Gott."[150] Aber es

---

[146] Selbst in den späten theologischen Auseinandersetzungen des byzantinischen Bilderstreits spielt das Problem der Einheit beider „Naturen" Christi noch eine nur von hier aus ganz verständliche Rolle: H. v. Campenhausen, Die Bilderfrage als theologisches Problem der alten Kirche, Tradition und Leben (1960, 216–252) 241 ff.

[147] 1 Joh 2,23.

[148] Joh 14,6.

[149] 1 Joh 2,22; vgl. 5,1.

[150] 1 Joh 4,15; vgl. 5,5.

ist deutlich, daß die alten Formeln auf den neuen Gegner im Grunde gar nicht mehr passen; denn die „Hoheitstitel" werden Jesus von den Doketen gewiß nicht aberkannt[151] – es geht allein um seine menschliche Wirklichkeit. Um den Doketismus zu treffen, müßte man die Sätze in einem neuen Sinn akzentuieren – *Jesus* ist der Christus, *Jesus* ist der Gottessohn – und müßte „Jesus" gleichzeitig als Bezeichnung für die irdisch-menschliche Seite seiner Person begreifen[152]. Die Spitze der Aussage hat sich dann gleichsam umgedreht und weist jetzt nicht mehr auf das Prädikat, sondern vielmehr auf das Subjekt. Das reicht zu einer eindeutigen Markierung des Gegensatzes offenbar nicht aus, und auch unser Briefschreiber hat das gefühlt. So prägt er ein neues christologisches Bekenntnis, das er ausdrücklich als Kriterium gegen die Pseudo-Propheten empfiehlt: „Ihr Lieben, traut nicht einem jeden Geist, sondern prüfet die Geister, ob sie aus Gott sind; denn es sind viele falsche Propheten in die Welt ausgegangen. Daran erkennt ihr den Geist Gottes: jeder Geist, der Jesus Christus als den im Fleisch Gekommenen bekennt, ist aus Gott; und jeder Geist, der Jesus auflöst[153], ist nicht aus Gott. Das ist der Geist des Antichrists, der, wie ihr gehört habt, kommt – und jetzt ist er bereits in der Welt."[154]

---

[151] Anders nach anderen auch noch H. BRAUN, Literatur-Analyse im ersten Johannesbrief, Ges. Studien z. NT u. seiner Umwelt (1962, 210–242) 239, der mit einer „Leugnung der Messianität und Gottessohnschaft Jesu" durch die Doketen rechnet. Das erscheint mir allenfalls für die „Messianität", also den entsprechend verstandenen χριστός-Titel denkbar; doch ist auch dies unwahrscheinlich. Vgl. dagegen SCHNACKENBURG, 156 f.; BULTMANN, Johannesbriefe 43 f.; WENGST, 101 ff.; SCHLIER, 19 f. Von den bekannten frühen Gnostikern scheint Kerinth etwa die hier vorausgesetzte Anschauung vertreten zu haben: Iren. haer. I 26,1; Hippol. refut VII 23; Epiphan. haer. XXVIII.

[152] SCHLIER, 19 zu 1 Joh. 5,1: „Das scheint ganz der alten Formel zu entsprechen. Aber es ist, ohne daß das hier sichtbar wird, anders gemeint. In der neuen Situation, in der es den Christus der Gnosis gibt, liegt der Akzent auf Ἰησοῦς. *Jesus* ist der Messias, ist gemeint, und nicht: Jesus ist der *Messias*."

[153] Diese Lesart, λύει, ist dem μὴ ὁμολογεῖ vorzuziehen: SCHNACKENBURG, 222; BULTMANN, 67; M. DE JONGE, The use of the Word ΧΡΙΣΤΟΣ in the Johannine Epistles, in: Studies in John (Sevenster-Festschr. 1970, 66–74) 69 Anm.

[154] 1 Joh. 4,1–3.

Natürlich will das neue „Bekenntnis" der Sache nach nichts
Neues bieten. Es hebt an Jesus Christus nur eine bestimmte Seite
hervor, die bisher selbstverständlich war und darum ungenannt
bleiben konnte, jetzt aber geleugnet wird und somit ausdrücklich
genannt und bekannt werden muß. Gerade so soll die ursprüngliche
Wahrheit erhalten bleiben, auf die der Brief schon im Eingang feierlich abgehoben hat, das alte Wahre, „das von Anfang war, das wir
gehört, das wir mit unseren Augen gesehen, das wir geschaut und
unsere Hände betastet haben"[155]. Die alten Formeln sind ja auch
nicht außer Kraft gesetzt, sondern werden neben dem neuen Kriterium unverändert wiederholt. Dennoch ist dieses nicht als bloßer
Zusatz zum Bisherigen zu verstehen, sondern ist – in der antihäreti-
schen Front – nicht minder ein echtes Bekenntnis, das den ganzen
Jesus Christus bezeichnet[156]. Der Satz entspricht auch seiner Form
nach den bisherigen Bekenntnissen; denn das Subjekt „Jesus Christus" ist hier als einheitlicher Name verstanden[157], und an die Stelle
des Hoheitstitels als Prädikatsnomen tritt ein nur leicht erweitertes
Partizip, das sich wie ein Nomen behandeln läßt. Ἐν σαρκὶ ἐλη-

---

[155] 1 Joh. 1,1. Mit der ἀρχή ist (anders als Joh. 1,1) der Anfang des Christusglaubens und der Kirche gemeint: H. Conzelmann, „Was von Anfang war", in: Neutest.
Studien f. Rud. Bultmann (1957²) 194–201. Daß schon diese Worte auf die fleischliche Realität des erschienenen Gottessohnes hinzielen, läßt sich nicht bezweifeln,
gleichviel, wie die schwierige Frage nach dem Sinn des redenden „wir" beantwortet
wird; hierzu Schnackenburg, 52 ff.; Bultmann, 13 ff.

[156] DE JONGE, 68 f. Mit Recht sagt auch CONZELMANN, Grundriß 332: „Der Verfasser versteht ἐν σαρκί nicht als neue Lehre, als Zusatz zur Lehre, sondern als ihre
richtige Auslegung. Wer diesen Satz bestreitet, lehnt nicht nur einen Teil des Glaubens ab, sondern *den* Glauben, da dieser unteilbar ist." Im Sinn des Briefes wäre hier
allerdings eher vom „Bekenntnis" als von der „Lehre" zu sprechen und nicht von
der Unteilbarkeit des Glaubens, sondern der Person Jesu, der selbst „das Wort des
Lebens" ist.

[157] SCHNACKENBURG, 220 f.; M. DE JONGE, 68 f. Die Übersetzung NEUFELDS, 71
„confess Jesus as Christ come in the flesh« ist unrichtig. Auch die mehr akklamato-
risch gefaßte und sakramental orientierte Aussage 1 Joh. 5,6 über Jesu Kommen
„durch Wasser und Blut" ist in ähnlicher Weise an der Person und nicht am Geschehen orientiert: οὗτός ἐστιν ὁ ἐλθὼν δι᾽ ὕδατος καὶ αἵματος, Ἰησοῦς Χριστός.

λυϑώς ist also keine historische Aussage über Christi Geburt[158], sondern meint wie bisher Jesu ganze, fleischgewordene Person.

So tritt neben die zwei älteren Bekenntnisformeln über Jesus als Christus und Jesus als Gottessohn, den Heiland der Juden und der Heiden, ein drittes, durchaus polemisches Bekenntnis, das gegen falsche Christen die Grenze setzt. Es steht in der Defensive und lenkt den Blick weniger auf die Heilserfüllung und Heilsverheißung, die Jesus ist und bringt, als auf die Wirklichkeit und das Wesen seiner Person, die hierzu die Voraussetzung bilden. Es entsteht also eine dritte Front des christologischen Bekennens, die gewissermaßen ,,innerchristlich" ist. Von jetzt an hat sich die weitere dogmatische Entwicklung der Bekenntnisse fast ausschließlich an solchen ,,innerchristlichen" Gegensätzen orientiert[159]. Gleichzeitig gewinnt das Bekenntnis in den eigenen Reihen eine neue, sammelnde Funktion. Im Johannesbrief zeigen sich hierfür freilich nur die ersten Ansätze, die sich in der Folgezeit jedoch schnell verstärken werden. Der schon im Evangelium reich und tief entfaltete Gedanke von der mit der Christusverbundenheit gesetzten, geistgetragenen Einheit der Jünger wird im Briefe aufgenommen und stärker praktisch-erbaulich gewendet. Der rechte Christusglaube, die tätige Bruderliebe und die Überwindung der Sünde gehören so zusammen, daß eines am anderen geradezu ausgewiesen, erkannt und geglaubt werden kann[160]. Aber die mahnenden und tröstenden Worte, die dies betonen und den ganzen Brief durchziehen, kehren

---

[158] Anders KRAMER der von der ,,Einschiebung eines Satzes [!]" spricht, durch den ,,der Übergang zwischen der Homologie, welche die Würdestellung Jesu bezeichnet, und der Pistisformel, die das Heilswerk formuliert, schleifend geworden" sei. Vgl. BROX, Zeuge 87: ,,ὕδωρ und αἷμα als Bezeichnungen für die geschichtlichen Fakten der Taufe und des Todes Jesu sind bleibende, immer neu anführbare und angeführte Erweise für die Wahrheit der Predigt Jesu und seiner Jünger, daß ,dieser der Sohn Gottes' sei".

[159] Das Problem der Häresie selbst ist dadurch immer ,,innerchristlicher" geworden: F. v. LILIENFELD, Zur syrischen Kurzrezension der Ignatianen, in: F. L. CROSS, Studia patrist. VII (1966, 233–247) 242.

[160] Vgl. besonders 1 Joh. 3,14 und den – in seinem Verständnis allerdings umstrittenen – Gedanken von 5,1 f.; BULTMANN, Johannesbriefe, 80 f.

sich stillschweigend wohl auch schon gegen die Irrlehrer[161]: diese nehmen an der Gemeinschaft der Brüder offenbar nicht mehr teil. Das verstärkt notwendigerweise das geistliche Selbst- und Eigenbewußtsein der Gemeinde. „Wir wissen, daß wir aus Gott sind, und die ganze Welt liegt im Argen."[162] Man ahnt die heraufziehende Gefahr einer doppelten – dogmatischen und sozialen – Introversion, der die siegreiche Kirche der späteren Zeit nur zu oft verfallen ist. Aber zunächst ist die neue Wendung des Bekennens durch die neuen Gegner erzwungen, und der antidoketische Kampf um die Realität Jesu läßt sich nicht aufschieben. Man wird schwerlich sagen können, daß schon „Johannes" der neuen Gefährdung erlegen sei.

Die Auseinandersetzung mit den Doketen hat nicht nur im Ersten Johannesbrief ihre Spuren zurückgelssen. Der Kampf mit ihnen wird um diese Zeit in der östlichen Kirche überall akut, und so taucht auch die antidoketische Bekenntnisformel noch einige Male auf. Der Zweite Johannesbrief, vielleicht von einem Schüler, vielleicht auch von demselben Manne wie der Erste verfaßt, hat sie fast wörtlich wiederholt. Er spricht von den „vielen Verführern, die nicht bekennen, daß Jesus Christus der im Fleische Kommende sei; dies ist der Verführer und der Antichrist"[163]. Indem das Partizip jetzt nicht mehr perfektisch, sondern präsentisch gefaßt wird (Jesus ist der ἐρχόμενος und nicht mehr der ἐληλυθώς), wird die personhafte und keinesfalls historische Bedeutung seiner Erscheinung erst recht hervorgehoben[164]. Ignatios von Antiochien findet um die-

---

[161] Ebd., 44 f.

[162] 1 Joh. 5,19.

[163] 2. Joh. 7: ὅτι πολλοὶ πλάνοι ἐξῆλθον εἰς τὸν κόσμον, οἱ μὴ ὁμολογοῦντες Ἰησοῦν Χριστὸν ἐρχόμενον ἐν σαρκί: οὗτός ἐστιν ὁ πλάνος καὶ ὁ ἀντίχριστος. Die ungeschickte Konstruktion könnte von der gewollten Anlehnung an die Sätze des Ersten Johannesbriefes herrühren. Vielleicht ist ὁ πλάνος wie ὁ ἀντίχριστος auf „eine oder zwei bekannte Figuren der Endzeit" zu deuten: SCHNACKENBURG, 313.

[164] Nach BULTMANN, Johannesbriefe 107 »ist das präsentische ἐρχόμενος zeitlose Charakteristik Jesu (als des von Gott in die Welt gesandten) wie Joh. 3,31, 6,14, 11,27". Weniger glücklich spricht SCHNACKENBURG, 313 von einer Unterstreichung

selbe Zeit einen noch plastischeren Ausdruck: Jesus ist als der mit
Fleisch Bekleidete, als ,,Fleischesträger" zu ,,bekennen", und ,,wer
dies nicht ausspricht, hat ihn gänzlich verleugnet; er ist", fährt der
Text mit einem Wortspiel fort, vielmehr selber tot und nur noch
,,Träger eines Leichnams"[165]. Noch um die Jahrhundertmitte[166]
klingt das ,,johanneische" Bekenntnis bei Polykarp von Smyrna ein
letztes Mal nach: ,,Jeder, der nicht bekennt, daß Jesus Christus im
Fleisch gekommen ist, ist ein Antichrist."[167] Hier ist die partizipiale
Konstruktion bereits zugunsten eines indirekten Aussagesatzes (im
a. c. I.) verlassen, und die alte Bekenntnisformel befindet sich in
der Auflösung. Denn neben die Verurteilung derer, die das fleischliche Gekommensein Jesu nicht annehmen, sind noch andere Ver-
werfungen getreten – die einfache Prädikation reicht nicht mehr
hin, um die Gegner zu kennzeichnen. Auch ,,wer das Zeugnis des

---

der ,,überzeitlichen Bedeutung der Inkarnation" und verwischt damit ein wenig den
personalen Bezug.

[165] Sm. 5,2: τί γάρ με ὠφελεῖ τις, εἰ ἐμὲ ἐπαινεῖ, τὸν δὲ κύριόν μου βλασφημεῖ,
μὴ ὁμολογῶν αὐτὸν σαρκοφόρον; ὁ δὲ τοῦτο μὴ λέγων τελείως αὐτὸν ἀπήρνηται,
ὢν νεκροφόρος.

[166] Ich übernehme für den Polykarpbrief die Teilungshypothese P. N. HARRI-
SONS, Polycarp's two epistles to the Philippians (Cambridge 1936).

[167] Polyk. Phil. 7,1a: πᾶς γὰρ ὃς ἂν μὴ ὁμολογῇ Ἰησοῦν Χριστὸν ἐν σαρκὶ ἐληλυθέναι, ἀντίχριστός ἐστιν. Die gleiche Wendung ἐν σαρκὶ ἐληλυθέναι begegnet
zweimal auch im Barnabasbrief 5,10.: εἰ γὰρ μὴ ἦλθεν ἐν σαρκί, πῶς ἂν ἐσώθησαν
οἱ ἄνθρωποι βλέποντες αὐτόν, ὅτε τὸν μέλλοντα μὴ εἶναι ἥλιον ἔργον τῶν χειρῶν
αὐτοῦ ὑπάρχοντα ἐμβλέποντες οὐκ ἰσχύουσιν εἰς τὰς ἀκτῖνας αὐτοῦ ἀντοφ-
θαλμῆσαι; οὐκοῦν ὁ υἱὸς τοῦ εἰς τοῦτο ἦλθεν ἐν σαρκὶ, ἵνα τὸ τέλειον τῶν ἁμαρτιῶν ἀνακεφαλαιώσῃ τοῖς διώξουσιν ἐν θανάτῳ τοὺς προφήτας αὐτοῦ. Hier steht
der Satz aber in einem gänzlich anderen, offensichtlich durchaus nicht antidoketischen Kontext: Jesus nimmt Fleisch an, damit die Menschheit den Anblick seiner
Gottheit ertragen und damit er überhaupt gekreuzigt werden kann. Die Wendung
ἐληλυθέναι ἐν σαρκί entspricht also sachlich (wie 1 Tim. 3,16) dem ἐν σαρκὶ φα-
νερωθῆναι von Barn. 5,6; 6,7.9.14; 12,10: ἴδε πάλιν Ἰησοῦς, οὐχὶ υἱὸς ἀνθρώπου,
ἀλλὰ υἱὸς τοῦ θεοῦ, τύπῳ δὲ σαρκὶ φανερωθείς. Gerade diese Stelle sagt in ihrem
,,naiven Doketismus" (A. v. HARNACK, Lehrb. d. Dogmengesch. I [1904⁴] 215) fast
genau das Gegenteil dessen aus, was Ignatios bekräftigen will, und macht es schwer
vorstellbar, daß Barnabas in seinen verwandt klingenden Aussagen von der antidoketischen Formel irgend berührt sein könnte.

Kreuzes nicht bekennt, ist vom Teufel"[168], und „wer die Worte des
Herrn verfälscht"[169] oder die Auferstehung und das künftige Gericht leugnet, ist „der Erstgeborene des Satans"[170]. Die Lehre der
Gegner hat sich, wie es scheint, entfaltet oder wird erst jetzt in voller Breite zur Kenntnis genommen. Außerdem steht zwischen „Johannes" und Polykarp, diesem wohlbekannt, die große Gestalt des
Bischofs Ignatios von Antiochien. Er hat einen neuen Stil des christologischen Bekennens aufgebracht, aber gehört noch in die „urchristliche" Epoche. Ihm müssen wir uns darum abschließend zuwenden.

Die Briefe des Ignatios können nicht viel jünger sein als der Erste
Johannesbrief[171]. Auch Ignatios kämpft gegen doketische Irrlehren, und auch er tut dies noch unter ausschließlich christologischem
Gesichtspunkt. Jesus ist sein Gott, der allein das Leben geschenkt
hat, und zwar dadurch, daß er wahrhaftig Mensch wurde, wahrhaftig geboren und gekreuzigt ward. Aber Ignatios ist nicht – wie „Johannes" – ein rein geistlicher Führer und Seelsorger; er ist ein
monarchischer Bischof. Der Weg, die umkämpfte Christus-Wahrheit zu retten, findet sich für ihn im festen Zusammenschluß der
Gemeinde, die sich um den einen Bischof und dessen Klerus scharen
soll und allein unter deren Leitung den sakramentalen Gottesdienst
feiern und geistliche Gaben empfangen darf. Auch für Ignatios
hängt der Glaube mit der Liebe zusammen; aber „das Ganze"[172],

---

[168] Polyk. Phil. 7,1b: καὶ ὃς ἂν μὴ ὁμολογῇ τὸ μαρτύριον τοῦ σταυροῦ, ἐκ τοῦ
διαβόλου ἐστίν. Vgl. 1 Joh. 3,8, Joh. 8,44. Der Gegensatz in der Frage des „Kreuzes" spielt offenbar schon 1 Joh. 5,6 eine Rolle und hat eine bekenntnisähnliche Proklamation veranlaßt. Er wird dort aber noch nicht – wie die Fleischlichkeit Jesu –
ausdrücklich zum Kriterium der Lehre gemacht.

[169] Zur typischen Behauptung, die Jesusworte würden verdreht, s. CAMPEN-
HAUSEN, Bibel 200, Anm. 106; 209f.

[170] Polyk. Phil. 7,1c: καὶ ὃς ἂν μεθοδεύῃ τὰ λόγια τοῦ κυρίου πρὸς τὰς ἰδίας
ἐπιθυμίας καὶ λέγῃ μήτε ἀνάστασιν μήτε κρίσιν, οὗτος πρωτότοκός ἐστιν τοῦ σα-
τανᾶ. Vgl. 2 Tim. 2,18; 2 Clem. 9,1.

[171] Vgl. zum folgenden CAMPENHAUSEN, Kirchl. Amt u. geistl. Vollmacht
([2]1963) 105ff.

[172] Sm. 6,1; vgl. Eph. 14,1; Mag. 1,2; 13,1.

das sie bilden, kann nur in der straff organisierten, „katholischen" Kirche[173] verwirklicht werden. Die Irrlehrer, die dem Herrenmahl fern bleiben[174] und auch in der Liebe versagen[175], müssen unbedingt abgewehrt werden. Sie sind „wie Tiere", „heimlich reißende Hunde"[176], denen niemand ein Ohr leihen darf[177]. Von einem „Bekennen" Jesu ist bei Ignatios kaum mehr die Rede.

Man „bekennt", daß die Eucharistie das Fleisch des Heilands Jesus Christus sei – auch dies ist ein christologisches „Bekenntnis" – und zwar dasselbe Fleisch, das „für unsere Sünden gelitten" hat[178]. Auch daß Jesus ein „Fleischesträger" sei, muß, wie wir sahen, „bekannt" werden[179]. Aber an vielen anderen Stellen, wo man es erwarten würde, fehlt dieser Terminus. Es sieht fast so aus, als sei die Vorstellung des Bekennens für Ignatios ausschließlich an die alte Form der Prädikationssätze gebunden, die er kaum mehr verwendet[180]. Denn die neue Form christologischer Aussagen, die bei ihm beginnt und die man mit Recht als durchaus „bekenntnishaft" empfindet, ist durch die „asianische" Rhetorik geprägt[181] und zeigt eine

---

[173] Sm. 8,2.
[174] Sm. 7,1 (u. Anm. 178); vgl. Eph. 5,3.
[175] Sm. 6,2.
[176] Eph. 7,1; Sm. 4,1; vgl. Phld. 2.
[177] Tral. 6f.; 9,1; 11,1; Phld 2–4, 6; 7,2; Sm. 5,3; 7,2 usw.
[178] Sm. 7,1: εὐχαριστίας καὶ προσευχῆς ἀπέχονται διὰ τὸ μὴ ὁμολογεῖν τὴν εὐχαριστίαν σάρκα εἶναι τοῦ σωτῆρος ἡμῶν Ἰησοῦ Χριστοῦ τὴν ὑπὲρ τῶν ἁμαρτιῶν ἡμῶν παθοῦσαν. Allerdings könnte ὁμολογεῖν hier auch einfach mit „zugeben" übersetzt werden.
[179] o. Anm. 165.
[180] Der „neutrale" Gebrauch von ὁμολογεῖν begegnet vielleicht Sm. 7,1 (o. Anm. 178) und Magn. 8,1: ὁμολογοῦμεν χάριν μὴ εἰληφέναι. Von einem „Verleugnen" Jesu oder seines Todes ist Magn. 9,1 die Rede, und noch bezeichnender heißt es Sm. 5,1, die Verleugnung Jesu sei vielmehr ein Verleugnetwerden durch ihn: ὅν τινες ἀγνοοῦντες ἀρνοῦνται, μᾶλλον δὲ ἠρνήθησαν ὑπ' αὐτοῦ ... Das erinnert – unter Nichtbeachtung des eschatologischen Aspekts – an das Urwort Jesu.
[181] O. PERLER, Das vierte Makkabaeerbuch, Ignatius von Antiochien und die ältesten Märtyrerberichte, Rivista di archeol. crist. 25 (1949, 47–72) 48–65; H. RIESENFELD, Reflections on the Style and the Theology of St. Ignatius of Antioch, in: F. L. Cross, Stud. patrist. IV (1961) 312–322.

gänzlich andere Gestalt. An die Stelle der Hoheitstitel oder des no-
minal gebrauchten Partizips tritt hier eine mitunter recht ausge-
dehnte Reihe von Partizipien, Appositionen und Relativsätzen, die,
meist antithetisch gebaut, stets das gleiche Thema zum Inhalt haben: sie berichten von den großen Heilstaten, dem Heilswerk, das
Jesus in seinem irdischen Leben vollbracht hat, und heben dabei
immer wieder dessen Realität und das reale, ,,fleischliche" Wesen
des dennoch göttlichen Erlösers hervor. Der feierliche Stil dieser
partizipial und relativisch anknüpfenden ,,Präidkationen" stammt
aus der religiösen Welt des Hellenismus und ist auch schon vor
Ignatios gelegentlich von Christen übernommen worden[182]; aber
der eigentümlich ,,historische" Charakter der christologischen
Aussagen selbst ist neu und erinnert unmittelbar an den ,,zweiten
Artikel" der im vierten Jahrhundert gebrauchten Glaubensbekenntnisse und an die entsprechenden Partien der ,,Glaubensre-
gel", die diese vorbereiten. Die Vermutung liegt also nahe, es könnten schon bei Ignatios bestimmte Glaubensbekenntnisse oder -for-
meln zugrunde liegen, die in seinen Texten zitiert sind oder sich wi-
derspiegeln. Diese Möglichkeit wurde vor nunmehr hundert Jahren
zuerst von Theodor Zahn erwogen[183] und dann von Lightfoot,
Harnack, von der Goltz und anderen positiv aufgegriffen. Die begründeten Zweifel, die Kattenbusch dagegen vorbrachte, konnten
sich nicht durchsetzen[184]. Der formgeschichtlichen Schule erschien
diese Annahme erst recht gewiß, und so herrscht sie heute ziemlich
allgemein. M. E. bedarf sie der Überprüfung. Die vermehrte Zahl
einschlägiger Texte macht dies gerade bei Ignatios verhältnismäßig
einfach. Ignatios nimmt dadurch für die Forschung eine Art Schlüsselstellung ein. Das Verständnis seiner Sätze ist auch für die weitere
Geschichte der Bekenntnisbildung und für das Verständnis des
Formelwesens überhaupt von wesentlicher Bedeutung.

---

[182] Vgl. NORDEN, 166 ff.; 201 ff.; 263 ff.; 380 ff.

[183] TH. ZAHN, Ignatius von Antiochien (1873) 593 ff.

[184] Übrigens scheint nach KATTENBUSCH II 310 HARNACK zuerst neben dem
,,Symbol" den fatalen, zwischen inhaltlicher und formaler Bestimmung schwanken-
den Begriff des ,,Kerygma" in die Diskussion eingeführt zu haben.

Ich führe zunächst die einzelnen „Bekenntnisse" nacheinander kurz vor und halte mich dabei an die zeitliche Reihenfolge[185]. Das erste Beispiel findet sich im ältesten Brief an die Gemeinde von Ephesos.

Ignatios warnt sie vor der Arglist der Verführer, „gewisser Leute", die in seinen Augen „kaum heilbar" sind[186], und fährt unmittelbar anschließend fort:

> „Einer ist Arzt,
> fleischlich und geistlich,
> geboren und ungeboren,
> Gott im Fleisch, wahres Leben im Tod,
> einerseits aus Maria, andererseits aus Gott,
> erst leidensfähig, dann unfähig zu leiden,
> Jesus Christus, unser Herr."[187]

Auf den akklamatorischen Einsatz folgt eine Kette gegensätzlicher Appositionen, die das paradoxe Zugleich des menschlich-fleischlichen und göttlich-geistlichen Wesens Jesu hervorheben[188]. Der geschichtliche Hintergrund ist jeweils nur angedeutet, aber

---

[185] Man vermißt ein derartiges „Bekenntnis" im Brief an die Philadelphier, der anstatt dessen nur einige kurze Bekräftigungen von Christi Tod und Auferstehung bietet; so in der Adresse, ferner 9,2 und vor allem 8,2 in durchaus „bekenntnishaftem« Ton: ἐμοὶ δὲ ἀρχεῖά ἐστιν Ἰησοῦς Χριστός, τὰ ἄθικτα ἀρχεῖα ὁ σταυρὸς αὐτοῦ καὶ ὁ θάνατος καὶ ἡ ἀνάστασις αὐτοῦ καὶ ἡ πίστις ἡ δι' αὐτοῦ, ἐν οἷς θέλω ἐν τῇ προσευχῇ ὑμῶν δικαιωθῆναι. Es scheint, daß der Doketismus in Philadelphia keine Rolle gespielt hat: KL. WENGST, Tradition und Theologie des Barnabasbriefes (1971) 85 Anm. 42. Sonst fehlt ein Bekenntnis nur im Römerbrief, der keine antidoketische Polemik treibt, und im pastoral gehaltenen Polykarpbrief weicht es von der typischen Gestaltung jedenfalls erheblich ab (u. Anm. 188). Schon dies zeigt, wie eng das ignatianische „Bekenntnis" mit der antidoketischen Polemik zusammenhängt.

[186] Eph. 7,1: οὓς δεῖ ὑμᾶς φυλάσσεσθαι ὄντας δυστεραπεύτους.

[187] Eph. 7,2: εἷς ἰατρός ἐστιν σαρκικός τε καὶ πνευματικός, γεννητὸς καὶ ἀγέννητος, ἐν σαρκὶ γενόμενος θεός, ἐν θανάτῳ ζωὴ ἀληθινή, καὶ ἐκ Μαρίας καὶ ἐκ θεοῦ, πρῶτον παθητὸς καὶ τότε ἀπαθής, Ἰησοῦς Χριστός, ὁ κύριος ἡμῶν.

[188] Ein ähnliches, aber noch stärker „metaphysisch" gehaltenes Stück begegnet im Brief an Polykarp. 3,2: τὸν ὑπὲρ καιρὸν προσδόκα, τὸν ἄχρονον, ἀόρατον, τὸν δι' ἡμᾶς ὁρατόν, τὸν ἀψηλάφητον, τὸν ἀπαθῆ, τὸν δι' ἡμᾶς παθητόν, τὸν κατὰ πάντα τρόπον δι' ἡμᾶς ὑπομείναντα.

nicht zu übersehen. Einige Kapitel später werden die Tatsachen entschiedener vorgetragen:

> „Unser Gott Jesus Christus
> wurde von Maria getragen nach dem Ratschluß Gottes,
> aus dem Samen Davids, aber aus Gottes Geist,
> welcher geboren wurde und getauft ward,
> auf daß er im Leiden das Wasser heiligte."[189]

Das „Leiden" wird nur als Voraussetzung für die Heiligung des Taufwassers gestreift, und der folgende Text lenkt erneut zum Geburtsgeschehen zurück, für das Ignatios stets ein besonderes Interesse zeigt. Aber die geschichtliche Abfolge der Heilsereignisse von der Empfängnis bis zur Passion ist gewahrt. Vorher war in Anlehnung an Paulus[190] von dem Scheitern der irdischen Weisheit die Rede; aber gerade der Gebrauch der gleichen Worte macht die Verschiedenheit der leitenden Absicht um so deutlicher sichtbar. Das Ärgernis des Kreuzes ist zum gottmenschlichen Wunder der Jesusgeschichte geworden. Ignatios kämpft nicht mehr gegen die Gesetzlichkeit der Juden[191] noch gegen den Hochmut hellenistischer Pneumatiker, sondern gegen Doketen, die die Wirklichkeit der Christusperson und -geschichte zerstören[192].

Der nächste Brief an die Magnesier warnt erneut vor den Fußangeln des häretischen Irrtums und mahnt die Gemeinde festzubleiben im Vertrauen

---

[189] Eph. 18,2: ὁ γὰρ θεὸς ἡμῶν Ἰησοῦς ὁ χριστὸς ἐκυοφορήθη ὑπὸ Μαρίας κατ᾽ οἰκονομίαν θεοῦ ἐκ σπέρματος μὲν Δαυὶδ, πνεύματος δὲ ἁγίου· ὃς ἐγεννήθη καὶ ἐβαπτίσθη, ἵνα τῷ πάθει τὸ ὕδωρ καθαρίσῃ.

[190] 1 Kor. 1,20; Röm. 3,27.

[191] Der „Judaismus", gegen den Ignatios kämpft, ist keine jüdische Angelegenheit: E. MOLLAND, The Heretics Combatted by Ignatius of Antioch, Opuscula Patristica (1970, 17–23) 21: „It is this use of the Old Testament as an argument in favour of docetism which Ignatius calls Judaism." H. RIESENFELD, Reflections, 313.

[192] Man darf Ignatios darum nicht vorschnell gegenüber Paulus abwerten: R. BULTMANN, Ignatius und Paulus, Exegetica (1967) 400–411.

„auf die Geburt
auf das Leiden
und die Auferstehung,
die zur Zeit des Statthalters Pontius Pilatus geschah,
die Taten, die Jesus Christus wahrhaftig und gewiß vollbracht hat,
unsere Hoffnung,
von der nicht einer unter euch fallen möge"[193].

Die drei wesentlichen Heilsdaten des Lebens Jesu werden hier nur eben genannt. Um so nachdrücklicher, geradezu „historisch" wird ihre Sicherheit und unbezweifelbare Wirklichkeit hervorgehoben: auf ihnen beruht die Hoffnung der Christen und ihr Heil.

Im Schreiben an die Trallianer kommt das geschichtliche Bekenntnis zur vollen Entfaltung:

„Werdet taub, wenn irgendwer euch fern von Christus etwas vorschwatzt,
dem aus Davids Geschlecht, dem aus Maria,
der wahrhaftig geboren wurde,
aß und trank,
wahrhaftig unter Pontius Pilatus verfolgt ward,
wahrhaftig gekreuzigt wurde und starb –
im Angesicht der
himmlischen, irdischen und unterirdischen Mächte –,
der auch wahrhaftig auferweckt ward von den Toten,
nach dessen Gleichbild[194] sein Vater auch uns, die an ihn

---

[193] Magn. 11:... θέλω προφυλάσσεσθαι ὑμᾶς, μὴ ἐμπεσεῖν εἰς τὰ ἄγκιστρα τῆς κενοδοξίας, ἀλλὰ πεπληροφορῆσθαι ἐν τῇ γεννήσει καὶ τῷ πάθει καὶ τῇ ἀναστάσει τῇ γενομένῃ ἐν καιρῷ τῆς ἡγεμονίας Ποντίου Πιλάτου – πραχθέντα ἀληθῶς καὶ βεβαίως ὑπὸ Ἰησοῦ Χριστοῦ, τῆς ἐλπίδος ἡμῶν, ἧς ἐκτραπῆναι μηδενὶ ὑμῶν γένοιτο.

[194] Der Textanschluß ist verwirrt und scheint „unter der Unsicherheit gelitten zu haben..., ob das Relativum an den Vater oder den Sohn anknüpfe": W. BAUER, Die Briefe des Ignatius von Antiochia und der Polykarpbrief, HNT, Ergänzungsbd. II (1920) 237f.

Gläubigen erwecken wird in Christus Jesus,
fern von dem wir kein wahres Leben haben."[195]
Anschließend spricht Ignatios von den gottlosen, ungläubigen
Leuten, nach deren Auffassung Jesus nur zum Schein gelitten habe,
während sie doch vielmehr selbst nur noch zum Schein existieren[196]. Der Gegner, den das ,,Bekenntnis" treffen soll, wird unmißverständlich charakterisiert.

Im letzten Gemeindeschreiben an die Smyrnäer setzt Ignatios das
Christus-Bekenntnis gleich an den Anfang. Er beginnt mit einem
Lobpreis Jesu, der die Christen von Smyrna erleuchtet und in uner-
schütterlichem Glauben befestigt habe – ,,gleichsam angenagelt an
das Kreuz des Herrn Jesus Christus im Fleisch und im Geist" –,
durch die Liebe gegründet in Christi Blut, voll Zuversicht

,,zu unserem Herrn,
der wahrhaftig aus Davids Geschlecht ist nach dem Fleisch,
Sohn Gottes nach Gottes Willen und Macht,
wahrhaftig geboren aus der Jungfrau,
getauft von Johannes
(auf daß von ihm alle Gerechtigkeit erfüllt würde)[197],
wahrhaftig unter Pontius Pilatus und dem Vierfürsten Herodes
für uns angenagelt nach dem Fleisch,
– von welcher Frucht wir sind, von seinem gottgelobten Leiden –,

---

[195] Trall. 9: κωφώθητε οὖν, ὅταν ὑμῖν χωρὶς Ἰησοῦ Χριστοῦ λαλῇ τοῦ ἐκ γένους Δαυίδ, τοῦ ἐκ Μαρίας, ὃς ἀληθῶς ἐγεννήθη, ἔφαγέν τε καὶ ἔπιεν, ἀληθῶς
ἐδιώχθη ἐπὶ Ποντίου Πιλάτου, ἀληθῶς ἐσταυρώθη καὶ ἀπέθανεν, βλεπόντων
τῶν ἐπουρανίων καὶ ἐπιγείων καὶ ὑποχθονῶν, ὃς καὶ ἀληθῶς ἠγέρθη ἀπὸ νεκρῶν
ἐγείραντος αὐτὸν τοῦ πατρὸς αὐτοῦ, ὃς καὶ κατὰ τὸ ὁμοίωμα ἡμᾶς τοὺς πι-
στεύοντας αὐτῷ οὕτως ἐγερεῖ ὁ πατὴρ αὐτοῦ ἐν Χριστῷ Ἰησοῦ, οὗ χωρὶς τὸ ἀλη-
θινὸν ζῆν οὐκ ἔχομεν.
[196] Trall. 10: εἰ δέ, ὥσπερ τινὲς ἄθεοι ὄντες, τουτέστιν ἄπιστοι, λέγουσιν τὸ
δοκεῖν πεπονθέναι αὐτόν, αὐτοὶ ὄντες τὸ δοκεῖν – ἐγὼ τί δέδεμαι, τί δὲ καὶ εὔχο-
μαι θηριομαχεῖν; Ähnlich Sm. 5,2 (o. Anm. 165); dazu N. Brox, Zeuge und Märtyrer (1961) 211 ff. über das Martyrium als ,,antidoketischen Beweis".
[197] Vgl. Mt. 3,15.

auf daß er ein Wahrzeichen aufrichte in alle Ewigkeit
durch die Auferstehung
vor den vor ihm Heiligen und Gläubigen, so aus Juden wie aus Heiden,
in dem einen Leibe seiner Kirche"[198].
Mit diesem wahren, errettenden Glauben wird dann erneut der
Schein-Glaube der Doketen kontrastiert. Es wird ihnen nach ihren
Erwartungen gehen – wenn sie selbst körperlos und dämonisch
sind[199].
Damit ist die Reihe der ,,bekenntnishaften" Stücke abgeschlossen.

Auf alle Fälle ist ihnen ein Zug gemeinsam: als dogmatische Zusammenfassung dessen, was die Gemeinde von Christus glauben
und festhalten soll, sind sie doch vor allem polemisch gemeint, eine
energische Abwehr der doketischen Verführung. An dieser Bestimmung ist kein Zweifel möglich. Der Zusammenhang, in dem
die Texte stehen, das Gewicht, auf das das wiederholte ,,wahrhaftig" gelegt ist, die Betonung der nicht nur geistlichen, sondern vor
allem auch ,,fleischlichen" Wirklichkeit des Heilsgeschehens, die
Hervorhebung des scheinbar nebensächlichen, aber gegenüber den
Doketen dennoch bedeutsamen Umstandes, daß Jesus auch gegessen und getrunken habe, nicht zuletzt die sichernde Nennung verschiedener an den Ereignissen beteiligter Personen, als wären sie
Zeugen für deren Realität[200] – dies alles macht die Front, in der die

---

[198] Sm. 1 f.: … πεπληροφορημένους εἰς τὸν κύριον ἡμῶν ἀληθῶς ὄντα ἐκ γένους Δαυὶδ κατὰ σάρκα, υἱὸν θεοῦ κατὰ θέλημα καὶ δύναμιν θεοῦ, γεγεννημένον ἀληθῶς ἐκ παρθένου, βεβαπτισμένον ὑπὸ Ἰωάννου, ἵνα πληρωθῇ πᾶσα δικαιοσύνη ὑπ᾽αὐτοῦ, ἀληθῶς ἐπὶ Ποντίου Πιλάτου καὶ Ἡρώδου τετράρχου καθηλωμένον ὑπὲρ ἡμῶν ἐν σαρκί, ἀφ᾽οὗ καρποῦ ἡμεῖς ἀπὸ τοῦ θεομακαρίστου αὐτοῦ πάθους, ἵνα ἄρῃ σύσσημον εἰς τοὺς αἰῶνας διὰ τῆς ἀναστάσεως εἰς τοὺς ἁγίους καὶ πιστοὺς αὐτοῦ, εἴτε ἐν Ἰουδαίοις εἴτε ἐν ἔθνεσιν, ἐν ἑνὶ σώματι τῆς ἐκκλησίας αὐτοῦ.

[199] Sm. 2: … οὐχ ὥσπερ ἄπιστοί τινες λέγουσιν τὸ δοκεῖν αὐτὸν πεπονθέναι, αὐτοὶ τὸ δοκεῖν ὄντες· καὶ καθὼς φρονοῦσιν, καὶ συμβήσεται αὐτοῖς οὖσιν ἀσωμάτοις καὶ δαιμονικοῖς.

[200] Auffallend ist besonders die Nennung des Vierfürsten Herodes neben Pilatus Sm. 1. Auch die namentliche Hervorhebung Mariens Eph 7,2; 18,2; 19,1, Trall 9,1

Auslassungen stehen, unmißverständlich klar. Man wird wohl auch das durchgängige Betonen des Faktischen, der Heilstatsachen als solcher und damit den Aufbau dieser christologischen Kompositionen insgesamt unter diesen Gesichtspunkt rücken müssen; die wirkliche Geschichte des leibhaftigen Jesus Christus zeugt in all ihren Etappen gegen die phantastische Auslegung seines irdischen Wesens und Wirkens als eines bloßen Scheins.

Die formale Verwandtschaft der Bekenntnistexte ist nicht ganz so ausgesprochen. Sie sind verschieden lang, und die überall intendierte Form der partizipialen und relativischen Prädikation ist meist nicht völlig durchgehalten. Es fehlt nicht an Einschüben und Unterbrechungen, die sich nicht allein aus dem Gedankengang des jeweiligen Kontextes erklären lassen[201]. Da, wo man eine bestimmte zugrunde liegende Form oder Formel ins Auge faßt, läßt sich diese offensichtlich nicht ohne weiteres bestimmen. Die Meinungen gehen auseinander. So ist, um ein Beispiel zu nennen, das Bekenntnis im Trallianer-Brief nach Köster eine ,,kerygmatische Formel"[202], nach Cullmann eine von Ignatios zitierte ,,Bekenntnisformel"[203] und nach Wengst ein ,,vorgegebenes Traditionsstück" und ,,Bekenntnis"[204]; nach Rathke ist die ,,Bekenntnisformel" von Ignatios durch den wiederholten Zusatz des ἀληθῶς erweitert[205], nach Grundmann ist es die ,,auslegende Entfaltung" eines bereits anti-

---

gehört in diesen Zusammenhang: D. L. Holland, The Fathers, the Gnostics, and the Creed, McCormick Quarterly 18 (1965, 10–24) 19. Der Name Maria erscheint sonst bei keinem der Apostolischen Väter und bleibt bis Irenäus, z. T. noch über ihn hinaus, überhaupt selten.

[201] ,,Merkwürdig ist das Durcheinander", bemerkt zu Trall 9 R. Bultmann, Bekenntnis- und Liedfragmente im ersten Petrusbrief, Exegetica (1967, 285–297) 291.

[202] Köster, 27.

[203] Cullmann, Christologie 231; vgl. 136.

[204] Wengst, 112 ff.

[205] H. Rathke, Ignatius von Antiochien und die Paulusbriefe (1967) 47. Auch Conzelmann, Grundriß 94 spricht in unbestimmtem Sinne von einem ,,Bekenntnis", in das die Davidssohnschaft und die Jungfrauengeburt ,,aufgenommen" seien. Das gleiche Rezept wie Rathke wendet auch Burger, 35, indem er das ἀληθῶς streicht, auf Sm. 1 an und erhält so ,,vier klar abgesetzte Zeilen eines Bekenntnisses,

doketisch formulierten Bekenntnisses, das dem Text „zugrunde" liegt[205a], nach Schille ein „bekenntnishaftes Erlöserlied", das „weithin durch Glossen zerstört " ist[206], und nach Schlier eine „liedhafte Homologie"[207]. Das ist kein sehr ermutigendes Ergebnis. Ich möchte die Möglichkeit eines solchen Rückschlußverfahrens nicht grundsätzlich in Abrede stellen[208]; aber wenn man nach

---

das sich auch im folgenden noch fortsetzt, dann allerdings stärker auf das aktuelle Anliegen des Briefes ausgerichtet ist". Derartige Beispiele lassen sich vermehren.

[205a] W. GRUNDMANN, Art. χρίω κτλ., ThW IX (1972, 482–576) 571.

[206] G. SCHILLE, Frühchristliche Hymnen (1962) 39: „Das Erlöserlied beginnt hier, sich zum christologischen Credo zu verfestigen."

[207] SCHLIER, 32.

[208] Eph. 7,2 (o. Anm. 187) wird von DEICHGRÄBER, dessen Untersuchung sich hier wie sonst durch bemerkenswerte Vor- und Umsicht auszeichnet, 155 f. um seiner besonderen „Formstrenge und Schönheit" willen „offenkundig" als Christushymnus deklariert. Er rechnet dabei mit der Möglichkeit, daß ἰατρός hier ein ursprüngliches κύριος ersetzt habe. Aber reichen die formalen Beobachtungen wirklich zum Beweis aus, wenn der dem Zusammenhang sich glatt einfügende Text doch zugestandenermaßen dem ignatianischen Stil so völlig entspricht, daß die Frage offen bleibt, „ob Ignatios den Hymnus selbst gedichtet hat oder ob er von ihm überkommen ist", zumal der „Hymnus" andererseits „im Gegensatz zu allen bisher behandelten Christushymnen . . . ausgesprochen beschreibend" ist? Für PERLER, 58 ist Eph. 7,2 mit seinem ,kurzen, zerhackten, parallel geordneten, rhythmischen, asyndetischen Sätzchen" vielmehr ein Musterbeispiel der asianischen Rhetorik. Und wie soll man sich dann den nah verwandten und doch wieder anders formulierten Text des Polykarpbriefes (o. Anm. 188) erklären? Wie DEICHGRÄBER sieht auch P. K. CRISTOS, Ἡ ὑμνογραφία τῆς ἀρχαικῆς ἐκκλησίας (Thessalonich 1959) 10 den Text als ἀπόσπασμα ὕμνου an. M. E. hat in diesem Fall J. KROLL, Hymnen, in: E. HENNECKE, Neutest. Apokryphen (1924²) 597 eher recht, wenn er für Eph. 7,2 wie für Polyk. 3,2 lediglich einen „hymnodischen Prosastil" anerkennt, der als „Redeweise" einen gewissen Ersatz für die verlorenen Hymnen in dem „aus dem Orient stammenden hieratischen Stil" gelten kann. Ignatios stünde damit in der gleichen Tradition wie „die rein hymnodische Diktion" Melitons. Vgl. schon KROLLs Abhandlung: Die christliche Hymnodik bis zu Klemens von Alexandria (Vorlesungsverz. Braunsberg, Königsberg 1921; Neudruck 1968) 20 f.; dort 50 f. auch die Bemerkung zu den apokryphen Apostelakten: „Der Reichtum an hymnodischen Floskeln ist so groß, daß sie ohne peinliche Rücksicht auf die Situation hervorsprudeln; die Predigt fällt unversehens in den Hymnenstil." Ähnlich urteilt O. TARVAINEN, Glaube und Liebe bei Ignatios von Antiochien (Joensuu 1967) 39 f.: „Es läßt sich

einem vorgegebenen Bekenntnistext fragt, den Ignatios aufgenommen habe, so scheint es mir nicht statthaft, nur einzelne Beispiele herauszugreifen. Man muß sich dann schon entschließen, die inhaltlich so nah verwandten „bekenntnishaften" Texte gemeinsam zu betrachten und unter diesem Gesichtspunkt miteinander zu vergleichen[209]. Dann erhellt, meine ich, sofort die Unmöglichkeit, eine bestimmte Formel zu destillieren.

Schon dies ist auffallend, daß die Texte von Brief zu Brief, aufs Ganze gesehen, immer ausführlicher werden; man hat schon danach den Eindruck, daß sie von Ignatios nicht zitiert, sondern frei geschaffen werden[210], sich fortschreitend anreichern und immer besser gelingen[211]. Entscheidend ist der Umstand, daß Ignatios für die gleichen Vorgänge in den verschiedenen Stücken jeweils ganz verschiedene Worte gebraucht. Selbst ein so zentrales Geschehen wie der Tod Jesu wird einmal als Kreuzigung[212], das nächste Mal als Annagelung (ans Kreuz)[213] und ein drittes Mal als „Leiden" bezeichnet[214]. Derartiges wäre m. E. nicht möglich, wenn er auf irgendeine Formel oder standardisierte Vorlage Bezug nehmen wollte. Natürlich hat Ignatios den Gemeinden, an die er sich wendet,

---

denken, daß er seine Sätze, von Begeisterung beflügelt, so formuliert, daß sie wie ein Hymnus klingen." Auch G. DELLING, Art. ὕμνος κτλ. ThW VIII (1969, 492–506) 506 begnügt sich damit, hier von einem „hymnischen Stil" zu sprechen. Vielleicht handelt es sich aber letzten Endes weniger um einen speziell hymnischen als einen typisch rhetorischen Stil in der Art der asianischen Kunstprosa.

[209] Das Ergebnis bliebe sich übrigens auch dann gleich, wenn man z. B. Eph 7,2 aus der Reihe ausschiede.

[210] Vgl. KROLL, Christ. Hymnodik 36: „Man darf ferner nicht übersehen, daß in der Zeit der höchsten Spannung des religiösen Lebens bei der Leichtigkeit, mit der infolge des traditionellen Gedanken, und Wortschatzes Hymnen zusammengefügt werden konnten, die Improvisation sehr geblüht hat."

[211] Vgl. KATTENBUSCH, II 315: „Wenn der Brief an die Smyrnäer (mit dem an Polykarp) zuletzt geschrieben ist, so liegt es im Grunde näher zu denken, daß Ignatios nur in den Formelstil hineingekommen sei."

[212] Trall 9 (o. Anm. 195).

[213] Sm 1,2 (o. Anm. 198).

[214] Magn 11 (o. Anm. 193).

mit seinen „Bekenntnissen" keine Neuigkeiten mitgeteilt. Er spricht das selbst wiederholt aus[215], und das Gegenteil wäre im Kampf mit einer häretischen „Neuerung" völlig sinnwidrig gewesen. Die mündliche und z. T. auch schriftliche Jesus-Überlieferung muß in erheblichem Umfang seinen Adressaten schon bekannt gewesen sein[216]. Auch daß Ignatios vielfach geläufige Bilder und feste Wendungen aufgreift, ist bis zu einem gewissen Grade wahrscheinlich[217], obgleich die Originalität seiner Ausdrucksweise sich aufdrängt[218]. Aber die Wendungen sind jedenfalls nicht bis zur strengen Wörtlichkeit vorgeprägt. Kelly hat also recht, wenn er im Rückblick auf die mancherlei „kühnen" älteren Versuche, „das Bekenntnis des Ignatios" zu rekonstruieren, bündig feststellt: „Sie waren von vornherein zum Scheitern verurteilt."[219] Das gilt genauso für die neueren und neuesten Versuche. Die einzige Möglichkeit, die noch übrig bleibt, wäre, daß der Gesamtbau, die „Struktur" der Texte als solche einem älteren Typus des Bekennens entspricht, und dies ist in der Tat auch Kellys Auffassung. Er redet vom „Umriß des ursprünglichen Kerygmas", das noch immer „durch

---

[215] Eph 8,1; 18,1, Magn 11, Trall 8,1, Sm 1,1.

[216] Außer den zahlreichen ausdrücklichen und stillschweigenden Bezugnahmen auf Paulus, jedenfalls auf den paulinischen Korintherbrief (W. BAUER, Rechtgläubigkeit und Ketzerei im ältesten Christentum [1964²] 220 f.; CAMPENHAUSEN, Bibel 170 Anm. 188) läßt sich aus Sm 1,1 (o. Anm. 197 f.) sicher folgern, daß auch „irgendeine Beziehung zwischen Ignatius und Matthäus bestehen wird": KÖSTER, 58. KÖSTER denkt allerdings nur an eine Vermittlung durch die hier vermeintlich vorliegende „kerygmatische Formel" (60).

[217] Hierzu E. FRHR. V. D. GOLTZ, Ignatius von Antiochien als Christ und Theologe (1894) 88 ff. und die Tabellen im Anhang 178–206, sowie H.-W. BARTSCH, Gnostisches Gut und Gemeindetradition bei Ignatius von Antiochien (1940), dessen Scheidungen z. T. freilich recht problematisch bleiben.

[218] Diese ist bei aller erwiesenen Abhängigkeit von rhetorischen Mustern (o. Anm. 208.210) natürlich trotzdem nicht zu bestreiten; vgl. RIESENFELD, 316: „There ist no escape from the fact that as strong a personality as that of Ignatius puts his own stamp on his writings and that a mediocre compiler would not have been able to use a model of phrasing in such a superb way as did the Antiochian bishop."

[219] KELLY, 73.

die lockeren Falten des polemischen Stils des Ignatios hindurchscheint". Seiner Meinung nach mögen dahinter katechetische Traditionen stecken, wie sie die ältere Forschung annahm, oder liturgische Vorbilder, wie sie vor allem Lietzmann erschlossen hat. Läßt sich diese Annahme halten? Lietzmann rechnet mit zwei „alten Grundformen", an denen sich Ignatios in seinen Bekenntnissen orientiert, so daß sie immer noch „durchschimmern"[220]. Für ihre „liturgische Existenzmöglichkeit" verweist er auf die Präfationen der Abendmahlsliturgie, in denen – erst später nachweisbar – regelmäßig eingliedrige „Christologien" begegnen[221]; doch „feste Formeln mit begrenztem Wortlaut gibt es in der Zeit der Apostel und Propheten dafür nicht"[222]. Die eine „Grundform" ist „das Schema κατὰ σάρκα/κατὰ πνεῦμα = Δαυίδ/υἱὸς θεοῦ"; die andere ist das Zweistufenschema von „Erniedrigung–Erhöhung = Leiden – Auferstehung". Beide sind schon Paulus bekannt und auch sonst belegt; Ignatios muß sie gleichfalls gekannt haben. Aber inwiefern reichen sie aus, um den Aufbau seiner Bekenntnisse zu erklären? Was das erste Schema κατὰ πνεῦμα/κατὰ σάρκα anlangt, so findet es sich in der Tat wiederholt in den ignatianischen Aussagen über Jesu Ursprung und Geburt[223]. Es bleibt aber auf diese beschränkt, und kann nicht die „Formel" im ganzen verständlich machen. Aber auch im zweiten Falle versagt die Analogie. Lietzmann

---

[220] H. LIETZMANN, Symbolstudien X (1923), Kleine Schriften III (1962, 229–235) 232 f.

[221] H. LIETZMANN, Die Anfänge des Glaubensbekenntnisses (1921), ebd. (163–181) 176 ff.; Symbolstudien 233: „Und da wir wissen, daß beim Abendmahl das Eucharistiegebet eine ,Christologie' enthielt, so werden wir uns deren Ausgestaltung nach Analogie der breiter ausgeführten, hymnischen Formen Phil 2; Ign Trall 9; Sm 1 vorstellen dürfen."

[222] Symbolstudien 230.

[223] LIETZMANN, Symbolstudien 232, verweist besonders auf „Ign. Smyrn. I (vgl. Eph. 20,2), verstümmelt Ign. Eph. 18". Doch ist die Bedeutungsverschiebung nicht zu übersehen: erst bei Ignatios wird „charakteristischerweise nicht nur die Davidsohnschaft, sondern auch die Gottessohnschaft, das Sein aus dem Geiste, auf die Geburt Jesu bezogen statt auf seine Auferstehung": W. PANNENBERG, Grundzüge der Christologie (1964) 116.

findet das Erhöhungsschema 1 Kor 15,3 f.; Phil 2,5–11; 1 Petr 3,13–22 belegt und vor allem bei Ignatios selbst. Aber ein näherer Vergleich macht, wie ich meine, die wesentliche typologische Andersartigkeit der ignatianischen Bekenntnisse sogleich erkennbar. Die vorignatianischen Stücke bauen sich auf dem einfachen Gegensatz der zwei Lebenszeiten oder Stadien auf, die miteinander kontrastiert werden. Dabei wird gerade die Erhöhung breit entfaltet. Bei Ignatios ist dagegen dieser Gegensatz durchaus nicht bestimmend, und gerade die ,,Erhöhung" kommt eher zu kurz. Nur die Auferstehung wird als Abschluß des Heilswerks genannt, und in den früheren Beispielen kann er u. U. hierauf sogar verzichten[224]. Niemals fehlt dagegen die wahrhaftige Geburt, die in den älteren Texten überhaupt nicht erscheint[225], und auf sie fällt jetzt neben dem Leiden der stärkste emphatische Nachdruck. Der Grund dafür liegt natürlich im Gegensatz zu den Doketen. Die Auferstehung dürften die Irrlehrer kaum, die Erhöhung gewiß nicht bestritten haben; aber auf die Realität der Fleischwerdung und des ,,wahrhaftigen" Leidens und Sterbens Jesu kam es ihnen gegenüber gerade an. Die ,,Formel", die so entsteht, hat also einen ganz anderen, von vornherein polemischen und dabei gewissermaßen biographisch fortschreitenden Charakter[226]. Dieser Eindruck wird durch den gelegentlichen Einschub der Taufe[227] oder den Hinweis auf das Essen und Trinken Jesu[228] noch verstärkt. Daß sie ,,katechetisch" bedingt sei, läßt sich für dieses mit der Geburt beginnende Bekenntnis nicht

---

[224] Eph 7,2; 18,2.

[225] Dies gilt auch für die nicht hierher gehörenden christologischen Texte der Apostelgeschichte.

[226] Die polemisch-apologetisch bedingte Andersartigkeit, die die ignatianischen Bekenntnisse von allem Bisherigen unterscheidet, hat, soweit ich sehe, nur Wengst, 110 ff., richtig gespürt, aber nicht mit der erforderlichen Energie weiter verfolgt.

[227] Eph 18,2, Sm 1,1. Die Taufe Jesu durch Johannes gehört hier wohl schon zur Begründung der kirchlichen Taufe, die ihrerseits als grundlegendes Sakrament der Kirche und ihrer Einheit auch im Kampf mit den Irrlehrern wichtig ist: Sm 8,2, Polyk 6,2. Doch vgl. Brox, o. Anm. 158.

[228] Trall 9,1.

erweisen und ist nach dem, was wir sonst erschließen können, auch nicht anzunehmen. Das bei weitem Wahrscheinlichste bleibt vielmehr dies, daß Ignatios seine christologischen ,,Bekenntnisse" in der unmittelbaren Auseinandersetzung mit den Doketen selbst geschaffen und seinen rechtgläubigen Adressaten als neues Abwehrmittel in die Hand gegeben hat.

Damit steht Ignatios in der Geschichte des Bekennens an der Grenzscheide zweier Zeiten. Er ist gewiß nicht der erste, der mit den doketischen Irrlehrern kämpfen muß. Sein ausdrückliches ,,Bekenntnis" zum Fleischesträger Jesus berührt sich mit dem johanneischen ,,Bekenntnis", das seinerseits mit den älteren urchristlichen Präidkationssätzen nahe zusammenhängt. Aber er ist unseres Wissens der erste, der von dieser knappen Wesensbestimmung Jesu zu einer geschichtlich entfalteten Aussage fortgeschritten ist, in der das alte christologische Überlieferungsgut der neuen polemischen Absicht dienstbar wird. Damit ist eine neue Form des Bekennens inauguriert, die die älteren Formeln schnell zurückdrängt oder vielmehr: aufnimmt und eingeschmolzen hat[229] und in seiner reicheren, ,,biblisch" gesicherten Form den Stürmen der künftigen dogmatischen Auseinandersetzung weit besser gewachsen ist. Man darf hiergegen schwerlich einwenden, daß der Einfluß des Ignatios – wie übrigens auch der johanneischen Literatur – zunächst doch nur den syrisch-kleinasiatischen Raum betreffe und darum keine weitergehende Wirkung ausgeübt habe; denn Kleinasien war zu jener Zeit in der gesamten oder doch in der gesamten ,,orthodoxen" Christenheit theologisch führend, und der Ruhm des Märtyrerbischofs von Syrien verbreitete sich schnell. Bei den übrigen ,,apostolischen Väiltern" finden wir jedenfalls nichts Vergleichbares[230]. Der

---

[229] Diese Entwicklung und besonders die Stellung Justins verlangen freilich noch eine nähere Untersuchung, die ich hier nicht vorlegen kann.

[230] Der Zweite Klemensbrief 3,2 und Hermas 105,4 (sim IX 28) kennen beide das Jesuswort vom Bekennen (o. S. 22 f.), und der Zweite Klemensbrief gebraucht wiederholt das Verbum ὁμολογεῖν in eben diesem Sinne: 3,3.4; 4,3. Aber sie bieten kein eigenes, in Worte gefaßtes ,,Bekenntnis".

Barnabasbrief kennt das alte Bekenntnis zum Gottessohn[231]; sonst fehlt es überhaupt an Erwähnungen irgendeines „Bekenntnisses"[232]. Ignatios steht in dieser Hinsicht allein.

Er ist aber andererseits darin auch der letzte urchristliche Theologe, daß sein Bekenntnis ausschließlich Jesus Christus selbst zum Inhalt hat[233]. Darin stimmen seine „hymnisch"-rhetorischen, proklamatorischen Aussagen trotz ihrer Neuartigkeit mit den älteren Bekenntnissen überein. Und auch dies ist für die ganze Epoche – wiewohl nicht für sie allein – bezeichnend, daß die Bekenntnisaussage zwar akzentuiert hervogehoben und in der Sache festgehalten, aber nicht bis zur strengen Wörtlichkeit standardisiert ist. Das urchristliche Bekenntnis ist trotz seines gleichbleibenden christologischen Inhalts beweglich, so daß es je nach dem Charakter der Welt, auf die es stößt, seine Aussagen ergänzen oder neu fassen kann. Auf die früheste Umstellung dieser Art beim Übergang von der jüdischen in die heidnische Umgebung bin ich nicht näher eingegangen[234]. Ein Kirchenhistoriker muß die Grenzen kennen, die ihm – und vielleicht nicht nur ihm – an dieser Stelle gesetzt sind. Aber die Bedeutung der Wendung des alten Jesus-Bekenntnisses gegen die Doketen liegt klar zutage. Sie hat einen neuen Typ des Bekennens veranlaßt, und diese Neuschöpfung hat die weitere Entwicklung tiefgreifend bestimmt. Das geschichtlich gebaute Bekenntnis zu Jesus Christus wirkt in der dyadisch oder triadisch gestalteten „Richtschnur" des Glaubens weiter, die der fortdauernde Kampf mit der Gnosis im zweiten Jahrhundert hervorgebracht hat; es erscheint ebenso in den theologischen Bekenntnissen disputierender

---

[231] Barn. 5,9: τότε ἐφανέρωσεν ἑαυτὸν εἶναι υἱὸν θεοῦ und 7,9: ἀληθῶς οὗτος ἦν ὁ τότε λέγων ἑαυτὸν υἱὸν θεοῦ εἶναι.

[232] Dieser „Zufall" ist m. E. nicht so erstaunlich, wenn man den Charakter dieser Schriften bedenkt. Es dürfen daraus jedenfalls keine zu weitgehenden Schlüsse gezogen werden.

[233] Es paßt dazu, daß er zuerst der Fremdbezeichnung χριστιανός einen starken theologischen Akzent gegeben hat: Magn. 4,1; Röm. 3,3; dazu Eph. 14,2; Magn. 10,5; Trall. 6,1; Röm. 3,4; Phld. 8,2. Vgl. Andresen, 27 f.

[234] S. o. S. 225.

Kirchenmänner des dritten Jahrhunderts (sie lehnen sich an die Richtschnur an), und es kommt im Apostolicum und in den förmlich synodalen Festsetzungen des vierten Jahrhunderts in eine bleibende Gestalt. Aber diese weitere Entwicklung gehört nicht mehr zum Thema. Ich habe mich in diesem Aufsatz auf die Anfänge beschränkt und bin auch hier absichtlich bei den nüchternen Gegebenheiten und Daten stehen geblieben, um durch sie zu einem Ergebnis zu gelangen, das sich hoffentlich halten läßt und bewährt.

Der Herrentitel Jesu
und das urchristliche Bekenntnis

In meinem Aufsatz „Das Bekenntnis im Urchristentum"[1] habe ich es abgelehnt, die ältesten „Bekenntnissätze aus der Kyriosakklamation abzuleiten, wie sie für die frühen hellenistischen Gemeinden schon von Paulus bezeugt ist. Zur Begründung verwies ich u. a. auf die Verschiedenheit der hier und dort verwendeten Hoheitstitel: „In den Akklamationen wird – soweit wir sehen können – regelmäßig der Kyriostitel verwendet, der in den Bekenntnissätzen gerade fehlt, und die hier dominierenden Prädikationen ‚Christus' und ‚Gottessohn' erscheinen umgekehrt als solche niemals in einer Akklamation."[2] Warum fehlt der Herrentitel Jesu im förmlichen Bekenntnis? Auf diese Frage bin ich nicht eingegangen. Gewiß gibt es viele Hoheitstitel, die für Jesus gebraucht, aber in die feierlich-knappen Bekenntnissätze gleichwohl nicht aufgenommen wurden; aber beim Herrentitel erscheint dies auf den ersten Blick doch vor anderen seltsam und einer Erklärung bedürftig. Er wird ja nicht nur in der kultischen Akklamation gebraucht, sondern taucht in fast jedem Zusammenhang immer wieder auf – oft mit feierlichem Nachdruck, oft unbetont und nicht selten auch als Ersatzbezeichnung für den Namen Jesu selbst[3]. Warum fehlt er gerade im urchristlichen „Bekenntnis", während er uns doch aus dem Apostolicum und den

---

Aus: Zeitschrift für die neutestamentliche Wissenschaft 66 (1975) 127–129.
[1] ZNW 63, 1972, 210–253; in diesem Band S. 217–272.
[2] AaO., 225.
[3] Auf die vieldiskutierte Frage nach der Herleitung des Herrennamens für Jesus brauche ich hier nicht einzugehen.

sonstigen „ökumenischen Bekenntnissen" als Bekenntnisaussage vertraut ist und hier geradezu unentbehrlich erscheint? Die Antwort hierauf liegt, wie mir scheint, nah genug und läßt sich durch eine einfache Überlegung geben.

Eine Bekenntnisaussage über die Person Jesu muß so formuliert werden, daß die Einzigartigkeit seines Anspruchs präzise und unmißverständlich deutlich wird. „Christus" und „Gottessohn" entsprechen durchaus diesem Erfordernis; denn es gibt nur einen jüdischen Messias[4], und „Gottessohn", ohne nähere Angabe eines bestimmten Gottes und als feste Bezeichnung gebraucht, war auch in der heidnischen Welt neuartig und ohne wirkliche Analogie[5]. Dagegen ist „Kyrios", Herr, in der damaligen Welt bekanntlich eine verbreitete kultische Bezeichnung verschiedener, nicht mehr allein orientalischer Götter. Das war auch den Christen bekannt. Schon Paulus erinnert ausdrücklich daran, daß es im Himmel wie auf Erden „viele sogenannte Götter und viele Herren" gäbe, und betont demgegenüber die christliche Besonderheit: „für uns", die Christen, gibt es nur einen Gott, den Vater, und den einen Herrn Jesus Christus[6]. Ein echtes Bekenntnis wendet sich aber nicht allein und nicht einmal in erster Linie an die Christen, die ihren Herrn erkannt haben, sondern an die „draußen", die ihn vielmehr in seiner unvergleichlichen Bedeutung erst kennenlernen und annehmen sollen. Dieser Anspruch war mit dem gängigen Herrentitl kaum auszudrücken. Jesus wäre den „vielen Herren" nur als ein weiterer Herr an die Seite gestellt und die ausschließende Besonderheit des Christusglaubens wäre so eher verwischt als unmißverständlich bezeichnet worden. Darum bleibt dieser Hoheitstitel trotz seines Gewichts und seiner Beliebtheit auf den innerkirchlichen Raum beschränkt und spielt in der christlichen Mission und im Bekenntnis der Christen kaum eine Rolle[7].

---

[4] Die Probleme des himmlischen, königlichen, priesterlichen Messias stellen diese summarische Feststellung nicht in Frage.

[5] P. Wölfing v. Martitz, Art. υἱός κτλ., ThW VIII, 1969, 336ff.

[6] 1 Kor. 8,5f.

[7] 2 Kor. 4,5 οὐ γὰρ ἑαυτοὺς κηρύσσομεν ἀλλὰ Χριστὸν Ἰησοῦν κύριον ἑαυ-

Daß es sich bei dieser Deutung nicht um einen eingetragenen Gesichtspunkt handelt, läßt sich, wie mir scheint, am Sprachgebrauch Justins mit aller Bestimmtheit aufzeigen. Justin bekennt sich mit Entschiedenheit zum Gottessohn und – besonders vor den Juden – auch zum Messias-Christus-Titel Jesu[8]. Aber im Gebrauch des Herrentitels bemerkt man eine in die Augen springende Differenzierung. In seinem ,,Dialog mit dem Juden Tryphon" legt er sich durchaus keinen Zwang auf und gebraucht ihn ungezählte Male. Denn hier kommt eine Verwechselung mit heidnischen Gottheiten natürlich nicht in Betracht. Der Herrenname stößt sich nur mit der alttestamentlichen Bezeichnung Gottes als des Herrn. Darum entwickelt Justin für dessen christologische Berechtigung sogar einen ,,Schriftbeweis", verteidigt ihn von hier aus ausdrücklich[9] und bildet in diesem Zusammenhang sogar das neue Tätigkeitswort des κυριολογεῖν[10]: es besteht also die theologische, d. h. schriftgemäße Notwendigkeit, Jesus einen Herrn zu nennen.

Blickt man von hier aus auf die für heidnische Leser berechnete Apologie, so zeigt sich ein völlig anderes, geradezu entgegengesetztes Bild. In der Apologie wird der Herrentitel Jesu so gut wie niemals ins Spiel gebracht. Er erscheint einnal – man möchte sagen: versehentlich – bei der Zitierung eines ,,Herrenworts"[11], und hier war der Herren-Name für Jesus von jeher üblich und traditionell[12].

τοὺς δὲ δούλους ὑμῶν διὰ Ἰησοῦν spricht zwar – vor christlichen Lesern – von der paulinischen Missionstätigkeit (κηρύσσομεν); aber das Stichwort κύριος empfängt hier seinen Sinn vor allem aus dem Gegensatz zum spezifischen δοῦλος-sein des Apostels. – In ähnlicher Weise ist Herm. 105, 7 (= sim IX 28, 7) im Rahmen einer erbaulichen Missionslegende das artikellose ,,einen Herrn haben" nicht im technischen Sinne einer Kyriosprädikation gemeint. Eine gewisse Ausnahme bildet nur Act. 16,31.

[8] Vgl. CAMPENHAUSEN, aaO., 216 Anm. 37.
[9] Dial. 60,5; 129, 1; vgl. 34,2; 85,1.
[10] Dial. 56, 14f. Die Vokabel ist vor Justin m. W. nirgends belegt.
[11]Apol. I 63,5: . . . ὡς γὰρ αὐτὸς ὁ κύριος ἡμῶν εἶπεν.
[12] So schon bei Paulus 1 Kor. 7,10.25; 11,23; 1 Thess. 4,15; ferner Act. 20,35; Did. 8,2; 9,5; 14,3; 2 Clem. 4,5; 5,2; 6,1; 8,5; 9,11; 12,2; Polyk. 2,3; 13,2; Herm. 105,7 (= sim IX 28, 7).

Er erscheint noch einmal bei der Erörterung der alttestamentlichen „Prophetien"; sie sind nach Justin teils auf Gott-Vater, „den Beherrscher der ganzen Welt", teils auf Christus als redende Person (ἀπὸ προσώπου) zu beziehen, teils aber auch auf die Völker, die, heißt es jetzt, „dem Herren oder dessen Vater Antwort geben"[13]. Auch hier handelt es sich also um ein typisch christliches Theologumenon und überdies um eine variatio dicendi, die den Herrentitel Jesu nahelegte. Weitere Stellen scheinen nicht in Betracht zu kommen[14]. Bedenkt man den Umfang der Apologie (I und II) und die Häufigkeit, mit der Justin hier auf Jesus zu sprechen kommt, so kann dies kein Zufall sein. Justin geht dem Herrentitel Jesu, der ihm völlig geläufig ist und den er gegenüber den Juden ausdrücklich rechtfertigt, vor einem heidnischen Publikum offenbar bewußt aus dem Wege[15]. Seine Zurückhaltung dürfte den gleichen Anstößen entspringen, die ihn schon für die älteren Bekenntnisse unannehmbar machten. „Kyrios" bezeichnet das gläubige Verhältnis, in dem alle Christen zu Christi Person stehen; aber es ist weder vor den Juden noch vor den Heiden eine zureichende Bestimmung seines Wesens.

Die Probe auf das Exempel bieten die Glaubens-Erklärungen, mit denen sich die Kirche seit der Wende des zweiten Jahrhunderts nicht mehr gegen Juden und Heiden, sondern vor allem gegen die doketischen Irrlehrer absetzt. Bei diesen droht so wenig wie bei den

---

[13] Apol. I 36, 2: . . . πότε δὲ ἀπὸ προσώπου τοῦ δεσπότου πάντων καὶ πατρὸς θεοῦ φθέγγεται, πότε δὲ ὡς ἀπὸ προσώπου, Χριστοῦ, πότε δὲ ὡς ἀπὸ προσώπου λαῶν ἀποκρινομένων τῷ κυρίῳ ἢ τῷ πατρὶ αὐτοῦ.

[14] Apol. I 26, 1 erscheint die ἀνέλευσις τοῦ κυρίου nur als Variante für ἀνέλευσις τοῦ Χριστοῦ.

[15] Aus den übrigen Apologien des zweiten Jahrhunderts läßt sich leider kaum Ergänzendes gewinnen. Athenagoras spricht zwar wiederholt vom Gottessohn (suppl. 10,1 f.; 12,2; 18,2; 24,1) und niemals vom Herrn; aber er hat dabei unmittelbar nur den Λόγος im Auge und spricht so wenig wie Theophilos oder Tatian von Jesus selbst als geschichtlicher Person. Darum läßt sich daraus nicht viel folgern. Das Gleiche gilt im entgegengesetzten Sinn von Aristides, der in seiner hilflosen Naivität Jesus nach christlicher Gewohnheit ohne weiteres als „Herrn" bezeichnet (apol. 15,1; 3 [?]. 10).

Juden eine Verwechselung des christlichen „Herren" mit den vielen Herren der Heiden; der Titel ist auch ihnen vielmehr längst für Jesus geläufig. Darum spricht schon Ignatios in seinen gegen sie gerichteten christologischen Proklamationen gelegentlich mit Pathos auch von dem „Herrn"[16]. Aber andererseits hat der Titel als solcher hier keinerlei polemische Bedeutung. Die Spitze der „Bekenntnisse" liegt vielmehr allein in den mit ihm verbundenen geschichtlichen Angaben, die Jesus „wahrhaftiges" Menschsein neben seinem ebenso wahren Gott-Sein betonen und beweisen sollen. Darum ist der Herren-Name auch in den mancherlei Formen der späteren „Richtschnur" der Rechtgläubigkeit (κανὼν τῆς ἀληθείας oder τῆς πίστεως bzw. regula veritatis oder fidei) keineswegs die Regel, sondern bleibt vielmehr die Ausnahme. Erst der wachsende Einfluß der liturgischen und katechetischen Texte dürfte ihn seit dem vierten Jahrhundert in den neuen, den rechten „Glauben" allgemein formulierenden Bekenntnissen allmählich heimisch und selbstverständlich gemacht haben[17].

---

[16] Eph. 7,2; Smyrn. 1.

[17] Natürlich müßten diese Dinge ausführlich begründet und belegt werden, wie es ursprünglich auch meine Absicht war. Da ich jetzt darauf verzichten muß, erlaube ich mir, wenigstens einen Einzelpunkt herauszugreifen und alle weiteren Belege und Literaturangaben beiseite zu lassen. Ich bitte die Betroffenen um Nachsicht.

Das Bekenntnis Eusebs von Caesarea (Nicaea 325)

Unter den Quellen zum Konzil von Nicaea nimmt der Brief des Kirchenhistorikers Eusebios an seine Gemeinde von jeher einen hervorragenden Platz ein[1]. Besonders für die Umstände, die zur Abfassung des nicaenischen Bekenntnisses (N) führten, ist er fast das einzige unmittelbare Zeugnis[2], noch unter dem frischen Eindruck der Ereignisse selbst von einem beteiligten und höchst urteilsfähigen Manne verfaßt. Allerdings, um eine unparteiische, rein sachliche Darstellung handelt es sich dabei keinesfalls; es ist auch gar nicht die Absicht des Briefschreibers, einen vollständigen Bericht über das Konzilsgeschehen als solches zu liefern. Eusebios spricht es gleich zu Beginn seines Schreibens klar aus, daß er damit falschen Gerüchten begegnen wolle[3], und dabei geht es, wie im folgenden deutlich wird, ausschließlich um seine eigene Person. Eusebios befürchtet, man könnte seine Unterschrift unter das Nicaenum als Verrat seiner sonst stets bekundeten theologischen Überzeu-

---

Aus: Zeitschrift für die neutestamentliche Wissenschaft 67 (1976) 123–130.

[1] Bei H. G. Opitz, Athanasius Werke III, 1: Urkunden zur Geschichte des Arianischen Streits 318–328, Urkunde 22, S. 42–47.

[2] Die Berichterstattung des Athanasios ist höchst parteiisch und blickt in eine andere Richtung, läßt sich aber mit dem, was Eusebios mitteilt, allenfalls vereinigen: M. J. Higgins, Two Notes: I. Athanasius and Eusebius on the Council of Nicaea, in Polychronion = Franz Dölger Festschrift, 1966, 238–242.

[3] Opitz, Urk. 22, 1: Τὰ περὶ τῆς ἐκκλησιαστικῆς πίστεως πραγματευθέντα κατὰ τὴν μεγάλην σύνοδον τὴν ἐν Νικαίᾳ συγκροτηθεῖσαν εἰκὸς μὲν ὑμᾶς, ἀγαπητοί, καὶ ἄλλοθεν μεμαθηκέναι, τῆς φήμης προτρέχειν εἰωθυίας τὸν περὶ τῶν πραττωμένων ἀκριβῆ λόγον. ἀλλ' ἵνα μὴ ἐκ τοιαύτης ἀκοῆς τὰ τῆς ἀληθείας ἑτεροίως ὑμῖν ἀπαγγέλληται ἀναγκαίως διεπεμψάμεθα ὑμῖν πρῶτον τὴν ὑφ' ἡμῶν προτεθεῖσαν περὶ τῆς πίστεως γραφήν . . .

gungen auslegen, und dieser Gefahr möchte er zuvorkommen. Sein
Bericht hat also den Sinn einer vorbeugenden Selbstverteidigung. Er
behandelt daher allein seine eigene Stellungnahme zur gefallenen
dogmatischen Entscheidung und sucht die eigene Rolle hierbei in
eine möglichst günstige Beleuchtung zu rücken. Darum ist die Darstellung lückenhaft und unverkennbar tendenziös. Das darf nicht
dazu verführen, die Angaben, die Eusebios tatsächlich macht, für
unwahr oder völlig verfälscht zu halten (Derartiges konnte er sich
nach Lage der Dinge kaum erlauben, und es entspräche auch nicht
seinem Charakter[4]); aber allerdings erschwert es die Auslegung seiner bis heute umstrittenen Angaben.

Eusebios beginnt den eigentlichen Bericht mit dem Text eines
Glaubensbekenntnisses, das er in Gegenwart des Kaisers vor dem
Konzil verlesen hat. Warum und zu welchem Zweck diese Verle-
sung notwendig war, darüber schweigt er sich aus. Dagegen betont
er, daß diese seine Erklärung nirgends Anstoß erregt und der Kaiser
selbst sich sofort für sie erklärt habe. Er bezeugte, sagt Eusebios,
daß sie völlig rechtgläubig sei und sich mit seinen eigenen Überzeugungen decke. Er habe alle Anwesenden dazu aufgefordert, diesen
Sätzen zuzustimmen und sie zu unterschreiben. Nur ein einziges
Wort sollte noch hinzugefügt werden, nämlich das später so berühmte Stichwort ,,wesenseins'', ὁμοούσιος. Dann habe man aber
unter dem Vorwand, den kaiserlichen Befehl auszuführen, den Text
des Nicaenum verfaßt und zur allgemeinen Unterschrift vorgelegt.
Er selbst, Eusebios, habe sich damit aber durchaus nicht ohne weiteres abgefunden, sondern zuvor in eingehender Diskussion geklärt, wie die problematischen neuen Wendungen – ,,aus dem Wesen des Vaters'', ,,mit dem Vater wesenseins'' usw. – seiner Meinung nach richtig zu verstehen seien. Er fordert seine Gemeinde
zum Schluß auf, den vollständig mitgeteilten Text des Nicaenum,

---

[4] Vgl. H. LIETZMANNS Urteil gegen JAKOB BURCKHARDTS Behauptung, Eusebios
sei ,,der erste durch und durch unredliche Geschichtsschreiber'' in: Geschichte der
alten Kirche III, [2]1953, 154: ,,Man kann dem ehrlichen Mann kein schwereres Unrecht antun.''

das Bekenntnis und die Anathematismen, im Lichte seiner Erläuterungen zu lesen und dann mit seinem eigenen, vorher abgelegten Bekenntnis zu vergleichen. Sie werde dann einsehen, daß er dort, wo es Anstöße gab, seinen Standpunkt gewahrt, andererseits aber erträgliche Anschauungen ohne unnützen Zank auch akzeptiert habe[5]. Soviel über den bekannten Text des Schreibens. Folgt man ihm ohne Vorbehalt, so ergibt sich, daß das eusebianische Bekenntnis die ursprüngliche Vorlage für das Nicaenum gewesen ist und nachträglich bloß durch einige, dogmatisch freilich höchst bedeutsame Zusätze erweitert wurde. Dies war lange Zeit auch die herrschende Meinung. Im Fortgang der immer diffiziler werdenden symbolgeschichtlichen Forschungen wurde man dann aber auf eine Reihe weiterer, theologisch unerheblicher Textabweichungen aufmerksam, in denen sich N von der angeblichen Vorlage des Eusebios unterscheidet. In dieser sah man von jeher das in Caesarea gebrauchte „Taufbekenntnis". Man zog daraus jetzt den Schluß, daß nicht dieses, sondern ein anderes, nicht genau lokalisierbares Taufbekenntnis des Jerusalemer Typus als die wahre, unmittelbare Vorlage von N zu postulieren sei. Das Bild verschob sich noch mehr, als Eduard Schwartz das syrisch erhaltene Rundschreiben einer etwas älteren antiochenischen Synode von 325 entdeckt hatte. Danach war hier gleichfalls ein Bekenntnis aufgestellt worden, dem, heißt es, nur Theodotos von Laodicea, Narkissos von Neronias und Eusebios von Caesarea in Palästina mit allerlei Winkelzügen widersprochen hätten. Man habe mit ihnen daher die Gemeinschaft aufgehoben, ihnen aber gleichwohl im Blick auf die bevorstehende große Synode aus brüderlicher Liebe noch Gelegenheit zur Buße und Umkehr ge-

---

[5] Opitz, Urk. 22,17: ταῦτα ὑμῖν ἀναγκαίως διεπεμψάμεθα, ἀγαπητοί, τὸ κεκριμένον τῆς ἡμετέρας ἐξετάσεώς τε καὶ συγκαταθέσεως φανερὸν ὑμῖν καθιστῶντες, καὶ ὡς εὐλόγως τότε μὲν καὶ μέχρις ἐσχάτης ὥρας ἐνιστάμεθα, ὅθ᾽ ἡμῖν τὰ ἑτεροίως γραφέντα προσέκοπτε, τότε δὲ ἀφιλονείκως τὰ μὴ λυποῦντα κατεδεξάμεθα, ὅθ᾽ ἡμῖν εὐγνωμόνως τῶν λόγων ἐξετάζουσι τὴν διάνοιαν ἐφάνη συντρέχειν τοῖς ὑφ᾽ ἡμῶν αὐτῶν ἐν τῇ προεκτεθείσῃ πίστει ὡμολογημένοις.

geben[6]. Hält man dies Rundschreiben, wie fast allgemein geschieht, für echt, so wird es zweifelhaft, ob das von Eusebios in Nicaea vorgelegte Bekenntnis überhaupt der Vorbereitung des Nicaenum und nicht vielmehr nur seiner eigenen Rechtfertigung gegolten habe. Meines Erachtens lassen sich die alternativen Möglichkeiten durchaus vereinen. Es ist wohl denkbar, daß Eusebios, der kaiserlichen Gunst vermutlich schon gewiß, das Bekenntnis zunächst zu seiner Rechtfertigung vorgetragen hat. Dann griff der Kaiser sofort zu seinen Gunsten ein, und damit war nicht nur der „Fall Eusebios" erledigt, sondern gleichzeitig wurde auch für das gewiß schon geplante synodale Bekenntnis der erste, einleitende Schritt getan. Eusebios dürfte also in keinem Punkte „gelogen" haben, auch wenn er die Peinlichkeiten seiner eigenen Rechtfertigung und Rettung absichtlich übergeht. Vermutlich wurde nach der kaiserlichen Aufforderung alsbald eine Kommission eingesetzt, die das eusebianische Bekenntnis und vielleicht noch weitere Entwürfe, die dazu eingereicht wurden, bearbeitete und miteinander in Ausgleich brachte. Daraus würde sich sowohl die ungeschickte Textgestaltung des Nicaenum erklären als „auch das Recht des Eusebios – aber auch anderer Bischöfe – im Nicaenum die Bearbeitung des eigenen" Bekenntnisses zu erkennen[7]. Diese soweit einleuchtende Hypothese Harnacks hat kürzlich David L. Holland wieder aufgenommen und durch den wichtigen und unbestreitbar richtigen Hinweis ergänzt, „daß die Kirchenmänner des vierten Jahrhunderts bei wei-

---

[6] OPITZ, Urk. 18, 14 f.

[7] So A. v. HARNACK im „Kritischen Epilog" zu HANS LIETZMANN, Symbolstudien XIII (ZNW 24, 1925), jetzt in H. LIETZMANN, Kleine Schriften III, 1062, 259 f. (HARNACK spricht hier allerdings vom „eigenen heimischen Symbol", d. h. Taufsymbol.) Ähnlich erwähnt auch J. N. D. KELLY, Altchristliche Glaubensbekenntnisse. 1972, 212, das ‚Entwurfskomitee". Ein ähnliches Verfahren hat anscheinend auch die antiochenische Synode von 325 angewandt. Die dort beschlossene πίστις wurde vorgelegt ὑπ' ἀνδρῶν πνευματικῶν καὶ οὓς αὖτις οὐ δίκαιον νομίζειν, κατὰ σάρκα ζῆν ἢ νοεῖν, ἀλλὰ ἐν πνεύματι ταῖς θεοπνεύστων βιβλίων ἁγίαις γραφαῖς συνηοκῆοθαι (bei OPITZ Urk. 18,8 nach der Rückübersetzung von ED. SCHWARTZ).

tem nicht so an den ipsissima verba der Bekenntnisformulare interessiert waren, wie man bisher angenommen hat"[8].

Ich möchte nun die Probleme des Nicaenum und des nicaenischen Konzils nicht weiter verfolgen. Ich wende mich vielmehr dem
Bekenntnis des Eusebios als solchem zu, um, alle dogmengeschichtlichen Fragen übergehend, seinen Standort und Sinn in der allgemeinen Entwicklung des Bekennens zu bestimmen. Soweit ich sehen kann, sind sich die Forscher bis heute darin einig, daß dies Bekenntnis, jedenfalls in seinem Kern, nichts anderes vorstelle als das
zur Zeit des Eusebios geltende Taufbekenntnis von Caesarea, das
sogenannte „Caesareense". Mir scheint dagegen sicher, daß Eusebios in Nicaea nicht sein „heimisches Symbol" oder „Taufbekenntnis" vorgelegt, sondern zu seiner Rechtfertigung als Theologe
auch sein persönliches theologisches Glaubensbekenntnis vorgetragen hat, natürlich im Stil und in den gewohnten Bahnen der rechtgläubigen Überlieferung.

Zur Begründung meiner These betrachte ich (a) zunächst den
fraglichen Text des eusebianischen Bekenntnisses selbst, frage dann
(b) nach der Herkunft und dem Alter der Taufbekenntnisse und
endlich (c) nach Art und Ursprung der weder amtlichen noch liturgischen Bekenntnisse einzelner Theologen. Dies geschieht notge-
drungen in äußerster Kürze, ohne Analyse der Texte und ohne Auseinandersetzung mit der Literatur. Ich muß meine Leser dafür um
Entschuldigung bitten. Vielleicht glückt es aber trotzdem, so wenigstens die entscheidenden Zusammenhänge herauszuheben und
kenntlich zu machen.

---

[8] DAVID L. HOLLAND, Die Synode von Antiochien (324/25) und ihre Bedeutung
für Eusebius von Caesarea und das Konzil von Nizäa, ZKG 81, 1970, 163–181, hier
181. Über die theologische Bedeutung dieses Vorgehens s. R. P. C. HANSON,
Dogma and Formula in the Fathers, in: Studia Patristica XIII, 2, 1975, 169–184.

II.

Hören wir als erstes Eusebios selbst. Seine dem Konzil gebotene Erklärung lautet[9]:

„Wie ich es von den Bischöfen, meinen Vorgängern, bei der ersten Unterweisung übernommen habe, und als ich die Taufe empfing, und wie ich es aus den heiligen Schriften gelernt habe und als Presbyter und in meinem Bischofsamt geglaubt und gelehrt habe, so glaube ich auch heute und lege euch meinen Glauben dar.

Es ist dieser:

Ich glaube an einen Gott, den Vater, den Allmächtigen, den Schöpfer aller sichtbaren und unsichtbaren Dinge, und an einen Herrn Jesus Christus, den Logos Gottes, Gott aus Gott, Licht aus Licht, Leben aus Leben, den eingeborenen Sohn, den Erstgebore-

---

[9] Opitz Urkunde 22,3–6: καθὼς παρελάβομεν παρὰ τῶν πρὸ ἡμῶν ἐπισκόπων καὶ ἐν τῇ πρώτῃ κατηχήσει καὶ ὅτε τὸ λουτρὸν ἐλαμβάνομεν καὶ καθὼς ἀπὸ τῶν θείων γραφῶν μεμαθήκαμεν καὶ ὡς ἐν τῷ πρεσβυτερίῳ καὶ ἐν αὐτῇ τῇ ἐπισκοπῇ ἐπιστεύομέν τε καὶ ἐδιδάσκομεν, οὕτως καὶ νῦν πιστεύοντες τὴν ἡμετέραν πίστιν ὑμῖν προσαναφέρομεν· ἔστι δὲ αὕτη·

πιστεύομεν εἰς ἕνα θεόν, πατέρα, παντοκράτορα, τὸν τῶν ἁπάντων ὁρατῶν τε καὶ ἀοράτων ποιητήν, καὶ εἰς ἕνα κύριον Ἰησοῦν Χριστὸν τὸν τοῦ θεοῦ λόγον, θεὸν ἐκ θεοῦ, φῶς ἐκ φωτός, ζωὴν ἐκ ζωῆς, υἱὸν μονογενῆ, πρωτότοκον πάσης κτίσεως, πρὸ πάντων τῶν αἰώνων ἐκ τοῦ πατρὸς γεγεννημένον, δι’ οὗ καὶ ἐγένετο τὰ πάντα· τὸν διὰ τὴν ἡμετέραν σωτηρίαν σαρκωθέντα καὶ ἐν ἀνθρώποις πολιτευσάμενον καὶ παθόντα καὶ ἀναστάντα τῇ τρίτῃ ἡμέρᾳ καὶ ἀνελθόντα πρὸς τὸν πατέρα καὶ ἥξοντα πάλιν ἐν δόξῃ κρῖναι ζῶντας καὶ νεκρούς. πιστεύομεν δὲ καὶ εἰς ἓν πνεῦμα ἅγιον. τούτων ἕκαστον εἶναι καὶ ὑπάρχειν πιστεύοντες πατέρα ἀληθῶς πατέρα καὶ υἱὸν ἀληθῶς υἱὸν καὶ πνεῦμα ἅγιον ἀληθῶς ἅγιον πνεῦμα, καθὼς ὁ κύριος ἡμῶν ἀποστέλλων εἰς τὸ κήρυγμα τοὺς ἑαυτοῦ μαθητὰς εἶπεν· πορευθέντες μαθητεύσατε πάντα τὰ ἔθνη βαπτίζοντες αὐτοὺς εἰς τὸ ὄνομα τοῦ πατρὸς καὶ τοῦ υἱοῦ καὶ τοῦ ἁγίου πνεύματος. περὶ ὧν καὶ διαβεβαιούμεθα οὕτως ἔχειν καὶ οὕτως φρονεῖν καὶ πάλαι οὕτως ἐσχηκέναι καὶ μέχρι θανάτου ὑπὲρ ταύτης ἐνίστασθαι τῆς πίστεως ἀναθεματίζοντες πᾶσαν ἄθεον αἵρεσιν. ταῦτα ἀπὸ καρδίας καὶ ψυχῆς πάντοτε πεφρονηκέναι, ἐξ οὗπερ ἴσμεν ἑαυτοὺς καὶ νῦν φρονεῖν τε καὶ λέγειν ἐξ ἀληθείας ἐπὶ τοῦ θεοῦ τοῦ παντοκράτορος καὶ τοῦ κυρίου ἡμῶν Ἰησοῦ Χριστοῦ μαρτυρόμεθα, δεικνύειν ἔχοντες δι’ ἀποδείξεων καὶ πείθειν ὑμᾶς, ὅτι καὶ τοὺς παρεληλυθότας χρόνους οὕτως ἐπιστεύομέν τε καὶ ἐκηρύσσομεν..

nen aller Kreatur, vor aller Zeit aus dem Vater erzeugt, durch den
auch alle Dinge geworden sind, der um unserer Errettung willen
Fleisch wurde und unter den Menschen wandelte, litt, am dritten
Tage auferstand, auffuhr zum Vater und wiederkommen wird in
Herrlichkeit, zu richten Lebendige und Tote. Und ich glaube auch
an einen heiligen Geist.

Ich glaube, daß jeder von diesen (Dreien sein eigenes) Sein und
(seinen) Bestand hat: der Vater wahrhaftig als Vater, der Sohn
wahrhaftig als Sohn und der heilige Geist wahrhaftig als heiliger
Geist – wie auch der Herr sagte, als er seine Jünger zur Verkündigung aussandte: Gehet hin und machte alle Völker zu Jüngern, indem ihr sie tauft auf den Namen des Vaters und des Sohnes und des
heiligen Geistes.

Auch erkläre ich hierzu, daß ich dies so halte und meine und auch
früher so gehalten habe und bis zum Tode für diesen Glauben ein-
trete und alle gottlosen Ketzereien verdamme. Ich bezeuge, daß ich
von Herzen und Gemüt allezeit so gesonnen war, seit ich mich selber kenne, und daß ich es auch jetzt so sage und meine – wahrhaftig
vor dem allmächtigen Gott und unserem Herrn Jesus Christus. Ich
kann es auch beweisen und euch davon überzeugen, daß ich auch in
vergangenen Zeiten so geglaubt und verkündigt habe".

Eine simple Gegebenheit muß zunächst festgestellt werden: Eusebios selbst spricht nicht davon, daß er mit seiner Erklärung eine
vorgegebene Bekenntnisformel aufnehme oder wiederhole. Gewiß,
er sagt, daß er ,,diesen Glauben" schon übernommen und zu allen
Zeiten gehalten habe. Aber es ist ein modernes, seltsam rationalisti-
sches Mißverständnis, unter dem ,,Glauben" nichts anderes als eine
Glaubensformel zu verstehen. Derartiges kommt in späterer Zeit
zwar nicht ganz selten vor, liegt aber Eusebios und den Theologen
des beginnenden vierten Jahrhunderts in der Regel noch fern. Für
sie alle ist der Glaube zwar eine objektive und darum auch in bestimmten traditionellen Worten und Wendungen sehr wohl formu-
lierbare Wirklichkeit, aber noch kein im Wortlaut heiliger, unver-
änderlicher Text. Hätte sich Eusebios schon auf eine in Geltung und
festem Gebrauch stehende Taufformel seiner Gemeinde berufen

können, so hätte er dies in seiner Lage doch wohl deutlicher getan. Wie mißlich diese Lage war, kommt in der auffallend breiten und immer wiederholten Unterstreichung seiner unwandelbaren Glaubenstreue, jetzt und schon früher unüberhörbar zum Ausdruck. Ähnliches findet sich bei individuellen Bekenntnissen wohl auch sonst[10], meines Wissens aber nie wieder mit solch absichtsvoller Ausführlichkeit.

Nun sieht die herrschende Meinung wohl gerade in diesen Vor- und Nachbemerkungen und besonders in der Berufung auf die Vorgänger, die denselben Glauben schon übergeben hätten, auf die erste Unterweisung und die nachfolgende Taufe den klaren Hinweis auf ein schon längst vorhandenes Taufbekenntnis. Aber, wie mir scheint, zu Unrecht. Auf seine Vorgänger und in diesem Fall sogar auf den eigenen Bischof hat sich wie viele andere z. B. auch Arius berufen zu Beginn der in Wirklichkeit höchst persönlichen Darlegung seines ,,Glaubens''[11]. Und mit der ,,ersten Unterweisung'' kann um so weniger nur der Taufunterricht gemeint sein, als Eusebios, der geborene Christ, außerdem noch sagt, er habe denselben Glauben schon als kleines Kind, ,,seit er sich selber kenne'', besessen und geglaubt. Es geht also offenbar nicht um eine Glaubensformel, wie sie in späterer Zeit vor der Taufe mündlich ,,übergeben'', auswendig gelernt und in einem feierlichen Akt ,,zurückgegeben'' und bekannt wurde, sondern einfach um den rechten christlichen Glauben, den Eusebios teilt. So hat er ihn jetzt in mehr oder weniger

---

[10] Vgl. z. B. den Eingang zum Bekenntnis des Wulfila bei A. HAHN, Bibliothek der Symbole und Glaubensregeln (Neudruck der dritten Auflage von 1897: 1962) § 198: *Ego Ulfila episcopus et confessor semper sic credidi et in hac fide sola et vera testamentum facio ad dominum meum.* Ähnlich der Schluß des Glaubensbekenntnisses von Pelagius (Hahn § 209): *haec fides est . . ., quam in ecclesia catholica didicimus quamque semper tenuimus et tenemus.* Die Beispiele lassen sich vermehren. Sie zeigen gleichzeitig, wie wenig der jeweils bekannte ,,Glaube'' mit einem bereits vorhandenen ,,Glaubensbekenntnis'' identifiziert werden darf. Vgl. hierzu auch Arius in der folgenden Anmerkung.

[11] HAHN § 186 (= OPITZ, Urk. 6): ἡ πίστις ἡμῶν ἡ ἐκ προγόνων, ἣν καὶ ἀπὸ σοῦ μεμαθήκαμεν, μακάριε πάπα, ἔστιν αὕτη.

vertrauten Wendungen als seinen und aller orthodoxen Christen
wahren Glauben zusammengefaßt und selbständig dargelegt.

Es ist zuzugeben, daß das trinitarische Herzstück des eusebianischen Bekenntnisses einen sehr geschlossenen und gewissermaßen
„formelhaften" Charakter besitzt; aber daraus folgt nicht, daß es
einem älteren liturgischen Bekenntnis entsprechen müsse. Derartiges begegnet in den „privaten Bekenntnissen" auch sonst. Das Bekenntnis des Arianers Eunomios ist dem Eusebs in dieser Hinsicht
womöglich noch überlegen[12] – und doch kann hier von einem dahinter stehenden „Taufbekenntnis" zweifellos keine Rede sein[13].
Hinzu kommt, daß dieses „bekenntnishafte" Stück bei Eusebios
sofort in eine Aussage über die Selbständigkeit der drei göttlichen
Personen übergeht, wie sie ihm in der Abwehr der modalistischen,
„sabellianischen" Lehren stets besonders am Herzen lag[14]. Hieran
schließt sich als biblische Rechtfertigung das Zitat des Taufbefehls

---

[12] Hahn § 190: Πιστεύομεν εἰς ἕνα θεόν, πατέρα παντοκράτορα, ἐξ οὗ τὰ πάντα, καὶ εἰς ἕνα μονογενῆ υἱὸν τοῦ θεοῦ, θεὸν λόγον, τὸν κύριον ἡμῶν Ἰησοῦν
Χριστόν, δι' οὗ τὰ πάντα, καὶ εἰς ἓν πνεῦμα ἅγιον, τὸν παράκλητον, ἐν ᾧ πάσης
χάριτος διανομὴ κατὰ τὴν συμμετρίαν πρὸς τὸ σύμφερον ἑκάστῳ δίδοται τῶν
ἁγίων.

[13] Wie stets vermutet Hahn allerdings auch hier ein dahinter stehendes – in diesem Fall: kappadokisches-„herkömmliches Taufsymbol"; aber er erkennt doch die
Unmöglichkeit, ein solches zu rekonstruieren: „Doch kann man aus ihm nicht irgendwie sichere Schlüsse auf den Wortlaut des letzteren machen, zumal E. ausdrücklich bemerkt, daß er die κοινὴ πίστις nur verkürzt mitteile." In Wirklichkeit ist mit
der κοινὴ πίστις der allgemeine christliche „Glaube" selbst und keine spezielle
Glaubensformel gemeint. Die einführenden Worte des Basilios zeigen m. E. klar,
daß es sich um ein selbstentworfenes Bekenntnis des Eunomius handelt, mit dem er
sich „mißbräuchlich" an die Wendungen der Väter anlehnt: c. Eunom. I 3: πίστιν
ἐκτίθεται πρῶτον ἐξ ἁπλῶν καὶ διορίστων λέξεων συγκειμένην, ᾗ ἐχρήσαντό τινες τῶν πατέρων οὐχὶ πρὸς ζητήσεις ὑποκειμένας ἀποτεινόμενοι, ἀλλ' ἁπλῶς
οὕτως ἐφ' ἑαυτῶν ἐν ἁπλότητι καρδίας διαλεγόμενοι . . . Καὶ πρῶτόν γε τὴν πίστιν, ἣ προτείνεται, καταμάθωμεν, αὐτὰς τὰς ἐκείνου φωνὰς παραθέμενοι. 383
hat Eunomius auch noch eine weitere ausführliche theologische Darlegung seines
Glaubens eingereicht.

[14] Vgl. die ähnlich lautende Erklärung derPresbyter gegen Noet bei Hahn § 4 =
H. Lietzmann, Symbole der alten Kirche (= Kleine Texte Nr. 17/18) S. 7.

Jesu. Solche Darlegungen passen schwerlich in ein „Taufbekenntnis". Man muß den eusebianischen Text also erst künstlich zerschneiden, um das vorausgesetzte „Caesareense" zu gewinnen. Ein letztes, m. E. durchschlagendes Argument ergibt sich aus der Form der brieflichen Mitteilung des Bekenntnisses. Schon dies ist einigermaßen seltsam, daß Eusebios einer Gemeinde ihr angeblich-eigenes Taufbekenntnis präsentieren soll, ohne mit einer Silbe darauf hinzuweisen, daß es ihr als solches natürlich längst bekannt sei. Aber die Art, wie er im letzten Satz des Briefes sein Bekenntnis dem Nicaenum gegenüberstellt, macht diese Auslegung, wie ich meine, überhaupt unmöglich. Eusebios schreibt hier abschließend, bei einer ruhigen Prüfung des synodalen Texts würde die Gemeinde feststellen können, daß es mit dem „von mir selbst in dem vorgelegten Glauben Bekannten" völlig übereinkommt (συντρέχειν τοῖς ὑφ' ἡμῶν αὐτῶν ἐν τῇ προεκτεθείσῃ πίστει ὡμολογημένοις)[15]. So spricht man gewiß nicht von einem in Caesarea seit Generationen gebräuchlichen Taufbekenntnis, sondern nur von einer persönlich unter eigener Verantwortung und im eigenen Namen abgegebenen Erklärung. Im Text Eusebs findet die herrschende Meinung also keine ausreichende Stütze.

III.

Trotzdem beruhte die alte Deutung durchaus nicht auf Willkür. In der großen Zeit der sozusagen klassischen Symbolforschung, bei Kattenbusch, Hort, Harnack und zuletzt noch Lietzmann galt es allgemein als erwiesen, daß spätestens seit dem zweiten Jahrhundert überall in der Kirche feste Taufbekenntnisse existierten. Sie sollten freilich nur mündlich überliefert sein; aber vermeintlich ließ sich ihr Wortlaut aus den zahlreichen Bezugnahmen, Anspielungen und Fragmenten in den Werken der theologischen Schriftsteller doch mit einiger Sicherheit rekonstruieren. Eusebios galt mit seinem angeblich schon „übernommenen" Taufbekenntnis als ein Kronzeuge

---

[15] S. o. Anm. 5.

dieser Theorie. Nun haben aber die neueren Forschungen zur „Richtschnur" diesem ganzen Gebäude das Fundament entzogen[16] und die Undurchführbarkeit seiner Aufstellungen vielfach auch im einzelnen deutlich gemacht[17]. Dort, wo man bisher ein Taufbekenntnis erschlossen hatte, steht nun die ganz anders geartete Richtschnur, die von Haus aus keine liturgische Größe ist und insbesondere mit der Taufe unmittelbar gar nichts zu tun hat. Von dieser Richtschnur, dem κανὼν τῆς ἀληθείας oder τῆς πίστεως, lateinisch der *regula veritatis* oder *fidei*, muß man heute ausgehen, will man die Wurzel aller späteren Bekenntnisse zu fassen kriegen.

„Regula" bedeutet in den Texten des zweiten und dritten Jahrhunderts nicht dasselbe wie in der späteren Zeit, nämlich kein festes „Symbol" und keine „Credo-Formel", sondern eine bestimmte sachliche Zusammenfassung der christlichen Lehrwahrheit und in diesem Sinne des „Glaubens". Die Richtschnur ist in der zweiten

---

[16] Ich muß auf eine vollständige Nennung der verzweigten Literatur verzichten. Eine vorzügliche Übersicht mit den wichtigsten Belegen bietet R. P. C. HANSON, Tradition in the Early Church, 1962, 75–129. Eine vollständige Aufarbeitung des Materials wäre immer noch lohnend. Dabei wären alle zerstreuten Hinweise auf die Richtschnur zu sammeln und auch solche Texte in den Blick zu nehmen, die das Stichwort selbst nicht bieten, sich aber inhaltlich mit einer Richtschnur berühren. Hippolyt beispielsweise kennt natürlich den Begriff der Richtschnur (elench. X 5,2; Euseb. hist. eccl. V 28, 13), bevorzugt aber andere Bezeichnungen (τὸ τῆς ἀληθείας κήρυγμα, ὅρος τῆς ἀληθείας, ἐκκλησιαστικοί ὅροι) und hat ihn, ohne den κανών als solchen zu erwähnen, in speziell auf die heidnischen Philosophen gemünzter Entfaltung am Schluß des zehnten Buches im Elenchos auch ausführlich wiedergegeben.
[17] Was soll man beispielsweise dazu sagen, wenn H. LIETZMANN, Symbolstudien V (ZNW 21, 1922, 27 f. = Kleine Schriften III, 1962, 216) als „die einfachste Lösung des Rätsels" der vermeintlich nur „nicht wörtlich genau zitierten" *regula fidei* bei Tertullian anbietet, Tertullian habe „mit Vorliebe" verschiedene(!) orientalische Symbole „benutzt", aber gelegentlich auch Wendungen des ihm bekannten römischen Bekenntnisses R „dazwischengemischt«? Auf Schwierigkeiten und Widersprüche der alten, am Wortlaut klebenden Auslegungsweise verweist auch D. LARRIMORE HOLLAND, The earliest Text of the old Roman Symbol; a debate with HANS LIETZMANN and J. N. D. KELLY, ChHi 34, 1965, 1–20.

Hälfte des zweiten Jahrhunderts, vielleicht in Kleinasien[18], entstanden und sollte die sichere Abwehr der gnostischen Irrlehren ermöglichen. Sie schützte den im Sinne dieser Zeit ursprünglichen Gehalt des katholischen Gottes- und Christusglaubens und diente gegen alle Verführungsabsichten und Verfälschungen der Ketzer als „Richtschnur" der Wahrheit. Ihr Schwerpunkt lag im „zweiten Artikel", der – wie es schon Ignatios getan hatte[19] – die wesentlichen Daten der Christus-Geschichte in antidoketischer Absicht zusammenstellt. Aber auch der kürzere „erste Artikel", das Bekenntnis zu Gott dem allmächtigen Schöpfer, ist antignostisch akzentuiert[20]. Die Erwähnung des heiligen Geistes kann folgen, aber auch fehlen, da sein Inhalt zunächst kaum umstritten ist. Die Richtschnur ist also zwei- oder dreigliedrig aufgebaut[21]. So erscheint sie – je nach Anlaß und Absicht – in kürzerer oder breiterer Gestalt[22], aber stets in polemischer Abgrenzung bei Irenäus, dann bei Tertul-

---

[18] Dies ist eine Vermutung, die ich wagen möchte. Der κανών findet sich außer beim Kleinasiaten Irenäus zuerst beim greisen Polykrates von Ephesos (Eus. hist. eccl. V 24, 6) und ist außerdem im ebenfalls kleinasiatischen III. Korintherbrief (36) erwähnt. Klemens von Alexandrien zeigt einen eigentümlichen, auf die sittliche Lebensführung bezogenen Gebrauch des Begriffs. Ein andersartiger Gebrauch ist natürlich auch sonst möglich; so sprechen die Acta Thaddaei 5 z. B. von einem κανὼν τῆς ψαλμωδίας.

[19] Hierzu mein Aufsatz „Das Bekenntnis im Urchristentum", ZNW 63, 1972, 210–253, hier 241 ff.; in diesem Band S. 256 ff.

[20] Vgl. die m. E. überzeugenden Darlegungen von D. L. HOLLAND, παντοκράτωρ in New Testament and Creed, Stud. evangelica VI, 1973, 256–266. Das verhältnismäßig späte Erscheinen des „ersten" vor dem „zweiten Artikel" bestätigt m. E. seinen antignostischen und nicht antipaganen Ursprung.

[21] Bei dem endlichen Sieg der dreigliederigen Fassung dürfte das Vorbild der trinitarischen Taufformel von Einfluß gewesen sein; vgl. u. Anm. 23. Daß die Regula Tertullians nicht drei-, sondern zweigliederig gebaut war, hat J. M. Restrepo-Jaramillo gezeigt: Tertulliano y la doble formula en el simbola apostolico, Gregorianum 10, 1934, 3–58. Aber selbst bei einem so ausgesprochen trinitarisch denkenden Theologen wie Irenaeus begegnet auch die zweigliedrige Fassung: haer. IV 35, 4.

[22] Novatians fälschlich so genanntes Werk „De trinitate" (das Wort *trinitas* begegnet nirgends darin) ist nichts als eine fortlaufende Erörterung der Richtschnur. Der ursprüngliche Titel dürfte „de regula veritatis" o. ä. gelautet haben.

lian, Origenes, Novatian und anderen Autoren des zweiten oder dritten Jahrhunderts[23]. Mit der Taufe hat die Richtschnur zunächst gar nichts zu tun; sie ist, wie der Name besagt, von Haus aus vielmehr eine dogmatische Norm zur Sicherung der christlichen Wahrheit gegen die Irrlehre. Bei dem ständigen Kampf gegen deren Verführung ist es freilich denkbar, daß die Richtschnur mit der Zeit auch im katechetischen Unterricht eine Rolle spielte[24], und schließlich galt ihr Inhalt ganz allgemein als Inbegriff des christlichen „Glaubens" schlechthin. Die Vorstellung der Richtschnur hält sich besonders im Osten[25] bis tief in das vierte Jahrhundert. Dann än-

---

[23] Bezeichnenderweise fällt der Praktiker Cyprian als Zeuge für die Richtschnur ganz aus, obgleich der Begriff in seiner Welt noch lebendig war, wie das Votum des Vincentius von Thibaris auf der Ketzertaufsynode zu Karthago (256) zeigt: sent. episc. 37: *conversi ad dominum venire voluerint, habent utique regulam veritatis, quam dominus praecepto divino mandavit apostolis dicens* . . . (Mt. 10,8, 28,19).

[24] Ich kann J. N. D. KELLY nicht folgen, wenn er in seinem monumentalen Werk „Early Christian Creeds", deutsch: Altchristliche Glaubensbekenntnisse, 1972, 55–57, die Richtschnur von Anfang an in der Taufkatechese wurzeln läßt. Alle erhaltenen Zeugnisse sprechen m. E. dagegen, Der einzige Text, der sich allenfalls für seine Auffassung anführen ließe, steht bei Iren. haer. I 9, 4 (Harvey I 2, 20): οὕτω δὲ καὶ ὁ τὸν κανόνα τῆς ἀληθείας ἀκλινῆ ἐν ἑαυτῷ κατέχων, ὃν διὰ τὸ βάπτισμα εἴληφε, τὰ μὲν ἐκ τῶν γραφῶν ὀνόματα καὶ τὰς λέξεις καὶ τὰς παραβολὰς ἐπιγνώσεται, τὴν δὲ βλάσφημον ὑπόθεσιν ταύτην οὐκ ἐπιγνώσεται. Aber es erscheint mir als eine Notauskunft, wenn KELLY S. 56 diese ausnahmsweise Verknüpfung der Richtschnur mit der Taufe nun auch noch auf die vorbereitende Taufkatechese beziehen möchte. Die Aussage dürfte ähnlich wie bei Eusebios (den KELLY im üblichen Sinne heranzieht) dogmatisch zu verstehen sein, d. h. durch die Taufe empfängt der Christ den rechten Glauben, der mit der Richtschnur umschrieben ist. Die Taufkatechese wird wie im Urchristentum vor allem auch die sittlichen Verpflichtungen umfaßt haben, von denen in der Richtschnur gerade nicht die Rede ist. Die einzige späte Ausnahme hiervon, die ich kenne, ist das bei Hahn § 15 verstümmelt, d. h. nur in seinem dogmatischen Teil, wiedergegebene Bekenntnis Aphraats; Vgl. den vollständigen Text bei C. D. MÜLLER, Die Theologie der syrischen Kirche, Kyrios N. F. 9, 1969, 83–108. 129–152, hier 90.

[25] Doch ist es nicht richtig, daß der Begriff der *regula* (im ursprünglichen Sinne) während dieser Zeit im Westen bereits spurlos verschwunden wäre; vgl. Gregor v. Elvira („Phoebadius"), De fide orthodoxa 8: *Sabellii autem et Photini nec non Arii sectam et si quae alia sunt, quae contra regulam veritatis veniunt, condemnamus, Ni-*

dert der Begriff κανών bzw. *regula* allmählich seinen Sinn, und feste Bekenntnisse treten an seine Stelle.

Es fragt sich nun, ab wann mit solchen Bekenntnissen im strenge-
ren Sinne zu rechnen ist. Synodale Glaubensbekenntnisse scheint es
vor dem Nicaenum kaum gegeben zu haben[26]. Die Sitte liturgischer
Taufbekenntnisse kann älter sein. Doch herrscht zunächst die
Übung der Tauffragen vor, die vom Täufling lediglich bejaht wurden. Deren zuerst von Tertullian bezeugte Erweiterung zugunsten
der Kirche hat mit der Richtschnur noch nichts zu tun, da die Kirche zu dieser Zeit in der Richtschnur gerade fehlt. Die einzige stärkere Berührung zwischen den Tauffragen und der Richtschnur, die
wir kennen, steht im problematischen Text der Kirchenordnung
Hippolyts[27]. Ihre breit ausgeführten Tauffragen erinnern in auffäl-
liger Weise schon an den Wortlaut des späteren ,,Romanum". Doch
kann es auch in Rom ein eigentliches, deklaratorisches Taufbekenntnis keinesfalls vor der zweiten Hälfte des dritten Jahrhunderts
gegeben haben[28]. Es ist festzuhalten, daß wir aus dem ganzen dritten Jahrhundert noch kein einziges Zeugnis für einen derartigen
Brauch besitzen[29]. Die frühesten Erwähnungen liegen durchweg

---

caenae autem synodi tractatum omni animi nisu ex tota fide servantes amplectimur.
Doch ist es wohl kein Zufall, daß dieser Beleg sich gerade in den Schriften eines ,,alt-
modischen" Luciferianers findet.

[26] Beginnend mit dem Konzil von Nizaea, sagt mit Recht KELLY, Altchristl.
Glaubensbekenntnisse, 205, ,,vollzieht sich mit der Einführung von synodalen oder
konziliaren Bekenntnissen eine große Revolution". Das enzyklische Schreiben der
Paul von Samosata verurteilenden Synode scheint nur einen Verhandlungsbericht
und eine ausführliche theologische Stellungnahme enthalten zu haben. Dagegen hat
die antiochenische Synode von Anfang 325 schon das bevorstehende ökumenische
Konzil im Blick. Ihr förmliches Glaubensbekenntnis (πίστις) erinnert im Aufbau
und mit den angehängten Anathematismen sowohl ans Nicaenum wie auch an das
Bekenntnis Eusebs, ist aber durch seine polemische Breite und die vielen Bibelzitate
als ein ,,Bekenntnis" im späteren Sinne noch nicht zu gebrauchen.

[27] Bei LIETZMANN 11.

[28] H. J. CARPENTER, Creeds and baptismal Rites in the first four centuries, JThS
44, 1943, 1–11; Kelly, Glaubensbekenntnisse, 53–55; ähnlich D. L. HOLLAND, The
earliest text of the Old Roman symbol 14.

[29] Gegen die vermeintliche Erwähnung eines deklaratorischen Taufbekenntnisses

erheblich später. Im Westen kann vielleicht der im Jahre 340 ge-
schriebene Brief Markells von Ankyra an Julius von Rom in diesem
Sinne verstanden werden[30]; denn er ist in Rom geschrieben, und das
Bekenntnis, das Markell darin zum Erweis seiner Rechtgläubigkeit
ablegt, stimmt fast wörtlich mit dem ,,Romanum" überein, wie es
seit dem Ende des vierten Jahrhunderts überliefert wird[31]. Im
Osten bieten die im Jahr 348 oder 350 gehaltenen Katechesen Kyrills von Jerusalem das erste Beispiel eines förmlichen liturgischen
Taufbekenntnisses[32]. Das Nicaenum war noch nicht als Taufbekenntnis gedacht und ist es (in seiner ursprünglichen Gestalt) auch
niemals geworden. Natürlich kann der Brauch solcher Bekenntnisse trotzdem erheblich älter sein, und den liturgiewissenschaftli-
chen Forschern gilt dies schon im Blick auf das vermeintliche
,,Caesareense" als selbstverständlich. Ich möchte mich auf diesem
schwierigen Spezialgebiet in keinen Streit einlassen, wage es aber
doch, einen leisen Zweifel anzumelden. Ich möchte meinen, daß gerade die Zeit der werdenden Reichskirche für die Entstehung oder
doch die weitere Verbreitung der neuen Sitte besonders geeignet
war. Die veränderte Lage der Kirche begünstigte eine schnelle und
immer prächtigere Ausgestaltung der öffentlichen Gottesdienste
und ihrer Zeremonien. Andererseits konnte es bei dem breiten Zu-
strom heidnischer Massen in den gleichzeitig ausbrechenden dogmatischen Kämpfen durchaus ratsam erscheinen, hinfort jedem
neuen Täufling ein bestimmtes, dogmatisch einwandfreies Be-

---

bei Dionys von Alexandria s. meinen Aufsatz ,,Das Bekenntnis im Urchristentum",
230 Anm. 122; in diesem Band S. 242 f.

[30] Bei HAHN § 17; vgl. LIETZMANN S. 10.

[31] Das formelle deklaratorische Taufbekenntnis wird als solches von Augustin,
conf. VIII 3, 2, schon für die etwa 355 erfolgte Taufe des Marius Victorinus erwähnt:
denique ut ventum est ad horam profitendae fidei, quae verbis certis conceptis reten-
tisque memoriter de loco eminentiore in conspectu populi fidelis Romae reddi solet ab
eis, qui accessuri sunt ad gratiam tuam . . .

[32] Cat. VI, in der Ausgabe der ,,Mystagogischen Katechesen" von Ag. Piédagnel,
(SC 126) Catech. I 9–11; zur Verfasserfrage ebd. 18 ff.

kenntnis mitzugeben und zum Schutz vor Verführungen wortwört-
lich einzuprägen[33].

Aber wie dem auch sei – das Vorhandensein eines Taufbekenntnisses von Caesarea schon in vorkonstantinischer Zeit ist jedenfalls
unbeweisbar, und angesichts der Tatsache, daß es von Eusebios weder in seiner nicaenischen Erklärung noch jemals sonst herangezogen oder erwähnt wird, ist eine solche Annahme in höchstem Maße
unwahrscheinlich.

IV.

Man kommt also nicht umhin, das Bekenntnis Eusebs unter die
von Hahn so genannten ,,privaten Bekenntnisse" einzuordnen.
Wie ist es zu dieser Art von Bekenntnissen gekommen? Man könnte
geneigt sein, sie unmittelbar an die Richtschnur anzuschließen, mit
der sie wie alle späteren Bekenntnisse den allgemeinen Umriß ge-
mein haben. Besonders das römische Taufbekenntnis wirkt wie eine
nur in feste Form gebrachte, gleichsam geronnene und festgeprägte
Form der Richtschnur. Aber es ist doch auffallend, daß die Theologen, von denen eigene Glaubenserklärungen überliefert sind, sich
kaum je auf die Richtschnur, sondern meist nur auf die Bibel berufen und ihr Bekenntnis im übrigen durchaus in eigener Vollmacht
aufstellen. Das ist etwas Neues. Die alte Richtschnur hatte zur Abwehr der gnostischen Ketzerei gedient. Sie ließ sich allenfalls auch
gegen modalistische Lehren ins Feld führen. Aber in den feineren
christologischen Streitfragen der Folgezeit, die nicht mehr historisch, sondern im wesentlichen nur noch metaphysisch-spekulativ
zu fassen waren, konnte sie kaum eine Hilfe bringen. So tritt sie zu-

---

[33] Vgl. die dringenden Warnungen, mit denen Kyrill seinen Täuflingen den wörtlich zu bewahrenden Text seines Taufbekenntnisses empfiehlt, cat. V 12: πίστιν δὲ
ἐν μαθήσει καὶ ἐπαγγελίᾳ κτῆσαι καὶ τήρησον μόνην τὴν ὑπὸ τῆς ἐκκλησίας νυνί
σοι παραδεδομένην· ἐπειδὴ γὰρ οὐ πάντες δύνανται τὰς γραφὰς ἀναγινώσκειν,
ἀλλὰ τοὺς μὲν ἰδιωτεία, τοὺς δὲ ἀσχολία τις ἐμποδίζει πρὸς τὴν γνῶσιν. ὑπὲρ
τοῦ, ἵνα μὴ τὴν ψυχὴν ἐξ ἀμαθείας ἀπολέσαι, ὀλίγοις τοῖς στίχοις τὸ πᾶν δόγμα
τῆς πίστεως περιλαμβάνομεν κτλ . . .

rück, und neue persönliche und synodale Formen des Bekennens treten hervor. Die neue Epoche beginnt mit Origenes und dem großen theologischen Aufschwung, der im gesamten Osten auf ihn folgte[34]. Es kommt jetzt allenthalben zu wissenschaftlich-theologischen Diskussionen und schulmäßigen Disputationen, aber auch zu gegenseitigen Lehrverdächtigungen und Anklagen. Mit einem neuen Selbstbewußtsein meldet sich der einzelne gebildete Theologe zu Wort, und das führt auch zu bestimmten, persönlichen Glaubenserklärungen, die sich zwar nach Möglichkeit auf die Schrift, unter Umständen auch auf die alte Überlieferung und Lehre berufen, aber doch im eigenen Namen abgegeben werden. Und wenn auch der gewohnte Bekenntnisstil und -aufbau beibehalten wird, so treten jetzt gerade im wichtigsten, christologischen Teil die historischen Elemente in auffallender Weise zurück, um rein metaphysischen Bestimmungen Platz zu machen.

Wenn man will, mag man als erstes Beispiel des neuen individuellen Bekennens schon auf die förmliche Glaubenserklärung verweisen, mit der Herakleides den öffentlichen Disput mit Origenes thesenartig eröffnet[35]. Er bezieht sich nachdrücklich auf die heilige Schrift, und der Anklang an den ,,zweiten Artikel" der Richtschnur ist nicht zu überhören, wird jedoch nicht als solcher hervorgehoben. Indessen bleibt dies Bekenntnis doch fragmentarisch, insofern es nur die christologische Frage, um die die Auseinandersetzung geht, zum Thema macht[36]. Das erste vollständige Glaubensbe-

---

[34] Im Abendland beginnt diese Entwicklung anscheinend erst mit dem Übergreifen des arianischen Streits.

[35] Dial. c. Heracl. 1: καὶ ἐγὼ πιστεύω ἅπερ αἱ θεῖαι γραφαὶ λέγουσι . . . (Joh. 1,1–3). ἆρα οὖν τῇ πίστει συμφερόμεθα καὶ κατὰ τοῦτο καὶ πιστεύομεν, ὅτι εἴληφε σάρκα ὁ Χριστός, ὅτι ἐγεννήθη, ὅτι ἀνῆλθεν εἰς τοὺς οὐρανοὺς ἐν τῇ σαρκί, ᾗ ἀνέστη, ὅτι κάθηται ἐν δεξιᾷ τοῦ πατρὸς μέλλων ἐκεῖθεν ἔρχεσθαι καὶ κρίνειν ζῶντας καὶ νεκρούς, θεὸς καὶ ἄνθρωπος.

[36] Man sollte solche thesenartige Glaubensbekenntnisse zur Einleitung einerDisputation öfter erwarten; aber sie sind aus der frühen Zeit offenbar kaum überliefert. B. R. Voss, Der Dialog in der frühchristlichen Literatur, 1970, 155 Anm. 32, kann neben dem ,,Bekenntnis" des Herakleides nur auf ein im Sinne der Tradition völlig korrektes Bespiel aus dem 6. (?) Jh. verweisen: Vita Porphyrii 88.

kenntnis, das unter dem Namen eines einzelnen erhalten blieb, ist das trinitarische Glaubensbekenntnis des Origenesschülers Gregorios Thaumaturgos[37]. Es ist ein hochtheologisches Bekenntnis, dessen konkreten Anlaß wir nicht mehr kennen. Gregor von Nyssa, der es überliefert hat, meint, nach diesem offenbarten Bekenntnis habe der Apostel Kappadokiens gepredigt und es seinen Gemeinden als Taufbekenntnis hinterlassen[38]. Allein das ist nach seinem äußerst abstrakten und spekulativen Charakter wenig wahrscheinlich[39]. Gregor von Nyssa urteilt hier nach den liturgischen Voraussetzungen seiner Zeit, und die Nachricht verdient ebensowenig Glauben wie die legendarische Herleitung dieses geheiligten Textes von einer Erscheinung der Jungfrau Maria und des Apostels Johannes[40]. – Endlich hören wir von einem Glaubensbekenntnis des berühmten Presbyters und Lehrers Lukian von Antiochien. Lukian lebte jahrelang außerhalb der antiochenischen Kirchengemeinschaft, und erst sein Märtyrertod brachte ihn in den Ruf der Heiligkeit. Es liegt nahe, sein Bekenntnis mit den voraufgegangenen Anfechtungen seiner Rechtgläubigkeit in Zusammenhang zu bringen. Doch haben wir dieses Bekenntnis selbst nicht mehr. Die Teilnehmer der Kirchweihsynode von Antiochien (341) behaupten zwar, mit ihrer sogenannten zweiten Glaubensformel das Bekenntnis Lu-

---

[37] HAHN § 185. Zweifel an der Echtheit des Symbols oder an Teilen desselben sind nicht ausreichend begründet: L. FROIDEVOIX, Le symbole de Saint Grégoire le Thaumaturge, RechSR 19, 1929, 193–247; anders jetzt L. ABRAMOWSKI, ZKG 86, 1975, 358 Anm. 7.

[38] Greg. Nyss., Vita S. Gregorii Thaumat., Migne 46, Sp. 912: τὸν δὲ παραχρῆμα τὴν θείαν ἐκείνην μυσταγωγίαν γράμμασι ἐνσημήνασθαι καὶ κατ' ἐκείνην μετὰ ταῦτα κηρύσσειν ἐν τῇ ἐκκλησίᾳ τὸν λόγον καὶ τοῖς ἐφεξῆς ὥσπερ τινὰ κλῆρον τὴν θεόσδοτον ἐκείνην διδασκαλίαν καταλιπεῖν· δι' ἧς μυσταγωγεῖται μέχρι τοῦ νῦν ὁ ἐκείνης λαός, πάσης αἱρετικῆς κακίας διαμείνας ἀπείρατος.

[39] Vgl. FROIDEVOIX, aaO., 198 Anm. 14: Le caractère savant du Symbole de saint Grégoire permet de demander s-il a enseigné tel quel aux fidèles.

[40] HARNACK, Dogmengeschichte I, [4]1909. 794 Anm., nimmt diese Legende vielmehr als Zeugnis dafür, ,,daß die Einführung dieses Glaubensbekenntnisses in die Gemeinden nur unter Aufbietung besonderer Mittel möglich gewesen ist'' (da ,,der abstrakte, unbliblische Charakter'' dem offenbar entgegenstand).

kians aufgenommen zu haben[41]; doch ob sie damit recht hatten, erschien schon im Altertum zweifelhaft[42]. Aber daß es irgendein Bekenntnis Lukians gegeben habe, braucht man darum wohl nicht zu bezweifeln[43]. Wahrscheinlich sind in der zweiten Hälfte des dritten Jahrhunderts noch mehr solcher theologischer Individualbekenntnisse entstanden. Bei der schlechten Quellenlage gerade für diesen Zeitraum ist es jedoch kein Wunder, daß sie uns nicht erhalten sind. Mit dem Ausbruch des arianischen Streites wird das anders. Die Sitte, einen theologischen Standpunkt mit einer Glaubenserklärung zu präzisieren, erscheint bereits eingeführt und einigermaßen geläufig. Das erste Beispiel aus dem vierten Jahrhundert ist ein Bekenntnis, das Arius seinem Bischof zum Erweis der Rechtgläubigkeit vorgelegt hat[44]. Es wirkt mehr wie eine diskutierende Beurteilung des Verhältnisses Christi zum Vater denn als stilgerechtes Glaubensbekenntnis. Aber Arius selbst nennt das Dokument seine πίστις, die er schon übernommen und von Bischof Alexander selber gehört und gelernt habe[45]. Dagegen hat das sogenannte „zweite" Bekenntnis, das Arius Kaiser Konstantin vorlegte, um seine Wiederaufnahme und Rückkehr zu erwirken, durchaus die gewohnte Form einer trinitarischen „Richtschnur", beruft sich aber nicht auf sie, sondern auf die Evangelien und insbesondere – wie Eusebios – auf den Taufbefehl[46]. Bischof Alexander von Alexandrien hatte seinerseits den „rechten Glauben" schon 324 gegen Arius formuliert, erläutert und in einem Rundschreiben allen orthodoxen Bischöfen zur Unterschrift vorgelegt[47]. In Nicaea selbst soll nach der Erinne

---

[41] HAHN § 154.

[42] Sozomenos, hist. eccl. III 5,9: ἔλεγον δὲ ταύτην τὴν πίστιν ὁλόγραφον εὑρηκέναι Λουκιανοῦ τοῦ ἐν Νικομηδείᾳ μαρτυρήσαντος . . . πότερον δὲ ἀληθῶς ταῦτα ἔφασαν ἢ τὴν ἰδίαν γραφὴν σεμνοποιοῦντες τῷ ἀξιώματι τοῦ μάρτυρος, λέγειν οὐκ ἔχω.

[43] M. SIMONETTI, La crisi Ariana nel secolo IV., 1975, 158 f., entscheidet sich für die lukianische Herkunft der antiochenischen Formel.

[44] HAHN § 186 = OPITZ, Urk. 6.

[45] S. o. Anm. 11.   [46] HAHN § 187.

[47] Das Rundschreiben ist nur fragmentarisch in syrischer Sprache überliefert: OPITZ, Urk. 15.

rung des „großen" Eustathios von Antiochien auch Eusebios – hier gewiß der von Nikomedien – ein Bekenntnis zum Schutze der Arianer eingereicht haben, das aber sofort abgewiesen wurde[48]. Sozomenos verzeichnet das Bekenntnis eines frommen Greises, der mit seiner Erklärung, gleichfalls in Nicaea, einen heidnischen Philosophen bekehrt haben soll[49]. Sie ist nichts anderes als eine einfache Fassung der zweigliedrigen Richtschnur.

In der Folgezeit sind uns eine Fülle solcher „privater" Bekenntnisse überliefert. Von Markell existieren außer seinem „römischen" Bekenntnis mehrere Fassungen seines Glaubens, die sich z. T. gleichfalls an der Richtschnur orientieren[50]. Strenge, in ihrer Rechtgläubigkeit angefochtene Nicaener wie Apollinaris von Laodikeia oder Lucifer von Calaris (bzw. die Luciferianer), auch Männer wie Wulfila oder extreme Arianer wie Eudoxios von Konstantinopel oder Eunomios von Kyzikos, aber ebenso ihre Gegner, der große Basilios[51] und Gregor von Nyssa, bieten ihre Bekenntnisse an. Die einzige Ausnahme bildet Athanasios. Ihm sind zwar viele Bekenntnisse nachträglich beigelegt worden; aber er selbst hat seit

---

[48] Theodoret, hist. eccl. I 8,1 f.: ὡς δὲ ἐζητεῖτο τῆς ὁ τρόπος ἐναργὴς μὲν ἔλεγχος τὸ γράμμα τῆς Εὐσεβίου προῦβάλλετο βλασφημίας. ἐπὶ πάντων δὲ ἀναγνωσθὲν αὐτίκα συμφορὰν μὲν ἀστάθμητον τῆς ἐκτροπῆς ἕνεκα τοῖς αὐτηκόοις προῦξένει, αἰσχύνην δ᾽ ἀνήκεστον τῷ γράψαντι παρεῖχεν.

[49] Sozomenos, hist. eccl. I 18,3: εἷς ἐστι θεός, οὐρανοῦ καὶ γῆς καὶ πάντων τῶν ὁρωμένων καὶ ἀοράτων δημιουργός, ὁ πάντα ταῦτα τῇ δυνάμει τοῦ λόγου αὐτοῦ ποιήσας καὶ τῇ ἁγιωσύνῃ τοῦ πνεύματος αὐτοῦ στηρίξας. οὗτος οὖν ὁ λόγος . . ., ὃν ἡμεῖς υἱὸν θεοῦ προσαγορεύομεν, τοὺς ἀνθρώπους πλάνης καὶ τῆς θηριώδους πολιτείας εἵλετο ἐκ γυναικὸς τεχθῆναι καὶ τοῖς ἀνθρώποις συνομιλῆσαι καὶ ἀποθανεῖν ὑπὲρ αὐτῶν: ἥξει δὲ πάλιν κριτὴς τῶν ἑκάστῳ βεβιωμένων.

[50] Vgl. M. TETZ, Markellianer und Athanasios von Alexandrien, ZNW 64, 1973, 75–121, hier 114.

[51] Es ist hinsichtlich des Basilios, der in seinem „Sermo de fide" ein Bekenntnis einfügt, nur die übliche Verwechselung von „Glauben" und Glaubensbekenntnis, wenn HAHN § 196 aus der Schlußwendung, mit der Basilios auf den Taufbefehl rekurriert (οὕτως φρονοῦμεν καὶ οὕτως βαπτίζομεν εἰς τριάδα ὁμοούσιον κατὰ τὴν ἐντολὴν αὐτοῦ κυρίου Ἰησοῦ Χριστοῦ κτλ.) S. 69 Anm. 143 folgert, Basilios habe „nach seiner eigenen Angabe am Schlusse der Formel" sein Glaubensbekenntnis „als Taufsymbol benutzt".

der Mitte des vierten Jahrhunderts unerschütterlich auf dem Standpunkt beharrt, daß einzig das alte Nicaenum als Norm der Rechtgläubigkeit zu gelten habe[52]. Die große Zahl der synodalen Bekenntnisse, deren Flexibilität außer Athanasios niemandem anstößig war, gehört ihrem theologischen Charakter nach ebenfalls in diese Reihe. Doch kommt die Sitte individueller Glaubenserklärungen mit der endgültigen Stabilisierung des „einen" nicaenischen (d. h. nicaeno-konstantinopolitanischen) Bekenntnisses keineswegs zum Stillstand; sie setzt sich ungebrochen weiter fort[53]. Noch im frühen Mittelalter ist es eine feste Regel, daß jeder neugewählte Patriarch von Rom oder Konstantinopel seine Rechtgläubigkeit durch ein eigenes Glaubensbekenntnis dokumentiert[54]. Man sieht, daß trotz aller unvermeidlichen Normierung und Stabilisierung des Bekenntnisstandes durch die Kirche und vor allem durch den ihre Ruhe und Ordnung garantierenden Staat die Freude und die Notwendigkeit der theologischen Arbeit und Auseinandersetzung entspricht, in der alten Kirche bis zuletzt nicht erstorben sind.

Daß auch das Bekenntnis des Eusebios von Caesarea in diese Reihe und Entwicklung hineingehört, sollte, meine ich, nicht länger geleugnet werden. Das allein entspricht seiner eigenen Aussage und den Übungen seiner Zeit. Ob und wieweit es damals schon feste deklaratorische Taufbekenntnisse gegeben hat, kann offen bleiben;

---

[52] Vgl. M. Tetz, Über nikäische Othodoxie, ZNW 66, 1975, 194–222, hier 202 ff. Mit diesem Beharren auf dem Text des Nicaenum dürfte Athanasios nicht an letzter Stelle die spätere Entwicklung bestimmt haben: das leidenschaftliche Festhalten der Griechen am einen Bekenntnis in Chalkedon und vielleicht auch die Gleichsetzung des sog. Nicaeno-Constantinopolitanum mit dem Altnicaenum; vgl. G. L. Dosset-ti, Il Simbolo di Nicaea e di Constantinopoli, 1967, 283 f.

[53] Es genügt ein Blick in die keineswegs vollständige und z. T. veraltete Sammlung der „5. Abteilung" Hahns. Eine vollständigere Sammlung wäre allerdings für das vierte und beginnende fünfte Jahrhundert sinnvoll; die späteren Bekenntnisse dieser Art interessieren kaum mehr als solche, sondern nur hinsichtlich des Autors und der jeweils berührten dogmengeschichtlichen Probleme.

[54] Hierauf verweist mich freundlicherweise Peter Classen mit zahlreichen Belegen aus dem Liber Diurnus (dazu die Prolegomena II von Th. v. Sickel). Vgl. auch H.-G. Beck, Kirche und theol. Literatur im Byzantinischen Reich (1958) 62.

aber daß Eusebios ein Taufbekenntnis von Caesarea, das ,,Caesareense", als Vorlage seiner theologischen Erklärung benutzt habe, ist jedenfalls eine völlig in der Luft hängende Annahme, die sich nicht begründen oder auch nur wahrscheinlich machen läßt. – Es ist mir natürlich ärgerlich, diesen kleinen Aufsatz so ungeschützt gegenüber allen möglichen Zweifeln und Einreden drucken zu lassen. Es war meine Absicht, die schon veröffentlichte Untersuchung des ,,Bekenntnisses im Urchristentum"[55] über die Entwicklung der Richtschnur und die individuellen und synodalen Theologenbekenntnisse bis zum Ausgang des Altertums fortzuführen. Mein Augenleiden zwingt mich, die Arbeit abzubrechen und meine Material- und Exzerptensammlung ungenutzt liegen zu lassen. Doch kommt dem Bekenntnis Eusebs für das Verständnis der Bekenntnisentwicklung, wie mir scheint, eine Art Schlüsselstellung zu. Ist meine Deutung dieses Textes richtig, so kann sie künftigen Forschern auf diesem Felde vielleicht weiterhelfen.

---

[55] S. o. Anm. 19.

Ostertermin oder Osterfasten?
Zum Verständnis des Irenäusbriefs an Viktor
(Euseb. Hist. Eccl. 5,24,12–17)

Unsere Darstellungen des altkirchlichen Osterstreits beginnen in der Regel mit einem Rückblick. Es ging in diesem Osterstreit bekanntlich um die zwiespältige Bestimmung des Ostertermins. Schon mehr als ein Menschenalter zuvor[1], hören wir, sei dasselbe Problem zwischen den Bischöfen Polykarp von Smyrna und Aniket von Rom erfolglos verhandelt worden, auch wenn es damals noch nicht zum förmlichen Bruche kam. Die einzige Nachricht, die wir über dies Ereignis haben, ist ein Rückblick im sogenannten Friedensbrief, den Irenäus während des Osterstreits an Viktor von Rom richtete. Eusebios hat ihn für seine Kirchengeschichte aufgehoben; nur dadurch ist er uns erhalten geblieben. Im einzelnen gehen die Auslegungen des berühmten Textes und die Folgerungen, die aus

Aus: Vigiliae Christianae 28 (1974) 114–138

[1] Früher meinte man das Datum des Rombesuchs durch das vermeintlich feststehende Todesdatum Polykarps (155/156) auf die Jahre 154/55 ziemlich genau festlegen zu können. Seit H. GRÉGOIRE, La véritable date du martyre de S. Polycarpe (23. février 177), Anal. Boll. 69 (1951) 1–38, diese Voraussetzung erschüttert hat, ist das Besuchsdatum nur noch durch die Amtsdauer Anikets (154/55–166) einigermaßen begrenzt; vgl. darüber H. v. CAMPENHAUSEN, Bearbeitungen und Interpolationen des Polykarpmartyriums, in: Aus der Frühzeit des Christentums (1963, S. 253–301) 253 f.; W. C. FREND, A note on the Chronology of the Martyrdom of Polycarp etc., in: Studi palaeocristiani II (Catania 1964) 499–506; J. COLIN, Les jours de supplices des martyrs chrétiens etc., in: Mélanges A. Piganiol III (1966, S. 1965–1980) 1567 ff. „Die Vermutung, daß der Besuch Polykarps gerade in die Passazeit fiel", ist, wie LOHSE (s. Anm. 3) 123 Anm. 1 mit Recht bemerkt, „ohne Quellengrundlage".

ihm gezogen werden, noch immer weit auseinander. Aber in der Hauptsache und im Ausgangspunkt, nämlich über den Gegenstand des damaligen Gesprächs, scheinen sich die Gelehrten von jeher einig zu sein – insoweit steht die Deutung für alle fest. Und doch hat schon im vorigen Jahrhundert Theodor Zahn dagegen Stellung genommen und die Unhaltbarkeit dieser Voraussetzung, wie ich glaube, unwiderleglich nachgewiesen: Die Auseinandersetzung zwischen Polykarp und Aniket betraf in Wahrheit nicht den Ostertermin, sondern nur die dem Fest vorausgehenden Osterfasten. Zahn konnte sich jedoch nicht durchsetzen. Seine Abhandlung über „das Schreiben des Irenäus an Viktor"[2] wurde gleich nach ihrem Erscheinen (1891) in einer kurzen Anzeige Jülichers scharf zurückgewiesen. Es folgte zur Verteidigung der traditionellen Auffassung ein eingehender Aufsatz Bihlmeyers, während Hugo Koch einen neuen Weg einschlug, der Zahn zwar mehr gerecht wurde, aber ihn ebenfalls zu widerlegen schien. Schließlich hat ihn Holl. im Anschluß an Koch mit wenigen, vermeintlich durchschlagenden Argumenten scheinbar endgültig ad absurdum geführt[3]. Außer bei

---

[2] Forsch. z. Geschichte des neutest. Kanons u. der altkirchl. Lit. IV (1891) 283–308.

[3] Ich nenne zur Vereinfachung der Verweise hier gleich die wichtigste einschlägige Literatur im Zusammenhang:

Ad. Jülicher, Anzeige der „Forschungen" IV (o. Anm. 2) in der Theol. Lit. Zeitung 17 (1892) 158–161.

K. Bihlmeyer, Der Besuch Polykarps bei Aniket und der Osterfeierstreit, Der Katholik 82 (1902) 314–327.

H. Koch, Pascha in der ältesten Kirche, Zeitschr. f. wissensch. Theol. N. F. 20 (1914) 289–313.

K. Holl, Die Schriften des Epiphanius gegen die Bilderverehrung (1916), Ges. Aufs. z. Kirchengesch. II (1928, S. 351–387) 374 Anm. 3. (= I).

C. Schmidt, Gespräche Jesu mit seinen Jüngern (1919) 587–589.

K. Holl, Ein Bruchstück aus einem bisher unbekannten Brief des Epiphanius (1927), Ges. Aufs. z. Kirchengesch. II (1928, S. 204–224) 214–219. (= II).

O. Casel, Art und Sinn der ältesten christlichen Osterfeier, Jahrb. f. Liturgiewiss. 14 (1938) 1–78.

B. Lohse, Das Passafest der Quartadecimaner (1953).

P. Nautin, Lettres et écrivains chrétiens des IIᵉ et IIIᵉ siècles (Paris 1961).

Achelis[4], der sich in die Diskussion nicht weiter einschaltete, ist Zahn, wie es scheint, überall nur auf Ablehnung gestoßen, und sein Fall gilt heute somit als erledigt. Es gibt eben auch in der Wissenschaft sozusagen kanonische Wahrheiten, die sich anscheinend nicht erschüttern lassen: wer gegen sie angehen will, der zerschellt. Ich möchte es trotzdem wagen, Zahns Position auf meine Weise zu erneuern. Es ist mir klar, daß das Patronat seines großen Namens meinem Vorhaben wenig förderlich sein wird. Zahns Abhandlung ist in seinem gewohnten abschreckend breiten und selbstsicheren Stile abgefaßt und möchte, wie so oft, mehr beweisen, als sich vernünftigerweise beweisen läßt. Man liest sie ohne Vergnügen und liest sie heute, fürchte ich, meist überhaupt nicht mehr. Aber das, was gegen seine These geltend gemacht wurde, ist schlechterdings nicht ausreichend, um sie zu stürzen[5], und mich hat sie überzeugt – genauer: sie diente mir zur willkommenen Bestätigung meiner eigenen langsam gewonnenen Überzeugung. Ich möchte im folgenden nun so vorgehen, daß ich zunächst den Irenäustext in der m. E. richtigen Deutung vorführe, dann auf die Schwierigkeiten und Unhaltbarkeiten der älteren Auslegungen eingehe und zuletzt die Brüchigkeit der von Koch und besonders Holl gegen Zahn aufgebotenen Argumente deutlich mache. Im übrigen werde ich mich kurz

---

CHRISTINE MOHRMANN, Le Conflit Pascal au IIe siècle. Note philologique, Vig. Christ. 16 (1962) 154–171.

M. RICHARD, La Lettre de Saint Irénée au Pape Victor, Zeitschr. f. neutest. Wiss. 56 (1965) 260–282.

WOLFG. HUBER, Passa und Ostern. Untersuchungen zur Osterfeier der alten Kirche (1969).

N. BROX, Tendenzen und Parteilichkeiten im Osterfeststreit des zweiten Jahrhunderts, Zeitschr. f. Kirchengesch. 83 (1972) 291–324.

[4] HANS ACHELIS, Art. „Fasten in der Kirche", Realencyklop. f. prot. Theol. und Kirche V (1898, S. 770–780) 773; Das Christentum in den ersten drei Jahrhunderten II (1912) 83.

[5] ZAHNS Bemerkungen im VI. Teil der Forschungen (1900) 106 Anm. 1, „Beachtenswerte Gegengründe" gegen die von ihm vorgetragene Ansicht seien ihm nicht zu Gesicht gekommen, gilt im wesentlichen auch noch heute.

fassen und alle Nebenfragen beiseite lassen, die an unseren Text gestellt oder gehängt werden können.

I

Vergegenwärtigen wir uns zunächst in groben Zügen die Situation, in der Irenäus zur Feder griff, um an Bischof Viktor zu schreiben[6]. Die Voraussetzung des damals entbrannten Osterstreits beruhte, wie gesagt, auf der Verschiedenheit zweier Weisen, den Tag des Osterfestes zu bestimmen und zu feiern. Beide gingen vom jüdischen Kalender und dem Passadatum des 14ten Nisan aus. Aber während die vorherrschende Übung das Fest grundsätzlich auf den darauf folgenden Sonntag verschob, hielt sich die andere strikt an das Datum und feierte Ostern ohne Rücksicht auf den Wochentag regelmäßig am 14. des Monats Nisan. Diese aller Wahrscheinlichkeit nach ältere Berechnung hatte sich in weiten Teilen Kleinasiens noch immer gehalten. Hier war es daher zwischen den Anhängern beider Methoden, etwa Ende der sechziger Jahre, erstmals zu gewissen Reibungen gekommen, die dann verschiedene theologische Größen zu eigenen Veröffentlichungen „über das Passa" veranlaßten. Der eigentliche Osterstreit begann jedoch erst später und ging nach dem Amtsantritt des Bischofs Viktor (189?) nicht von Kleinasien, sondern von Rom aus. Es scheint, daß Viktor zunächst nur gegen die kleinasiatische Kolonie innerhalb Roms vorgehen wollte, die an ihrem heimischen Osterbrauch mit störender Hartnäckigkeit festhielt. Dabei wurde sie, wie sich denken läßt, von ihren Heimatprovinzen unterstützt. So wurde Viktor bewogen, aufs Ganze zu gehen und eine gesamtkirchliche Entscheidung herbeizuführen. Auf sein Betreiben traten in verschiedenen Kirchenprovinzen bischöfliche Synoden zusammen, die in der Sache Stellung nahmen. Mit Ausnahme der Asia sprachen sich alle dafür aus, daß man das Fest, wie Eusebios sagt, „an keinem anderen Tage als einem Sonn-

---

[6] Ich verzichte in dieser kurzen Übersicht darauf, die z. T. nicht ganz einheitlich beruteilten Einzelheiten im Ablauf der Osterstreitigkeiten zu diskutieren.

tag feiern" und „nur an diesem Tage den Bruch des vorösterlichen Fastens begehen" dürfe[7]. Aber Bischof Polykrates von Ephesos protestierte dagegen im Namen der kleinasiatischen „Quartadezimaner"[8]. Er wandte sich heftig gegen den Beschluß und das anmaßende Auftreten des Römers, der die Asianer sogar mit einer Aufhebung der kirchlichen Gemeinschaft bedroht hatte[9]. Zu diesem Zeitpunkt schaltete sich nun Irenäus in den Konflikt ein. Selbst ein geborener Asianer, der sich in Vienne und Lyon jedoch der in Gallien üblichen Sonntagsfeier angeschlossen hatte, konnte er das schroffe Vorgehen gegen die Quartadezimaner nicht gutheißen. Er versandte in diesem Sinne eine Reihe von Briefen, die den Frieden retten sollten[10], und wandte sich so auch an Viktor von Rom, um ihn vom Äußersten zurückzuhalten[11]. Seine anerkannte

---

[7] Eus H. E. 5,23,2: ... πάντες τε μιᾷ γνώμῃ δι' ἐπιστολῶν ἐκκλησιαστικὸν δόγμα τοῖς πανταχόσε διετυποῦντο ὡς ἂν μηδ' ἐν ἄλλῃ ποτὲ τῆς κυριακῆς ἡμέρᾳ τὸ τῆς ἐκ νεκρῶν ἀναστάσεως ἐπιτελοῖτο τοῦ κυρίου μυστήριον, καὶ ὅπως ἐν ταύτῃ μόνῃ τῶν κατὰ τὸ πάσχα νηστειῶν φυλαττοίμεθα τὰς ἐπιλύσεις. Es fällt auf, daß Eusebios anschließend nur Schreiben aus den östlichen Provinzen ausdrücklich nennt: Caesarea, Jerusalem, Pontos, Osrhoene, Korinth. War das, wie NAUTIN S. 87 ff. vermutet, allein durch die verfügbaren Quellen bedingt, oder war der Westen zunächst ganz aus dem Spiel geblieben? Irenäus griff erst später (u. Anm. 11) und wahrscheinlich von sich aus in die Diskussion ein, möglicherweise auch durch die Gesandten von Polykrates hierzu veranlaßt; so NAUTIN S. 76.

[8] Eus. *H. E.* 5,24,2–7. Wahrscheinlich war dies schon die Reaktion auf das erste Schreiben Viktors, nicht auf einen erst später vollzogenen oder angedrohten Abbruch der Gemeinschaft.

[9] Eus. H.E. 5,24,9: ἐπὶ τούτοις ὁ μὲν τῆς Ῥωμαίων προεστὼς Βίκτωρ ἀθρόως τῆς Ἀσίας πάσης ἅμα ταῖς ὁμόροις ἐκκλησίαις τὰς παροικίας ἀποτέμνειν, ὡς ἂν ἑτεροδοξούσας, τῆς κοινῆς ἑνώσεως πειρᾶται, καὶ στηλιτεύει γε διὰ γραμμάτων ἀκοινωνήτους πάντας ἄρδην τοὺς ἐκεῖσε ἀνακηρύττων ἀδελφούς.

[10] Eus. H. E. 5,24,18: ... ὁ δ' αὐτός [sc. Εἰρηναῖος] οὐ μόνῳ τῷ Βίκτορι, καὶ διαφόροις δὲ πλείστοις ἄρχουσιν ἐκκλησιῶν τὰ κατάλληλα δι' ἐπιστολῶν περὶ τοῦ κεκινημένου ζητήματος ὡμίλει.

[11] Eus. H. E. 5,24,11 (u. Anm. 13). Dieser im folgenden zitierte Brief ist mit dem 5,23,3 erwähnten identisch: ZAHN S. 283; NAUTIN S. 87,3. Dagegen ist ZAHNS Versuch, auch ein von Florinus handelndes Fragment (HARVEY II S. 457, frg. Syr. XXVIII) in dem gleichen Briefe unterzubringen, keinesfalls annehmbar: HARNACK, Chronologie I S. 321 Anm. 1.

geistliche Autorität erlaubte ihm, dem römischen Amtsbruder un-
gescheut ins Gewissen zu reden[12]. Eusebios sagt, Irenäus habe der
Anschauung, daß Ostern nur am Sonntag zu feiern sei, zwar ausdrücklich zugestimmt, habe Viktor aber dann auch „geziemender-
weise" ermahnt, nicht ganze Kirchen nur darum auszuschließen,
weil sie einem altüberlieferten Brauch treu bleiben wollten[13]. Diese
Mahnung stütze er auch mit geschichtlichen Erinnerungen, und an
dieser Stelle beginnt nun das von Eusebios mitgeteilte Exzerpt:
„Indessen geht der Streit nicht allein um den Tag" – *sc.* an dem
das Fasten gebrochen wird –, „sondern auch um die Weise des Fastens selbst[14]. Einige meinen, sie müßten einen Tag lang fasten, einige aber zwei und einige sogar mehrere Tage[15]. Einige zählen die
vierzig Tages- und Nachtstunden zusammen als ihren Fasttag. Und
diese Unterschiede zwischen denen, die „die Fasten" halten (καὶ
τοιαύτη μὲν ποικιλία τῶν τηρούντων), sind nicht erst jetzt zu un-

---

[12] So hat er auch im Interesse der kleinasiatischen Montanisten in Rom zu vermitteln gesucht (H.E. 5,3,4,1) und Viktor gegen den Valentinianer Florinus scharf gemacht (o. Anm. 11).

[13] Eus. H. E. 5,24,11: ... ὁ Εἰρηναῖος ἐκ προσώπου ὧν ἡγεῖτο κατὰ τὴν Γαλ-
λίαν ἀδελφῶν ἐπιστείλας παρίσταται μὲν τῷ δεῖν ἐν μόνῃ τῇ τῆς κυριακῆς ἡμέρᾳ
τὸ τῆς τοῦ κυρίου ἀναστάσεως ἐπιτελεῖσθαι μυστήριον, τῷ γε μὴν Βίκτορι
προσηκόντως, ὡς μὴ ἀποκόπτοι ἐκκλησίας θεοῦ ἀρχαίου ἔθους παράδοσιν ἐπι-
τηρούσας, πλεῖστα ἕτερα παραινεῖ, καὶ αὐτοῖς δὲ ῥήμασιν τάδε ἐπιλέγων (folgt
das Zitat). Zum Präskript des im Namen der gallischen Brüder abgesandten Briefs
vgl. *C. Andresen*, Zum Formular frühchristlicher Gemeindebriefe, Zeitschr. f. neutest. Wiss. 56 (1965, S. 233–259) 256.

[14] Das unterstreichende αὐτοῦ zeigt, daß schon vorher, im Streit um das Datum,
vom Fasten die Rede gewesen war, nämlich im Sinne der Feststellung ὡς μηδ᾽ ἑτέρᾳ
προσήκειν παρὰ τὴν τῆς ἀναστάσεως τοῦ σωτῆρος ἡμῶν ἡμέρᾳ τὰς νηστείας ἐπιλύεσθαι (H.E. 5,23,1). Zu Unrecht meint KOCH S. 299, das αὐτοῦ habe nur dann
einen Sinn, wenn schon die Wendung περὶ τῆς ἡμέρας den Begriff der νηστεία enthalten habe.

[15] Natürlich handelt es sich bei diesen Unterschieden um verschiedene landschaftliche Traditionen oder Gruppen, nicht, wie R. RORDORF, Zum Ursprung des christlichen Osterfastens am Sonntag, Theol. Zeitschrift 18 (1962, S. 167–189) 186 vermutet, um die je nach dem Kalender in Rom wechselnde Zahl von Tagen zwischen dem
14. Nisan und dem ihm folgenden Sonntag.

serer Zeit aufgekommen, sondern schon viel eher unter den Früheren" – *sc.* Christen oder: Presbytern –, „die offenbar ohne besondere Sorgfalt nach ihrer Einfalt und ›lokalen‹ Besonderung[16] die ›jeweilige‹ Gewohnheit festhielten und für die folgenden ›Generationen‹ begründeten. Nichtsdestoweniger hielten alle diese untereinander und halten auch wir mit ihnen Frieden: die auseinandergehenden Fastensitten unterstreichen nur die Einigkeit des Glaubens."[17]

Trotz einiger Unebenheiten[18] ist dieser Text seinem Sinn nach unmißverständlich. Irenäus geht an dieser Stelle seines Briefes offenbar von der heftig umstrittenen Terminfrage gerade auf eine weitere mit dem Fest zusammenhängende Differenz über[19], die für die

---

[16] Dies scheint an dieser Stelle die nächstliegende Deutung von ἰδιωτισμός: RICHARD S. 263. Doch könnte das Wort neben ἁπλότης auch in einem ἓν διὰ δυοῖν die schlichte, ungelehrte Ahnungslosigkeit meinen; so ZAHN S. 287 („schlichte und ungelehrte Gewohnheit"). Vgl. Tertullian, *Adv. Prax.* 3,1: simplices enim quique ne dixerim imprudentes et idiotae, quae maior semper credentium pars est … Indessen kann der ἰδιωτισμός in unserem Text so gut wie die ἁπλότης nicht abfällig gemeint sein: J. AMSTUTZ, ΑΠΛΟΤΗΣ (Theophaneia 19, 1968) 117f.; BROX, Altkirchl. Formen des Anspruchs auf apostol. Kirchenverfassung, Kairos 12 (1970, S. 113–140) 125 Anm. 12.

[17] Eus. H.E.. 5,24,12f.: οὐδὲ γὰρ μόνον περὶ τῆς ἡμέρας ἐστὶν ἡ ἀμφισβήτησις, ἀλλὰ καὶ περὶ τοῦ εἴδους αὐτοῦ νηστείας. οἱ μὲν γὰρ οἴονται μίαν ἡμέραν δεῖν αὐτοὺς νηστεύειν, οἱ δὲ δύο, οἱ δὲ καί πλείονας· οἱ δὲ τεσσαράκοντα ὥρας ἡμερινάς τε καὶ νυκτερινὰς συμμετροῦσιν τὴν ἡμέραν αὐτῶν· καὶ τοιαύτη μὲν ποικιλία τῶν ἐπιτηρούντων οὐ νῦν ἐφ᾽ ἡμῶν γεγονυῖα, ἀλλὰ καὶ πολὺ πρότερον ἐπὶ τῶν πρὸ ἡμῶν, τῶν παρὰ τὸ ἀκριβές, ὡς εἰκός, κρατούντων τὴν καθ᾽ ἁπλότητα καὶ ἰδιωτισμὸν συνήθειαν εἰς τὸ μετέπειτα πεποιηκότων, καὶ οὐδὲν ἔλαττον πάντες οὗτοι εἰρήνευσάν τε καὶ εἰρηνεύομεν πρὸς ἀλλήλους, καὶ ἡ διαφωνία τῆς νηστείας τὴν ὁμόνοιαν τῆς πίστεως συνίστησιν.

[18] RICHARD S. 262ff. fragt, ob man nicht statt des üblichen Ersatzes von γεγονυῖα durch γέγονεν eher eine Lücke annehmen solle. Eine weitere Lücke nimmt er hinter τῶν πρὸ ἡμῶν an und möchte sie etwa folgendermaßen schließen: τῶν μετ᾽ αὐτοὺς πρεσβυτέρων τούτων τῶν ἐθῶν. CASEL S. 11 Anm. 15 erwägt πεπορικότων für πεποιηκότων.

[19] Das wird z. B. von RICHARD S. 264 und BROX S. 296 f. nicht beachtet; richtig dagegen NAUTIN S. 78 und schon ZAHN S. 290: „Deutlich zeigt auch der Eingang des Fragments, daß die Hauptstreitfrage, welche sich auf den Tag, nämlich den der Paschafeier bezieht, vorher im wesentlichen abgemacht ist."

Streitenden indessen keine Rolle gespielt hat[20]: Es geht, sagt er, nicht nur um die Frage, wann die Fasten zu beenden und das Passa zu feiern ist, sondern es bestehen auch erhebliche Unterschiede in der Dauer der Fasten selbst. Die Osterfasten waren damals zwar schon in der ganzen Kirche üblich, wurden aber in den einzelnen Gemeinden oder Kirchengebieten verschieden lang gehalten und in verschiedener Weise berechnet. Trotzdem, sagt Irenäus, hätten diese Unterschiede den kirchlichen Frieden keineswegs gestört, im Gegenteil: auf dem Hintergrund dieser äußeren Verschiedenheit wird die Einheit des Glaubens erst recht sichtbar, und auf diese Einheit allein kommt es an. Das ist ein für Irenäus typischer Gedanke: die Kirche ist durch die ganze Welt zerstreut, aber sie bleibt dennoch eine Kirche, weil sie an der einen ursprünglichen Verkündigung Christi und der Apostel festhält, ungehindert durch die Verschiedenheit der Sprachen und Landschaften[21]. Wenn Irenäus das Thema gewechselt hat und statt der Frage des Ostertermins und der damit gegebenen Frage des Fastenabbruchs nunmehr die Fasten als solche ins Auge faßt, so geschieht das also darum, weil er hier auf ein anderes Beispiel einer äußeren Verschiedenheit hinweisen kann, das die Einheit und den Frieden der Kirche weder früher gestört hat noch auch im gegenwärtigen Konflikt irgend gefährdet. An dieser Stelle unterbricht Eusebios sein Zitat, um, wie er es öfter tut, auf die besondere Bedeutung der folgenden Mitteilung hinzuweisen: „Hieran", sagt er, „schließt Irenäus einen Bericht, den ich jetzt an-

---

[20] Diese irenäische Aussage wird durch die Brieffragmente von Polykrates (Eus. H.E.5,24,2–8) und den palästinensischen Bischöfen (ebd. 5,25) und noch Hippolyt, Ref. 8,18 bestätigt: die Dauer der Fasten wird hier nirgends erwähnt. Auch die späteren Streitfragen, zu welcher Stunde die vorösterlichen Fasten zu brechen und in welcher Weise sie zu halten seien, spielen noch keine Rolle: Schmidt S. 585; über diese s. die Übersicht von R. Arbesmann, Art. „Fasttag", Reallex. f. Antike u. Christentum VII (1969, Sp. 500–524) 513 ff. Die eingangs genannte ἀμφισβήτησις kann hinsichtlich der Fasten also nur eine Meinungsverschiedenheit, keinen eigentlichen Streit meinen.

[21] Vgl. Iren. Haer. 1,10,1 f.

führen muß. Er lautet folgendermaßen."[22] Möglicherweise sind einige Worte der Vorlage dabei verloren gegangen; doch kann die Lücke nicht groß sein[23]; denn der Gedankengang wird nicht, jedenfalls nicht wesentlich unterbrochen. Der Brief wendet sich nun von der allgemeinen Betrachtung der Fastenfrage speziell den stadtrömischen Verhältnissen zu:

„Unter diesen" – gemeint sind: alle, die trotz der Fastendifferenz „miteinander Frieden hielten"[24] – „hielten auch die Presbyter" – das heißt im Sprachgebrauch des Irenäus: die Bischöfe – „vor Soter, die Leiter der Kirche, die du jetzt führst, also: Aniket, Pius, Hyginus, Telesphorus und Xystus, selbst die Fasten nicht – (οὔτε αὐτοὶ ἐτήρησαν)noch verlangten sie solches von denen, die mit ihnen waren (οὔτε τοῖς μετ' αὐτῶν ἐπέτρεπον). Nichtsdestoweniger blieben sie, die sie doch nicht hielten, in Frieden mit denen, die aus solchen Gemeinden zu ihnen kamen, in denen die Fasten gehalten wurden – und das, obgleich das Halten für die, die es überhaupt nicht hielten, doch einen weit größeren Gegensatz darstellte (καίτοι μᾶλλον ἐναντίον ἦν τὸ τηρεῖν τοῖς μὴ τηροῦσιν)" – als, ist zu ergänzen, die gegenwärtige Differenz in der Dauer der Osterfasten. „Und niemals wurden wegen dieses Verhaltens Leute ausgeschlossen, sondern die vor dir amtierenden Presbyter, die sie selbst nicht hielten, sandten denen, die aus anderen Gemeinden gekommen waren und sie hielten, sogar die Eucharistie."[25]

---

[22] Eus. H.E. 5,24,14: τούτοις καὶ ἱστορίαν προστίθησιν, ἣν οἰκείως παραθήσομαι, τοῦτον ἔχουσαν τρόπον.

[23] So mit Recht NAUTIN S. 80; s. u. S. 311f.

[24] Ἐν οἷς läßt sich an πάντες οὗτοι anschließen; das ist jedenfalls dem Sinne nach richtig.

[25] Eus H.E. 5,24,14 f.: ἐν οἷς καὶ οἱ πρὸ Σωτῆρος πρεσβύτεροι, οἱ προστάντες τῆς ἐκκλησίας ἧς σὺ νῦν ἀφηγῇ, Ἀνίκητον λέγομεν καὶ Πίον Ὑ γῖνόν τε καὶ Τελεσφόρον καὶ Ξύστον, οὔτε αὐτοὶ ἐτήρησαν οὔτε τοῖς μετ'αὐτῶν ἐπέτρεπον, καὶ οὐδὲν ἔλαττον αὐτοὶ μὴ τηροῦντες εἰρήνευον τοῖς ἀπὸ τῶν παροικιῶν ἐν αἷς ἐτηρεῖτο, ἐρχομένοις πρὸς αὐτούς· καίτοι μᾶλλον ἐναντίον ἦν τὸ τηρεῖν τοῖς μὴ τηροῦσιν. καὶ οὐδέποτε διὰ τὸ εἶδος τοῦτο ἀπεβλήθησάν τινες, ἀλλ' αὐτοὶ μὴ τηροῦντες οἱ πρὸ σοῦ πρεσβύτεροι τοῖς ἀπὸ τῶν παροικιῶν τηροῦσιν ἔπεμπον εὐχαριστίαν.

Dem friedensunwilligen Viktor werden jetzt also seine eigenen Vorgänger als Muster des rechten Verhaltens vor Augen gestellt. Diese pflegten bis auf Soter überhaupt keine Fasten vor Ostern zu halten, und trotzdem blieben sie mit denen in Frieden und Gemeinschaft, die aus anderen Gemeinden nach Rom kamen und auch hier an ihrer Heimatsitte festhalten wollten – so wie heute, meint der stillschweigende Hinweis, die kleinasiatische Kolonie der Quartadezimaner an ihrem Ostertermin. Ja, die früheren Bischöfe Roms übersandten den Fastern nach einer wahrscheinlich schon hier bezeugten Sitte sogar die Eucharistie, das sogenannte *fermentum*[26], zum Zeichen ihrer kirchlichen Verbundenheit. Und doch, bemerkt Irenäus, waren die Unterschiede damals, als ein Teil die Osterfasten überhaupt nicht hielt, weiß größer als jetzt, wo nur die Dauer der Fasten verschieden ist. Denn zum gegenwärtigen Zeitpunkt, offenbar seit Soter, sind die vorösterlichen Fasten auch in Rom allgemein üblich geworden.

Als Beleg für die geschilderten Verhältnisse folgt nunmehr eine historische Anekdote über die Begegnung zwischen Bischof Polykarp von Smyrna und Aniket in Rom. Sie war vermutlich die einzige konkrete Erinnerung, über die Irenäus verfügte, wenngleich er auch Anikets Vorgänger – Pius, Hyginus, Telesphorus und Xystus – in kühner Verallgemeinerung in seinen Bericht einbezieht. Diese alte Nachricht hat vermutlich auch Eusebios vor allem dazu bestimmt, den ganzen einschlägigen Text aus dem Irenäusbrief zu exzerpieren und so der Nachwelt zu erhalten:

„Und als der selige Polykarp zu Anikets Zeiten sich in Rom aufhielt und sie auch wegen einiger Fragen ein wenig uneins waren, schlossen sie doch gleich miteinander Frieden und fingen über dieses Stück miteinander keinen Streit an (περὶ τούτου τοῦ κεφαλαίου μὴ φιλεριστήσαντες). Denn weder konnte Aniket den Polykarp

---

[26] G. LA PIANA, The Roman Church at the End of the Second Century, Harv. Theol. Rev. 18 (1925, S. 201–277) 215–218; Lohse S. 59 f. Weitere Möglichkeiten erwägen SCHMIDT S. 593 und M. GOGUEL, L'Eglise primitive (1947) 428 f.; anders NAUTIN S. 81 Anm. 1 und CHR. MOHRMANN S. 161 f.

überreden, die Fasten nicht zu halten (πεῖσαι ἐδύνατο μὴ τηρεῖν)
– hatte er sie doch in Gemeinschaft mit Johannes, dem Jünger des
Herrn, und den übrigen Aposteln, mit denen zusammen er gelebt
hatte, allezeit gehalten –, noch überredete Polykarp den Aniket,
sie zu halten; dieser erklärte nämlich, er sei verpflichtet, die Sitte
der Presbyter, die vor ihm im Amte waren, zu bewahren. Und in
dieser Lage hielten sie doch miteinander Gemeinschaft: Aniket
überließ Polykarp – aus besonderer Hochachtung, versteht sich – in
der Gemeinde sogar die Feier der Eucharistie, und sie nahmen in
Frieden von einander Abschied. Die ganze Kirche hatte Frieden –
diejenigen, die die Fasten hielten, sowohl wie die, die sie nicht
hielten."[27]

Der Text enthält wieder einige sprachliche Probleme, die wir beiseite lassen können[28]. Wesentlich für das Verständnis des Ganzen
ist die durchlaufende Tendenz, den völligen ungebrochenen und
ungestörten Frieden zu betonen, der trotz der fehlenden Übereinstimmung in der Fastenfrage in der ganzen Kirche und so auch zwischen den genannten Kirchenführern erhalten blieb[29]. Die Absicht,

---

[27] Eus. H.E. 5,24,16 f.: καὶ τοῦ μακαρίου Πολυκάρπου ἐπιδημήσαντος τῇ
῾Ρώμῃ ἐπί Ἀνικήτου καὶ περὶ ἄλλων τινῶν μικρὰ σχόντες πρὸς ἀλλήλους, εὐθὺς
εἰρήνευσαν, περὶ τούτου τοῦ κεφαλαίου μὴ φιλεριστήσαντες εἰς ἑαυτούς. οὔτε
γὰρ ὁ Ἀνίκητος τὸν Πολύκαρπον πεῖσαι ἐδύνατο μὴ τηρεῖν, ἅτε μετὰ Ἰωάννου
τοῦ μαθητοῦ τοῦ κυρίου ἡμῶν καὶ τῶν λοιπῶν ἀποστόλων οἷς συνδιέτριψεν, ἀεὶ
τετηρηκότα, οὔτε μὴν ὁ Πολύκαρπος τὸν Ἀνίκητον ἔπεισεν τηρεῖν, λέγοντα τὴν
συνήθειαν τῶν πρὸ αὐτοῦ πρεσβυτέρων ὀφείλειν κατέχειν. καὶ τούτων οὕτως
ἐχόντων, ἐκοινώνησαν ἑαυτοῖς, καὶ ἐν τῇ ἐκκλησίᾳ παρεχώρησεν ὁ Ἀνίκητος
τὴν εὐχαριστίαν τῷ Πολυκάρπῳ κατ᾿ ἐντροπὴν δηλονότι, καὶ μετ᾿ εἰρήνης ἀπ᾿
ἀλλήλων ἀπηλλάγησαν, πάσης τῆς ἐκκλησίας εἰρήνην ἐχόντων, καὶ τῶν
τηρούντων καὶ τῶν μὴ τηρούντων.

[28] Über die exakte sprachliche Bedeutung der Tempora in den verbalen Aussagen
πεῖσαι ἐδύνατο und ἔπεισεν s. die diffizilen philologischen Auseinandersetzungen
zwischen CHR. MOHRMANN S. 163 f. und RICHARD S. 269–272. Auch scheint der ab-
schließende Genitivus absolutus (πάσης τῆς ἐκκλησίας εἰρήνην ἐόντων κτλ.) nicht
ganz in Ordnung zu sein. Eine gewagte Auflösung seiner Inkonzinnität bietet AN-
DRESEN (Anm. 13) 257f.

[29] Das wird verwischt, wenn man das κεφάλαιον, über das keine Einigung zu erzielen war, wie es weithin üblich ist, als einen „Kapitalpunkt" (KOCH S. 302f.,

die Irenäus mit seinem Bericht verfolgt, ist völlig klar: so wie einst in
der Frage der Fastenpraxis sollte man auch jetzt in der Kontroverse
um den Termin des Osterfestes sich vertragen, statt den Konflikt
auf die Spitze zu treiben. Über einer verhältnismäßig untergeordne-
ten Streitfrage darf der gesamtkirchliche Frieden nicht zugrunde
gehen. Weitergreifende Gesichtspunkte sollten an den Text nicht herangetragen werden. Irenäus berichtet vom Hörensagen. Wir wissen
nicht, auf welchem Wege ihm die Nachricht über Polykarp und
Aniket zugeflossen ist[30]. Er hat sie zweifellos frei und mit eigenen
Worten wiedergegeben. Wahrscheinlich wußte er selbst nicht genau, welches die ,,anderen Fragen'' waren, über die sich die beiden
großen Männer sogleich einigten[31], und die Worte, die er ihnen in
den Mund legt, dürfen keinesfalls so interpretiert werden, als handelte es sich um den Wortlaut einer authentischen Urkunde[32]. Was

---

SCHMIDT S. 290) oder ,,wichtigsten Punkt'' (RORDORF S. 169) versteht. Κεφάλαιον
meint an dieser Stelle einfach einen ,,Punkt'' oder ein ,,Kapitel'' in der Liste der weiteren Gegenstände, über die sich die Kirchenführer ohne weiteres verständigten; so
übersetzen auch mit Recht ZAHN S. 289; CASEL S. 12; NAUTIN S. 80. Es besteht keine
Veranlassung, daraus, daß sie in den übrigen Fragen zunächst ,,ein wenig'' uneins
waren, aber sich einigen konnten, auf das besondere Gewicht des einzigen Punktes
zu schließen, in dem das nicht der Fall war. Nicht zufällig fehlt im Text ein δέ oder
sonst eine adversative Partikel. (LOHSE S. 123 bezieht das μικρά der Differenz sogar
ausdrücklich, aber fälschlich auf die geringe Bedeutung der ersten Gegenstände, um
so einen verstärkten Gegensatz zu der – vermeintlichen – Diskussion der Passafeier
zu gewinnen). Irenäus will überall nur den bleibenden Kirchenfrieden betonen – sowohl dort, wo zunächst ein geringfügiger Gegensatz zu beheben, als auch dort, wo
er sich nicht ausräumen ließ, ein Streit aber gleichwohl gar nicht in Betracht kam.
Wunderlich und ganz verfehlt ist die Deutung der ,,wichtigsten Frage'' auf den Frieden selbst in Ph. Haeusers Übersetzung in der Kemptener Bibliothek der Kirchenväter (II, 1, 1932, S. 255) H. A. GÄRTNER (1967) 269 ist ihm darin gleichwohl gefolgt.

[30] Gegen BROX S. 307, der sich mit Sicherheit für eine kleinasiatische Quelle entscheidet. Mir erscheint das unwahrscheinlich.

[31] So mit Recht NAUTIN S. 83.

[32] Diesen methodischen Gesichtspunkt hebt BROX zu Recht hervor, auch wenn
ihn die Annahme einer ,,durchaus tendenziösen Beschreibung'' (S. 294) dann in die
falsche Richtung geführt hat.

Polykarp betrifft, so spricht Irenäus hier im gewohnten „Vokabular seiner Polykarpverehrung"[33]. Es gilt allgemein als der besondere Vorzug und Ruhm dieses „apostolischen Lehrers"[34], „Bischofs" und „Märtyrers"[35], daß sein Leben noch in die Zeit der Apostel zurückreichte und daß er somit über Johannes mit diesen Urzeugen der christlichen Verkündigung selbst noch in unmittelbarem Kontakt gestanden hatte. Irenäus beruft sich auch sonst gerne auf Polykarp und ist stolz darauf, diesen ehrwürdigen Wahrheitszeugen in seiner Jugend noch gehört zu haben[36]. So ergab sich für ihn die Annahme fast von selbst, Polykarp müßte auch seine Grundsätze in der Fastenfrage von den Aposteln übernommen haben, mit denen er, wie es plerophorisch heißt, zusammen gelebt und stets die Fasten gehalten habe. Diese Berufung war um so unverfänglicher, als die damals umstrittene Übung der Osterfasten seitdem ja längst allgemein gültig und auch in Rom zur festen Sitte geworden war. Demgegenüber konnte Aniket, der, an Polykarp gemessen, noch ein jüngerer Mann war, sich für seinen Standpunkt nur auf seine Vorgänger berufen; denn die römischen Apostel hatte er natürlich nicht mehr kennen gelernt. Es wäre ja auch höchst ungeschickt gewesen, hätte Irenäus ihm eine Berufung auf Petrus in den Mund gelegt und so, ganz gegen seine immer betonte Überzeugung, in die einheitliche apostolische Überlieferung künstlich einen Zwiespalt hineingetragen. Wenn man will, mag man aus seiner Schilderung historischer Meinungsverschiedenheiten einen leisen Stolz auf die siegreiche Apostel-Tradition seiner kleinasiatischen Heimat heraushören[37]. Aber damit ist die schlichte, versöhnliche Absicht seines Briefes wahrscheinlich schon überzogen. Die vieldiskutierte Frage, warum Aniket an dieser Stelle sich bloß auf seine Vorgänger und nicht auf die apostolische Tradition der Cathedra Petri bezogen

---

[33] Brox S. 299.

[34] Mart. Polyc. 16,2.

[35] Polykrates bei Eus. H.E. 5,24,4.

[36] Iren. Haer. 3,3,4; Eus. H.E. 5,20,5–8.

[37] In diesem Sinne spricht Goguel, aaO. S. 427 Anm. 1 von einem „élément sentimental" bei Irenäus; ähnlich Brox S. 298.

habe, verkennt jedenfalls die Besonderheit der Situation, in der noch nicht von „Traditionen", sondern von persönlichen Erinnerungen die Rede war, und trägt eine damals fernliegende Fragestellung ein, durch die ohne jede Not nur weitere Komplikationen geschaffen werden.

Dies alles gilt freilich nur unter der Voraussetzung, daß bei dem überlieferten Gespräch in der Tat von den Fasten die Rede war. Bezieht man es im Sinne der herrschenden Auslegung nicht auf die Osterfasten, sondern auf den Gegenstand des späteren Osterstreits, also den Ostertermin, so verschiebt sich das Bild in peinlicher Weise, und es ergeben sich Widersprüche, die sich nicht mehr ausgleichen lassen. Denn im Osterstreit der neunziger Jahre ging es allerdings erwiesenermaßen schon um einen Streit der differierenden johanneischen und petrinischen Traditionen[38]. Irenäus hätte also einen groben taktischen Fehler begangen, wenn er in seinem zum Frieden und Ausgleich mahnenden Brief diesen Gesichtspunkt überhaupt ins Spiel gebracht hätte[39]. Eine solche Annahme wird vollends unsinnig, wenn man bedenkt, daß er in diesem Fall geradewegs gegen seinen eigenen Standpunkt Partei genommen und nur den quartadezimanischen Feinden der Sonntagsfeier das apostolische Recht bescheinigt hätte[40].

---

[38] Das zeigt der Brief des Polykrates, Eus. H.E. 5,24,2–7. Ob er damit auf eine entsprechende römische Herausforderung antwortete oder wie H. KOCH S. 310 f. und: Petrus und Paulus im zweiten Osterfeststreit? Zeitschr. f. neutest. Wiss. 19 (1920) 174–179, will, sie erst hervorrief, bleibt sich für uns gleich. Allerdings ist die Berufung auf die Apostel bei Polykrates nur der Anfang einer längeren Zeugenliste und insofern noch nicht mit der dogmatischen Schärfe abgesetzt, die in späterer Zeit üblich wurde.

[39] „Un profond déséquilibre entre les positions respectives d'Anicet et de Polycarpe" springt dann in der Tat in die Augen und ist schwer zu erklären; vgl. RICHARD S. 273; ähnlich NAUTIN S. 83 f.

[40] Dementsprechend folgert BROX S. 298 sogar, Irenäus habe in Wirklichkeit „eindeutig" für die kleinasiatische Kirche „optiert", und beschuldigt Eusebios, er habe Irenäus zu Unrecht für die Stellungnahme zugunsten der Sonntagsfeier „vereinnahmt"; vgl. S. 308.

Aber damit haben wir schon die Auseinandersetzung mit den Gegnern unserer Auslegung aufgenommen und müssen uns nunmehr ihrem Verständnis des Textes im Zusammenhang zuwenden.

II

Wir waren in unserer Auslegung davon ausgegangen, daß die Exzerpte des Irenäus-Briefes, so wie Eusebios sie überliefert, eine sachliche Einheit bildeten, d. h. überall nur die Osterfasten und nicht etwa den Ostertermin beträfen, von dem in dem früheren, nicht erhaltenen Teil des Briefes schon die Rede gewesen war. Hinsichtlich der Osterfasten war es weder jetzt noch früher jemals zu Zerwürfnissen gekommen, obgleich die Praxis auf diesem Gebiet keineswegs einheitlich war, sondern – einst noch stärker als in der Gegenwart – landschaftlich differierte.

Im Gegensatz hierzu möchten Zahns Gegner, d. h. fast alle bisherigen Ausleger des Textes, sein zweites, die römischen Verhältnisse behandelndes Stück von der einleitenden Betrachtung trennen und unmittelbar auf das Thema des späteren Osterstreits beziehen. Danach hätte sich bereits das Gespräch zwischen Aniket und Polykarp im wesentlichen um die Frage des richtigen Ostertermins gedreht, und die Friedensgesinnung jener alten Bischöfe hätte sich an eben dem Streitpunkt bewährt, an dem er in der Folgezeit scheiterte. Auf eine sachliche Schwierigkeit dieser Deutung haben wir soeben schon hingewiesen. Aber zunächst handelt es sich um ein sprachliches Problem der Übersetzung, an dem sich die Geister scheiden: es geht um das richtige Verständnis des im Text ständig wiederkehrenden Tätigkeitswortes τηρεῖν. Τηρεῖν heißt soviel wie „beobachten, halten" und kann an und für sich sowohl auf das Abhalten eines Fastens wie auf das Halten oder Beobachten eines bestimmten Festes und Festtermines bezogen werden[41]. Die Schwierigkeit besteht im

---

[41] Vgl. für die erste Bedeutung z. B. schon Gal. 4,1 (παρατηρεῖσθαι) und Justin, Dial. 10,227 C (μήτε τὰς ἑορτὰς μήτε τά σάββατα τηρεῖν), für die zweite die Variante zu Hermas 56,5 (Sim. 2,5): νηστείαν ταύτην ἣν μέλλεις τηρεῖν. Indessen

vorliegenden Falle darin, daß das Wort fortlaufend ohne das zugehörige Objekt erscheint. Da ein absoluter Gebrauch von τηρεῖν nicht möglich ist, muß das Objekt vorher genannt sein und anschließend immer wieder ergänzt werden. Nimmt man das erste, einleitende Stück hinzu, so löst sich das Problem ohne ernsthafte Schwierigkeit. Denn dort ist eindeutig nur von den Fasten die Rede, und in Verbindung damit erscheint auch das Compositum ἐπιτηρεῖν, das mit dem Simplex τηρεῖν gleichbedeutend und von ihm in keiner Weise unterschieden ist. Man ist also berechtigt, das nachfolgende τηρεῖν von hier aus zu verstehen, und dementsprechend habe ich in meiner deutschen Übersetzung zum rätselhaften „Halten" in Klammern auch regelmäßig „die Fasten" ergänzt. Wer den Text anstattdessen auf den Termin des quartadezimanischen Osterfestes zu beziehen wünscht, kann diese naheliegende Erklärung natürlich nicht annehmen. Er muß zum Tätigkeitswort τηρεῖν von sich aus ein Objekt ergänzen, ohne daß der Text selbst dafür irgendeinen Rückhalt böte[42] – gleichviel ob man τὴν ἡμέραν τῆς τεσσαραδεκάτης, τὴν τεσσαραδεκάτην, τὴν ἡμέραν τοῦ πάσχα, τὸ πάσχα oder bloß τὴν ἡμέραν hinzunehmen möchte. (Alle diese Vorschläge sind gemacht worden). Für die Begründung bleibt dann nichts anderes übrig, als mit einem „technischen" Gebrauch des Tätigkeitswortes τηρεῖν zu rechnen[43]: im Laufe der polemischen

---

scheint im profanen Griechisch τηρεῖν für die Beobachtung eines Festes kaum je gebraucht worden zu sein: vgl. die Auseinandersetzung zwischen CHR.. MOHRMANN S. 166Ff. und RICHARD S. 266ff.

[42] Polykrates sagt in seinem Brief an Viktor (H. E. 5,24,6) einmal ausdrücklich: οὗτοι πάντες ἐτήρησαν τὴν ἡμέραν τῆς τεσσαρεσκαιδεκάτης τοῦ πάσχα. Selbst dieser Quartadezimaner gebraucht also nicht wie vermeintlich Irenäus die „zum Zweck der Polemik geprägte Abbreviatur" (HUBER S. 59). Außerdem spricht er nachher (H.E. 5,24,7) von einem ἄγειν τὴν ἡμέραν – hier versteht sich die Ergänzung der ἡμέρα von selbst –, und ἄγειν bleibt das gewöhnliche in solchem Zusammenhang gebrauchte Tätigkeitswort; vgl. schon den Brief der Palästinenser (H.E. 5,25) und Praed. Petri bei Clemens Alex., Strom. 6,5,41.

[43] Das geschieht heute allgemein, gleichviel ob man im Sinne der „opinion traditionelle" (CHR. MOHRMANN S. 165) das Datum oder im Sinne Holls und seiner Nachfolger (u. S. 321f.) das Osterfest als solches ergänzen möchte.

Auseinandersetzungen wäre das objektlose „Halten" bei den Quartadezimanern zur abgekürzten Bezeichnung für das Halten am richtigen Datum des 14. Nisan geworden; oder, wenn man τὸ πάσχα ergänzt, für das Halten des Festes schlechthin. Aber dies sind frei erfundene und einigermaßen verzweifelte Hypothesen; denn der gemutmaßte technische Sprachgebrauch läßt sich außerhalb unseres Brieffragments schlechterdings nicht nachweisen, und es bleibt unerfindlich, was Irenäus dazu getrieben haben sollte, ausgerechnet in einem Brief an Viktor so zu reden, der doch kein Quartadezimaner war und das Osterfest immer schon gefeiert hatte.

Aber damit sind die Nöte der traditionellen Übersetzung noch nicht zu Ende. Versteht man τηρεῖν als ein Halten des 14ten Nisan, so wird die Handlungsweise der früheren römischen Bischöfe „vor Soter" völlig unverständlich: sie hielten, heißt es, Frieden, καίτοι μᾶλλον ἐναντίον ἦν τὸ τηρεῖν τοῖς μὴ τηροῦσιν. Der konzessive Hinweis ist knapp[44], aber bei unserer Deutung des Zusammenhangs gleichwohl völlig klar: sie blieben mit den Leuten, die das ihnen fremde Osterfasten beobachteten, in Frieden, obgleich der Gegensatz für sie damals noch größer war als später, als auch in Rom die Osterfasten gehalten wurden. Was aber könnte dieser „größere Gegensatz" bedeuten, wenn man das τηρεῖν auf die Feier des 14ten Nisan bezieht? Der Satz bleibt unter diesen Umständen völlig sinnlos. Man muß das entschiedene καίτοι μᾶλλον entweder ganz unter den Tisch fallen lassen[45], was keinesfalls zulässig ist, oder hilft sich mit äußerst gezwungenen, im Grunde unmöglichen Übersetzungen, die einen Gedanken eintragen, der so garnicht dasteht: die Berührung mit den Leuten, die den 14ten Nisan feierten, hätte den bestehenden Gegensatz für die, die nur die Sonntagsfeier kannten,

---

[44] Koch S. 300 Anm. 1 spricht von einer *comparatio compendiaria*.

[45] So Lohse S. 116f.: „μᾶλλον steht hier lediglich als Verstärkung (es folgt ja kein ἤ!) und ist etwa mit ‚vielmehr, sehr, durchaus‘ zu übersetzen, oder einfach als Pleonasmus aufzufassen, was ebenfalls belegt ist" – nach Blass-Debrumer § 60,3; § 246,1 Lohses Übersetzung kritisiert Huber S. 58 Anm. 71 kommt aber seinerseits mit dem μᾶλλον des Textes auch nicht besser zurecht.

„doch erst recht" zum Bewußtsein bringen müssen⁴⁶. Aber auch damit ist die *crux* dieser Stelle nicht aus der Welt geschafft. Kurz zuvor steht die entscheidende Aussage, auf die das nachfolgende Sätzchen bezogen ist: die römischen Bischöfe „vor Soter" οὔτε αὐτοὶ ἐτήρησαν οὔτε τοῖς μετ᾽ αὐτῶν ἐπέτρεπον. Das heißt nach unserem Verständnis: die römischen Bischöfe fasteten vor Ostern selber nicht und legten auch ihren Gemeindegliedern keine entsprechenden Verpflichtungen auf. Was aber soll das ἐπέτρεπον, wenn hier nicht von den Fasten, sondern von der Feier des 14ten Nisan die Rede ist? Man kann es in diesem Fall nicht als eine Erleichterung, sondern nur als ein „nicht gestatten" auffassen, also als ein ausdrückliches Verbot, Ostern am 14ten Nisan zu feiern – und diese Übersetzung wäre dann der Tendenz des ganzen Briefes gerade entgegengesetzt; denn er will doch nicht die Strenge, sondern umgekehrt gerade die Liberalität der früheren Bischöfe betonen⁴⁷. Und was soll die Erwähnung Soters in einem solchen Zusammenhang? Soter war der Vorvorgänger von Viktor und eben zu der Zeit Bischof, als in Kleinasien die Auseinandersetzungen um das richtige

---

⁴⁶ So in den Übersetzungen von HAEUSER S. 255 und GÄRTNER S. 269 (o. Anm. 29). Ähnliche Mißübersetzungen bei SCHMIDT S. 593; CASEL S. 12; GOGUEL S. 428; NAUTIN S. 79; CHR. MOHRMANN S. 161. Nach RICHARD S. 280, der die Unmöglichkeit solcher Übersetzungen mit Recht betont, geht deren Tradition bis ins 17. Jh. zurück und findet sich z. B. schon bei COUSIN, Mémoire pour servir à l'histoire ecclésiastique des six premiers siècles II (Paris 1964) 364. L. DUCHESNE, La Question de la Pâque au Concile de Nicée, Rev. d. quest hist. 15 (t. 28, 1880) 12 Anm. 1 hatte sie abgelehnt und sich mit der Annahme einer Textlücke geholfen. Übrigens hatte schon Rufin den Text nicht mehr verstanden. Er übersetzt (SCHWARTZ S. 497): *pacem semper habuerunt cum illis ecclesiis, quae hunc observantiae morem tenebant, cum utique et ipsis contrarium uideretur, quod non etiam ceteri similiter observarent.*

⁴⁷ ZAHN S. 296, Anm. 1, hielt die Wiedergabe bei Irenäus im Sinn der älteren Forschung noch für authentisch und fand ἐπέτρεπον darum „einigermassen doppelsinnig": „Anicet, welcher es für seine Pflicht hielt, seinerseits nicht zu fasten, wird sich von seinem Standpunkt so ausgedrückt haben: Meine Vorgänger haben es der römischen Gemeinde nicht gestattet, ein Osterfasten zu halten. Dem Viktor gegenüber will Irenäus sagen: Jene haben es ihrer Gemeinde nicht geboten." Für uns kommt nur dies zweite, irenäische Verständnis in Betracht.

Osterdatum gerade in Gang gekommen waren. Es ist doch ausgeschlossen, daß gerade er ein früher bestehendes „Verbot", Ostern am 14ten Nisan zu feiern, seinerseits gelockert oder aufgehoben hätte[48]. Will man seine Erwähnung nicht überhaupt für gegenstandslos oder zufällig halten[49], so muß man also die Annahme wagen, Rom sei ursprünglich selbst quartadezimanisch gewesen, und der Übergang zur Sonntagsfeier sei erst unter Soter erfolgt[50]. Das eine widerspricht dem Zeugnis des Textes und das andere jeder historischen Wahrscheinlichkeit. Denn wenn erst Soter die quartadezimanische Praxis verlassen hat, wie erklärt sich dann, von anderem abgesehen, der Umstand, daß weder die Kleinasiaten noch Irenäus selbst sich diesen Vorgang zunutze gemacht haben?[50a] Und wie erklärt sich dann die Entwicklung in Gallien, wo Irenäus doch wohl

---

[48] DUCHESNE S. 13; GOGUEL, aaO. S. 434: „En tous cas, avec Soter, la situation est devenue plus tendue et le conflit plus aigu." Auch BIHLMEYER S. 320 nimmt an, unter Soter sei die Toleranz gegenüber den Quartadezimanern eingeschränkt worden. Etwas unbestimmt drückt sich A. HILGENFELD, Der Paschastreit in der alten Kirche (1860) 250 aus, wenn er meint, „der erste offene Ausbruch des Paschastreits" fiele „in den Episkopat Soters, unter welchem sich die Stellung der römischen Kirche gegen den Quartodecimanismus überhaupt geändert zu haben scheint". Was heißt hier „geändert", wenn sich andererseits bereits unter Xystus „der römische Episkopat für die Nicht-Beobachtung der jüdischen Festzeit entschieden" haben soll (S. 227)? Über die Bedeutung, die Xystos in diesem Zusammenhang gehabt haben soll, läßt sich aus unserem Text schwerlich irgendetwas Bestimmtes folgern. Irenäus „schaut in der Liste der römischen Bischöfe von Soter an rückwärts bis dahin, wo die Namen für ihn eben bloß noch Namen werden und die Geschichte sich im Nebel verliert". So mit Recht HOLL II S. 217 gegen DUCHESNE, aaO. S. 7 (und Hist. Ancienne de l'Église I [1907³] 28) und NAUTIN S. 80 Anm. 1 gegen LOHSE S. 117, der wie DUCHESNE das Passa unter Xystus in Rom beginnen läßt.

[49] So SCHMIDT S. 595 f. CASEL S. 11 Anm. 16 findet die Nennung der „Presbyter vor Soter" darum natürlich, „weil Soter und Eleutheros dem Viktor persönlich bekannt waren". LOHSE S. 116 genügt es, daß Soter Anikets Nachfolger war: „Mehr ist damit nicht ausgesagt." Nach BROX S. 30 wären die Presbyter vor Soter „die gewichtigere (weil ältere) Gruppe oder auch die eigentlich Gemeinten aller Presbyter ‚vor Viktor'".

[50] So W. C. VAN UNNIK, Art. „Soter", in: Die Relig. in Gesch. u. Gegenw. VI (1962³) 149.

[50a] Jülicher Sp. 160 f.

schon früher dazu gebracht wurde, die Tradition der heimischen Osterfeier preiszugeben und mit der Feier des Ostersonntags zu vertauschen?

III

Man kommt auf diese Weise aus den Sackgassen nicht heraus, und so ist es verständlich, daß Hugo Koch und nach ihm vor allem Karl Holl einen noch radikaleren Lösungsversuch gewagt haben: ,,vor Soter" gab es ihrer Meinung nach in Rom überhaupt noch keine Jahresfeier des Osterfests. Soter war der erste, der das Passafest – am Sonntag – in Rom überhaupt einführte und heimisch machte.

Es ist zuzugeben, daß unter dieser Voraussetzung die Übersetzungsschwierigkeiten, die bisher nur Zahn wirklich überwinden konnte, sich gleichfalls beheben lassen. Die sonst rätselhafte Nennung Soters wird verständlich; man begreift, daß die Bischöfe vor ihm die Feier weder selbst ,,hielten" noch ihre Gemeinden dazu verpflichteten, und es ist klar, daß der Gegensatz derer, die das Fest nicht kannten, zu denen, die es bereits beobachteten, größer war als später, als nur noch dessen Zeitpunkt umstritten blieb. Es ist also wohl begreiflich, daß Holls These sich zumindest in Deutschland heute nahezu allgemein durchgesetzt hat, aber z. B. auch von einem Philologen im Range Richards entschieden vertreten wird[51].

Trotzdem sollte man die historische Unwahrscheinlichkeit dieser Lösung nicht übersehen. Holl selbst nimmt an, daß schon in der Urgemeinde ein christliches Passa als Jahresfest gefeiert wurde und daß es alsbald, um 70, auch nach Kleinasien gelangt wäre. Das heidenchristliche Sonntags-Passa soll ebenfalls aus Jerusalem stam-

---

[51] RICHARD S. 276 f.; auch GOGUEL, aaO. S. 428. Nicht ganz durchsichtig ist die Haltung E. CASPARS, Geschichte des Papsttums I (1930) S. 19 bezeichnet er die Terminfrage als das Thema des späteren Passastreits; bei dessen ,,Vorgeschichte" (S. 21) unter Aniket und Polykarp ist dagegen nur vom Osterfasten die Rede. Offenbar ist CASPAR an der Klärung des undurchsichtigen sachlichen Inhalts des Osterstreits verzweifelt und erklärt darum, er müsse ,,hier beiseite bleiben" (S. 571 f.).

men, wo es bald nach der zweiten Zerstörung der Stadt (135) aufgekommen und sich schnell weiter verbreitet hätte. Trotzdem aber
soll man in Rom noch in den sechziger oder siebziger Jahren des
zweiten Jahrhunderts von keinem Osterfest gewußt, vielmehr es
bewußt ignoriert und abgelehnt haben[52]! „Etwas so Unerhörtes"[53]
ist schwer zu glauben, und schon aus diesem Grunde könnte man
geneigt sein, Zahns Lösung den Vorzug zu geben. Sieht man aber
näher zu, so zeigt es sich, daß Holl und Koch tatsächlich nur im ne-
gativen Ergebnis, der Leugnung eines römischen Osterfestes vor
Soter, miteinander übereinstimmen, daß die Beweisführung hier
und dort aber durchaus verschieden ist und nicht zur Deckung gebracht werden kann. Hugo Koch stimmt im Verständnis des Irenäusbriefes zunächst weithin mit Zahn überein und stellt diese
Übereinstimmung auch gebührend heraus. Er erkennt die Zusammengehörigkeit der zwei Teile des Irenäusfragments[54] und betont –
m. E. mit vollem Recht –, daß überall das Paschafasten im Mittelpunkt steht. „Die römischen Bischöfe bis auf Soter" gehören demnach auch für ihn zur Gruppe derjenigen, „die überhaupt keinen
Paschafasttag hielten."[55] Nun kommt Koch aber – wesentlich auf
Grund seines Verständnisses tertullianischer Texte[56] – zur Annahme, daß „pascha" ursprünglich nicht Ostern als Auferstehungsfest,
sondern das Passafasten bedeutet habe und daß auch der 14. Nisan
nur in diesem Sinne, als Gedächtnis der Passion, begangen wurde –
„mehr Fasttag als Festtag"[57]. Daraus folgt erst, daß die römischen

---

[52] Holl II 214 ff.
[53] Casel S. 12 Anm.; ähnlich schon Zahn S. 299.
[54] Koch S. 300.
[55] Koch S. 299 f.
[56] Koch S. 289–297.
[57] Koch S. 293. Koch beruft sich S. 296 für seine Deutung auf Steitz, Drews
und andere Vorgänger; doch ist die Einseitigkeit dieser theologischen Interpretation
heute wohl allgemein zugestanden. Am ehesten erinnert daran Lohses – gleichfalls
nicht unbestrittene – Deutung des frühen quartadezimanischen Passas, und dementsprechend schlägt er zur Erklärung des Irenäusbriefes auch einen ähnlichen Weg der
Lösung ein wie Koch: das τηρεῖν und μὴ τηρεῖν beziehe sich auf die „Art" des Fastens; aber „damit dürfte Irenäus nichts anderes gmeint haben als das quartadecima-

Bischöfe, die bis auf Soter keinen Fasttag hielten, also auch kein Osterfest gehalten haben können; denn ,,Pascha war ihnen Hekuba"[58]. Die Unhaltbarkeit dieser Gleichsetzung war Holl sofort klar[59] und ist seitdem allgemein bestätigt worden[60]. Kochs ganze Beweisführung beruht aber auf dieser Ineinssetzung von Passa und Passafasten und ist damit in Wahrheit zusammengebrochen. Holl hat dies zunächst offenbar kaum bemerkt. In seiner ersten Auseinandersetzung mit Zahn beruft er sich für das Fehlen einer frühen römischen Osterfeier ausdrücklich auf Koch und erklärt Zahns Auslegung von hier aus für durchführbar. ,,Herrn Zahns Auffassung beruht auf der unbewiesenen und sachlich wenig wahrscheinlichen Annahme, daß das V 24,24 beginnende Stück sich unmittelbar an den Schluß von V 24,13 angereiht hätte. Sie ist deshalb mit Recht . . . von H. Koch (Z. wiss. Th. Bd 55, S. 301 f.) zurückgewiesen worden."[61] Die Trennung beider Fragmente ist in der Tat eine unumgängliche Voraussetzung, wenn man das zweite Stück allein auf den Ostertermin und nicht auf das Osterfasten beziehen möchte, von dem im ersten unüberhörbar die Rede war[62]. Aber gerade dies hatte Koch nicht getan, und darin hatte er recht. Holls entgegengesetzte Annahme läßt sich in Wirklichkeit keineswegs ,,sachlich wahrscheinlich" machen. Gleichviel, ob ein paar Worte ausgefallen sind oder nicht – die Kontinuität des Gedankenganges

---

nische Passa – wurde es doch durch Fasten begangen" (S. 115). Da Lohse aber andererseits ,,die Meinung, das römische Osterfest sei erst gegen Mitte des 2. Jahrhunderts aufgekommen", entschieden ablehnt (S. 118 Anm. 4), wird er der Schwierigkeiten der Übersetzung auch nicht Herr; o. Anm. 45, 48, 49.

[58] Koch S. 302.

[59] Holl I 374 Anm. 3: ,,Als die richtigste Auslegung der schwierigen Stelle erscheint mir die von H. Koch vertretene, daß die römische Kirche vor Soter überhaupt kein Osterfest hatte . . . Kochs Auffassung von pascha = Passahfasten vermag ich allerdings nicht zu teilen."

[60] Vgl. Huber S. 151 und die neuere Literatur zum ursprünglichen Sinn des Passafestes: C. Kannengiesser in der Anzeige von Hubers Buch, Vig. Chr. 27 (1973, S. 59–62) 60.

[61] Holl I 374 Anm. 3.

[62] S. o. S. 120 f.

ist bei unserem Verständnis des Textes offenkundig möglich und drängt sich geradezu auf[63]. Sie wird durch die Wiederkehr der gleichen Stichworte und Wendungen entschieden unterstützt[64], und auch die Bemerkung des Eusebios zeigt, daß das zweite Stück als Fortführung und Ergänzung des ersten gemeint war[65]. Eusebios sagt ausdrücklich, daß Irenäus den vorherigen Darstellungen den folgenden historischen Bericht „angefügt" habe, während er größere Auslassungen sonst gerne mit einem μεθ’ ἕτερα oder einer ähnlichen Wendung für den Leser kenntlich macht[66]. Der Einwand Holls ist also keinesfalls überzeugend. Für mich ist seine Position schon an diesem ersten Punkt, in dem er von Koch abweicht, ebenso wie dieser gescheitert; damit allein läßt sich Zahn jedenfalls nicht widerlegen.

Zehn Jahre später hat Holl die Auseinandersetzung mit Zahn von neuem aufgenommen und wesentlich erweitert. Aber er redet auch jetzt noch in einem Tone, als befände sich Zahn von vornherein in

---

[63] Chr. Mohrmann, die die Frage des Anschlusses von „Fragment" I an „Fragment" II bewußt offen läßt, behauptet S. 159 f. überraschenderweise trotzdem das Gegenteil: „Quoi qu’il en soit, la situation suggérée par ce fragment ne correspond pas trop bien avec ce qui précède et la terminologie employée par rapport à la célébration pascale change également."

[64] Ich stelle im folgenden die verwandten Wendungen in beiden Stücken nebeneinander:

I	II
περὶ τοῦ εἴδους αὐτοῦ	διὰ τὸ εἶδος τοῦτο
τῶν ἐπιτηρούντων	αὐτοὶ ἐτήρησαν κτλ.
ἐπὶ τῶν πρὸ ἡμῶν [πρεσβυτέρων?]	οἱ πρὸ Σωτῆρος πρεσβύτεροι
	οἱ πρὸ σοῦ πρεσβύτεροι
	τῶν πρὸ αὐτοῦ πρεσβυτέρων
τὴν ... συνήθειαν	τὴν συνήθειαν
οὐδὲν ἔλαττον ... εἰρήνευσάν τε καὶ εἰρηνεύομεν	οὐδὲν ἔλαττον ... εἰρήνευον εὐθὺς εἰρήνευσαν

[65] Das Gegenteil erklärt Huber S. 56: der Zusammenhang beider Fragmente ließe sich „nicht beweisen; es ist sogar unwahrscheinlich, da Euseb mit einer neuen Einleitung beginnt".

[66] Vgl. z. B. H.E. 5,1,62: μεθ’ ἕτερα oder 6,40,4: εἶτά τινα μεταξὺ εἰπών.

einer hoffnungslosen, kaum ernst zu nehmenden Position. Nach
Zahns Verständnis des Texts war Soter derjenige Bischof, der in
Rom die Osterfasten eingeführt hat. Holl meint dagegen, er wolle
,,von den Einzelschwierigkeiten, in die sich diese Auslegung ver-
wickelt", absehen, und stellt ,,nur die entscheidende Frage: konnte
Irenäus wirklich behaupten wollen, der Unterschied zwischen Fasten und Nichtfasten vor Ostern griffe tiefer als der zwischen einer
Feier am 14. Nisan und einer solchen am Sonntag"[67]. Hier hat Holl
Zahn offensichtlich mißverstanden und kritisiert ihn unter den Voraussetzungen seiner eigenen Auslegung, die Zahn weder teilen muß
noch teilt, sondern gerade bekämpft. Wenn man bedenkt, daß für
Zahn τηρεῖν eben nicht den 14ten Nisan, sondern das Osterfasten
betrifft, so läßt er Irenäus etwas ganz anderes und durchaus Plausi-
bles sagen: Die Entscheidung darüber, ob man vor Ostern überhaupt fasten müßte oder nicht, greift in der Tat ,,tiefer" als die noch
offene Frage, ob dies Fasten nur einen Tag oder länger dauern solle
und wie man die Tag- und Nachtstunden dabei zu berechnen habe.
– Weiter stellt Holl eine Alternativfrage: war Rom für Zahn zunächst quartadezimanisch, oder hat es von Anfang an das Passa nur
sonntags gefeiert? Er ist in der Tat eine Schwäche Zahns, daß er sich
in dieser Frage nicht klar entschieden hat[68]. Ich stimme mit Holl
darin überein, daß die zweite Annahme die richtige sein wird. Aber
auch im ersten Fall kann Soter sehr wohl derjenige gewesen sein, der
das Fasten vor Ostern eingeführt hat – nur daß es dann fraglich
bleibt, wann in Rom die Sonntagsfeier begonnen hat. Im zweiten
Fall – wenn die Sonntagsfeier in Rom von Anfang an oder jedenfalls
schon unter Aniket der herrschenden Übung entsprach – liegen die
Dinge auf den ersten Blick schwieriger. ,,Wie kommt es dann",
fragt Holl, daß die Differenz mit der kleinasiatischen, quartadezimanischen Osterberechnung ,,in der Auseinandersetzung zwischen
Aniket und Polykarp überhaupt nicht berührt wurde?"[69] Ich sehe

---

[67] HOLL II S. 217f.
[68] ZAHN S. 301.
[69] HOLL II S. 217.

davon ab, daß diese Annahme vielleicht gar nicht so sicher ist. Möglicherweise kamen auch die differierenden Ostertermine damals zur Sprache[70]. Irenäus erklärt ja selbst, daß sich die Aussprache zwischen beiden Männern nicht auf die Fastenfrage beschränkt hätte. Aber die Erinnerung an den früheren Fastenstreit könnte bei der Einführung der Osterfasten durch Soter eine Rolle gespielt haben und war darum vielleicht der einzige Gesprächsgegenstand, von dem Irenäus etwas Konkretes erfahren hatte. Aber gleichviel, Holls Frage muß noch in einem weiteren Rahmen erörtert werden. Zahn hat das Problem übrigens selbst schon gesehen[71]; nur bedarf seine im Prinzip richtige Lösung einer noch etwas weiter greifenden Begründung.

Mir scheint, wir sind angesichts der verhältnismäßig sehr breiten Dokumentation, die Euseb zum Osterstreit vorlegt, und des uniformierenden Interesses, das die Reichskirche dieser Ordnungsfrage überhaupt entgegenbrachte, durchweg geneigt, die anfängliche Bedeutung solcher kalendarischen Differenzen zu überschätzen. Es ist doch eine Tatsache, daß das jüdische und ebenso das christliche Passa während des ganzen Altertums nach verschiedenen Zyklen berechnet und dementsprechend auch an verschiedenen Daten gefeiert worden ist, ohne daß es darum zu ständigen Unruhen und Konflikten gekommen wäre[72]. Solche Verschiedenheiten spielten im kirchlichen Alltag der Christen keine große Rolle. Zu stärkeren Reibungen kam es daher regelmäßig nur dort, wo die verschiedenen Übungen innerhalb ein und derselben Gemeinde aufeinanderstießen, wie das im Grenzgebiet des phrygischen Laodicea[73] oder innerhalb der Weltstadt Rom geschehen war. Ein christlicher Bischof, der so wie Polykarp von Smyrna nach Rom reiste,

---

[70] Kochs gegenteilige Behauptung S. 303 – „Diese ἄλλα τινὰ aber standen mit der Paschafrage in keinem Zusammenhang" – hat keine Begründung.

[71] Zahn S. 300.

[72] H. Lietzmann, Geschichte der alten Kirche II (1953²) 130: „Das hat weder Juden noch Christen gestört."

[73] Eus. H.E. 4,26,3.

brauchte an der um wenige Tage verschobenen Osterfeier an und
für sich nicht mehr Anstoß zu nehmen als noch in unserem Jahrhundert ein Reisender zwischen Riga und Königsberg. Schließlich
hatte Irenäus selbst einen solchen Wechsel vollzogen, als er von der
Asia nach Gallien übersiedelte[74]. Er wird nicht der einzige gewesen
sein, der das laute Vorgehen Viktors in dieser Frage einigermaßen
wunderlich fand. Eusebios hat das jedenfalls als wahrscheinlich angesehen und ganz allgemein behauptet[75]. Es ist wohl denkbar, daß
Polykarp zu einer Zeit, da die Festzyklen z. T. erst in der Bildung
waren, keine Veranlassung sah, die etwas abweichende Form der
römischen Osterberechnung als Gast besonders zu attackieren. Dagegen ist es durchaus begreiflich, daß er das völlige Fehlen der vorösterlichen Fasten[76] als befremdlich und ungehörig empfand: die
Quartadezimaner scheinen auf diese Vorbereitung ihres Passa immer den größten Wert gelegt zu haben[77]. Andererseits ist es aber
ebenso verständlich, daß auch Aniket nicht bereit war, an diesem
Punkte nachzugeben. Die Fastenforderung war im zweiten Jahrhundert ein heißes Eisen. Ihre Anspannung konnte an die Markioniten und die „enkratitischen" Gebote vieler Sekten erinnern und

---

[74] Ganz überflüssigerweise verweist Brox S. 301 zur Erklärung dieses Wechsels
auch auf den „Sonderrang der römischen Kirche", deren Schätzung durch Irenäus
„jedenfalls" entnommen werden könne, „daß die nichtquartodezimanische Osterfeier schon als römische Praxis für Irenäus jeder Diskussion entnommen ist".

[75] H. E. 5,24,10: ἀλλ᾿ οὐ πᾶσί γε τοῖς ἐπισκόποις ταῦτ᾿ ἠρέσκετο. ἀντιπαρακε-
λεύονται δῆτα αὐτῷ τὰ τῆς εἰρήνης καὶ τῆς πρὸς τοὺς πλησίον ἑνώσεώς τε καὶ
ἀγάπης φρονεῖν, φέρονται δὲ καὶ αἱ τούτων φωναὶ πληκτικώτερον καθαπτο-
μένων τοῦ Βίκτορος· ἐν οἷς καὶ ὁ Εἰρηναῖος κτλ. Vgl. auch die frühere, mäßigende
Beurteilung der (in Laodicea strittig gewordenen) Osterdifferenz, *Chron. pasch.*
praef. (I S. 13 Dindorf), durch Appollinaris von Hierapolis: εἰσὶ τοίνυν οἱ δι᾿
ἄγνοιαν φιλονεικοῦσι περὶ τούτων, συγγνωστὸν πρᾶγμα πεπονθότες· ἄγνοια
γὰρ οὐ κατηγορίαν ἀναδέχεται, ἀλλὰ διδαχῆς προσδεῖται.

[76] Natürlich ist die Erwähnung des freiwilligen Stationsfastens bei Hermas 54,1 f.
(*Sim*. 5,1 f.) nicht, wie E. Preuschen, Art. „Passah, altkirchliches u. Passahstreitig-
keiten", Realencykl. f. prot. Theol. u. Kirche XIV (1904, S. 725–734) 729 meint, ein
Einwand gegen das Fehlen der Osterfasten in Rom zur Zeit Anikets: Koch S. 303.

[77] Vgl. Lohse S. 62 ff.; Huber S. 10 f.

stieß im rechtgläubigen Abendland daher leicht auf Mißtrauen[78].
Noch Hippolyt hält es für das Zeichen einer dämonischen Verführung, wenn man sich auf neue Fasten versteift, „die Christus nicht
verfügt hat"[79].

„Aber auch das müßte man fragen", fährt Holl mit seinen Einwänden fort, „ob eine Osterfeier ohne verausgehendes Fasten
überhaupt denkbar ist?" Holl beruft sich hierfür auf Hugo Kochs
Nachweis, „daß gerade im Abendland die Begriffe pascha und Fasten als eng zusammengehörig empfunden wurden"[80]. Aber Kochs
Belege stammen durchweg aus späteren Zeiten und können für die
Anfänge der Fastensitte nichts beweisen. Was wissen wir überhaupt
von den frühen Besonderheiten der Osterfeier, die nicht mehr am
14ten Nisan, sondern am darauf folgenden Sonntag begangen wurde? Das einzige, was sich mit einiger Sicherheit annehmen läßt, ist
ihr heidenchristlicher Ursprung. Sie wird sich vermutlich also nicht
nur in der Wahl des Wochentags vom judenchristlichen Passa unterschieden haben. Es bestand zunächst keine Veranlassung, gerade
die Fastensitte um jeden Preis zu übernehmen[81], die in betonter
Gleichzeitigkeit mit dem jüdischen Passa und zugunsten des gottlosen Judenvolks durchgeführt wurde[82]. Ein Fasten am Samstag war

---

[78] NAUTIN hat in seinem Werk, vielleicht etwas einseitig, diesen Gegensatz der
Laxen gegen die Radikalen für die meisten Auseinandersetzungen des zweiten Jahrhunderts geradezu als bestimmend angesehen; vgl. meine Anzeige, Theol. Lit. Zeitung 88 (1963) 673–676.

[79] Hippol. *In Dan.* 4,20,3: καὶ νῦν δέ τινες τὰ ὅμοια τολμῶσιν προσέχοντες
ὁράμασι ματαίοις καὶ διδασκαλίαις δαιμονίων καὶ σαββάτῳ καὶ κυριακῇ πολλάκις νηστείαν ὁρίζοντες, ἥνπερ ὁ Χριστὸς οὐχ ὥρισεν, ἵνα τὸ τοῦ Χριστοῦ
εὐαγγέλιον ἀτιμάσωσιν. Vgl. auch die katholische Polemik gegen die montanistischen Xerophagien nach Tertullian, *De ieiun.* 13,1: *praescribitis constituta esse sollemnia huic fidei scripturis uel traditione maiorum nihilque obseruationis amplius
adiciendum ob illicitum innouationis.*

[80] HOLL II S. 217 Anm. 4; vgl. I S. 374.

[81] Vgl. schon die polemische Weisung der Didache 8,1 nicht μετὰ τῶν ὑποκριτῶν
zu fasten, womit nur Juden oder Judenchristen gemeint sein können.

[82] LOHSE S. 62–75; dazu H. KRAFT in seiner Anzeige von LOHSES Buch, Zeitschr.
f. Kirchengesch. 66 (1954/55) 308 und HUBER S. 8–11.

bei den Christen sonst nicht üblich und wurde noch zu Beginn des dritten Jahrhunderts als anstößig empfunden[83]. Die unterschiedliche Länge der vorösterlichen Fasten, die Irenäus hervorhebt, spricht auch nicht für ein besonders hohes Alter dieser Übung[84]. Wir haben also keine Veranlassung, Irenäus zu mißtrauen, wenn er ausdrücklich feststellt, daß noch zu Anikets Zeiten in Rom vor Ostern nicht gefastet wurde.

Damit sind Holls Argumente gegen Zahn erschöpft. Sie sind, meine ich, an keinem Punkt geeignet, dessen geschlossene Auslegung des Irenäustexts zu widerlegen. Daß die älteren, von Holl abweichenden Interpretationen sich erst recht in Widersprüche verwickeln und nicht durchführen lassen, haben wir schon gezeigt. Es gibt nur ein Zeugnis, das ernsthaft gegen Zahns Deutung zu sprechen scheint. Es wird seltsamer-, aber bezeichnenderweise von Holl überhaupt nicht genannt und auch sonst meist nur am Rande in Betracht gezogen – so sicher fühlte man sich seiner in Wirklichkeit ungesicherten Sache. Das Zeugnis steht bei Eusebios selbst. Nach dem chronologischen Aufbau seiner Kirchengeschichte hat er den wesentlichen Inhalt des von Irenäus gebotenen Berichts schon im vierten Buche kurz vorweggenommen. Dort schreibt er: „In der hier behandelten Zeit, als Aniket der römischen Gemeinde vorstand, war Polykarp, der damals noch lebte, in Rom. Er war gekommen, um sich mit Aniket über eine Streitfrage in Betreff des Ostertages zu besprechen. Dies berichtet Irenäus.“[85] Daß Eusebios

---

[83] Vgl. Hippolyt o. Anm. 79, Tertullian, De ieiun. 14 f. macht es den Katholiken zum Vorwurf, daß sie auch abgesehen vom damals schon selbstverständlichen Osterfasten am Samstag fasteten (quamquam uos etiam sabbatum, si quando, continuatis, numquam nisi in pascha ieiunandum secundum rationem alibi redditam) und betont, daß die Xerophagien der Montanisten am Samstag und Sonntag unterbrochen würden: duas in anno hebdomadas xerophagiarum nec totas, exceptis scilicet sabbatis et dominicis, offerimus deo.

[84] So zu H.E.5,24,12 (Irenäus) schon E. SCHUERER, De controversiis paschalibus secundo p. Chr. n. saeculo exortis (1869) 66: „quae uerba docent tum temporis nondum firmum neque ab omnibus receptum extitisse ieiunandi morem.“

[85] H.E. 4,14,1: ἐπὶ δὲ τῶν δηλουμένων, Ἀνικήτου τῆς ʿΡωμαίων ἐκκλησίας ἡγουμένου, Πολύκαρπον ἔτι περιόντα τῷ βίῳ γενέσθαί τε ἐπὶ ʿΡώμης καὶ εἰς ὁμι-

für seine Angaben auch an dieser Stelle keine andere Quelle zur Verfügung hatte als den Brief an Viktor, läßt sich nicht bezweifeln. Daß er ihn nicht mehr richtig verstanden hätte, wird man ungern annehmen wollen[86] (für Rufin trifft dieser Verdacht allerdings zweifelsfrei zu)[87]. Ist die von uns verworfene Auslegung damit also doch schon von Eusebios, der den ganzen Brief vor sich hatte, vielmehr angenommen als richtig bestätigt worden: schon Polykarp besprach sich mit Aniket über den Ostertermin – und nicht über die Osterfasten? Ich glaube nicht, daß man diese Konsequenz zu ziehen braucht.

Zunächst sollte nicht übersehen werden, daß die Formulierung, die Eusebios wählt, einigermaßen unbestimmt ist. Διά τι ζήτημα περὶ τῆς κατὰ τὸ πάσχα ἡμέρας, „wegen einer Streitfrage in Betreff des Ostertages", muß vielleicht nicht ausschließlich auf den Ostertermin bezogen werden, sondern könnte auch die Osterfasten miteinschließen[88]. Die Frage des Fastenabbruchs erscheint ja offenbar schon in den Quellen des Osterstreits selbst in enger Verbindung mit der Frage des Ostertermins[89]. Eusebios konnte beide Ge-

---

λίαν τῷ Ἀνικήτῳ ἐλθεῖν διὰ ζήτημα περὶ τῆς κατὰ τὸ πάσχα ἡμέρας Εἰρηναῖος ἱστορεῖ.

[86] BIHLMEYER, S. 396: „Der Vater der Kirchengeschichte hatte den ganzen Brief des Irenäus noch vor sich liegen, und wenn er sich auch manche Ungenauigkeit zuschulden kommen ließ, so kann man doch nicht annehmen, daß er seine Vorlage so total mißverstanden hat und etwas hineinlegte, was gar nicht drinstand."

[87] S. o. Anm. 46. Ebenso hat er H.E.5,24,12 die Berechnung des Fastentages zu vierzig Stunden nicht mehr verstanden: quidam enim putant una tantum die obseruari debere ieiunium, alii uero duabus, alii uero pluribus, nonnulli etiam quadraginta, ita ut horas diurnas nocturnasque computantes diem statuant.

[88] Allerdings heißt es ähnlich auch Vita Constant. 3,18,1: περὶ τῆς τοῦ πάσχα ἁγιωτάτης ἡμέρας γενομένης ζητήσεως. Entsprechend übersetzt auch Rufin: sermonem cum ipso Aniceto de paschae die Irenaeus refert; dagegen drückt sich Hieronymus, Vir. ill. 17 (im Gegensatz zu Eusebios selbst) völlig korrekt aus: hic propter quasdam super die paschae quaestiones ... Romam uenit.

[89] H.E. 5,23,1: ... τῆς Ἀσίας ἁπάσης αἱ παροικίαι ὡς ἐκ παραδόσεως ἀρχαιοτέρας σελήνης τὴν τεσσαρεσκαιδεκάτην ᾤοντο δεῖν ἐπὶ τῆς τοῦ σωτηρίου πάσχα ἑορτῆς παραφυλάττειν ... ὡς δέον ἐκ παντὸς κατὰ ταύτην ... τὰς τῶν ἀσιτιῶν ἐπιλύσεις ποιεῖσθαι, οὐκ ἔθους ὄντος τοῦτον ἐπιτελεῖν τὸν τρόπον ταῖς ἀνὰ τὴν

genstände, die Termin- und die Fastenfrage (ganz allgemein verstanden), vereinfachend als zwei Seiten ein und derselben Sache ansehen[90]. Aber für ihn und seine Zeit war allein die immer noch umstrittene Berechnung des Osterdatums von aktuellem Interesse, während die Osterfasten als solche kein Problem mehr darstellten. Von hier aus erklärt sich seine willkürliche Behauptung, Polykarp habe die ganze Romreise der Osterfrage zuliebe ins Werk gesetzt; denn so viel läßt sich dem, was Irenäus sagt, in Wirklichkeit keinesfalls entnehmen. Eine ähnliche Nachlässigkeit begeht er vielleicht, wenn er als Gegenstand dieser ,,Osterfrage" nur den ,,Tag", also die Frage des Ostertermins herausstellt, von der Irenäus in seinem Brief gleichfalls gesprochen hatte, bloß nicht bei der Erwähnung Polykarps. Es ergeht Eusebios an dieser Stelle also ähnlich wie den modernen Interpreten, die ihn unwillkürlich mißdeuten, weil sie immer nur auf das spätere Thema des Osterstreits starren, das nicht die Fasten, sondern den Termin betrifft. Daß er den ganzen Brief so wie sie mißverstanden habe, braucht man darum freilich nicht vorauszusetzen. Aber wie man die Schiefheit seiner Wiedergabe auch erklären mag – durch Mißverständnis, Versehen, Verkürzung oder auch durch bloße Gedankenlosigkeit –, keinesfalls dürfte es erlaubt sein, diese erste, offensichtlich flüchtige Notiz gegen den nachfolgenden Originalbericht auszuspielen, den Eusebios überliefert und dessen Sinn, wie jedenfalls ich meine, unmißverständlich ist.

Damit bin ich am Ende. Ich möchte meine Leser jetzt nicht dadurch langweilen, daß ich meinen Beweisgang noch einmal wieder-

---

λοιπὴν ἅπασαν οἰκουμένην ἐκκλησίαις, ἐξ ἀποστολικῆς παραδόσεως τὸ καὶ εἰς δεῦρο κρατῆσαν ἔθος φυλαττούσαις, ὡς μηδ᾽ ἑτέρᾳ προσήκειν παρὰ τὴν τῆς ἀναστάσεως τοῦ σωτῆρος ἡμῶν ἡμέρᾳ τὰς νηστείας ἐπιλύεσθαι. Ebenso 5,23,2 (o. Anm. 7).

[90] Vgl. HUBER S. 50 Anm. 29 zu H.E.5,23,2: ,,Man sollte das nicht so interpretieren, als handle es sich bei den Auseinandersetzungen um zwei verschiedene Probleme, die miteinander in Beziehung stehen . . .: die Frage des Ostertermins und die Frage, wann das Fasten gebrochen werden soll, sind schlicht identisch." Das gilt natürlich noch nicht für die Frage der vorösterlichen Fasten als solcher – aber auch hier handelte es sich immer noch um ein Fastenproblem.

hole und zu rechtfertigen suche. Doch mag es erlaubt sein, dessen zerstreute Ergebnisse als Abschluß kurz zusammenzufassen. Habe ich recht, so ergeben sich aus dem Brieffragment an Viktor folgende kirchengeschichtlichen Resultate:

1. Schon zu Anikets Zeiten wurde in Rom das Osterfest gefeiert, und zwar gewiß schon am Sonntag. Seit wann diese Feier üblich war, läßt sich nicht feststellen.

2. Dem römischen Osterfest ging im Gegensatz zur quartadezimanischen Praxis damals noch kein Fasten voraus.

3. Diese Differenz kam bei Polykarps Besuch in Rom gegenüber Aniket zur Sprache. Die verschiedene Berechnung des Ostertages spielte dagegen anscheinend keine Rolle.

4. Die Osterfasten wurden in Rom erst unter Bischof Soter eingeführt.

5. Ihre Dauer war noch zur Zeit des Osterstreits verschieden; doch bildete diese Verschiedenheit damals keinen Streitpunkt.

6. Die Antwort, die Irenäus Aniket in den Mund legt, ist für die Petrusfrage und -tradition ohne jede Bedeutung.

7. Irenäus verweist auf die ergebnislos Fastendiskussion zwischen Aniket und Polykarp als ein Muster dafür, daß Verschiedenheiten der Sitte Einheit und Frieden der Kirche nicht zu stören brauchen. Er selbst steht, wiewohl ein „geborener Asianer, doch auf Seiten der römischen Sitte"[91].

---

[91] Dieser Satz KARL MÜLLERS, den ich bei der Neuauflage seiner Kirchengeschichte I, 1 (1941³) 228 beibehalten habe, bedarf also entgegen den Bedenken, die BROX S. 299 Anm. 22 dazu äußert, keiner weiteren „Differenzierung" oder Korrektur.

Zu Cyprian, ep. 74,2

Si uero ubique haeretici nihil aliud quam aduersarii et antichristi[1] nominantur, si uitandi et peruersi et a semet ipsis damnati[2] pronuntiantur, quale est ut uideantur damnandi a nobis non esse quos constet apostolica contestatione a semet ipsis damnatos esse? ut nemo infamare apostolos debeat, quasi illi haereticorum baptismata probauerint aut eis sine ecclesiae baptismo communicauerint, quando talia de haereticis apostoli scripserint[3] et hoc cum nondum haereticae pestes acriores prorupissent, necdum quoque Marcion Ponticus de Ponto emersisset, cuius magister Cerdon sub Hygino episcopo qui in urbe nonus fuit Romam uenit: quem Marcion secutus additis ad crimen augmentis impudentius ceteris et abruptius in Deum patrem creatorem blasphemare instituit et haereticum furorem sacrilegis armis contra ecclesiam rebellantem sceleratius et grauius armauit[4].

Im Ketzertaufstreit konzentriert Cyprian nach eigenem Zeugnis seinen Kampf gegen die Anerkennung der Ketzertaufe auf die Taufe der Markioniten[5]. Cyprian tut dies nicht allein darum, weil die

Aus: Zeitschrift für die neutestamentliche Wissenschaft 62 (1971) 135–136.

[1] 1 Joh 2,18. HUGO KOCH, Die karthagische Ketzertaufsynode vom 1. September 256, IKZ 1923 (S. 73–104) 89: „Der Gedanke, daß die Ketzer ‚adversarii et antichristi' seien (Sent. 11, 21, 51, 87), findet sich in mehreren Briefen (Ep. 70,2; 73,15; 74,2; 69, 1, 10, 11, 16), aber die offene Gegenüberstellung von ‚christiani' und ‚haeretici' (Sent. 24, 38, 40, 58, 66) nur in Ep. 74,1 und 8 . . .."

[2] Tit 3,11.

[3] Hartel: scripserunt.

[4] BAYARD, Saint Cyprian – correspondance II 281 (2. Aufl. 1961; die 3. Aufl. 1965 war mir nicht erreichbar).

[5] Ep. 73,5: ac ne longum sit per haereses universas decurrere et singularum uel

markionitische Taufe in einem entgegenstehenden Briefe Stephans von Rom ausdrücklich anerkannt war[6], sondern weil ihm die Lehre Markions auch als besonders verderbliche und abscheuliche Ketzerei galt. Sie eignete sich also als Paradebeispiel für seinen Protest[7]. Markion übertrifft mit seinen Lästerungen des Schöpfergottes[8] seinen eigenen Lehrer Cerdon und vollends alle Ketzereien, von denen die Apostel wußten; er reicht der frevelnden Raserei der Häresie im Kampf gegen die Kirche schrecklichere Waffen als je zuvor – er ist sozusagen der Gipfel aller Ketzerei.

Was aber soll die wunderliche Formulierung „Ponticus de Ponto", die Cyprian für ihn an dieser Stelle gebraucht? Auch wenn man die tertullianischen Gruselschilderungen über die Fürchterlichkeit der Landschaft Pontus[9] im Ohre hat, bleibt die Aussage „der Pontier aus Pontus" eine reine Tautologie. Es ist begreiflich, daß eine spätere Handschrift[10] die Worte „de Ponto" daher ohne weiteres gestrichen hat.

Mir scheint, daß an dieser Stelle ein bisher unerkanntes Wortspiel vorliegt, das nur durch die Schreibweise „Pontus" (mit großen Buchstaben) verhüllt wird. In Wirklichkeit soll der vermeintlich neutrale Name vielmehr den „pontus", d. h. das Meer und die ab-

---

ineptias uel insanias recensere, quia nec delectat id dicere quod aut horret aut pudet nosse: de Marcione interim solo, cuius mentio in epistula a te ad nos transmissa facta est, examinemus an possit baptismatis eius ratio constare; ep. 74,7 f.; 75,5.

[6] Ep. 73,4: plane quoniam inueni in epistula cuius exemplum ad me transmisisti scriptum esse quod quaerendum non sit quis baptizauerit, quando is qui baptizatus sit accipere remissam peccatorum potuerit secundum quod credidit, praetereundum hunc locum non putaui, maxime cum in eadem epistula animaduerterim etiam Marcionis fieri mentionem, ut nec ab ipso uenientes dicat baptizari oportere . . .; vgl. ep. 73,5, o. Anm. 1.

[7] Die Markioniten werden auch ep. 74,7 f. und 75,5 an ausgezeichneter Stelle genannt.

[8] Daneben wird ep. 73,5 auch sein Doketismus herausgestrichen.

[9] Adv. Marc. I 1.

[10] Es ist die verhältnismäßig alte, von Hartel in seiner Tertullianausgabe hochgeschätzte Pariser Handschrift C (nach v. Soden 56) aus Corbie, der indessen kein besonders hoher Wert zukommen: H. Frhr. v. Soden, Die cyprianische Briefsammlung. Geschichte ihrer Entstehung und Überlieferung (1904) 116 ff.

gründige Tiefe des Meeres[11] bezeichnen, von dem die Landschaft am πόντος Εὔξεινος ja auch ihren Namen hat. Wir sollen an die apokalyptischen Tiere erinnert werden, die aus dem Meere aufsteigen, das damit dem „abyssus" der Unterwelt und der Hölle gleichgesetzt wird. Wir kennen seit Gunkel die uralten mythischen Hintergründe dieser Vorstellung und der Rolle, die sie in der gesamten apokryphen apokalyptischen Literatur spielt[12]. Aber für Cyprian, der sie kaum benutzt, genügt es, an Dan 7,2; Ap 13,2 ff. (auch 11,7; 17,8) zu erinnern, die er als Abendländer gerne zitiert, vielleicht auch noch an Jes 27,1; Hi 40,20 ff. Freilich muß er in unserem Briefe für „mare" oder „abyssus" das seltenere, vornehmlich in der Poesie übliche Lehnwort „pontus" einsetzen, um das Wortspiel möglich zu machen. Auch sonst kann Cyprian die Ketzer und Schismatiker gelegentlich in dämonisch-apokalytpischer Beleuchtung zeigen[13]. Der Pontier Markion, der schrecklichste aller Irrlehrer, soll in entsprechender Weise als „das Tier" erscheinen, das aus dem Abgrund des Meeres aufgetaucht ist (emersit), wie in der Apokalypse[14] Gott selber lästert (blasphemare instituit) und die Kirche bekämpft[15].

Bei diesem Verständnis würde das sonst sinnlose, aber wohlbezeugte „Ponticus de Ponto" eine einleuchtende und für den damaligen Geschmack geradezu geistreiche Bedeutung gewinnen[16]. Es schiene mir also richtig, „de ponto " an dieser Stelle künftig – vielleicht nicht gleich klein zu schreiben, aber zum mindesten doch im Apparat auf die einschlägigen Texte, besonders Apk 13, mit einem Fragezeichen zu verweisen.

---

[11] So bei Vergil, Aen. X 377.

[12] HERM. GUNKEL, Schöpfung und Chaos in Urzeit und Endzeit (1895), bes. 62 ff. 96 ff. 336 ff. 350 ff.

[13] De unit. 16; ep. 69,1; sent. 87.

[14] Apk 13,2.5 f. Das Wort „emersit" ist hier also durchaus im wörtlichen Sinn zu verstehen.

[15] Apk 13,7.

[16] Es ist freilich seltsam, daß Cyprian hier auf einen Einfall gekommen ist, den sich der so viel witzigere Tertullian in seiner Polemik gegen den Pontier noch entgehen ließ!

Augustin als Kind und Überwinder seiner Zeit

Die Frage, ob Augustin ein antiker oder ein mittelalterlicher Mensch gewesen sei[1], ist so lange sinnvoll, als sie dazu dient, gewisse typische Beziehungen und Färbungen seines Wesens ins Licht zu rücken, und so erweist sich Augustin dann immer wieder als ein „antiker" Mensch. Die Frage wird sinnlos, sobald man von ihrer Beantwortung Wesentlicheres erwartet, nämlich Aufschluß über seine Person, ihre Geschichte und ihre geschichtliche Bedeutung selbst. Der wirkende Mensch ist mit seinem Leben nicht Ausdruck einer Epoche, sondern er schafft – *cum grano salis* – selbst die Epoche, indem er lebt; sein Werk *ist* der Übergang von einer geschichtlichen Geistigkeit und Wirklichkeit in die andere. In diesem Sinne möchten diese Seiten Augustins weltgeschichtliche Stellung bezeichnen. Wir treten vor den Einzelheiten seiner Theologie und seines Lebens einige Schritte zurück, um ihre Bewegung auf dem Hintergrund der Zeit zu betrachten, in der er steht. Inwiefern bringen sie etwas Neues hervor, das den Raum und die Gestalt des geistigen Lebens erweitert und verwandelt, das das Durchschnittliche seiner Generation und Epoche verläßt und dafür andere, „mittelalterliche" (und zugleich auch das „Mittelalter" überdauernde) Möglichkeiten vorbereitend erkennbar macht?

Eine solche kontrastierende Betrachtungsweise muß kurz sein und vereinfachen. Sie muß Gestalten und Tendenzen, die außerhalb

Aus: Die Welt als Geschichte 53, 1953, S. 1–11.

[1] Ich erinnere an die durch R. REITZENSTEIN (Augustin als antiker und mittelalterlicher Mensch, Bibl. Warburg, Vortr. 1922/23 I, 1924) und E. TROELTSCH (Augustin, die christliche Antike und das Mittelalter, 1926) ausgelöste Diskussion.

und vor allem innerhalb der christlichen Kirche schon vor und neben Augustin in die gleiche Richtung strebten, beiseite lassen und
verschiedene Übergänge, Zwischenglieder und Abtönungen
scheinbar übersehen. Aber sie braucht darum nicht historisch falsch
zu sein; denn es gibt keinen Augustinus vor Augustin, und es hat
ihn auch nachher nicht gegeben. Es gibt ein weltgeschichtliches *ante*
und *post Augustinum*, das sich feststellen läßt, und mit diesem erkennt man Augustin selbst und die Bedeutung, die er für seine Zeit
und für die Folgezeiten gehabt hat.

Wir beschränken unsere Betrachtung hier auf drei Punkte, die
mir wesentlich scheinen. Wir fragen nach Augustins Entwicklung
im Verhältnis zur spätantiken Bildung, zur politischen Haltung seiner Zeit und zu deren humanem Selbstverständnis. Aufs ganze gesehen, werden diese drei Fragenkreise in Augustins Leben auch
chronologisch in dieser Reihenfolge akut. Sie führen ihn jedesmal
weiter, in einen tieferen Bereich seines christlichen Denkens hinein,
und stellen ihn innerhalb seiner Zeit und Kirche immer stärker für
sich. Sie erlauben darum auch eine immer knappere und eindeuti-
gere Bestimmung dessen, was er war und bewirkt hat. Beginnen wir
also mit dem Frühesten, Breitesten und Allgemeinsten, wo seine
Verwurzelung in der spätantiken Welt am deutlichsten ist – mit Augustin als Träger, Kritiker und Reformator des spätantiken Bil-
dungsideals[2].

I.

Geistig und gesellschaftlich gesehen, stammt Augustin aus den
engen, kleinbürgerlichen Verhältnissen eines römischen Landstädt-

---

[2] Ich verweise hierfür summarisch auf das fundamentale Werk von H.-I. MAR-
ROU, Saint-Augustin et la fin de la culture antique (1938), dessen neue Auflage (1949)
mir leider nicht zugänglich ist; daneben noch besonders auf J. BALOGH, Augustins
„alter und neuer Stil" (Die Antike 3, 1927); auch W. H. SEMPLE, Augustinus Rhetor
(Journ. Eccl. Hist. 1, 1950). Es ist mir im folgenden nicht möglich, satzweise anzu-
geben, wo ich einzelne Wendungen und Gedanken vielleicht bezogen oder gelesen
habe.

chens in Nordafrika. Seine Lösung aus dem heimischen Milieu hat den Charakter einer Befreiung, eines schnellen und leidenschaftlichen Hineinwachsens in eine reichere und weiträumigere Welt, wie es seiner Begabung und seinem Lebenshunger entsprach. Die treibende Kraft ist dabei, ihm selbst unbewußt, nicht bloßes Interesse an der ,,Bildung" im literarischen Sinn. Von Anfang an ist sein Aufstieg von einem tieferen Streben, einem mit der Zeit immer quälenderen Suchen nach weltanschaulichem Halt und Sättigung seiner Gemütskräfte begleitet, die sich nicht im gleichen Tempo entwikkeln können[3]. Es hat ihn durch seine rhetorische Ausbildung über die Zwischenetappen der manichäischen ,,Geisteswissenschaften" und der neuplatonischen Philosophie mit seiner christlichen ,,Bekehrung" schließlich in die Kirche geführt. Aber äußerlich gesehen durchmißt Augustin schon vorher eine glänzende Laufbahn; er macht Karriere und hat schon mit dreißig Jahren die höchste in seinem Beruf erreichbare Stufe wie im Fluge erreicht. Vom Vater ursprünglich zum geldverdienenden Advokaten bestimmt, begibt er sich aus eigenem Entschluß auf das Feld der literarischen und rhetorischen Bildung, wird Hauslehrer in seiner Heimatstadt Thagaste, Dozent an der Rhetorenschule von Karthago, siedelt alsbald nach Rom über und wird schließlich in der kaiserlichen Residenzstadt Mailand sozusagen Professor mit gutem Gehalt, zahlreichen Schülern und allgemeiner Anerkennung – er ist insoweit also auf dem Gipfel des damaligen geistigen Lebens angelangt[4] und beherrscht es durchaus.

Augustin ist Lehrer der Rhetorik. Dieser Begriff darf nicht im modernen, leicht abschätzigen Sinne verstanden werden. Vielmehr lehrt Augustin das, was man im Sinne des öffentlichen Geschmakkes seiner Zeit am ehesten als ,,allgemeine Bildung" bezeichnen kann. Er ist als Rhetor der typische Vertreter des gültigen literari-

---

[3] Diesen inneren Sinn seiner Entwicklung hat R. GUARDINI (Die Bekehrung des heiligen Aurelius Augustinus, 1935) besonders schön erfaßt.

[4] Ein weiterer Aufstieg erscheint von hier aus nur noch durch den Übergang in eine staatliche Verwaltungsstelle möglich: Conf. VI 11,19.

schen Bildungsarsenals, wie es für Heiden und Christen besteht – eines alten und trotz aller daran geübten Kritik immer noch ehrwürdigen Ideals, das sich mindestens bis Isokrates zurückverfolgen läßt und sich in seinen Grundzügen auch bei den Römern mit merkwürdiger Stabilität erhalten hatte. Es ist streng genommen kein „literarisches", sondern vielmehr ein „mündliches", eben ein rednerisches Ideal. Der *vir eloquentissimus* ist der Mensch, welcher die Sprache und damit das Leben beherrscht, der mit seiner Kunst alles in seinem Besitz zu haben glaubt, wessen es bedarf, um sich in der Welt zu behaupten, in ihr zu wirken und sie im sozialen Sinn nach seinem Willen zu gestalten. Reden können, das heißt: in Form sein, und wer in der Sprache zu Hause ist, der ist auch in der Welt zu Hause – in diesem Sinne ist die Sprache für die Rhetorik wirklich „das Haus des Seins".

Aber freilich – diese Bewertung setzte ursprünglich das Vorhandensein einer entsprechend gebauten Gesellschaft voraus, in der die Sprache wirken und leben konnte, wo sie in Kampf und Auseinandersetzung gehört wurde, Entscheidungen herbeiführte und somit eine lebendige soziale Funktion besaß. Diese Gesellschaft, wie sie einst in Athen und dann auch in Rom bestanden hatte, war längst dahin, und damit hatte auch die Rhetorik ihren ursprünglichen Sinn verloren, sie war zum offiziellen Bildungserbe geworden und als solches erstarrt. Der Rhetor dient jetzt dem Leerlauf der öffentlichen Repräsentation und der Eitelkeit des Bildungsbetriebs. Nicht nur das rein Formale der Sprache – die Grammatik, die Wort- und Formenlehre, die Metrik und die Figur – zieht eine unverhältnismäßige Beachtung auf sich; auch das Inhaltliche wird immer mehr zur traditionellen Formel und zur leeren Form. Die „Bildung" selbst, die sich darin ausspricht, wird standardisiert: die *exempla*, die *mirabilia*, die philosophischen Schlagworte werden aus bestimmten, „klassischen" Autoren geschöpft und in Handbüchern und Lehrplänen zusammengefaßt. Die Rhetorik wird zur Technik und Bildung zur Scholastik – aber das offizielle Leben denkt nicht daran, auf sie zu verzichten. Wenn es gilt, einen neuen Konsul zu begrüßen oder ein Kaiserjubiläum zu begehen, dann hat der Rhetor jedesmal

seinen großen Tag und kann, wie Augustin, der solche Reden ebenfalls gehalten hat, klagt, unter unendlichen Lügen des höchsten
Wohlwollens gewiß sein. –

Mit dieser ganzen Welt hat nun Augustin bei seiner Bekehrung
gebrochen und hat sie unter das eindeutige Verdikt der „Eitelkeit"
gestellt. An diesem Punkt vor allem ist die radikale Wendung und
das Kontrastgefühl des Konvertiten bei ihm mit Händen zu greifen
– aber ist das wirklich etwas Neues? Auf den ersten Blick könnte
man meinen, Augustin habe nur die alte Kritik der Philosophen an
den Rhetoren erneuert, wenn er sich aus dem Lärm des öffentlichen, rhetorischen Betriebs in die Stille der sachlichen Forschung
zurückzieht, und es ist in der Tat unverkennbar, daß er ihren Argumenten in vieler Hinsicht verpflichtet ist. Seit Jahrhunderten
hatte die Philosophie die Rhetorik befehdet, aber dann auch immer
wieder – am grundsätzlichsten bei Cicero – die Versöhnung mit ihr
gesucht. Die theologische Polemik und Apologetik der Christen
hatte sich mit ihrem Anspruch, die echte „philosophische" Wahrheit zu besitzen, nicht wesentlich anders verhalten. Erst bei Augustin wird es deutlich, was dieser christliche Anspruch für das Leben
der Bildung unmittelbar bedeuten konnte und wohin er trägt[5].
Denn Augustin wird nicht bloß Philosoph, sondern er wird ein
christlicher Philosoph. Im Unterschied von vielen Vorläufern und
Nachfahren sind beide Teile dieser Aussage bei ihm gleich stark zu
betonen. Das heißt: er nimmt in die bisherige Bildung einen neuen,
ihn nicht zerstörenden, aber umgestaltenden Inhalt auf; und er tritt
gleichzeitig in eine neue, ihn bald genug voll in Anspruch nehmende
Gemeinschaft ein, die Kirche, die als solche etwas anderes und Rea-
leres ist als eine beliebige philosophische Schulgemeinschaft. Beides
zusammen schafft das Programm einer neuen Bildung und begrün-

---

[5] Hieronymus hatte das Problem wohl gefühlt, aber systematisch so wenig wie
persönlich bewältigt, weil er es wesentlich nur als formales und moralisches Problem
verstand. Im Osten führt erst das strenge Mönchtum über eine rein „rhetorische"
Ablehnung der Rhetorik hinaus, bleibt aber in seiner Wirkung darin auf einen engen
Kreis beschränkt.

det, auch vom Sprachlichen, von der Rhetorik her gesehen, einen neuen Stil.

In dieser Formulierung ist nichts modernisiert oder übertrieben. Augustin hat das neue Bildungsprogramm selbst ausdrücklich und ausführlich entwickelt: in den vier Büchern *de doctrina christiana* liegt es noch vor. Es ist ein erstaunliches Bildungsprogramm; denn die Theorie der christlichen Bildung erscheint hier, kurz gesagt, als eine Theorie der Bibelwissenschaft. Nur was dem Verstehen der Bibel dient, ist wissensnotwendig, und nur was wissensnotwendig ist, ist für Augustin im strengen Sinne wissenswert. So ergibt sich aus dem, dann im einzelnen durchgeführten Lehrplan der neuen Bildung auf den ersten Blick der Eindruck einer erschreckenden Verarmung, einer scholastisch-kirchlichen, sozusagen ,,mittelalterlichen" Einschnürung und Verkümmerung des geistigen Lebens überhaupt.

Dieser erste Eindruck ist nicht einfach falsch; er trifft in der Tat die Gefahren dieses neuen Bildungsprogramms, das insofern, wie gesagt, das typische Bildungsprogramm eines Konvertiten ist. Aber in Wirklichkeit gibt Augustin doch mehr, als von seinem theoretischen Grundsatz aus zu erwarten wäre. Denn er fordert unter dem Gesichtspunkt der biblischen Hilfswissenschaften nicht mehr und nicht weniger als die Pflege sämtlicher *artes*, die nach den Begriffen seiner Zeit für einen gebildeten Menschen unentbehrlich waren – also nicht etwa nur der Sprachen, sondern auch der Geographie und Geschichte, ja auch Mathematik und Musik werden in diesem Sinne genannt, und was, wie z. B. die Rechtswissenschaft, daneben zu fehlen scheint, fehlt nicht etwa darum, weil es Augustins Biblizismus eher entbehrlich erschien, sondern weil es auch sonst im Bildungsgang der damaligen Schule nicht vorgesehen war (wie in unserer heutigen Schule auch). Prinzipiell ein radikaler Reformer, bleibt Augustin *in concreto* also einfach an die Traditionen oder Vorurteile seiner Zeit gebunden, die er nicht als solche durchschaut. Dazu paßt das persönliche Bild des bekehrten Philosophen und noch des greisen Bischofs Augustin. Augustin wird nicht zum Barbaren und will es auch nicht werden. Er bewahrt sich seine Freude an der Schön-

heit, sein Interesse für alles Wirkliche, und er wahrt auch vor allem
die Kultur des menschlichen Umgangs – das eigentliche Herz aller
„Bildung". Nur dieses steht ihm dabei immer fest: daß diese Güter
alle nicht Hauptsache sind, daß sie niemals Selbstzweck werden
können und daß die Sache, um die es geht, eine andere ist.

Es ist die Sache der Bibel; diese ist entscheidend. Das heißt, Augustins Bildungsprogramm orientiert sich in keiner Weise mehr an
der Form, sondern am Inhalt, den die Bibel und sie allein der Welt
darbietet. *Res, non verba* heißt jetzt das Motto. Augustin gesteht,
daß er mit der für klassisches Empfinden doppelt anstößigen unge-
pflegten, wilden Formlosigkeit der Bibel zunächst unüberwindliche
Schwierigkeiten gehabt habe, bis er ihre verborgene „Schönheit"
und ihren Wert in ihrer Wahrheit entdeckt habe. Um diese „Wahrheit" sammelt sich jetzt alles: *totum exigit te, qui fecit te*. Damit
wird nicht die Theologie als Bildungsinhalt empfohlen, nicht die
sogenannte höhere Erkenntnis eines Glaubens, für den die „natürlichen" Erkenntnisse nur als bescheidener Unterbau seines Strebens
in Betracht kämen. Von diesem mittelalterlichen Gedanken ist Augustin seiner ganzen Art nach weit entfernt. Er versteht das Leben
als Einheit, und er versteht auch die Bildung als eine Einheit; aber
das, wodurch sie zur Einheit werden, ist die Gegenwart Gottes im
Zeugnis der Bibel. Von da aus faßt sich alles zusammen: *domine, rex
meus et deus meus, tibi seruiat, quidquid utile puer didici, tibi
seruiat, quod loquor et scribo et lego et numero*[6].

Quod loquor et scribo . . . Es ist eigentümlich zu sehen, wie sich
Augustins Stil von diesem Wollen aus tatsächlich erneuert und be-
lebt. Das ist nicht nur die Folge der neuen, „philosophischen"
Sachlichkeit, sondern das ist zugleich die Folge eines neuen Ge-
meinschaftslebens, in das Augustin jetzt eintritt und das ihn zur
Einfalt und Einfachheit verpflichtet. Sein Latein bleibt klassisch;
aber es verliert die geschnörkelte Künstlichkeit, die ihm in der
Frühzeit manchmal noch anhaften kann, es verzichtet mehr und
mehr auf den Prunk gewollter Figuren und Anspielungen, es wird

---

[6] Conf. I 15,24.

mitunter fast nüchtern; aber es behält doch und gewinnt sogar immer mehr das eigentümliche Leuchten einer von innen bewegten Klarheit und Eindringlichkeit, die nichts als die Sache will[7].

Was damit gemeinst ist, zeigt ein Blick in jede beliebige Bibelauslegung oder theologische Auseinandersetzung des reifen Augustin. Nur am Rande sei erwähnt, daß auch die neue Form der nicht mehr quantitierenden, sondern nur noch akzentuierenden und assonantisch reimenden Dichtung, welcher die Zukunft gehört, erstmals von Augustin gewagt wird – gewagt aus dem unmittelbaren Bedürfnis des kirchlichen Lebens heraus, das im Kampf mit den Sekten nach einer volkstümlichen Form des Liedes verlangte. Aber am deutlichsten zeigt sich der Fortschritt doch dort, wo die Sprache für Augustin und für jedes antike Empfinden ihren eigentlichen Sitz hatte: in der öffentlichen, wirkenden Rede. Die christliche Predigt hat wieder eine Hörerschaft, die ihrer bedarf und für die und durch die sie lebendig ist. Augustin ist als Prediger niemals vulgär; seine Predigten haben ihre kirchliche Würde und ihren unverkennbaren rhetorischen Stil; aber sie gewinnen ihn im Blick auf die Hörer, durch das Gewicht ihres Inhalts und die notwendige Aufgabe, der sie dienen. Darum sind sie gleichwohl einfach und lebensnah. Gewiß ist Augustin nicht der einzige Schöpfer der spätlateinischen Kanzelberedsamkeit gewesen. Auch sein Lehrer Ambrosius und noch einige weitere Namen wären früher oder gleichzeitig zu nennen. Aber Augustin hat die Entwicklung auf die Höhe geführt, hat die Gestalt der Predigt mit seinem persönlichen Wesen erfüllt, und ist für die lateinische Kirche der Folgezeit zum anerkannten Vorbild geworden. Die alte, erstarrte Rhetorik ist mit der spätantiken Welt

---

[7] Und der unbezwingliche, ganz und gar nicht mittelalterliche Zauber dieses Vorgangs liegt dabei darin, daß die neue Schlichtheit gleichwohl nichts mit Hilflosigkeit oder Verrohung zu tun hat; die Sprache behält unwillkürlich etwas Künstlerisches und Dichterisches, so wie schon „die schrecklich schulmäßigen und theoretischen Traktate aus seinen jungen Jahren" nach F. VAN DER MEER (Augustinus der Seelsorger [1951], S. 658 f.) trotzdem immer noch „wie verschossene Seide anmuten, die, wenn man sie auch faltet, doch immer irgendwo glänzt".

für immer gestorben; Augustin wirkt heute noch in allen Sprachen und Kirchen irgendwie nach, in denen im Abendlande gepredigt wird.

II.

Blicken wir jetzt auf Augustins Stellung im sozialen und politischen Leben seiner Zeit, so ist er hier viel weniger bewußter Reformer oder gar Revolutionär. Was ihn hier von seinen Zeitgenossen scheidet, dringt nicht programmatisch nach außen, sondern nach innen. Es geht ihm weniger um einen Wandel der Lebensformen als der letzten Gesinnungen und des Glaubens, der sie trägt. Das römische Reich, das christliche Kaiserreich, in dem Augustin aufgewachsen ist, ist seine Heimat und Welt. Er fühlt sich auch und gerade als Afrikaner ihm zugehörig, ein Römer und dankbarer Bürger des Reiches und seiner Zivilisation, die er als ökumenische kennt, bejaht und auch liebt. Aber er ist zugleich Christ und Mann der christlichen Kirche, und das bedeutet bei ihm, daß er der herrschenden politischen Ideologie viel nüchterner und den praktischen Fragen des sozialen Lebens zugleich elastischer und unbefangener gegenübersteht als gemeiniglich ein Mann der Regierung oder der offiziellen Propaganda und Repräsentation.

Beides hängt unter sich zusammen, aber das Zweite gilt es zunächst zu sehen[8]. Nach einer kurzem, kaum ein halbes Jahrzehnt während Periode des *otium cum dignitate*, in der Augustin als freier, christlicher Philosoph zu leben wünschte, wird er erst Kleriker, dann Bischof der afrikanischen Hafenstadt Hippo Rhegius, und damit ist Augustin in einen wahren Strudel praktischer, sozialer Arbeit hineingerissen, der ihn zeitlebens nicht mehr losläßt, über den er oft genug Klage führt und den er doch um des Glaubens und

---

[8] Zum folgenden ist besonders das oben (Anm. 7) genannte Buch v. D. MEERS über „Leben und Wirken eines Kirchenvaters" zu vergleichen. (Der viel zu eng gefaßte Obertitel ist irreführend.)

Gewissens willen immer wieder ernst nehmen muß. Seine Predigten und Briefe können das im einzelnen belegen. Der Bischof ist in jener Zeit zum Führer, Berater und Vertrauensmann seiner Gemeinde geworden in jedem nur denkbaren Betracht. An ihm hängt über die eigentliche kirchliche Verwaltung hinaus – mit ihrem Unterricht, ihren Nachwuchssorgen, ihren Bauaufgaben und Ausschüssen – auch die gesamte „Fürsorge" im geistlichen wie im materiellen Bereich. Der Bischof übt ferner als Schiedsrichter eine weitausgreifende Tätigkeit bei bürgerlichen Streitigkeiten aus, in Ehefragen und im harten Zwist von arm und reich. Er hat in kriminellen Fragen die Pflicht der Fürsprache und behauptet das Asylrecht seiner Kirche, und in dem allen ist er zu ständiger Auseinandersetzung, Einflußnahme und Zusammenarbeit mit den staatlichen Instanzen gezwungen. Das hat mit irgendeiner Konkurrenz von „Kirche und Staat" im mittelalterlichen Sinne überhaupt nichts zu tun. Das ergibt sich mit staatlicher Billigung und von selbst, weil die Regierungs- und Verwaltungsorgane als solche nicht mehr voll leistungsfähig sind und ein selbständiges Bürgertum im alten Sinne, das von sich aus diese Dinge regeln könnte, gar nicht mehr besteht.

Das römische Reich zu Augustins Zeiten ist eine absolute Monarchie, eine Despotie, ruhend auf einer starken, von oben gelenkten und immer mehr militärisch versetzten Bürokratie, die als solche die unvermeidliche Neigung zur Gewaltsamkeit und Korruption zeigt. Nur ein sehr großer Reichtum – und die Spannung zwischen reich und arm wird vielfach ungeheuerlich – kann ihr gegenüber noch eine gewisse, zweifelhafte Sicherheit leihen. Eine lebendige Selbstverwaltung kommt nicht in Betracht. Die kommunalen Behörden haben – von einigen mehr zeremoniellen Akten abgesehen – fast nur den Zweck, für die befohlenen Dienste die Personen beizubringen und vor allem für den Eingang der Steuern zu garantieren. Nur die Kirche und die kirchliche Verwaltung hat sich eine weitgehende Unabhängigkeit gewonnen oder bewahrt. Denn hinter ihren Führern steht nicht bloß eine offizielle Anerkennung und Gewalt, sondern eine lebendige Gemeinschaft und ein geistiger Besitz, durch den sie Unabhängigkeit, Verantwortlichkeit und Autorität in einem gewinnen. Kein Wunder, daß die befähigten Persönlichkeiten des alten und besitzenden Adels dieser Zeit vielfach in den Dienst der Kirche eintreten oder gar aus staatlichen in die kirchlichen Stellen hinüberwechseln; denn hier finden sie schönere Aufgaben und Möglichkeiten als im politischen Rahmen des sogenannten römischen Reichs.

Augustin, der selbst eine andere Herkunft und Laufbahn hat, ist in seinem praktischen Wirken also keine originelle Erscheinung. Aber er ist der einzige, der im Besitz der politischen Unabhängigkeit, nicht einfach im kirchlichen Raume bleibt und im übrigen die herrschende politische Ideologie als solche stehen läßt oder übernimmt, sondern der sie vielmehr einer grundsätzlichen, theologischen Kritik unterzieht. Augustin zeigt dem Staat gegenüber nicht nur Distanz, wie so viele Kirchenfürsten vor ihm und nach ihm auch, sondern er begründet in der Kritik ein neues politisches Ethos, das schlechterdings nicht mehr antik, freilich auch nicht ohne weiteres mittelalterlich, sondern eben augustinisch und augustinisch-christlich ist[9]. Das berühmte Dokument hierfür ist in erster Linie die große Apologie der zweiundzwanzig Bücher *de civitate Dei.*

Für jedes antike, ja man muß wohl sagen: für jedes höher entwickelte vorchristliche Empfinden ist die staatliche Gemeinschaft eine religiöse Größe, ein Objekt der unmittelbaren Verehrung und des Glaubens selbst. Die Götter schützen nicht nur den Staat, sondern sie leben im Staat und machen ihn zu einer Größe, die das Leben im vollen Sinne mitträgt. Ist das in klassischen und republikanischen Zeiten eine erfahrene Wirklichkeit, an die man auch ohne viele Worte glaubt, weil man sie erfährt, so hat der Satz in den Krisen des spätrömischen Absolutismus eine eigentümliche, ,,orientalisch" wirkende Aufdringlichkeit und zugleich ideologisch-programmatische Verhärtung erfahren. Jeder Kaiser läßt sich, wo nicht als Gott, so doch als Gottgesandter, als besonderer Schützling und Träger

---

[9] Diese isolierte Stellung Augustins hat W. KAMLAH, Christentum und Geschichtlichkeit (1952²) mit Recht betont; vgl. besonders S. 175 ff. und S. 302 ff.

des göttlichen Segens feiern. Auch die Kirche und das Christentum haben hier kaum einen Wandel geschaffen, sondern diese Verklärung der politischen Realität, sofern sie sich nicht geradezu gegen die Kirche wandte, im allgemeinen durchaus beibehalten[10]. Jeder neue Kaiser oder Usurpator, der seine Gegner erledigt hat, wird in der christlichen wie in der heidnischen Öffentlichkeit als Heilbringer begrüßt, der ein fluchwürdig-dämonisches System beseitigt und eine neue Epoche des Friedens und des Glückes eröffnet hat und bei jeder offiziellen Gelegenheit von neuem mit überschwenglichen Reden gefeiert werden muß. Dieses Muß gilt um so unerbittlicher, als die wirklichen politischen Verhältnisse gerade im Abendland trostlos werden. Die Steuern sind immer gleich drückend, die ständigen Revolten und barbarischen Einbrüche hören nicht auf, und die Verelendung der Massen schreitet fort. Nur die Rednertribünen ertönen nach wie vor vom Preise der wunderbaren Freudenzeit, voll triefender Verehrung für die Herrscher und voll pathetischer Verheißungen einer schöneren Zukunft.

In diese Stimmung schlägt mit dem Falle Roms und seiner Plünderung durch die Goten im Jahre 410 ein Ereignis von solcher faktischer und symbolischer Furchtbarkeit, daß es sozusagen den Atem verschlägt und daß selbst die offizielle Lüge und Schmeichelei für kurze Zeit ratlos zu sein scheinen. Die Heiden sehen in der Katastrophe ein Gottesgericht für den Verrat an den alten Göttern; die Christen wissen nicht, was sie antworten sollen, und greifen hilflos nach allerlei fadenscheinigen Tröstungen, die der alten Roma gerade um des Christentums willen neue Triumphe in Aussicht stellen. Nur Augustin steht für sich. Er spricht zum erstenmal offen aus, was in dieser Nacktheit unerhört erschien: daß es nämlich keine po-

---

[10] Es gibt freilich Ansätze, die schon vor Augustin in eine andere Richtung weisen – am stärksten und erfolgreichsten wieder bei Ambrosius. In H. Berkhofs schönem und temperamentvollem Buch über ,,Kirche und Kaiser, eine Untersuchung der Entstehung der byzantinischen und der theokratischen Staatsauffassung im vierten Jahrundert`` (1947) könnten die Linien noch feiner ausgezogen und differenziert werden.

litische Heilsprophetie gibt, die im Namen Gottes verkündigt werden kann, und keine politische Ewigkeit. Das bedeutet natürlich nicht, daß Augustin am Weltregiment Gottes verzweifelte. Gott herrscht nach wie vor allein und wird die Welt durch alles Auf und Ab der Zeiten unweigerlich an das vorgesehene, ewige Ziel bringen. Aber die Wege dazu und die Länge dieses Weges sind unbekannt, und auch die Theologen haben kein Recht, irgendeine bestehende Ordnung für gesichert anzusehen. Das ,,ewige Rom" der heidnischen Poeten war, wie die Geschichte gezeigt hat, eine Lüge. Aber auch Konstantinopel wird nicht etwa darum ewig stehen bleiben, weil es eine von Anfang an christliche Gründung war und der Sitz der christlichen Kaiser ist. Ewig ist nur das Reich Gottes, zu dem die Menschheit jenseits aller politischen Möglichkeiten berufen ist, und keine zeitliche Ordnung darf daher so beurteilt werden, daß sie einen absoluten Wert erhält und mit ihren trügerischen Verheißungen an seine Stelle tritt[11].

Das hat mit politischer Gleichgültigkeit nichts zu tun. Die Katastrophe der Heimat hat Augustin, wie sein Biograph berichtet[12], in seinen letzten Lebenstagen ,,körperlich und geistig" viel tiefer erschüttert als seine Mitbürger; denn ,,mit der Einsicht wächst der Schmerz". Augustin weiß und fühlt sich als Bürger seines Landes und Staates, er hofft darum auch auf ein Wiedererstarken; aber er unterläßt es, sich an Hoffnungen zu berauschen, und läßt das, was die Zukunft bringen kann, ausdrücklich dahingestellt. Das bedeutet keine stumpfe Resignation. Freilich ist Augustin nicht so utopisch, den Wandel der Zeiten zu übersehen und zu einer bürgerlichen Aktivität im Sinne des alten Rom aufzurufen; aber er ermahnt doch jedermann zu tun, was in seinen Kräften steht, vom militärischen

---

[11] Serm. 105, 10–12; weiteres Material in meinem Vortrag ,,Augustin und der Fall von Rom" im 3. Heft der Schriften der Univ. Heidelberg (1948) S. 8 ff. und bei J. Fischer, Die Völkerwanderung im Urteil der zeitgenössischen kirchlichen Schriftsteller Galliens unter Einbeziehung des heiligen Augustinus (1948) S. 32 ff.; vgl. auch J. Straub, Christliche Geschichtsapologetik in der Krisis des römischen Reiches, Historia 1 (1950) S. 52 ff.

[12] Possidius, Vita Aug. 8.

Kommandanten und staatlichen Beamten bis zum bescheidensten Kirchgänger seiner Gemeinde. Gerade die letzten Monate seines Lebens zeigen diesen Willen. Die Vandalen haben Hippo Rhegius umzingelt und suchen, es durch Hunger zu bezwingen. ,,Herr", betet Augustin, ,,befreie unsere Stadt von der Belagerung durch Feinde. Wenn du es aber anders beschlossen hast", fügt er augenblicklich hinzu, ,,dann gib uns Kraft zu tragen, was dein Wille uns auferlegt."[13] In dieser Gesinnung gilt es zu handeln. Noch einmal sucht sich die Stadt zu verteidigen (und sie hatte damit sogar vorübergehenden Erfolg). Sie gleicht einem großen Flüchtlingslager. Augustin hält bei den Seinen aus; die Kirche gibt aus, was sie besitzt, ihre kostbaren Gefäße werden eingeschmolzen, und während die Verteidiger auf den Mauern kämpfen, ermuntert Augustin die Gemeinde, alles zu teilen und sich gegenseitig beizustehen. Alle sollen tun, was in ihren Kräften steht. ,,Was Christus gebietet, müssen die Christen tun; nur die Heiden grollen ihrem Schicksal und lästern."[14] Die Not der Zeit soll nicht nur den politischen Widerstand, sie soll auch die Nächstenliebe erwecken – als eine ebenfalls reale Macht des sozialen Lebens.

So erscheint mit der Entmachtung der illusionären politischen Ideologie und Prophetie bei Augustin eine neue Form des Gemeinsinns und der Menschlichkeit. Sie geht nicht mehr von dem allein aus, was Menschen als Glieder einer bestimmten Staatlichkeit, Kultur und Welt in gemeinsamem Besitz verbindet, sondern zugleich und entscheidend von dem, was Gott für sie in Christus getan hat, von den neuen, unbedingten Möglichkeiten, die er damit schenkt und die unter allen Umständen offen bleiben. Damit stehen wir vor dem letzten Punkt, der noch zu besprechen ist. Es ist zugleich der Punkt, an dem Augustins Scheidung von der klassischen Antike die tiefste Schicht erreicht.

---

[13] Possidius, Vita Aug. 29.
[14] So in einer älteren Predigt nach dem Falle Roms, Serm. 81, 9.

III.

Auch die heidnische Antike ist fromm und glaubt an Götter, die hoch über diesem Erdenleben thronend den Menschen helfen können, ihnen beistehen und hindernd oder fördernd die Entscheidungen ihres Lebens begleiten. Auch sie tun das nicht bloß von außen stoßend, sondern zugleich auch von innen wirkend, durch die göttliche Kraft, die in den Menschen lebt. Gerade darum ergibt sich in der Geschichte ein echtes Zusammenspiel der göttlichen und menschlichen Kräfte, bei dem der Mensch Gott als sein mächtigeres Gegenüber erfährt. Trotz dieser Übermacht bleibt der Mensch aber seinem Wesen nach immer er selbst und in sich selber frei. Die Unabhängigkeit des Willens, des eigenen Ichs gegenüber all dem, was nicht Ich ist, ist das Ziel und der Stolz des antiken und gerade des römisch-antiken Menschen und seines stoischen Freiheitspathos. Man kann sich den Göttern und ihren Schickungen fügen, aber man kann sich auch anders stellen und ihnen die Zustimmung versagen: *victrix causa diis placuit – sed victa Catoni. Patet exitus.*

Für Augustin liegen die Dinge anders. Gott wird aus dem natürlichen Partner des Lebens im strengen Sinne zu dessen Herrn, und die Freiheit, die Augustin sucht, bestimmt sich nicht mehr aus dem Gegensatz zur Welt und ihren Geschicken. Ihr Gegenspieler ist vielmehr gerade das menschliche Selbst, das seinen eigenen Willen nicht freigeben kann, und positiv läßt sich die Freiheit darum nur von „außen" her, durch ein neues Gottesverhältnis gewinnen. Der menschliche Wille ist durch seine triebartige Festgelegtheit immer schon geknechtet und der „Welt" verfallen, und „Freiheit" gibt es daher immer nur in der Lösung aus den Fesseln der Ichhaftigkeit und in der Einung mit dem höheren Willen Gottes selbst, im unbedingten Gehorsam. Diese Freiheit kann der Mensch aber nicht mehr „freiwillig" ergreifen, sondern sie ist selbst schon ein Geschenk, die Folge der in Christus bewirkten Erlösung, die den Menschen wieder zu seinem Ursprung und in seine ursprüngliche Freiheit zurückgebracht hat. Das ist gewiß ein in der Wurzel wesenhaft christlicher Gedanke – aber wer weiß, wann und wie die Christen, Kinder

der antiken Welt, ihn wiedergefunden und erfaßt hätten ohne Augustin. – Der alternde Bischof Augustin ist für die lateinische Welt *die* Autorität geworden – alle Kirchen und Theologen des Abendlandes wenden sich an ihn um Auskunft und Rat. Doch diese eine Frage nach Freiheit und Gnade ist in der letzten Epoche seines Lebens für ihn selbst schlechterdings die entscheidende Frage geworden. Er hat sie persönlich aufgegriffen; er ist im Kampf um die Entscheidung – ganz gegen seine sonstige Art – sogar kirchenpolitisch höchst aktiv geworden; er hat sie nicht mehr losgelassen, bis ihm der Tod nach zwei Jahrzehnten angestrengten Ringens die Feder über einem „*opus imperfectum*" aus der Hand nahm. Es ist die Frage des sogenannten pelagianischen Streits, in dem Augustin sein letztes Vermächtnis an die Kirche niedergelegt hat. Hier geht es noch einmal um Christentum und Antike, nämlich um die Gültigkeit oder Nichtgültigkeit der antiken Humanität als letzter, das Leben bestimmender Macht.

Pelagius war ein wackerer Mönch aus Irland, der in Rom als eindrucksvoller Bußprediger Aufsehen erregte. Er nahm in seinen Predigten den Kampf mit der morbiden Lasterhaftigkeit und Verkommenheit einer großstädtisch-bequemen Gesellschaft auf, die sich mit der Halbheit ihres eigenen Christentums schon längst abgefunden hatte. Das Gute muß getan, und die schlechten Gewohnheiten unseres Lebens müssen überwunden werden. Das ist gewiß schwer; aber es ist nicht unmöglich, und es ist wichtig zu wissen, daß der menschlichen Natur dies möglich ist, wenn sie nur ihre guten Kräfte zusammennimmt und entschlossen zum Einsatz bringt. Das Böse, das uns versucht, ist seinem Wesen nach das, was sich überwinden läßt, das, was man auch lassen kann, „*unde liberum est abstinere*"[15]. Diese Wahrheit sieht Pelagius bedroht, er sieht die unum-

---

[15] HARNACK, Lehrbuch der Dogmengeschichte 3 (1931[5]), verweist dagegen auf Goethe:
„Was nennst du denn Sünde? Wie jedermann:
Wo ich finde, daß man's nicht lassen kann."

gänglichste Quelle der sittlichen Erneuerung verstopft, wenn Augustin nur zur Gnade seine Zuflucht nehmen will und von den natürlichen Möglichkeiten des menschlichen Wesens schweigt.

In verschärfter Wendung gegen ihn werden diese Gedanken vom Italiener Julian von Aeclanum aufgenommen und ins Grundsätzliche erhoben. Es geht um die Würde unserer menschlichen Natur, die frei und gut ist, von Gott dazu geschaffen, um frei, unabhängig und gut zu sein und durch den Genuß dieser Freiheit das Leben zu erfüllen. Die muffigen Klagen über Verlorenheit und Verderbtheit verkennen die Wirklichkeit und sind nicht fromm. Wir können uns im Leben behaupten; denn wir gehören schöpfungsgemäß zur Welt und das Leben in dieser Welt ist schön. Hier besitzt der Mensch eine letzte natürliche – Julian sagt: gottgeschenkte – Geborgenheit.

Dies ist für Augustin der entscheidende Punkt. Augustin leugnet nicht die Wirklichkeit der Freiheit überhaupt – im Gegensatz zu Luther hat er diesen Begriff immer festgehalten und sieht das menschliche Wesen selbst darin bezeichnet. Augustin will auch die Güte der Schöpfung als solche nicht preisgeben und sucht sich gegen diesen von Julian fort und fort erneuerten Vorwurf auf jede Art zu verteidigen. Aber Augustin leugnet es, daß diese Freiheit und Güte dem Menschen ohne weiteres zur Verfügung stünden, so als ob er sich nur zu besinnen und auf sich selbst zurückzugreifen brauchte, um alles wieder in Ordnung zu finden. Diese Freiheit hat der Mensch gerade nicht in der Hand; denn von sich aus muß er das wollen, was er will, nicht das Gute, das er wollen sollte und in einer gewissen, kraftlosen Weise vielleicht sogar zu wollen wünscht. Der Mensch befindet sich also in einem Zwiespalt, der durch den Hinweis auf die eigene menschliche Natur gerade nicht überbrückt wird, dem Zwiespalt zwischen Wollen und Müssen, Sollen und Sein, der sich durch keinen moralischen ,,Entschluß" aus der Welt schaffen läßt. Theologisch gesprochen: die Menschheit ist wohl Gottes Schöpfung, aber gefallene Schöpfung, und um aus diesem Zustand herauszukommen, bedarf sie nicht der sittlichen Ermahnung und höheren göttlichen Beistands, sondern einer totalen Verwandlung der Situation: sie bedarf der Erlösung. Dies nicht zu sehen, ist der Fluch des natürlichen Menschen und seines Hochmuts, seiner ,,Superbia". Die Erlösung zu kennen und ihre befreiende Wirklichkeit zu ergreifen, ist die Seligkeit der Christen. ,,Damit die Superbia des Menschen geheilt würde, stieg der Sohn Gottes herab und wurde demütig. Was bist du noch hochmütig, Mensch? Gott ist für dich demütig geworden . . .; so strebe doch wenigstens dem demütigen Gotte nach!"[16]

Der Gegensatz zum antiken Empfinden ist damit klar bezeichnet: Gott kommt zum Menschen, damit der Mensch aus sich herauskomme. An die Stelle des Selbstbewußtseins und des Selbstvertrauens tritt das Gottvertrauen und die Bejahung der ,,Gnade". Der erlöste, der befreite Mensch findet seinen Schwerpunkt gleichsam außerhalb seiner selbst; sein Stützpunkt liegt nicht mehr im Ich, sondern in Gott. Man könnte unter Preisgabe der augustinischen Terminologie auch sagen: nicht mehr in der eigenen, vermeintlich verfügbaren Natur, sondern in der begegnenden Geschichte, die durch das Erscheinen Christi zur Heilsgeschichte geworden ist. Oder noch gewagter: man lebt nicht mehr durch die begrenzten Möglichkeiten, die der Mensch als Gegebenheiten in sich trägt, sondern durch die unbegrenzten Aufgaben, die ihm Gott eröffnet und zu denen Er die Kraft des Wollens und Vollbringens selber gibt, den Glauben, der, wie Augustin stets betont, ,,in der Liebe tätig", wirkend und wirksam ist. – Hier ist der Glaube an die ,,Natur" und damit das ,,klassisch" begrenzte Menschenbild also aufgegeben und der Glaube an die Geschichte als Feld des göttlichen Wirkens in einem neuen Sinne begründet. Der Gegensatz zwischen beiden Anschauungen ist unversöhnlich und damit ewig. Auch Augustin hat sich trotz seines äußeren Erfolges gegen die Pelagianer nicht einfach ,,durchgesetzt". Er ist nur nicht unterlegen, und der Kampf dauert fort, er entzündet sich im Mittelalter und bis heute immer von neuem als Kampf um Augustin und um die Deutung der augustinischen Theologie als ganzer. –

Die besonderen biographischen Voraussetzungen der augustini-

---

[16] In Joann. ev. tract. 25, 16.

schen Lehre haben wir in diesem letzten Stück nicht mehr berührt. Augustin selbst hat von ihnen nahezu geschwiegen; es sind seine Gegner, vor allem Julian, die ihm mit psychologischen Deutungen und mit Erinnerungen an seine manichäische Periode auf die Nerven fallen. Selbstverständlich sind die individuellen und geistesgeschichtlichen Beziehungen auch hier vorhanden. Aber die weltgeschichtliche theologische Wirkung löst sich schnell von ihnen ab, so wie sie auch im Bereich von Augustins literarischen und politischen Ideen bald keine Rolle mehr spielen. Sie gewinnen einige Schwerkraft und gehen mit den wandelnden Kräften der Zukunft selbständige Verbindungen ein. Fragt man, wodurch Augustin als Lehrer der Kirche, aufs ganze gesehen, so stark gewirkt und in gewissem Sinne Epoche gemacht hat, so wird man keinesfalls sagen dürfen: durch Erregung eines neuen Enthusiasmus und durch die Erweckung neuer geistiger, politischer oder humanitärer Ideale. Die Dinge liegen eher umgekehrt. Augustin wirkt auf seine Zeit viel mehr als eine Gewalt der weltgeschichtlichen Ernüchterung, die die Hohlheit des herrschenden Bildungsbetriebes, der herrschenden politischen Phraseologie und des überkommenen Menschenbildes ausspricht und im Lichte eines strengen Glaubens unübersehbar macht. Darin arbeitet er dem Mittelalter vor, indem er es von dem Druck eines übergroßen, fremden Erbes befreit; aber in dieser Sprödigkeit bleibt er zugleich auch wieder vom Mittelalter und seinen Diesseits und Jenseits verschmelzenden Idealen geschieden. Augustin geht persönlich und theologisch den Wege des Asketen; aber die Askese ist für ihn nicht Verneinung der Geschichte und nicht der Weg zur ordnenden Beherrschung der Welt, sondern sie gibt ihm den Blick frei auf ein Heil, an das sie glauben soll und das sich jenseits der Zeiten vollendet.

Die ersten Konflikte zwischen Kirche und Staat und ihre bleibende Bedeutung

Man kann darüber verschiedener Meinung sein, wo die ersten Konflikte zwischen Staat und Kirche zu suchen sind. In gewisser Weise bedeutete schon das Entstehen und das bloße Dasein der christlichen Kirche einen *Konflikt*. Denn die Ordnung des römischen Reiches erlaubte keinen Gottesdienst und keine Verehrung von Göttern, die nicht vom Staate anerkannt oder doch geduldet waren, und vor allem: sie forderte von sämtlichen Untertanen die Anbetung der herrschenden Staatsgötter, der vergöttlichten Roma und des kaiserlichen Genius selbst. Darauf konnten sich die Christen nicht einlassen. Eine Sonderstellung, wie sie das Judentum für seinen exklusiven Monotheismus ausnahmsweise erlangt hatte, war für sie ebenfalls unerreichbar, und so entstanden und wirkten sie auf die Regierung als Anhänger einer verbotenen, staatsfeindlichen Religion. Drei Jahrhunderte Christenverfolgung eröffnen das Verhältnis von Kirche und Staat, bis der Umschwung unter *Konstantin* eine neue Lage schuf.

Aber Ausrottungskriege sind keine Konflikte. Ein Konflikt setzt eine gegenseitige Anerkennung und eine gewisse Partnerschaft voraus, die eben damit begründet wurde, daß die Kirche anerkannt und zur bevorzugten Staatskirche erhoben wurde. So ist das vierte Jahrhundert, das erste Jahrhundert dieses Bündnisses, auch das Jahr-

Aus: Universitas 9 (1954) 267–273; wieder abgedruckt in: Die Kirche angesichts der Konstantinischen Wende, (hg. Gerhard Ruhbach), Wege der Forschung 306, 1976, S. 14–21.

hundert der ersten *Konflikte*. Diese allein wollen wir jetzt betrachten; denn sie sind in vieler Hinsicht durchaus typisch geblieben.

Die katholische Großkirche war durch Konstantin zur privilegierten Kirche des römischen Reiches geworden. Dies erschien nach dem Friedensschlusse als die nächstliegende und natürliche Lösung. Die riesige Organisation der Kirche konnte den Aufgaben, die ihr jetzt zuwuchsen, ohne eine gewisse staatliche Unterstützung unmöglich gerecht werden, und die christlichen Kaiser legten ihrerseits Wert darauf, bei der Kirche für ihre Herrschaft einen moralischen und zum Teil auch praktischen, sozialen *Rückhalt* zu finden und selbst bei ihr in Ansehen zu stehen.

Das Bündnis war somit für beide Teile förderlich – aber es konnte auch unbequem werden, nicht nur für die Kirche, sondern auch für den Staat. Denn eben diese seine Verbindung mit der katholischen Mehrheit schränkte seine Bewegungsfreiheit gegenüber den anderen Untertanen, den Heiden, den Juden und den Ketzern, in empfindlicher Weise ein und machte es unter Umständen schwierig, mit ihnen auszukommen und ihnen gerecht zu werden.

Ein berühmtes Beispiel dieser Art betrifft die Stadt *Rom*. Hier wie überall waren die *staatlichen* Unterstützungen für den heidnischen Kultus in Wegfall gekommen. Darüber hinaus hatte man im Blick auf die christlichen Senatoren auch das alte Standbild der Göttin Victoria aus dem Sitzungssaal des Senats entfernen lassen. Aber die Mehrheit der altvornehmen Körperschaft war immer noch heidnisch gesinnt, und diese Maßnahme ging ihr gegen die Ehre. Man wartete einen politisch günstigen Zeitpunkt ab, um dagegen vorstellig zu werden und die Erneuerung der früheren Zahlungen zu fordern, ohne die das heidnische Kultuswesen sich nicht mehr behaupten konnte.

Die *Eingabe* ist noch erhalten. Sie beschwört mit feierlichem Pathos die alten ruhmreichen Erinnerungen der Stadt, sie erinnert an den reichen Segen, den die heidnischen Götter in früheren Zeiten dem Reich beschert hätten und verteidigt so das Recht, die Würde und Schönheit der *alten* Religion. Der kaiserliche Staatsrat hätte gerne eine Kränkung vermieden und war drauf und dran, die erlassene Verfügung wieder rückgängig zu machen – aber da erhob der Bischof der Residenz seine Stimme: er protestierte und machte den geplanten Schritt damit tatsächlich unmöglich. Gegen die Klagen einer konservativen Romantik setzte er das Bekenntnis zum Recht des *Fortschritts* und zur Wahrheit der neuen Religion, die Rom vom alten Irrtum erlöst habe und die der Kaiser als Christ nicht preisgeben dürfe. Die künstliche Wiederbelebung einer sterbenden Religion durch die Unterstützung eines christlichen Herrschers war in der Tat eine in sich widersinnige Forderung, und so mußte sie scheitern.

Aber es gab auch bedenklichere Fälle. Christliche Bilderstürmer und Mönchshaufen *zerstörten* immer wieder, gegen das bestehende Verbot, von sich aus Tempel und Synagogen, und auch bei solchen Gelegenheiten wurde es für die Regierung immer schwerer, sich gegen die öffentliche Meinung der Christenheit durchzusetzen, die eine Bestrafung und Zurechtweisung der Schuldigen nicht mehr annehmen wollte. ,,Die Religion", entschlüpfte es einem Kirchenvater in der Hitze eines derartigen Konflikts, ,,ist wichtiger als die juristische Korrektheit." Einst hatten sich die Christen selbst auf die Toleranz berufen und so die *Freiheit* des Glaubens erkämpft; jetzt, zur Herrschaft gelangt, erweisen sie sich zu schwach, um den Grundsatz zu behaupten. Sie geben ihn schrittweise, erst nur zögernd und praktisch, dann auch grundsätzlich und ohne ernsthafte Vorbehalte preis. Es beginnt ein mehr als tausend Jahre währendes ,,Mittelalter", das an diesem Punkte niemals zu rechtfertigen ist.

Aber nicht nur die allgemeine *Religionspolitik* der Regierung konnte zu Konflikten führen – auch das Verhältnis zur herrschenden Kirche selbst erwies sich im Rahmen des staatskirchlichen Systems keineswegs immer als einfach. Die Kirche will als eine Gemeinschaft des Glaubens geachtet sein – sie lebt von der Verkündigung der ursprünglicheren, christlichen Wahrheit. *Was aber soll geschehen, wenn ihre Wortführer selbst über diese Wahrheit sich nicht mehr einig sind?* Gerade dies ist die Lage während des großen arianischen Kirchenstreits, der fast das ganze vierte Jahrhunder durchzieht. Es geht in ihm nicht um eine Nebensächlichkeit, sondern um etwas kirchlich Entscheidendes, nämlich um den Rang und den Sinn der Person *Christi* selber, in dessen Vollmacht die Kirche lehren und handeln soll. Aber man muß selbst ein Christ sein und christlich denken können, um die Bedeutung dieser Frage richtig zu ermessen.

Konstantin und seine Nachfolger waren hierzu keineswegs imstande. Gerechterweise muß man hinzufügen, daß die kirchlichen Theologen teils durch Leidenschaftlichkeit und teils durch Gesinnungslosigkeit es ihnen auch recht schwer gemacht haben, die wahren Zusammenhänge zu durchschauen. Ihre Auseinandersetzungen erschienen, von außen gesehen, als bloße Schulzänkereien, genährt von persönlichen und hierarchischen Gegensätzen, vielleicht gar als politische Umtriebe und böswillige Unruhestiftung. Es erschien als kaiserliche Pflicht, *einzugreifen* und Ruhe und Ordnung in der Öffentlichkeit und in der Kirche selbst aufrechtzuerhalten. Aber als die ersten, vorsichtigen Maßnahmen nicht zum gewünschten Ergebnis führten, entschlossen sich die Kaiser alsbald, die religiöse Frage selbst in die Hand zu nehmen und, koste es, was es wolle, zum Abschluß zu bringen. Man suchte nach einem geeigneten, d. h. nach einem taktisch bequemen Bekenntnis, das möglichst viele befriedigte und in Wirklichkeit gar nichts besagte, indem es die strittigen Fragen umging und weitere Diskussionen überhaupt untersagte. *Die Lähmung der Theologie sollte die Befriedung der Kirche werden.*

Natürlich fanden die Kaiser auch die entsprechenden Theologen oder Un-Theologen, die die gewünschten Formeln, wechselnd nach der Situation, fabrizierten und dann mit schlauer Vertuschung und Irreführung der Synoden oder, wenn das nicht mehr half, auch mit den roheren Mitteln der Einschüchterung, der Verbannung und der offenen Gewalt zum äußeren Siege führten. Nur war der gewünschte Kirchenfriede auch so nicht zu erreichen.

Der entscheidende Gegner dieser *Staatskirchenpolitik* wurde Athanasios, der Patriarch von Alexandria. Seine Größe zeigt sich in der Unerschütterlichkeit, mit der er seinen Christusglauben festhält und im Gegensatz zur nervösen Hast seiner Gegner keinen Zoll breit von dem als richtig erkannten Wege weicht. Immer wieder in die Verbannung geschickt, mehr als einmal in höchster Lebensgefahr, behält er Ruhe und Übersicht. „Seid nicht wehleidig, Brüder", meint er angesichts eines von neuem losbrechenden Sturms, „es ist nur ein Wölkchen, es zieht vorüber." Er behielt recht. Im Fortgang der theologischen Entwicklung stellte sich die gesuchte Einheit, an der kaiserlichen Zwangspolitik vorbei, schließlich fast von selber ein und schuf ein neues, dogmatisches Fundament, auf dem alle spätere theologische Arbeit aufruhte. Aber der langwierige dogmatische Streit hatte auch ein kirchenrechtliches Ergebnis gezeitigt.

Von jetzt ab steht es grundsätzlich fest, daß die staatlichen Machthaber als solche *nicht* befugt sind, in der Kirche die theologischen *Entscheidungen* zu fällen oder fällen zu lassen. „Was ich will", soll Kaiser Konstantius während des Kirchenkampfes gesagt haben, „das hat als kirchliches Gesetz zu gelten . . . Entweder ihr gehorcht oder ihr geht in die Verbannung." Dagegen steht nun der Satz, daß das kirchliche Urteil in die Kirche und nicht in den Palast, vor die Bischöfe und nicht vor den Kaiser gehört. Wenn die Herrscher – wie es noch oft geschehen wird – diesen Grundsatz mißachten, so muß der Konflikt mit ihnen eben gewagt und bestanden werden.

Es gibt noch einen dritten Bereich, in dem Staat und Kirche miteinander in Konflikt geraten können, und das ist der Bereich des öffentlichen, politischen Lebens selbst. Zwar gehen die Kirche Politik und Verwaltung im engeren Sinne nichts an; aber es kann ihr trotzdem nicht gleichgültig sein, was in der Welt, an der sie teilhat, an Recht oder Unrecht geschieht. *Zu offenbarem Unrecht kann eine Kirche, die den staatlichen Schutz genießt, nicht schweigen.* Damit haben ihre Führer eine Aufgabe übernommen, wie sie kein heidnisches Priesterkollegium jemals erfüllt hat.

Auch hierfür bietet schon das vierte Jahrhundert eindrucksvolle Beispiele. Die Bischöfe scheuen sich nicht, öffentliches Unrecht, Luxus und Unsittlichkeit rücksichtslos anzugreifen. Der größte Prediger der griechischen Kirche, Johannes Chrysostomos, ist darüber zum Märtyrer geworden, daß ihm die Kaiserin seine asketischen Angriffe gegen Putzsucht und Ausgelassenheit nicht verzeihen konnte. Andere Konflikte gehen noch tiefer und betreffen die Verantwortung des Herrschers und seines Regierens selbst. Dafür noch ein Beispiel, das Bischof Ambrosius von Mailand und Kaiser Theodosius den Großen betrifft, ihren Konflikt um die Blutjustiz von Thessalonich.

In der mazedonischen Stadt *Thessalonich* war es anläßlich der Verhaftung eines beliebten Zirkusstars zu einem Tumult gekommen, bei dem u. a. auch der Kommandant der Garnison vom Volk erschlagen worden war. Kaiser Theodosius, selbst mit Leib und Seele Soldat, war aufs schwerste gereizt und befahl, an der Stadt ein Strafgericht zu vollziehen. Die ahnungslose Bevölkerung wurde wie zu einer festlichen Vorführung in den Zirkus gerufen, dann wurden die Ausgänge geschlossen, und alle Anwesenden, Einheimische und Fremde, Männer, Frauen und Kinder, wurden den erbitterten Soldaten preisgegeben, die sie im Lauf von drei Stunden samt und sonders niedermachten. Die Zahl der Toten wurde mit 7000 und mehr angegeben.

Mitten im Frieden, ohne Urteilsspruch und Gehör, ohne ein Abwägen von Recht und Unrecht war dies geschehen. Selbst in jener an barbarische Strafen hinlänglich gewöhnten Zeit rief das Geschehen Entsetzen hervor. In der Residenz *Mailand* tagte gerade eine geistliche Synode, als die Schreckensnachricht eintraf. ,,Da war auch nicht einer'', schreibt Ambrosius, ,,der das Geschehene nicht beklagt hätte, keiner, der es leicht zu nehmen wagte'' – aber was sollte geschehen? Ambrosius als der vornehmste und zugleich zuständige Bischof übernahm es, sich in einem unmittelbaren Schreiben an die schuldige Majestät selber zu wenden.

Der Brief, der erst später veröffentlicht worden ist, war eigenhändig geschrieben, damit ihn niemand läse als der eine, für den er bestimmt war, Er läßt alle ,,Politik'' beiseite. Aber er spricht von der Pflicht des Kirchenmannes, dem Irrenden die *Wahrheit* zu sagen. Mord bleibt Mord, auch wenn er von einem Herrscher befohlen wird, und die Geschichte Davids und des Propheten Nathan zeigt, wie Gott ihn beurteilt und straft. Aber Gott ist auch bereit, dem, der sein Unrecht gesteht und widerruft, zu vergeben und einen neuen Anfang zu erlauben. Steht der Bischof jetzt dort, wo der Prophet gestanden hatte, so liegt es am freien Entschluß des Kaisers, ob er an seiner Untat hängen bleiben oder sich dorthin stellen möchte, wo David stand, der heilige König, der doch auch ein vergebungsbedürftiger Mensch war wie Theodosius und jedermann.

Theodosius hatte den übereilten Befehl – zu spät – schon selber bereut. Er hätte ihn gerne ungeschehen gemacht und erließ eine Verfügung, wonach künftig Todesurteile nie mehr unverzüglich, sondern erst nach 30 Tagen vollstreckt werden sollten. Aber man versteht, daß ihm der Gedanke an ein förmliches Sündenbekenntnis fürchterlich war und daß er es gerne vermieden hätte. Hier aber konnte Ambrosius nicht nachgeben. Mochte er dem Kaiser auch jede überflüssige Demütigung ersparen – das öffentliche Unrecht sollte auch öffentlich gesühnt werden, und das, was die damalige Kirche vor jedem Christen forderte, duldete auch für den Kaiser keine Ausnahme. So erschien *Theodosius* schließlich als Büßer in der Kirche, ohne kaiserlichen Schmuck, um sich schuldig zu bekennen und später die Versöhnung zu empfangen. Sein Nachruhm hat unter diesem Schritt nicht gelitten.

Aber es ist ein *neuer* Majestätsbegriff, der hier zum Siege gelangt ist, und zugleich eine neuartige Forderung der Beugung des Herrschers unter das Gebot einer konkreten *Gerechtigkeit*. Die Kirche verteidigt den Ernst des göttlichen Gebotes auch gegen den höchsten Vertreter der öffentlichen Gewalt. Man darf sich den Sinn dieser Szene nicht durch das Bild von ,,Canossa" und den mittelalterlichen Mißbrauch der Banngewalt verwirren lassen. *Es geht noch nicht um kirchenpolitische Ziele, sondern wirklich nur um die Bezeugung der elementaren sittlichen Ordnungen als solcher.* Die Grenze zwischen Brauch und Mißbrauch läßt sich in solchen Fällen freilich niemals mit juristischer Bestimmtheit für alle Zukunft festlegen. In solchen Konflikten können die Wahrheit und Gerechtigkeit der Sache das Recht des kirchlichen Vorgehens nur jeweils von neuem begründen.

So sehen wir drei Gebiete, auf denen Kirche und Staat schon am Beginn ihres gemeinsamen Weges zusammenstoßen können und wirklich zusammenstoßen: es sind die Grundsätze der allgemeinen *Religionspolitik* gegenüber den Andersgläubigen, die Forderung der kirchlichen *Unabhängigkeit* und Bekenntnisfreiheit und das Gebot einer öffentlichen *Gerechtigkeit*. Die Konflikte der ersten Gruppe folgen aus der Besonderheit der damaligen staatskirchlichen Ordnung, wie sie heute in dieser Weise kaum irgendwo noch besteht. Der Grundsatz der religiösen Toleranz, in dem alle Staaten mit den Kirchen einig sind oder doch einig sein sollten, hat hier das meiste an Schärfen und Schwierigkeiten aus dem Wege geräumt. Auch das Bekenntnis der Kirche bildet in der Gegenwart zwischen Staat und Kirche keinen unmittelbaren Streitpunkt mehr; nur seine Auswirkungen werden mitunter bekämpft, und das kann allerdings, wie die Geschichte der nationalsozialistischen Zeit zeigt, in Wirklichkeit fast auf das gleiche herauskommen.

Grundsätzlich am wenigsten hat sich auf dem Gebiet der moralisch-politischen *Verantwortung* im öffentlichen Leben geändert. Wo es sich um ein Eintreten gegen klares Unrecht, um das Zeugnis für Freiheit und Gerechtigkeit handelt, da hat die Kirche auch heute noch einen Auftrag, der sich gewiß mißbrauchen läßt, den sie aber zum allgemeinen Besten niemals fahren lassen kann.

Aber freilich – dies alles, Zusammenarbeit und Kritik, nützt immer nur unter der Voraussetzung eines grundsätzlich fortbestehenden Willens zu gegenseitiger Anerkennung und Achtung von Kirche und Staat, der unbedingten Respektierung der öffentlichen, politischen Ordnung auf der einen und der geistlichen Rede- und Handlungsfreiheit auf der anderen Seite. Diese Voraussetzung ist für uns immer noch geschichtlich gegeben; aber sie ist keine unbedingte Selbstverständlichkeit mehr und kann sich, wie wir wissen, auch auflösen. Darum bleibt auch die Erinnerung an die anfängliche, verfolgte, unter Verfolgungen leidende, aber im Leiden nicht verlorene Kirche zu allen Zeiten wichtig und lehrreich – für die Kirche wie für den Staat.